探寻理想政体

Against
Political
Equality

儒家的差等秩序

白彤东 著
张宁博等 译

北京大学出版社

本书的历史

在一些学术文章的基础上,我撰写了《旧邦新命——古今中西参照下的古典儒家政治哲学》(北京大学出版社,2009年)一书。该书的主标题取自传统中国与儒家的经典《诗经》中的一句:"周虽旧邦,其命维新。"在这本书中,我试着展示儒家("旧邦")如何在当代依然有其意义与价值("新命")。在该书出版后不久,我开始着手修订此书的英文版。几年前,我完成了初稿,并被要求按普林斯顿大学出版社匿名审稿人的建议做一些调整。我认为我可以用一个月,也就是到2012年8月左右完成这项工作。但实际情况是,我足足花了五年多的时间才完成修订。除了被各种琐事分心之外,主要的原因是我对原稿进行了根本性的修改与扩充,而不是简单的"修补"。

现在回想起来,我意识到《旧邦新命》那本书基本上是"刺激—反应式"的。它的基本思路是自由民主制度在今天仍然占据着主导地位,因此对儒家来说,如果想要在当代世界依然有价值,就必须回应自由民主的挑战。在那本书中,我受晚期罗尔斯哲学的影响,独创了一些方法用来解决儒家思想与自由民主制度的兼容性问题。我认为,这些方法虽然不像海外新儒家那样"做作",但其重点仍然不离儒家思想与自由民主的兼容。我确实也试图表明儒家可以为我们探寻理想政治体制的工作提供一些极具批判性和建设性的思想,而不仅是自由民主制度的"啦啦队"。这种对自由民主的建设性修正即是我在这本书中提到的儒家混合政体的早期版本。此外,我在那本书中提供了一些比较哲学研究的案例,但这些案例看起来似乎缺乏一条共同的主线(除了它们都是比较哲学研究的案例)。

但是,当英文初稿完成之际,在我的研究中,我发展了一个很不正统的观点,而这一观点其实在《旧邦新命》一书中那些比较哲学的章节已经有了端倪。根据这一观点,先秦[1]儒家如孔子和孟子所面临的"周秦之变"(亦即春秋战国时期,大约从公元前770年到公元前221年)实际上是向现代早期的过渡。这是一个很激进的观点,因为人们普遍认为,中国之所以在19世纪和20世纪被西方和西化的日本打败,是因为西方已经进入了现代,而中国还没有。我在这里提出的则是与这种看法相反的观念,也就是说,中国不仅在现代化进程(就进入现代早期而言)上没有落后,而且实际上比西方进入现代(早期)的时间早了近两千年。但其实如果我们遵循对现代性的典型理解,比如将理性的官僚制当作现代国家的关键这一韦伯式的理解,那么我的论点便很容易得到辩护。但即使西方的现代性存在一些独特的因素,且中国也未能于19世纪之前,也就是与西方发生近乎致命的遭遇之前萌生这些因素,我们依然可以论证,近代早期欧洲与处于周秦之变的中国之间有很多共通的条件。如果能洞彻这些条件,我的理论其实就是显而易见的。

相似的政治情形会产生相似的问题。因为中西早期现代化过程中的一些问题在当代仍然存在,我们应该尝试着去理解儒家的解决方案,将其与自由民主式的解决方案相比较,然后再去谈哪种解决方案对当今世界更加有效,而不是简单地忽视儒家的解决方案,将其视为一种前现代的、根本过时的理论。简而言之,我在本书中所要做的首先是从先秦儒家自身出发,尝试着去理解其如何回应"现代性"问题并将这些回应在当代世界中更新,把它与自由民主的进路相比较。在我的英文专著 China: The Political Philosophy of the Middle Kingdom(《中国:中央王国的政治哲学》,2012 b)一书中,基于周秦之变乃早期现代化的预设,我提供了先秦儒家、道家和法家面对"现代性"问题所提供的解决方案的纵览,同时比较这些方案,并将它们与西方近现代思想家提供的解决方案进行了对照比较。现在这本书是关于儒家方案的一个更加详细、更加学术的版本。

简而言之,中国的周秦之变与欧洲向早期现代的过渡之间共同的现代性条件是:一个由陌生人组成的、庞大的、人口众多的、联系密切的、流

---

[1] "先秦"的字面意思是秦朝之前。但本书中的"先秦",指的是周秦之变这一时段。

动频繁的平民社会的出现。在这种情况下,前现代的封建制度,也就是那种曾经适用于一个小规模的、紧密结合的、以贵族为基础的社会的制度便不再适用了,因此三个关键的政治问题需要被重新回答:是什么赋予一些人统治的权利,以及这些人是如何被选出的(合法性问题)？一个政治实体如何被凝聚起来(认同性问题)？如何处理政治实体之间的关系(国际关系问题)？

在本书中,我试图展示先秦儒家是如何回答这些问题的,或这些问题的答案是如何从先秦儒家的观念中发展出来的。我也提供了这些答案的制度化的和更新了的版本,并指出了它们的一些独到之处。最后,我认为相较于主流的自由民主模式来说,这种制度化和更新的版本可能会为国家治理和全球治理提供更好的选择。

本书的结构

在第一章中,我首先质疑了一个(愈发不占)主导地位的观点:自由民主体制,作为一种政治模式,可视为"历史的终结",随后我指出我们应当继续探寻更好的政治模式,以解决世界正在面临的政治问题。我认为儒家思想可以为我们提供这种模式。然而,儒家是一个非常悠久的传统,对它的理解也见仁见智,因此我界定了我所运用的"儒家思想"的含义,以及解释了我解释(主要是先秦)儒家文本时所采用的方法。这一方法是哲学式的,所以我需要阐明为何我们可以以哲学的方式去解读先秦儒家文本,同时也需要解释如何用哲学的方式去阅读这些文本。在这个尝试中,我面对先秦儒家的生活世界,并论证他们所面临的问题与欧洲早期现代化的问题是相似的。

在第二章中,我重点关注了先秦儒家对政治的正当性和统治者的选择这个问题的回答。一方面,我展示了先秦儒家或多或少地接受了平等、向上流动和问责的思想。另一方面,他们对"民治"的民主理念持保留态度。他们的理想政治模式是大众参与和精英(更恰当地说,是"贤人")干预的混合体。

在第三章中,我探讨了"一人一票"式的民主制度存在的问题,以及为何仅从自由民主内部加以修正来处理这些问题是不够的。我以第二章介绍的先秦儒家思想为基础,提出了一个更新的制度建构,并展示了为何这种结合民主元素和贤能元素的儒家混合政体,相较于民主体制的"内部"修正而言,能更好地解决一人一票民主制存在的问题。

在第四章中,我回答了"儒家混合政体是解决民主问题的更好选择"这一理论可预见的挑战。但即使我能回应这些可能的挑战,也许仍有人认为,即使儒家模式带来了好的治理,或者比民主模式更好的治理,我们仍然应该拒绝它,因为它违反了神圣的平等和自治(self-governance)的民主理念。为了应对这一挑战,我进一步指出,儒家的平等观与自由民主的理念并没有那种乍看之下的天壤之别,并且儒家对某些激进的平等观的保留是有其道理的。

我们需要面对的下一个"现代性"问题是如何在一个陌生人社会中建立纽带。在第五章中,我提出先秦儒家引入的"仁"和"恻隐之心"的观念可能是意在解决这个问题,或者说可以被用来解决这个问题。我还阐述了儒家对"恻隐之心"这一普遍的道德情感的培养。尤其是,我指出了家庭这一机制在这种培养中所起到的关键作用。并且,我还会论证,即便当儒家的恻隐之心推诸整个世界之时,它也依然是有等级的。也就是说,儒家在此所要培育的是一种普遍但有差等的关爱。

儒家对凝聚陌生人社会这一问题所作之回答的最紧要处是:我们需要扩充并向外推拓(为我们共有的)恻隐之心的种子。但是当这样做的时候,我们不可避免地会遇到亲与疏的冲突,或者私人和公众之间的冲突,这正是我在第六章所要探索的内容。为了解决这一问题,先秦儒家学者提出了一种私与公之间连续与和谐的模式,但这种模式受到韩非子等思想家的挑战。柏拉图的《理想国》提出了一个明显相反的解决方案。通过对这两种方案的分析对比,我希望能为儒家解决方案的优点进行辩护。随后,我将儒家在处理公私关系时这种连续与和谐的模式应用于当代议题,批评了以公私对立为前提的当代自由主义对美德的回避,并给出了一个在公共事务上的性别平等的儒家论证。

在对先秦儒家那种普遍且有差等的关爱进行了概念性的分析之后,我在第七章中展示,这一观念与先秦儒家的"夷夏之辨"的观念,如何可以被用来塑造处理国家认同与国际关系问题的"儒家新天下体系"。随后,我将说明这种模式是如何优于民族国家模式和世界主义模式的某些版本的。我还展示了这种模式如何为中国的和平崛起提供了真正的可能性,以及它如何能够解决中华民族身份认同中的一些紧要问题,并为其他国家的类似问题指明出路。

全球治理中一个艰难的问题是正义战争,或者一般意义上的国际干涉问题。在第七章阐述的总模式的基础上,我在第八章首先给出了基于孔子思想的比较"保守"的、"孤立主义"的国际干预版本，然后转向了孟子的更具"攻击性"的版本。先秦儒家国际干预理论的总体性原则是"仁责高于主权"，我将其与基于"人权高于主权"原则和基于"防护之责"原则的两种主流干涉模式进行了比较。在这一章的最后，我也试图处理孟子的正义战争理论所隐含的几个问题。

到目前为止，我一直在尝试为主流的自由民主模式提供儒家的替代方案。需要澄清的是，我在这本书中提出的是对自由民主模式的修正，而不是完全的拒斥。尤其需要指出的是，我认为自由民主中的"自由"部分应该在很大程度上加以保留。那么问题就变成了儒家思想如何能与自由民主中的自由部分，特别是权利和法治，相互兼容。这是第九章要讨论的主要问题。首先，我批评性地考察了有关儒学与自由民主（及权利）的兼容性问题的四个"阵营"。随后，我指出自由民主要与（包括儒家思想在内的）不同的学说和政治观念相互兼容，我们需要使权利摆脱诸如康德的自律（autonomy）等形而上观念的束缚而获得独立的地位。利用（修正过的）晚期罗尔斯式的策略，我展示了儒学如何能与权利兼容。作为展示我在本章中提出的使儒家思想与权利观念兼容的一般策略的一个例子，我论证了儒家思想是如何认可动物权利的。这里使用的一个关键概念是儒家那种普遍且有差等的关爱模式，特别是当关爱的对象扩展到包括动物在内之时。关爱关乎国家认同和全球治理的儒家新天下体系的一个关键前提是将这种关爱扩展到所有世人，而这种包含动物的关爱就又进了一步。最后，我将回到第六章讨论的部分问题，即国家对某些美德的推崇如何与自由主义不相冲突。

在本书的"跋"之中，我使用前几章介绍的观念和机制对我们这个时代的两个紧迫问题（包括气候变化在内的环境问题和技术挑战）进行了初步处理。最后，我会讨论将本书中对儒家的提议付诸实践可能面临的困难，即使这些提议确实如我所描述的那般优越。本书中文版还会添加一章因字数限制在英文版删掉的附录，讨论哲学家之政治责任这一一般问题。

自由民主理论家也看到了当前自由民主秩序的问题。但是，在内政上，他们的解决方案大都还是专注于推进"真的"平等和"真实的"自治。

我提出的儒家混合政体是以这样一种信念为前提的:"真正的"平等从根本上来说是难以捉摸的。我们应该寻求的不是"真正的"平等——这是一项无望的工作;我们所要寻求的是一种在最大程度地惠及底层群体的"不平等"。在全球治理方面,我提出的模式也是等级制的或者说不平等的,这与世界主义模式所预设的平等主义理想,以及民族国家模式所预设的所有国家都是平等的理念相对立。此外,儒家的新天下体系以及本书提出的一些儒家主张都是基于儒家普遍但有差等的关爱理念。我认为,这种非平等的关爱,或者说"偏袒",可以为一种优于目前政治模式的新模式塑造良好基础。简而言之,与对当前自由民主秩序的平等主义批评相反,我在本书中提出的是对各种基于不平等的模式的辩护,因此才有了这本书的英文版主标题:Against Political Equality(反对政治平等)。我所构建的这些模式保留了某种意义上的平等;它们只是放弃了不切实际的激进平等的理想。换句话说,现实世界中已然存在的一种趋势正在愈演愈烈:自由民主政体中的民主成分在威胁着其自由成分。我们在发展中国家看到的民主体制(illiberal democracy)的崛起与在西方看到的民粹主义的滋生那样,而这些都在侵蚀着自由。[2] 这一趋势表明,自由主义和民主之间存在着根本性的冲突,在现实世界中,这一冲突的解决是自由被压制。一些自由民主的思想家和实践者仍然试图将自由民主模式中的"自由"和"民主"都加以保留,而前面提到的"左翼"或平等主义的解决方案是通过加强平等来拯救自由民主。但是,也许现在已经是时候去承认自由和民主(以及平等)之间那不可逾越的鸿沟了。一个真正的自由主义者应该努力保护自由主义免受民主和平等威胁。因此,我的解决方案是:给民主与平等加上儒家式的限制来拯救自由。

---

[2] 我对"自由民主"中民主元素的批判最初是在本世纪头十年发展起来的,我的主要观点在这本书中并未改变。有趣的是,在过去10年的大部分时间里,当我发表与我批评民主的思想有关的演讲时,我只能提到美国前总统小布什(George W. Bush)或美国前副总统候选人萨拉·佩林(Sarah Palin)作为民主出了问题的例子。但现在,现实世界有了更多的例子,并且,与唐纳德·特朗普相比,小布什看起来简直像个大政治家! 遗憾的是,我又花了几年的时间才完成这本书,为此我错过了说"我早就告诉过你"的机会。但这也可能是一件好事:我要表达的内容,尤其是对一人一票概念的批评,可能听起来不再那么激进或"疯狂",从而更易被我的读者所接受。

致　　谢

我着实用了很多年才完成这本书的写作,有很多人曾在这段漫长的过程中给予过我帮助。因此,除非我再写一本书那么长的致谢,否则便没有办法去感谢他们所有人。在本书的主体部分,我会感谢那些在某个具体的想法上帮助过我的人。在这里,我将概述一下在我在这本书的思考和写作过程中是如何得到帮助的。

上大学之前,我对西方哲学很感兴趣。我选择物理作为我的专业的原因之一就是为我将来从事严肃的哲学工作做准备。我在北京大学学习时,阅读了冯友兰先生的著作,此外上过的一些中国哲学的课程也帮助我发现了这门学科的魅力。虽然冯先生在我进入北京大学之后不久便仙逝了,但北大中国哲学专业的老师大部分都曾受教于他,所以我觉得从某种角度来说我也是跟冯先生学习过的。我后来还读了其他学者(比如杜维明教授)关于中国哲学的著作。在波士顿大学学习期间,我对中国哲学的主要接触来自他在哈佛主持的儒学研讨会,我曾目睹并为他在世界上推广儒学的热情所鼓舞。我在中国哲学方向的入门应当归功于他们。

在北京大学获得科学哲学硕士学位后,我来到波士顿大学攻读哲学博士学位。该校两位教授深刻影响了我的哲学观和我在中国政治哲学领域的工作。我从已故的德雷本(Burton Dreben)教授那里学到了反形而上学(anti-metaphysics)。他对晚期罗尔斯的维特根斯坦式解读也给我以深刻的洞见,在如何处理自由民主和儒学之间的兼容性问题上启发了我。他对罗尔斯多元主义和自由民主的辩护也在我的政治哲学中留下了深深的印记。另一个对我产生重大哲学影响的是罗森(Stanley Rosen)教授,他似乎与德雷本教授截然相反。例如,罗森教授以前是施特劳斯(Leo

Strauss)这个被视为美国(新)保守主义精神教父的人的学生,他自己也声称自己是一个日常语言的形而上学家。而德雷本是美国自由主义哲学的标志性象征的罗尔斯的密友。他们的思想与立场之间表面的紧张关系和(在我看来)深刻的相似性为我提供了进行哲学反思的好机会。确实,虽然他们之间存在差异,但其对"伟大的典籍"(great books)都十分重视,尽管他们对何为"伟大的典籍"的选择截然不同。他们在解读经典时的小心以及他们的解释方法也启发了我自己对(中国哲学的)"伟大的典籍"的文本细读的方式。罗森也塑造了我的西方政治哲学史观。他对古今之争问题的关注——他有时称之为少与多的(the few and the many)问题——也引导着我对这个问题的反思,并对我最终发展出中国早期现代性的"极端"观点有重要作用。在他身上我也发现了一个志同道合的精英主义者(甚至是尼采主义者)的精神,我亦希望这种精神在这本书中会变得显明,哪怕是臭名昭著。

各种因缘际会,我仍然决定写一篇关于物理哲学问题的博士论文,或更准确地说,是我从我的论文导师斯塔秋(John Stachel)教授那里学到的很多关于量子力学哲学的内容。在辛辛那提的泽维尔(Xavier)大学找到一份工作后,我终于转向了政治哲学和中国哲学。我能够做出这种转变,要归功于那里的哲学系:在前系主任、已故教授莱西(Robert Rethy)的领导下,它是一片育人的沃土。它没有强迫在终身轨(tenure-track)上的年轻老师必须马上发表文章,而是"放纵"和支持他们追求自己的学术兴趣。如果没有这样的环境,我不可能做出改变,甚至我都不可能"活下来",因为在最初的几年里,我无法在这个新领域发表什么文章。莱西和我的一些同事对"伟大的典籍"的关切也激励了我,从他们身上我也学到了很多东西。在泽维尔大学哲学系的这些年,可以说是我的第二个研究生生涯,没有它我不可能写就这本书。换句话说,在美国的体制下,我在泽维尔却做了一次德国式的"第二博士论文",但这个第二论文是有工作保障的,这与如今残酷的德国体制形成了鲜明的对比。[3]

我参加过的许多会议也帮助我更好地阐明我的想法。我无法一一列举,但我想提两个小型会议:"The Midwest Conference on East Asian Thought"(后来变成"The Midwest Conference on Chinese Thought")和"Southeast China Roundtable"。相较于类似美国哲学年会(APA)这样的赶集式会议,数量有限的学者能够在这样亲密的小环境下真正了解对方和彼此的研究,这对我这种刚踏入这个领域的新人很有帮助。

在发表过几篇(大多数是英文)文章的基础上,我开始准备中文手稿,后来便成了《旧邦新命》一书。在这个过程中,我在天则经济研究所、北京大学、中国人民大学、清华大学、北京师范大学、首都师范大学,特别是武汉大学的一个为期一周的系列讲座上的一些讲演帮助我理清了思路。我非常感谢那些邀请我并在那时给了我很多批判性评论的朋友。他们的不吝赐教和友好支持使《旧邦新命》的出版成为可能。就出版而言,我还要感谢王立刚,北大出版社的一位学识敏锐并愿意为其他学者而奉献的编辑。这里我还要再次感谢他,支持我这部书中文版的出版。我也要感谢本书的责任编辑魏冬峰对中文书稿非常仔细认真的编辑工作。

《旧邦新命》出版后,我通过会议、讲座、教学和私人交流等途径收到很多评论。由于篇幅限制,我不能在这里列出它们。其中有一些人的观念对我的学说产生了影响,可我也未曾趁机将其记录下来。我很抱歉在这里只是笼统地提及此事,并对所有曾帮助过我对《旧邦新命》进行重大修订的同仁致以深深的谢意。

我于2010年春季进入复旦大学哲学学院,该院也为我提供了良好的培养环境。特别是孙向晨教授(后来成了学院的院长)和胡华忠博士(当时学院的党委书记)对我从美国到中国的过渡襄助甚多。我在复旦还肩

---

[3] "第二博士论文"的原词是 Habilitation,一般翻译成"特许任教资格"。在德国和一些欧洲大陆国家,一个人拿到博士以后,还要找到一个大学,在那里做实质上的第二个博士论文。这一论文的主题要与博士的研究领域不同。在这个过程完成并得到所在大学的认可的时候,这个人就获得了大学任教资格。但他必须在其他学校寻求教职。美国的终身轨制度是要求博士毕业生在被一个大学雇用的六年期间证明自己的研究能力,然后就可以获得该校的终身教职。而德国的这种体制,相当于一个人证明了自己以后,反而要被赶走。这不仅有些荒诞,并且对一个已经三四十岁的学者,是一种残忍的折磨。

负着其他任务,包括负责一个中国哲学硕士和访问学生项目,该课程使用英语授课。后来我的朋友托马斯·博格(Thomas Pogge)教授建议我去美国访学一年,虽然未能成行,但这让我意识到我需要休息一年来完成现在这本书。所幸第二年孙院长和学院支持我访学一年,在哈佛大学肯尼迪学院马蒂亚斯·利瑟(Mathias Risse)教授(他与我在协力推动比较政治理论的研究中成了朋友)的建议下,我申请了哈佛大学 Edmond J. Safra 伦理中心的在驻学者(residential fellow)的职位。申请成功后我发现该职位是由博古睿(Berggruen)文化和哲学中心新近联合赞助的。我的职位名称变成了"驻哈佛大学 Edmond J. Safra 伦理中心的博古睿研究员"。该中心支持学术研究的环境和这一年的"自由"对我最终完成这本书至关重要,我深深感谢复旦大学哲学学院、由艾伦(Danielle Allen)教授领导的哈佛 Edmond J. Safra 伦理中心和博古睿研究所的支持。我很钦佩博古睿(Nicolas Berggruen)本人能够认真地推进跨文化的深刻思考(deep thinking),我亦荣幸能在此过程中略尽绵薄之力。

完成"修订"所花的时间比我预期的要长得多,所以我要感谢我的编辑 Rob Tempio 的耐心帮助。我也要感谢普林斯顿大学出版社的其他成员,包括 Matt Rohal(编辑)、Natalie Baan(制作编辑)、Cathy Slovensky(文字编辑)、Theresa Liu(文案)和其他一些在出版过程中鼎力相助和不吝赐教的人。他们的专业精神和关心令人极为欣赏。我还要感谢田史丹(Justin Tiwald)、安靖如(Stephen Angle)、Jane Mansbridge、Carlin Romano 和 Melissa Williams 对本书的英文书名和其他内容的贡献。此外一并感谢两位匿名审稿人的赞誉之词及他们提出的宝贵的修改意见。

多年来,我一直在思考儒家思想的当代意义,有两个人给予了我最大的帮助。一位是贝淡宁(Daniel Bell)。我"自己"的许多想法最初都受到他的启发,比如混合政体。他对许多问题都有独到的见解和角度。尽管我并不总是赞同他对儒家、对中国、对西方或对政治的解读,但我总觉得他的观点很有启发性,能够为我的思考提供新的方向。尽管在公开场合他经常表现出"杠精"(contrarian)的倾向,尤其是他对一些西方正统观念的批判上,但他着实是一个很善良的人,在很多方面都给予过我帮助。我感觉他是我的一位老大哥(big brother)——这个"老大哥"是从儒家的意义上说,而不是从小说《1984》的意义上说。的确,他是一个真正的儒者,也许比我更像个儒者。

另一个深刻而又持久地影响着我的思考的人是钱江博士。如果贝淡宁扮演照顾小弟(也就是我)的老大哥的角色,钱江则更像是一个总是给兄长制造麻烦的调皮的小弟弟。如我书中所论证的,我的儒家版本可以抵御韩非子的挑战,而在现实中,钱江就是我的韩非子。他一直揭示我曾在这里或那里做出的过分乐观的解读,并促使我对自己的儒家版本要更严苛些。贝淡宁和钱江二人渊博的知识及对历史、政治和哲学的深刻洞见于我的理论常有帮助。

这本书是献给我奶奶的。她几乎不识字,但却是我在儒家思想和中国文化方面的启蒙老师。通过她以及以她为"北辰"而"众星拱之"的大家庭(包括我的母亲、一个和我很亲近的伯母,等等),我不是学到而是感受到儒家精神和中国文化。他们是我热爱中国传统的源泉。颇为讽刺的是,为了宣扬、捍卫以家为本的儒家思想,我却常常不得不牺牲本可以与家人在一起的时间。我感谢我的父母对他们工作狂儿子的放纵。我很感谢我的两个孩子白与尘和白与歌,他们给了我无尽的欢乐,并拓宽了我生命的价值。尽管正如人常说的那样,如果不是因为他们我早就完成这本书了,可我却并不觉得后悔。

这本书中的一些章节基于我曾发表过的文章,尽管其中大部分都经过了很大程度的修改。我感谢最初的出版商允许我在这本书中使用它们。这些包括:第一章,白彤东(2011 和 2014b);第二到四章,白彤东(2008a、2013b 和 2015b);第五章,白彤东(2014a);第六章,白彤东(2008b);第七章,白彤东(2015a);第八章,白彤东(2013a);第九章,白彤东(2005 和 2009a);跋,白彤东(2015c 和 2017);附录,白彤东(2010b)。

这本书的中文版的出版也得到了复旦大学哲学学院的资助,特别是孙向晨、张双利、张辉几位同事的协助与支持,这里也特别致谢。本书的翻译,是我的几个学生,张宁博(前言、第一章、第九章)、郭孜(第二、三、四章)、张恩泽(第五、六章以及跋)、陆茗(第七、八章)帮助完成的(我略作校对)。这里一并致谢!

说　　明

　　本书所引用的《论语》与《孟子》及其分段依据均基于杨伯峻的《论语译注(第2版)》(1980)和《孟子译注》(1960),所引用的《老子》与《庄子》均基于陈鼓应的《老子今注今译(参照简帛本最新修订版)》(2003)和《庄子今注今译》(2007),所引用的《理想国》均基于 Bloom 的 *The Republic of Plato*(1991)。《论语》和《孟子》不采用传统的篇目(比如"《论语·为政》")的方式,而是用序号标出所引的篇目以及段落,比如"《论语》2.1",表示的是《论语》的第二篇(为政)的第一段。又比如"《孟子》3A4",表示的是《孟子》第三篇(滕文公)的上半篇(滕文公上)的第四段。

目　录

本书的历史 ·· i
本书的结构 ··· iv
致谢 ··· viii
说明 ··· xiii

第一章　为什么读儒家？何种儒家？ ······································· 001
　　一　历史终结了吗？来自崛起中国之信息 ····························· 003
　　二　何种儒家？ ·· 005
　　三　先秦儒家解读的哲学进路 ·· 007
　　四　先秦儒家的哲学解读何以可能？ ································· 011
　　五　如何对先秦儒家进行哲学解读？ ································· 015
　　六　作为现代政治哲学的先秦儒家思想 ······························ 021

第二章　政治合法性的儒家立场：民享、民有而非民治 ·············· 035
　　一　儒家的平等观 ··· 037
　　二　政治合法性的儒家立场：民有、民享 ··························· 038
　　三　……而非民治 ··· 047
　　四　儒家的中庸之道：平等与差等之间，流动性与稳定性
　　　　之间 ··· 051

第三章　作为民主问题之修正的儒家混合政体 ·························· 057
　　一　民主政治的四大问题 ·· 059

二　民主理论的内部回应及其根本局限 ……………… *065*
　　三　民意与贤能结合的儒家政体 …………………… *075*

第四章　儒家混合政体的优越性 ……………………… *089*
　　一　贤能与良政？内部挑战及回应 ………………… *091*
　　二　与民主和平等的冲突？外部挑战及回应 ……… *104*

第五章　作为陌生人社会之黏合剂的恻隐之心 ……… *119*
　　一　仁与恻隐之心 …………………………………… *121*
　　二　作为现代美德的恻隐之心 ……………………… *125*
　　三　恻隐之心的培养：能近取譬直到先天未画 …… *136*
　　四　普遍而差等之爱 ………………………………… *144*
　　五　恻隐之心的有效性 ……………………………… *146*

第六章　推己及人中的矛盾：公与私 ………………… *149*
　　一　公与私之问题 …………………………………… *151*
　　二　先秦儒家的解决模式 …………………………… *153*
　　三　韩非子的挑战 …………………………………… *161*
　　四　《理想国》的解决模式 ………………………… *166*
　　五　两种模式的比较 ………………………………… *172*
　　六　当代对道德的回避之儒家批评 ………………… *177*
　　七　儒家对性别平等的论证 ………………………… *183*

第七章　国家认同与国际关系：儒家的新天下体系 … *187*
　　一　对爱国主义的儒家辩护与约束 ………………… *189*
　　二　文明与野蛮的区别与儒家世界秩序 …………… *194*
　　三　民族国家（nation-state）是通往现代化的唯一
　　　　路径吗？ ………………………………………… *201*
　　四　儒家模式与民族国家模式的比较 ……………… *206*

　　　　五　儒家模式与世界主义模式的比较 ………………… 213

第八章　仁责高于主权：儒家的正义战争理论 ……………… 223
　　　　一　"灯塔国"：作为国际干预的孤立主义 …………… 225
　　　　二　国家实力与正义战争 ………………………………… 228
　　　　三　行仁政的小国之自保 ………………………………… 231
　　　　四　行仁政的大国的征伐之责 …………………………… 234
　　　　五　孟子的正义战争理论 ………………………………… 237
　　　　六　与"人权高于主权"和"保护之责"的比较 ………… 240
　　　　七　孟子理论的问题 ……………………………………… 245

第九章　儒家权利理论 ………………………………………… 251
　　　　一　关于儒家与自由民主相容性的四种立场 ………… 253
　　　　二　作为自由民主的形而上学基础的民主理念之问题 …… 258
　　　　三　一个修正的罗尔斯式的回答 ………………………… 262
　　　　四　儒家权利理论 ………………………………………… 270
　　　　五　一个案例：儒家如何认可动物权利 ………………… 282
　　　　六　国家推进道德与自由主义之相容性 ………………… 292

附录　哲人于时代之政治责任——从不入危邦的孔子与不离乱邦的
　　　苏格拉底谈起 ………………………………………… 299
　　　　一　导论 …………………………………………………… 301
　　　　二　儒家：杀身成仁还是明哲保身？ …………………… 302
　　　　三　作为履行自己政治责任的躲避 ……………………… 304
　　　　四　苏格拉底的哲人：没有统治之责，也无意人间事务 …… 312
　　　　五　哲人有不避乱邦的责任？ …………………………… 317

参考文献 ………………………………………………………… *323*

人名索引 ………………………………………………………… *341*

跋 ………………………………………………………………… *345*

第一章

为什么读儒家？何种儒家？

一 历史终结了吗？来自崛起中国之信息

1989年，弗朗西斯·福山(Francis Fukuyama)发表了著名的论断：我们正处于历史的终结阶段，因为现在的自由民主制度是"人类政府的最终形式"，是"人类意识形态进化的终点"(1992,xi)。也就是说，人类政治的发展史会以这种可能政体中最好的政体为终点，这也是每个国家都应该追求的目标。在这一充满希望的宣言发表30年后，自由民主制度似乎在退缩，而不是扩张。出现这种表象的一个重要原因是中国的崛起以及包括日本在内的"西方"(看起来的相对)衰落，与中国似乎并没有靠着追随西方模式就取得了如此的成就这个事实。在一些西方人看来，在国内，中国政权不是"自由民主"的。在国际关系领域，中国奉行绝对主权理念，遵循民族国家模式，这和西方那种人权高于主权的理念是不同的。

有人可能会断言，中国无法按照以往的发展模式实现持续的崛起，并认为中国最终应当遵循自由民主模式。但像上面提到的，西方模式遭遇了很多问题。就内政而言，新近民主化的国家经常受到种族暴力的困扰，而成熟的自由民主国家也无法应对诸如最近的金融危机、全球化背景下日益加剧的不平等、技术进步等挑战。因此，左右两翼民粹主义都应运而生。唐纳德·特朗普(Donald Trump)当选美国第45任总统只不过是<u>迄今为止</u>最新也是最引人注目的例子。在国际关系领域，颇为讽刺的是，被中国严格遵行的主权国家和民族国家模式其实源自西方。然而这种"民族国家"的模式也是中国及其他许多国家内部民族可能存在冲突的根源之一。在国际上，它导致了两次世界大战，这两次大战实际上就是由西方民族国家和西化的日本发动的。如果中国一直遵循这种模式，那从逻辑上推论，中国也有可能走上德国和日本在两次世界大战前后所走的道路，因为不断崛起的民族国家注定会对世界其他地区有更多的需求，进而会以必要手段挑战既有的世界秩序。如此一来也就不难理解世界其他国家为何对中国崛起深表担忧了,尽管中国政府一直声称自己奉行和平崛起的理念。

超越民族国家的世界主义(cosmopolitanism)是回应上述问题的一种尝试,但它也面临着越来越多的质疑。还有一种更激进的世界主义的尝试是在人权高于主权的思想指导下进行的,它导致西方国家对侵犯人权、野蛮压迫和大规模屠杀等行为进行干预。但是,例如西方国家最近对伊拉克和利比亚的干预,似乎在制造新的、更多的苦难,而不是像他们期许的那样是去消除苦难。此外,做这类正确的事情的要求如此之高,以至于西方国家通常只能在嘴上说说人权高于主权的原则,这就使得世界其他国家怀疑他们的真实意图,认为他们不过是在变相地追逐自己的国家利益,从而对其充满怀疑并冷嘲热讽。

像成立欧盟和建构全球市场这种不那么激进的世界主义形式似乎也做得不太好,因为它会导致严重的国内问题,比如上面提到的日益加剧的经济不平等,以及由于未能凝结不同文化和宗教背景下的大规模的人群所带来的看似无法消弭的政治不稳定。这样的例子不胜枚举:因欧洲主权债务危机(PIIGS),欧盟的维持成了问题;法国在同化一个人口众多、经济受压但拥有独特文化的少数民族的困难;一国内部及欧洲国家之间的难民危机;英国脱欧;还有要再一次提到的,站在孤立主义和重商主义(mercantilist)立场上的特朗普当选了美国总统。

然而,当前自由民主模式的失败并不一定意味着"中国模式"的成功,如果中国模式确实存在的话。那些兜售中国模式的人应该想想傅高义(Erza Vogel)的《日本第一》(1979)这本书有趣的命运,这本书在日本看起来势不可挡地崛起为经济霸主的鼎盛时期很受欢迎。但如今我怀疑除非是为了寻找日本三十年经济停滞的线索,否则没有人会再认真地对待这本书了。有意思的是,傅高义因最近撰写了邓小平的传记而在中国声名鹊起。

具体而言,中国政治还有很多尚待改革的地方。在经济层面,许多中国政治家和学者正在推动市场要在资源配置中起决定性作用,使中国经济变得更加"自由",更加"西化",而不是固守"中国模式"。在国际上,为民族主义所驱使的中国不仅会对世界其他地区,同时也会对自己构成威胁。因此,当代所有的政治模式和话语似乎都不足以应对当今紧迫的政治问题,对这些问题的解决需要我们摒弃历史已经"终结"的神话,承认当前模式的问题,以一种开放的心态探索新的政治可能性和模式。

总之,如果自由民主模式没有危机,如果中国在过去几十年没有取得这么大的成就,那几乎没有人会费心去读任何有关中国的东西,包括这本书,哪怕这本书有其内在价值。但中国也还在不断探索与改革之中。当下人们对与中国相关的内容兴致勃勃,也许像我这样的哲学家应该搭上中国崛起的"便车",尝试着提供一些中国崛起过程中**理应**提供的信息,而不是它事实提供的或者各式各样的中国观察者所提供的信息。

我接下来会尝试着在这本书中展示一些现存的政治模式的问题。但与那种基于中国目前的政治体制而提出所谓"中国模式"的做法不同,我会展示一种不同的"中国模式"。这种中国模式与其说是对中国在过去几十年,不如说是对中国过去两千年乃至更久的出色表现做出了贡献。更重要的是,我会从理论上指出筑基于先秦儒家思想的政治模式和现有的模式相比,也许它能够更好地解决当今的各种政治问题。当然,这并不意味着这些儒家模式可以解决所有紧迫的政治问题,相反,和其他模式相比,它们只是能够更好地处理政治中的某些问题。所以理想的政体将是这些儒家模式和其他一些政治模式相互调和之后的产物,但我们需要证明儒家模式可以与其他模式相互兼容才可以促进这种混合政体的形成。如果这种混合是可行的,如果这种理想的政体也确实能更好地解决当代政治中的紧迫问题,那么这对中国和世界其他国家而言都将是一件好事。

二 何种儒家?

儒家思想是一个悠久的传统,它像一个大帐篷,下面涵盖了很多不同的思想家和思想。从孔子开始儒家传统就在不断地更新、修正,甚至常常打着回到真儒家的旗号来展开自我革命。所谓"真儒"的卫道士往往只是在捍卫他/她自己的思想,而在其他儒者眼里,那些捍卫者提出的儒家思想只不过是异端邪说。那些"我们儒家就是这样、那样认为"的说法往往是荒谬的,至少是自以为是的。"儒家思想"是一个来自"家族相似"的术语——我们需要记住的是经过几代人之后,那些属于同一家族的成员可能长得很不一样了!我并不是说我们不能精确地指出一群儒者的某些共同观点,但定义和捍卫其特征则是一项相当具有挑战性的工作。在这一章中,我采取了一种简单的方式,具体说明并理清了我自己在此书中所讲的儒家思想,但这么讲并不否认有其他解读儒家的方式。

鉴于儒家思想家和儒家文本的差异性,从一两个特定的思想家和文本出发去构建所谓的儒家模式就是一个审慎的选择。与此同时,我们要选择那些被公认为是儒家的思想家和文本加以研究,这样就不会被人诟病说,为了展示儒家的优点,我们刻意挖掘一些名不见经传的、有争议的儒家思想家。那么一个安全的方法就是回到儒家的根源,也就是那些开创了被后世当作儒家思想的早期人物。因为几乎没有人会去质疑这些创始人是不是儒家,而他们的思想为后来儒家的发展奠定了基础,并代表着儒家思想的某些特征(虽然不必然是代表着所谓儒家思想的所有特征)。

研究这些早期思想家的另一个益处是:他们更接近政治问题的根源,因此可能是在直接处理这些问题,而不是通过使用形而上的术语或者援引先贤来论证自己的观点。我们这么做可以使那些不太了解中国哲学的人,或者那些来自不同文化、宗教和哲学背景,但却对共通的政治问题感兴趣的人理解儒家的观点。

因此,我在此书中重点关注了带有奠基性质的两个先秦儒家人物:孔子和孟子。更准确地说,是《论语》所展示的孔子和《孟子》所展示的孟子,同时我也参照了四书中的《中庸》和《大学》。对为什么要把孔子包括进来,我想没什么必要解释。至于孟子,他一直被认为是一个非常重要的先秦儒家人物。宋代之后,他被尊为仅次于孔子的亚圣。[4]《大学》和《中

---

[4] 另一个重要的先秦儒家代表人物是荀子。但将荀子视为一个完美儒者的观念受到了宋明理学家的挑战。更重要的是,他的观点经常与孟子的观点相冲突。如果我们想把孟子和荀子都包括进来并同时公允地对待二者复杂的想法的话,那就很难形成关于儒家的一致描述。这是荀子在本书中基本没有被提及的原因,但这并不否认荀子对儒家而言的重要意义。

庸》同《论语》《孟子》中的儒家思想密切相关,它们被视为儒家文本的典范,自宋代之后前二者被当作重要经典而归入四书。在本书中,除非另有说明,否则"儒学"一词皆指(《论语》中的)孔子和(《孟子》中的)孟子的思想(尤其是孔孟的思想可以相互兼容、相互诠释之时),并以《大学》《中庸》做补充。而当孔孟的思想有显著差异之时,我会用"孔子的思想"和"孟子的思想"来加以区分。

三 先秦儒家解读的哲学进路

有人可能会质疑为何我们现在仍然需要读孔子和孟子,毕竟这两位两千多年前的思想家生活在和当代迥然不同的社会环境之中,并且他们面对的人群和当代也不同。一些人甚至断言孔孟的观念与当代世界毫不相关。尤其是在一些研究"古代中国"的思想史家、汉学家和社会学家的眼中,这些先贤的思想是一种意识形态,无法摆脱其产生的时间、空间和人的限制,在当代自然也就成了博物馆里的物件,也就是一些无生命的东西[5]。我不否认孔孟的思想可以按照这种方式解读,我只是否认这些思想**只能**按照这种方式解读。显然,如果孔子和孟子生活在今天,我们可以问他们如何看待民主和人权,如何看待柏拉图在《理想国》中提出的那种通过压制(几乎)一切的私来促进公(善)的观点。这是柏拉图或康德哲学的读者一直在对他们这些西方哲学家做的事情。

20世纪的中国哲学家冯友兰引入了一个区别,很好地捕捉到了上述说法的精髓。他区分了学习和传授中国思想的两种路径:"照着讲",即按照中国思想原本的意思去学习;"接着讲",即通过学习中国思想来应对变动不居的世界并将中国思想视为一个持续的、有生命力的传统(1999,200)。正如儒家经典《诗经》所言:"周虽旧邦,其命维新。"(《诗经·大雅·文王》)后一种方式将中国思想视为一个有生命力的传统,坚信孔孟等人的思想

---

[5] 这里我借用了汉学家约瑟夫·列文森(Joseph Levenson)的说法,他认为儒家思想在过去的一百多年里经历了一个"博物馆化"的过程(1968,160)。

历久弥新。[6]

需要明确的是,更经验性的"照着讲"的路径和更哲学的"接着讲"的路径之间的区别是一个程度问题。对经验研究路径的纯粹性的坚持预设了两个形而上的原则:一是原作者心中有明确的、客观的"理念";二是经验的研究者可以以某种方式获得这个理念。[7] 但这些信条受到维特根斯坦(Ludwig Wittgenstein)、蒯因(W. V. O. Quine)和其他哲学家的严重挑战。另一方面,坚持纯粹的哲学路径可能会导致对原作者的随意的解读(尽管这种解读本身可能很有趣)。作为哲学家,我采取了"接着讲"的、更哲学的方法来研究先秦儒家思想,同时试图对其原始语境予以公正的剖析。

然而,对中国思想的哲学化解读一直受到攻击或干脆被忽视。把中国思想作为一种哲学来看待就要承认其普遍性和连续性,这正是我在上文中提到的解读方式。许多研究中国思想和历史的学者把中国被西方列强和西化了的日本打败的缘由归于中国传统思想,他们研究中国传统只是为了说明它们有什么问题,最多将它们当作博物馆里的死物件来研究,"整理国故"便是其中非常著名的口号。在已有一百多年污名传统的历史中,有一种看似奇怪的现象:许多研究中国传统的经验研究者同时也是坚定的反传统主义者。胡适和傅斯年便是这一集团具有代表性和影响力的两个人物,在大中华地区学术界以及来自世界其他地区但受大中华地区教育或影响的学者中间,他们的影响时至今日都依然存在。在这些反传统主义者看来,中国思想,尤其是儒家思想,是中国人特有的东西,是一种特殊的文化,是一种过时了的从而必须被取代的文化。所有这一切都是为了让中国成为一个"更好的"(背离传统而西化的)国家。所有这些因素都导致中国思想被很多人驱逐出了哲学的领域。

---

[6] 关于当代世界如何对待儒家思想的类似态度,请参阅陈祖为(Chan, 1999, 213)。

[7] 这几乎就像柏拉图《理想国》中洞穴的内化版本,而且并不稀奇,它类似于柏拉图主义者弗雷格(Gottlob Frege)所说的"感觉"或"思想"(他使用"想法"来指代思维中更主观的方面)(Beaney, 1997, 184-185nG;参见154和156nE)。也就是说,其他人永远无法完全理解原作者的想法,因此注定要进入表象的领域:"洞穴",而只有作者本人(以及实证主义研究者)才能(奇迹般地)接触到自己头脑中的想法(或理念)。

带有讽刺意味的是,有些所谓的文化保守派——那些同情中国传统的人——他们坚持认为儒家思想是中国文化的根源,并认为西方的政治体制根植于基督教,因此中国需要采取不同于西方的政治体制。[8] 尽管他们看似对传统意义上的中国的事物十分坚守,但他们实际上使用的还是那些否认中国思想之当代意义者的语言,即认为儒家是中国人特殊的文化。

更重要的是,所谓的"原教旨主义"的态度实际上是对儒家"原教旨"的背叛,或者说对先秦儒家共识的背叛。孔子和孟子从未想过他们只是在为他们的母国鲁国和邹国谋划,他们心中装的是华夏苍生。"夏"或者"华夏"这个词现在用来指代中国,但在早期的儒家经典中它被当作"蛮夷"的反义词使用。也就是说,"夏"的含义是"文明",而非某个种族或民族的特指。[9] 孔子甚至表示,如果他或其他君子居于蛮夷之地,他有信心能化夷为夏(《论语》9.14)。

和那些反传统主义者对将中国思想视为哲学的极端排斥不同,另一种倾向是简单地忽视中国思想的哲学维度。这与西方霸权的傲慢有关。也就是说,至少对许多(如果不是全部的话)西方哲学家(这里的"西方哲学家"指的是研究西方哲学的人,而不一定是西方人)而言,哲学就是西方哲学。在欧洲和北美,很少有主流哲学系会开设中国哲学课程,更鲜有教师专门研究中国哲学。更糟糕的是,几乎没有哲学教师会把中国哲学作为建设一个强大的哲学系所需要的重要分支。[10] 因此,许多研究中国思想的学者都在汉学领域,而他们无论是在中国传统经典的哲学化诠释方

---

[8] 可以参看当代儒家思想家蒋庆的文章(范瑞平等编,2012,27-98)。一个较为温和的观点是,"哲学"是西方的一个范畴,那么把儒家思想归入这个范畴就有很大的问题。相反,它应该按照以前经学家所做的方式去研究。但我在本章后面的部分会论证,如果我们能从广义上理解"哲学",那我们就可以把儒家作为一种哲学来研究。
[9] 例如在一段对话中,孟子暗示说,虽然楚国被视作"夷",但来自楚国的陈良由于热衷儒家经典,他就变成了"夏"人,而来自宋国这个经常被当作是"夏"的国家的陈相,由于放弃了儒家的教导,实际上变成了"夷"(《孟子》3A4)。
[10] 最近一次对哲学各专业在一个哲学博士项目的重要性排序的意见调查中,包括中国哲学在内的"非西方哲学史"在 27 个专业中排名第 26,引发了中国哲学学者安靖如略带悲哀与调侃的感叹:"我们不是最后一名!"参看 http://warpweftandway.com/we-are-not-last/。

面还是在对哲学家的印象方面都带有他们自己的学科偏见,这就强化了对中国思想之哲学维度忽视的倾向,由此形成恶性循环。

另一个否认中国思想之哲学进路意义的原因是对哲学的排斥。这种拒斥的一个诱因是对科学的膜拜。许多在 20 世纪用非哲学的方式解读中国思想的学者——前面提到过的胡适和傅斯年是这一群体中很有影响的两个人物——持有的就是这种观点。在他们看来,以考古学、历史学、社会学和语言学进路去理解中国思想是"科学的",能提供关于中国思想的"客观的"和绝对的真理,而所谓的中国思想的"哲学进路"则是非科学的、思辨的、主观的和武断的。但很奇怪的是,(在 21 世纪和 20 世纪的)许多以非哲学的方式研究中国思想的学者语气都非常独断,他们过分夸大了自己研究的客观性,他们那种信誓旦旦的语气或许很难从那些研究真正的"硬核的"科学(自然科学)的学者口中听到。[11]

本书不是一个专门研究这些人如何从科学主义(scientism)出发来反对哲学的著作,但是让我指出以下几点。第一,对经验研究之客观性的信仰往往植根于事实和价值的区别,但这种区别本身就是一种价值,或承载着某种价值观。第二,由于对现代自然科学的强烈膜拜,一些对中国思想进行经验研究的学者似乎很相信自身研究的客观性(这里"客观性"理解为给出权威、给出真理的意思)。但正如前面讨论的那样,这种信念是基于洞穴隐喻的内在化版本,而当代很多哲学家都展示了后者的问题。第三,如果我们理解了现代自然科学是如何运行的,我们就应该知道所谓的亚决定论(underdetermination thesis)。该理论意图说明,单独靠逻辑与经验事实似乎都不足以决定在多个相互竞争的理论中,那个理论必然是真的。如果连"硬的"科学都是亚决定的话,那我们又怎能期许可以从历史学和语言学等"软"科学中寻求到多少"客观性"和"真理"呢?不幸的是,这种对自然科学的复杂理解往往无法被那些极端膜拜自然科学的人所感知。

---

[11] 这群人仰慕现代自然科学的惊人成就,但他们并没有亲自从事这些科学的研究,因而把这种仰慕变成了科学膜拜乃至科学迷信。参见白彤东(2009c)提供的示例和进一步的讨论。

另一个完全拒斥哲学的原因看起来和科学膜拜相左:拒绝将哲学作为寻求真理的方式,否认哲学的客观性。这种拒绝和否定使一些相对主义者和后现代主义者将中国思想视为一种"话语"(discourse),一种时髦的新潮。有时,狭义的经验研究下对科学的膜拜与后现代主义对哲学的态度可以说是"奇怪的床伴(bedfellows)",因为教条主义和相对主义往往是同一枚硬币的两面。不过相对主义和后现代主义的问题太复杂因而无法在这里加以处理,但我想说,我拒绝这种以后现代主义解读中国思想的态度。

所有这些趋势,从将中国哲学降低到某种特定文化的激进的反传统的态度,到对中国思想的哲学维度的漠视,以及从整体上对哲学的拒斥,都导致汉学方法在中国思想解读进路中占据了主导地位。我对这些趋势提出了一些批评,但它们并不全面。虽然我对中国思想解读进路中汉学方法占据主导地位的现状感到不安,但我并不否认这种方法的重要性。相反,我只是呼吁这些做经验研究的人能够持有谦逊的胸怀,能对那些以哲学进路理解中国思想,包括先秦儒家思想的做法加以宽容。

四 先秦儒家的哲学解读何以可能?

如果我们决定以哲学进路来解读先秦儒家思想,[12]那摆在我们面前一个直接的障碍就是先秦儒家经典并不像西方通常意义上的哲学文本,这也是为什么熟悉西方哲学的人会认为先秦儒家经典不是哲学文本的原因。例如,《论语》似乎是随意收集的对话,缺乏系统的论证。[13] 这种反对从哲学上研究先秦儒家文本的论证,预设了哲学是植根于论证的。但这一预设本身被论证过了吗?

的确,在说某种思想是不是哲学之前,我们必须先对哲学进行定义,在哲学和非哲学之间划清界限。20世纪的科学哲学家试图在科学和非科

---

[12] 关于所谓中国哲学合法性这个问题的详细和系统的处理,见白彤东(2014b)。
[13] 例如,研究中国哲学的学者万百安(Bryan van Norden)认为《论语》不应被视为哲学文本,因为它缺乏那种哲学文本的系统性(2002b,230-231)。

学之间画出鲜明的分界线,或就这一分界线达成共识。在他们看来,这条界线似乎显而易见且很容易被划出,然而他们却失败了。如果说这个失败能给我们什么"启示"的话,那就是我们区别哲学和非哲学的工作,即便不是不可能,起码也是非常困难的。

然而,如果我们想回答是否可以对先秦儒家文本进行哲学式的阅读,我们必须首先界定什么是哲学。接下来我将以一种建构性的方式来定义哲学,并在此基础上考察早期先秦儒家文本是否可以被视为哲学文本。那些不认可我定义的人,可以用他们自己的方式定义并给出他们自己的考察。

这个定义虽然是笔者给出的,但是,它应该尽量符合我们对哲学是什么的一般理解,而不能是完全随意的。我们不希望我们所给的哲学的界限太窄,也不希望它太宽。如果我们把这个界限放得太宽,会包含了我们一般不归类于哲学的东西。如果这个界限太窄,我们很可能是把哲学内部的一个流派或某一时段的哲学(例如分析哲学)当成哲学全部。显然,实现这样的平衡是一门艺术,而不是科学。

在上述考虑的基础上,以下是我的定义(在本章前面已经暗示过了):哲学是对"哲学问题"("哲学问题"会另行定义)的系统反思。[14] 哲学从根本上应该是反思的。这意味着哲学不应该是当下行为或是习俗成见之表述,而需要对其有所反思。哲学的反思性特征还要求我们对这些反思继续进行反思,因而会让我们的反思不是零散的见解,而是尽可能地成为一个内在一致的系统。这就是为什么哲学应该是系统的反思。[15] 它的对象是"哲学问题",即那些能够超出特定时间(时代)、特定空间(地域)、特定人群的,且是我们不得不面对却又无法根本解决的问题。如果这些问题局限于某一特定的时间、空间和人群,那么它们就是历史学、区域研究、地理学、社会学、人类学等学科的问题,而不是哲学问题。如果这些问题

---

[14] 我们可以看到,这个定义与冯友兰对哲学的定义很接近,即"对于人生的有系统的反思的思想"(1966,2)。
[15] 我所说的"系统",不是说一套哲学要全面地、无所不包地处理所有重大问题,而是说它的反思之间又有通过反思的反思达到的内在一致性,从而使它们成为一个系统或一个连贯的整体。

是能够得到解决的问题,它们就是现代科学的问题,因此应当从哲学的领域"移民"出去。

有了这样的哲学定义,有些人可能仍然拒绝对待先秦儒家文本的哲学进路,因为,正如先前提及的那样,这些文本中似乎缺乏论证。但这是混淆了系统反思和论证二者之间的关系。然而,为了论证的目的,我们假设论证是表达系统反思的**一种**重要形式。下面,让我们看看《论语》中是否有论证。

在《论语·阳货》(17.21)中,孔子和学生宰我之间有一个关于三年之丧的讨论。三年之丧,应该是当时的礼俗。如果《论语》不过是对习俗的记录,那么孔子与宰我就不应该对三年之丧有任何讨论,至多只是诉诸权威而已("此乃《礼》之所定,故必守之"云云)。但是,在《论语》中,双方都分别给出了超出诉诸习俗的思考与论证。当然,与三年之丧的讨论相比,《论语》中很多对话都更为简约,似乎不能算论证。比如在《论语·宪问》(14.34)中,当被问到是否可以以德报怨时,孔子对此的直接回应只有简简单单的四个字,"何以报德?"其后又用八个字给出了自己的立场("以直报怨,以德报德")。但是,"何以报德"四个字一针见血地点出了"以德报怨"这个想法的毛病之关键。也就是说,"以德报怨"听起来很高尚、很宽容,但是,这种对恶行的宽容,其实是对德行的不公。

一般来讲,中国传统文献中表面论辩的缺乏不等于说它们不含有论证。它们这种表面的缺乏可能是因为很多论辩的步骤被省略了、跳过了,而它们给出的是所谓的"论证轮廓"(argumentation sketch),即论证中最关键、最难的地方。实际上,即使在以论证严格著称的理论物理学和数学著作里面,很多论证也都是"跳步"的。但是,如果一个读者因跳步而无法理解这些论证,那么结论不是这些著作的作者之论证不严谨,而是这个读者可能没有资质来做物理学或者数学。如尼采所说,"在群山中最短的路是从峰顶到峰顶:但是为了走这条路人必须腿长。格言应该是这些峰顶——而它们所诉诸的人应该是高远的"(转译自尼采,1954,40;《查拉斯图拉如是说》第一部分第七节,"论读和写")。

但是为什么只提供一个论证的轮廓呢?直接的理由包括省事(甚至

仅仅是现实条件的约束——一个建于公理系统上的严格论证可以"非人"地长!)、炫耀、一种基于贵族式的骄傲(aristocratic pride)而对平庸之不屑,等等。除此之外,还有一个与哲学反思之表达有内在关系的原因:每一个复杂的问题可能都有无数从严格的逻辑上讲需要论证的地方,但是,这种事无巨细的论证,容易使读者迷失于这种琐屑,迷失于"富裕的窘境"(embarras de richesses)。而简约的论证,可以给出读者最重要的路标。其中的细节,合格的读者可以自己来完成。这种一针见血的本领,也正是大思想家(无论是哲学家还是科学家)之所以为大的地方。

简而言之,轮廓式论证与西方哲学常见的步骤更加详细的论证是论证的不同形式,并且前者也许可以更好地激发和引导我们的反思。我们可以把这种想法再推进一步,承认有彻底超出论证体裁的表达(作者的)、激发(读者的)反思的方式,比如《道德经》、尼采的著作里面用到的格言体,等等。这种体裁,尤其是表达对那些可能有着内在紧张的问题的反思的时候,可能是有其优势的。比如,如果所要说的是不可言说的,那么我们是否能有除了静默之外的言说方式呢?这是在柏拉图的《斐德罗》篇里讲的写作的问题,《道德经》道不可言说的道、《庄子》提到的不落言筌、佛学说的无背后的共同问题。

因而,在中国传统文本中是可以找到论证、找到反思的。但不可否认的是,与西方哲学著作的常见形式——论文体(treatise)相比,这些论证与反思常常看起来很零散、不系统。正如钱穆先生指出的那样,春秋战国以降,传统中国的知识精英有机会成为统治精英的一部分。[16] 这与春秋战国之前和中世纪(乃至近现代早期)的欧洲不同。因此,过去中国的知识精英可以把他们的政治思想和理论付诸实践,而没有太多需要将它们变成脱离现实的理论。事实上,欧洲现代早期思想家卢梭的主张也支持了钱穆的说法。其《社会契约论》开篇写道:"人们要问我,我是不是一位君主或一位立法者,所以要来谈论政治呢?我回答说,哪个也不是;而且这

---

[16] 冯友兰先生也说:"著书立说,中国哲学家视之,乃最倒霉之事,不得已而为之。"(冯友兰,2000,7)其原因,冯先生诉诸中国哲学家对内圣外王的信奉,但笔者更倾向于钱穆先生的说法。

是我为什么来谈论政治。假如我是个君主或者立法者,我就不应该浪费自己的时间来谈要做什么事了;我会去做那些事情或者保持沉默。"(1978,46)与此不同,中国历史上的很多政治思想家可以通过向上流动进入现实政治的核心。这一点在春秋战国时期已经发生了。

当然,这一辩护只是解释了为什么中国很多思想家的作品与西方不同,并表明,如果被给予机会(或者,更准确地说,如果被剥夺了参与现实政治的机会),传统中国的思想家也会写出与西方哲学著作的文体更相像的著作。但是,中国经典尤其是语录体经典表面的日常性,不等于它们没有哲学理论的深度。冯友兰先生也表达过类似的观点,他认为有两种系统,形式上的系统和实质上的系统,中国哲学文本中没有形式上的系统并不意味着它们没有实质上的系统。(2000,10)[17]

五　如何对先秦儒家进行哲学解读?

如果哲学可以按照我上面所讲的方式理解,那么先秦儒家(乃至传统中国)经典就能够以哲学的进路来解读。这种对哲学的理解也意味着阅读这些文本需要特定的方法,也就是读者要填充论证轮廓,并发现经典内部的系统,始终要在对文本之原始语境保持敏感的情况下并考虑它们在当代的意义。

要将这些方法应用到传统文本中,我们首先需要做的是在同一文本或同一作者的不同论述中找到那些明显的差异甚至矛盾。然而,在积极主动地发现这些差异之后,我们不应该像有些以分析哲学式的思想来阅读中国古典文本的读者那样,声称经典的作者没有看到矛盾或者他不懂逻辑等。相反,我们应该以尊重和宽容的原则来阅读这些文本,因为从古希腊和先秦以降的两千多年里,人类的哲学经典与伟大的思想家并不多(这是为什么我们称前者为"经典"、后者为"伟大"的原因)。如果我们能在这样的哲学家所撰的经典里轻易地挑出含混不清的地方,那么我们应该作的合理猜测不是这些伟大的思想家没想清楚,而是由于我们的智识

---

[17] 据郑家栋、王国维、胡适、蔡元培等更早地提出了类似的区分(郑家栋,2004,8)。

能力有限或局限于我们的环境,没想清楚或没能理解他们的微言大义。从这个意义上说,尊重"权威"(伟大的思想家和他们的著作)就是批判性地思考,就是批评和超越现世的权威(即我们的偏见和封闭的思想)。因此,在发现这些差异之后,我们应该尝试着去补全缺失的步骤,或者在看似矛盾的论证中重构其隐含的系统一致。

的确,在阅读经典著作时,那些我们看一眼就觉得意义清晰的地方可能实际上并没有过高的价值,而那些乍看似乎令人困惑甚至矛盾的地方可能才是一部经典中最有趣的部分。这可谓"因为它荒谬,所以我要研究它"——这里我修改了被归于神学家德尔图良(Tertullian)的说法。我们应当给予这些差异或矛盾最多的关注和关切,应用中国传统哲学注疏传统中的方法,或者我们可以说,应用哲学的解释学(philosophical hermeneutics),同时应用严格的分析和活泼的想象来发掘哲学经典更深层的涵义。

我使用的解释学方法的关键是整体性原则。也就是说,我们应该尽可能地把同一作者的某部或多部哲学经典看成一个整体。不过,这种整体性看法一直受到怀疑。比如在西方,柏拉图的一些对话内部各部分以及柏拉图的不同对话被有些人看作是柏拉图不同时期所撰,并不表达一个内在一致的思想,而是反映了柏拉图哲学的发展甚至改变。在中国,上面提到的科学的膜拜者对以整体性原则理解经典文本的做法发起了更为激烈的挑战,比如20世纪早期的中国古史辨派以及像李零这样的当代追随者。[18] 晚近对《论语》的整体性怀疑的一个极端例子是西方学者 E. Bruce Brooks 与 A. Taeko Brooks 所撰的,饱受争议的 *The Original Analects*(《论语辨》)一书。

一个常见的对以整体性原则阅读经典文本的可行性的挑战是说由于这些文本实际上是由不同的人写就,因此不能按照一致性原则去解读这个文本。一个文本有多个作者这种论断的一个重要论据就是该经典各章中用语在语法上或文体上的不同。这些不同的语法或文体又是产生于不同年代的,是不可能被通常以为的历史上的那个作者所掌握的。但是,这

---

[18] 尽管这种怀疑在中国传统有其根源(感谢安靖如提醒我这一点),但是这种对中国经典的怀疑态度可能由于对现代科学的膜拜而被加强。

些语法和文体真的产生于经典的公认作者之后吗？即使它们产生于这个作者之后，这些语法和文体在这部经典里的运用有多普遍？若不普遍的话，我们为什么不应该保守地认为只是出现这些不一致的地方是有问题的，而不怀疑这部经典大体上的真实性？此外，考虑到许多经典被遗失和重新发现，或者许多作品经过多方转录的事实，那么这些差异可能是和抄录者有关。虽然这些抄录者用了后来的语法和文体，但他们也许没有改变经典的内容，或我们可以合理地去除他们做的变动。[19] 这难道不是一种合理的推测吗？

一般来说，一些历史学家和语言学家似乎对他们所使用的证据和逻辑的"硬度"（hardness）非常自信。我怀疑一些人对基于历史、语言学的证据、对论证的逻辑分析采取的并不科学的态度实则源自对自然科学的膜拜。正如本章前面提到的，这种"信仰"在哲学上是幼稚的，并且许多真正理解科学的自然科学家也并不认同这种信仰。如果我们意识到即使在像物理学这样"最硬"的科学中也存在着经验和逻辑不足以决定论断的正确（即所谓"亚决定论"），那么我们就应当看到在解读经典的过程中，语言、历史证据和逻辑的亚决定（underdetermination）就更难消除。

需要说明的是，我并不是说我们应拒不承认任何语言学和思想史上的证据，而只是说我们应该对这些证据和怀疑抱着科学的怀疑态度。更重要的是，如果否定经典文本的完整性的证据不是决定性的（即这些证据超过了**合理**的怀疑），那我呼吁还是要以一种宽容的态度对待基于整体性原则的哲学解释学。

此外，即使一个经典被证明有多个作者，这些作者仍然可能是在试图提供一套连贯的思想体系。即使后一点被否定，只要这部经典在历史上曾被当作一个整体，并有大思想家成功地给出过整体的解释（比如王弼所注释的《老子》[1991]、朱熹注的《论语》），那么我们对这部经典应用整体性原则还是有意义的。这种阅读所要理解的内在一致的想法虽不是原作

---

[19] 关于这一论点的一个可靠的案例研究，请参阅韩林合（2008）的第 1 节。在那里，他对庄子的完整性和整体性的质疑提出了有趣的批评。

者的意图,但却是一些后来的思想家所采纳的。

实际上,整体性原则经常受到比语言学还要"软"的证据的质疑。为了回应为何通常被认为是来自同一作者的同一个文本或者不同文本之间存在着明显的差异,人们会猜测该文本有多个作者,或者作者随着时间的推移改变了自己的观点。用这些推测来反对整体性原则似乎是一个循环论证:因为某些文本有不同的作者或者作者逐渐改变了自己的想法,所以我们不能给之以内在一致的解读;而正因为我们尚未给出对文本的内在一致的解读,所以该文本有不同的作者,或作者改变了自己的想法。当然,这些推测有时也有独立的证据,但这些证据其实带有很大的不确定性。[20]

从哲学上讲,为了解决文本中存在的明显的差异而说该文本有多个作者或者作者的想法在不断地改变这种做法是很廉价的。如果一本书只能被肢解成黑白分明的或互相之间缺乏联系甚至相矛盾的教条的话,那么它就不配被叫作哲学经典。如果我们不能用我们的哲学解释学来解决经典中的冲突,但又没有独立的确凿证据去证明确实该经典有多个作者或者作者的想法的确发生了变化,我们就应该诚恳地讲我们不知道怎么解释这一文本。[21]

---

[20] 我并不是说一个作家从不改变自己的想法。例如,在《论语》2.4 中,孔子描述了他在不同年龄时的不同特征,而这些不同的特征意味着他在某些问题上的思想可能会发生变化。

[21] 我在这里捍卫的是一种对待经典的哲学进路,反对一些"小学家"(英文所说的 classicists,即对经典进行文字、历史、思想史研究的学者)的教条和武断的态度。当然,对经典之真伪(即它是否是其所通称的作者及其年代的产物)和完整性的怀疑可能会被当代中国许多学者所忽视。如果是这样的话,这种怀疑如果发挥得当,或许可以在上述背景下实现一种健康的平衡。另外要指出的是,我所捍卫的哲学进路和韩林合在一篇文章中所阐述的类似,但也有一些差异(2008)。例如,我认为他处理的不同原则,包括完全性原则、系统性原则、一致性原则,在我看来都在表达同一个或者说同一类原则,即整体性原则。虽然有所分歧,但他和我的担忧是一样的,我们都不满所谓"小学家"那种教条与武断的方法,他的创新性原则也与我所要求的对隐藏的系统论之重构相一致。然而,我的重构性阅读比他的创造性阅读更"保守"些。也就是说,基于尊重的原则(韩也有类似的想法),虽然我不预先排除经典之作者在某些问题上没有思考清楚的可能性,但我只会把这种可能性作为最后的手段。虽然我承认我的进路是哲学的,它不必然忠于经典之作者原初的意图,但我并不排除这样一种可能性,即我的解读梳理清了经典之作者潜隐而未发的意图,或者也许我要说的就是作者在新的情境下要说的话。此外,在我和他都介绍了各自对经典的解读进路的一次会议上,韩林合表达了(传统)中国没有哲学的观点,而这一观点正是我在这一章所反对的。

综上所述,我认为整体性原则可以应用于本书的重点文本《论语》和《孟子》,以及其他经典文本,如《老子》和柏拉图对话。但我并不认为这一原则可以适用于每一部经典,特别是那些一直以来我们都有理由相信其有多个作者且不同作者之间没有共通的意图,因此很难被视为拥有一致性的文本。[22] 有人可能会说,尊重经典意味着不尊重新近对经典的挑战。这很可能是事实。但这种"不尊重"的态度也是基于类似的常识性考虑。也就是说新近的挑战本身并没有在不断推移的时间中接受各种思想家的彻底挑战,也不可能像已经经受时间的考验的那些经典那样可靠。此外,由于效法它们所提供的科学进路,当代学者似乎更重视新思想而不是保守传统思想。理解他们的这种热衷也会使我们合理地怀疑当代思想家的怀疑。强调对传统的尊重可以对进步历史观和对新奇的迷恋产生的影响起到矫枉过正的作用。

但是,意图实现中国思想之系统化与清晰化的哲学进路受到了一些人的批评,他们认为这种方法会破坏中国哲学之美。比如,郑家栋所描述的冯友兰对中国思想何以为哲学的理解,与本书的立场极为相似,但同时郑家栋对这种工作进行了批评。他认为,清晰性与系统性成为"中国哲学"现代转化的不二法门。依据冯友兰的说法,由于中国历史上的典籍言简意赅,通常只是径直说出结论,所以现代意义上的"中国哲学"研究,在很大程度上也就意味着如何运用逻辑分析方法把古代哲人所省略的论证过程添补出来。冯氏的贡献主要在于逻辑和清晰性方面,但同时为此付出的代价也是惨重的。例如,冯友兰一直试图用西方哲学概念来解释《老子》中的思想,这削弱了这本书中的智慧,如此一来老子至多也只是三四流的形而上学家,或者更惨(郑家栋,2004,8)。郑家栋还由此出发,批评了在冯友兰影响下,当代学者以本体论、形而上学为中国哲学研究重心所在的做法。的确,常有人说,中国哲学是一种生活方式,强调修身、体悟。更有一些比郑家栋更为极端者,坚持中国哲学只能由中国人、由中国人特有的概念来理解。

---

[22] 感谢金鹏程(Paul Goldin)和安靖如对我的整体性原则的界限的提醒。

后一种观点是关于中国哲学的一种神秘主义,在哲学上讲,不免要落入私人语言的困境,或者一种极端相对主义的困境。也就是说,我们可以质疑持这种立场的人,他凭什么知道那独特的中国哲学是什么,中国古人脑子里在想什么?如果我们不相信他是灵童转世之类的话,我们就不得不说,连中国哲学也是没有的,某一个人的说法,也只能在他自己的话语系统里才能解释,甚至某一个人在某一时刻的说法,只能在那个时刻里被解释,直到我们最后被引到人连一次踏入同一条河流都不能的境地!并且,按照我们这里对哲学的立场,如果一种思想只属于中国,那它是人类学、社会学研究的对象,而不是哲学研究的对象。

就中国哲学是一种生活方式的观点而言,正如中国哲学学者方岚生(Franklin Perkins)展示的那样(2012),西方哲学也有这样的传统。此外,这种说法实际上把对某些学派的特定解读误解为中国哲学的全貌,这显然是错误的。例如,先秦中国思想家韩非子的哲学与生活方式也许就没有什么关系。此外,作为哲学要有系统反思。在这之上或之外哲学有生活方式之功能也未尝不可。我们甚至可以把哲学之定义改为"哲学是对超时间、地域、人群的根本问题的系统反思,其意图是改进人类之生活",这样就把生活哲学包含进来了。我在这里一再坚持的不过是有系统反思是一种思想为哲学的必要条件。

郑家栋反对这种观点的理由是,对中国思想清晰化、系统化的努力有可能使中国思想蜕化成三四流的西方哲学。笔者也认为,强迫中国哲学使用西方哲学的一些系统、概念很成问题。根据我对哲学的理解,不同哲学之间的相通性来自它们面对的共通问题。因此,我们应该从问题出发,而不是一下就迷失在概念系统里面。更直接地针对上述反对意见,我认为一些清晰化、系统化的努力是失败的,但我们应该对清晰化、系统化采取更宽泛的标准,而不是将某一种清晰化、系统化的方式(比如西方近现代哲学的论文体,甚至只关注狭义之论辩的分析哲学之方式,或者德国古典哲学的系统)当成唯一的方式。但是,只要我们不诉诸静默或心灵感应,就总是要讲出我们的哲学观念。哪怕是对不可说者,我们还是要说出来。毕竟《老子》也没有在"道可道非常道"之后戛然而止,[23]而历代注释者也还是在道不可常道之道。只要我们在进行哲学思考,清晰化和系统化就是不可避免的。一种尝试的失败,不能说明清晰化、系统化的失败。[24] 在这件事情上如果我们的努力注定会失败,那只能说明我们所面对的不是哲学。

我们不能说清晰化和系统化与中国传统格格不入,因为这正是中国历代的注疏所要做的一件重要事情,而非受西方哲学之刺激而反应的结果。[25] 在这个意义上,经典的阅读者既是经典的解释者,又是经典的合著者(共同书写者)。

六 作为现代政治哲学的先秦儒家思想

1. 进步的哲学观及其问题

有些人可能仍然否认先秦儒学与当代的相关性,即便他们认同它是一种哲学并且其文本可被哲学地解读。[26] 他们可能会说,即使我们"接着讲"或用哲学的方法来解读先秦儒家思想,"问"他们对当下政治问题的看法,但毕竟先秦儒家只是哲学的幼年时期,也就是说,他们已经过时了。然而,这一主张的前提是一种哲学进步观,根据这种观点,哲学会随着时间的推移向最终真理发展。这种观点或许受到那种对现代自然科学的伟大成就由艳羡到膜拜的态度的影响。

本节不是为了系统批判这种哲学进步观,但在此我需要澄清自己在

---

[23] 需要明确的是,不只是当代读者或西方读者未能看透这一看似矛盾的行为。比如,唐朝诗人白居易以一首诗(《读〈老子〉》)表达了他的困惑:"言者不知知者默,此语吾闻于老君。若道老君是知者,缘何自著五千文?"此诗见《全唐诗》第 455 卷第 1 章,我这里参考的《全唐诗》版本是彭定求(1960,第 14 卷,5150)。
[24] 安靖如也有对反对将中国思想作为一种哲学的意见的类似回应(2012,7-9)。
[25] 将学科分为哲学、宗教等类别的做法可能源自西方,尤其是"现代"(19 世纪以来)的西方高校系统。传统的中国学习可能并不按照这样的分类。但这并不意味着我们不能就中哲探究一套与我们在(现代)西方分类中所理解的哲学相对应的研究体系。
[26] 本节只提供先秦儒家哲学的现代性和政治性的概要。详细讨论见白彤东(2014a 和 2014b)。

这个问题上的立场。根据我对哲学的定义,哲学问题是一系列我们必须在"生活世界"中处理但永远不能从根本上加以解决的问题。以此来看,我们就不能因为一个哲学家登场在先便轻视其哲学智慧。

但是,人们可以说随着时间、地点和提出者的变化,哲学问题的表达可能也会变化,以此来反对哲学思考不会进步的观点。我对这种意见的回应是,尽管时间、空间和人会发生变化,但至少有些哲学问题可以保持着一定的"家族相似性"或彼此相通性。这种家族相似性可能根植于我们生活世界的家族相似。

虽然这些问题可能有不同的情境特征,其解决方案也不尽相同,但我们可以将一个文本中的思索从其具体情境中脱离,随后在另一个情境中对之进行重构。这就是说,我们可以对哲学思索加以"抽象翻译"(abstract translation),这样就使某种思索从一开始只是对特定情形的回答转变为一种新语境下的哲学思考。抽象翻译的可能性以某种形式的共通性为前提。这种抽象翻译在物理世界有其类别。学过大学物理学的人会知道,电磁学甚至量子力学都采用了理论力学的概念体系。在理论力学中,力学的公式和定理都是以抽象的方式写出来的,而当系统中的符号被赋予新的含义后,其概念系统便被用于电磁理论甚至量子力学之中。当然,哲学中的抽象翻译没有物理中的严格,它是否成功取决于它是否成功了。

简言之,对一个哲学家在哲学上的重要性的真正关键之处不在于他生活时代的早晚,而是其思想的广度和深度,尤其是就我们生活的这个世界与柏拉图或孔子生活的时代相比并没有本质区别的那些方面的思想来讲。

自柏拉图和孔子时代以来,我们的世界在哪些方面未曾发生巨大的变化呢?例如,我们的人性,或者我们可以使用一个听起来不那么形而上的术语:人类的主导倾向,包括我们的认知能力,我们的理性与非理性等。所有这些也许自人类的狩猎采集时期起就没有太多的变化。因此,早期思想家基于对这种人性的观察而提出的理论可能在今天仍然非常适用。尽管我在上面批评了哲学的进步观,但我承认人类生活世界里的一些方面或许已经发生了巨大的变化。比如,现代金融之力量与无所不在可能是我们这个世界所独有的,而早期思想家由于没有考虑到现代金融的状况从而使得其对经济的分析可能是过时的,或者至少需要重大的更新。[27]通常情况下有人会说柏拉图和孔子生活在古代,而我们生活在现代甚至是后现代。但首先我们必须明确现代与古代相比在哪些方面有根本的不同,或至少是重要的不同。如果古代和现代在很多方面都没有太大的差异,那么古代思想家们在这些方面的思想就依然与现代相关,或者说思想的相关性取决于思想本身的深度,而不是这些思想诞生的时间。最后,尽管很少有人会去挑战柏拉图属于古代(antiquity)这种观点,但我接下来论证"古老"的儒家先贤已经在面对现代化了或正在现代化的世界了,或者我们至少可以说先秦儒家生活的世界和柏拉图以及中世纪欧洲所处的世界相比,更具有和现代世界的相似性。从这个意义上说,尽管比现代西方哲学形成的时间早了两千年,先秦儒家(乃至先秦中国)哲学实际上与现代西方哲学更有可比性,而不是与它同时期的传统西方哲学。[28]

需要说明的是,在之前我指出某些人类问题是超越时间的,并以之论证先秦儒家思想在当代的相关性。同时,我在前面也论证了有些问题可能只属于现代社会。这看似矛盾。对此,我要明确的是:有些人类的问题是永恒的,是古代世界和现代世界共享的。然而,也有一些问题是两个世界中的某一个所特有的,某些问题在两个世界中的表述形式不同,或者因古代和现代的条件不同某些问题要求不一样的解决方案。这些问题及其解决方案也是超越空间、人群和时间的;但它们不是永恒的,它们之所以独特就是因为它们的存在是以比如现代性等条件为前提。这就像经典力学和量子力学之间的区别:它们之间有根本性的断裂,但它们也有共享之处。

---

[27] 感谢钱江向我指出这一点。
[28] 许多20世纪的中国思想家认为,中国传统哲学可以与传统或中世纪的西方哲学相媲美。根据一个人持有的哲学进步或倒退观,人们可以尝试着使中国哲学"现代化",或尝试用这种"前现代"哲学来批判现代性(关于前者的例子,见冯友兰,2001,1:307;后者的例子见刘梦溪,1996,898-956)。除了进步和倒退的观点本身的问题之外,我认为它们共同的前提——中国传统哲学是前现代的——是错误的。

2. 作为现代化的周秦之变

现在,让我们来看看先秦儒家生活的世界。正如本章之前提到的,先秦儒家生活在春秋战国时期。它是处于周秦之变中的转型时代。它之前的政治结构,也就是西周的政治结构是所谓"封建"的。"封建"(以及与之相关的术语)能否适用于西周乃至中世纪欧洲的政权是一个有争议的问题。[29] 但由于缺乏一个更好、更契合的词,我将用"封建"来形容这些政权。在承认中世纪欧洲政体和西周政体之间的差异的前提下,我用"封建"一词指代具有以下将讨论的特征的政体,而我相信中世纪的欧洲和西周的政体都带有这些特征。

首先,让我们来审视一下西周的封建政权。在牧野之战奇迹般地打败了商帝国的军队后,西周开国元勋的初衷是为了控制一片巨大但对周有敌意的领土,这片土地上的许多政治实体还效忠于商王朝,或至少不效忠于已经击败大国商的小邦周。周朝确立的这种政策被描述为"封建亲戚,以藩屏周"(《左传·僖公二十四年》),也就是把周王室的亲戚和友族首领家族分封出去,让他们保护周国。因此,周朝的开国元勋在很多不受周王朝直接管控的地区的战略要地建立诸侯国,并且经常设置几个诸侯国以便互为援助。这是一种扩张主义政策。[30] 这些诸侯国蚕食"蛮族"的领土得到扩张以后,也会学习周王的"封建"政策,分封他们的亲戚和亲信掌管藩屏诸侯国的战略要地。在整个帝国,周王统治着比他低一级的诸侯,诸侯统治更低一级的领主,以此类推。从每一个层面上讲都是由一个统治者统治着数量有限的臣民,这使得统治者可以通过个人影响力、血缘关系、契约以及高尚的品格来进行统治。因此,一个大的帝国通过这个金字塔式的结构(周王在最顶端)被分割成小的、紧密联系的熟人共同体。每一层的统治者都从更高一层的领主那

---

[29] 详情请参阅 Brown(1974)、Reynolds(1994)和李峰(2005 和 2008)。感谢南恺时(Keith Knapp)向我提出这个问题。
[30] 参阅钱穆(1996,57);及李峰(2005)。

里获得很大的自主权。只有血缘意义上的贵族才有合法成为统治者的权利。

但是这种封建贵族等级、宗法系统在春秋战国时期逐渐瓦解了[31]。较低等级对较高等级的贵族统治者的忠诚不复存在,这个世界也变成了所有人针对所有人斗争的丛林。周王朝最终也被消灭了,最终只有"适者生存"。战国时期(约公元前475年到公元前221年)有七个强国(以及一些行将被消灭和吞并的更小的国家),战国七雄中的每一个都有着和西周规模类似的面积和人口[32]。战国七雄这些实质上的主权国家无法再方便地应用周王朝用以统治庞大帝国的金字塔般的模式。这是因为,在所有人针对所有人斗争的丛林中,大多数低级贵族领袖与周王及其封建政治结构一起被消灭了。因此,关键的政治问题需要被再次解答。

就政治而言一直有三个关键问题需要被回答。(当然或许还有更多的问题,我这里不会考虑)首先,每个政治实体都需要找到一个纽带、一面旗帜或一种认同以便形成一个团结的整体。其次,如果政治实体必须通过一定的秩序得以组织,那么谁应该负责维持这种秩序?如果是通过一群人,那么这个群体的成员该如何被选择,遴选程序的合法性是什么?第三,处理实体与实体之间关系的机制是什么?

在西周的统治下,所有这些问题都以令人惊讶的简单方式得到了很好的解决。《左传》中讲"国之大事,在祀与戎"(《左传·成公十三年》),应该很好地概括了当时人们所认知的封建秩序。在祭祀以及其他封建礼教活动中,一个数量有限的贵族共同体聚集到一起去祭祀、狩猎及宴饮。这些活动的领导者,即地位更高的贵族,有时会炫耀他的军事和经济实力。所有这些做法都会加强贵族之间联系的纽带。在这些仪式中,比如在周王与诸侯一起的仪式中,祭祀者要向建国之先祖和上天表示忠诚,以此强化贵族血统为基础的封建统治秩序的合法性。祭祀典礼实际上表达了一种

---

[31] 李峰(2005)详细分析了西周的灭亡,尤其是其内在制度的缺陷。
[32] 如果我们考虑人口的自然增长,那么就可以理解战国七雄中每一个国家的人口都可以与周帝国相媲美。即使在领土方面,虽然表面上西周早期控制着中国北部,但在西周的疆域内有许多蛮夷的土地,并不受周的控制。在几百年的扩张中,至战国时期,这些土地大多已被七雄侵占,所以从这个角度来说战国七雄中多数国家的疆域也可以与周帝国相媲美。

暗示："我爷爷的爷爷因为有天命而建立了整个帝国，而你之所以是诸侯是因为你爷爷的爷爷是从我爷爷的爷爷那里获得了合法性。因此，你必须服从我。如果你不服从，看看我在这里展示的军队和武器吧。"当封建领地之间发生争执（甚至战争）时，更高等级的贵族领袖会成为仲裁者（周王是最终的仲裁者）。表达战争的"戎"这个术语有着特殊的内涵，其原初含义是蛮夷的一个分支。对待这些人，周朝的封建秩序并不适用，他们可能只适用赤裸裸的武力。

但是，封建贵族政治体制的瓦解，意味着以往对这三个政治根本问题的回答已经不再适用了。很明显的是，统治阶级的合法性成了问题，因为封建秩序的合法性最终来自周天子乃至上天。随着周王实质上的消逝、许多贵族被消灭、许多篡位者夺取了权力，一个人就不能再通过诉诸自身的血统或上天的认可来获得政治合法性了。关于社会和政治的纽带的问题，正如之前提到的，尤其是在战国时代涌现出来的是几个地域广大、人口众多的国家。在这些国家中，君主都不再有以贵族为基础的封建代理系统，而要直接面对成千上万的陌生人。这似乎是个不重要的变化，但是，在政治里，大小很重要。那些能够用来凝聚小共同体的（亲情、宗法、礼俗、个人契约、对善之观念的理解的分享，等等）就不能用来凝聚大的陌生人社会了，除非使用行之有效的压制（oppressive）手段。也就是说，在非压制的情形下，价值多元就是不可避免的。一些西方近现代思想家和先秦思想家如韩非子都对这一点有所把握。[33] 最后，没有了在这些国家之上的天下共主与国家内部层层代理的封建领主，每个国家内部就出现了中央集权，每个国家也都独立于其他国家。也就是说，这些国家都是实质上的主权国家。它们之间的关系类似于我们今天所理解的国际关系。

很明显，周秦之变与欧洲从中世纪到西方的现代社会的转变有一些相似之处，现代早期的欧洲思想家和政治家与春秋战国时期的中国思想家和政治家所面临的政治问题是类似的，只不过中国比西方进入现代（早

---

[33] 对西方自由主义思想家如何理解多元性与共同体大小的关系，参见周濂，2007 和 2008a。对韩非子如何看待多元性的价值，参见白彤东（2011）。我们这里当然不是说韩非子是自由主义者，而是他与自由主义者对超越共同体之上的社会形态中的道德多元性有着类似的认知。

期)的时间早了近两千年。

当然,我并不是说中国的周秦之变与欧洲向早期现代化的转变完全相同。西方的现代化有古希腊和古罗马的资源(比如民主与共和等观念),而周秦之变及之后的传统中国(traditional China)的绝大多数时期都没有这些资源。[34] 西周封建是在顶层设计的基础上从上到下实现的,而欧洲的封建更是从下到上、多种因素斗争和妥协的结果。[35] 在西周的宗法制度下,即使不同贵族最终来自共同的祖先,可他们之间的界限是很清楚的。例如鲁国的统治者不会通过继承或赠与而成为齐国君主手下的一个封建领主;他的继任者总是从他的子女中挑选,最不济也要在兄弟或者兄弟的后代中挑选,但从不会从别国贵族中挑选。可是上述这类现象在欧洲却并不罕见。总之,欧洲的封建制度比西周要"混乱"得多。此外,虽然并不像通常所说的,西周是通过血缘关系确立秩序,中世纪欧洲则通过契约确立关系,但是西周的契约与合约通常是在不同等级的贵族之间订立的,而由于欧洲的封建制度比较"混乱",契约往往是在两个同等的贵族之间,或者在两个等级并没有明显的高低差别的贵族之间订立的。所有这些都可能使欧洲人在向现代化过渡的过程中比中国人更能抵抗中央集权的倾向。[36]

中世纪欧洲的世俗君主没有人能享有如周王那样高、那样长久、那样稳定的天下共主的地位,相对稳定的教皇也阻止了世俗君主拥有统一的政治权力。此外,伴随着向早期现代转变的"地理大发现"(Age of Discovery)给欧洲所提供的领土扩张、殖民与向外移民的幅度也使春秋战国时华夏文明的蚕食性扩张相形见绌。欧洲"战国"的数量比春秋战国时期的中国要多得多,而且涉及的土地面积也比中国大很多,这使得欧洲大一统的难度比中国大一统的难度也要大很多。[37] 欧洲的"春秋战国"没有能够达到

---

[34] 所谓"传统中国",指的是 19 世纪末与现代西方发生冲突之前的中国。
[35] 钱穆指出了这种显著的差别。参见钱穆(2005b,1-3)。
[36] 一个系统无组织的事实并不总是一件坏事。欧洲政治体系的混乱可能是现代欧洲不同的相互竞争制度出现的一个因素。而这种制度竞争对英国以及其他的一些国家(比如丹麦)宪政体系的出现至关重要。宪政体系可谓欧洲对人类文明的重大贡献。
[37] 这也可能是欧洲某些地区宪政制度骤然确立和发展的原因。

中国所达到的统一,尽管它们确实"成功地"打了两场"世界"大战(其实是欧洲和脱亚入欧的日本挑起的战争)和很多较小规模的战争。

所有这些差异可能导致了中国和欧洲在面临类似问题时选择了不同的道路。特别是英国首先确立的宪政制度为今天占统治地位的宪政民主或自由民主政体铺平了道路。工业革命也首先出现在英国,它将现代化推向了下一个阶段,即传统中国没有达到的"现代化的2.0版"。现代化2.0版的特质及其对政治问题的意义将在后面的章节中进一步讨论(比如第五章)。但在此我要澄清一个问题:"早期现代"一词可能很有误导性,因为进入了现代早期并不一定保证能够过渡到现代晚期,即工业化的现代。

通常认为,欧洲的现代性的独特表现为市场经济、平等、自由、权力合法性等观念。但这些因素可能在春秋战国的中国也已经出现了,只是形式稍有不同。我们可以用中国和欧洲早期现代共有的更深层次的结构变化(即从以贵族为基础的紧密联系的封建社会到中央集权的、平民化的大国的转变)来解释这些因素。例如,贵族体制不复存在,人不再因为血缘而天生不平等,而是变得生而平等了。这也意味着人不再因其血缘而被固定在某一社会政治角色上与地域中,而是有了政治与社会意义上选择的自由与空间意义上迁徙的自由。没有了封建贵族独占土地,土地也可以在市场上买卖,以土地自由买卖为基础的市场经济也诞生了。至于世俗化,这可能是欧洲所特有的国王和教皇之间的分立和争斗所产生的副产品。

无论这些差异是否真实存在,我在这里所需要的只不过是读者能够承认,在中国和欧洲向"现代"转变的过程中有根本上相似的问题,特别是因现代化之来临使得上述三个基本政治问题,要在一个由陌生人组成的、庞大的、人口众多的、联系密切的、流动频繁的平民社会出现的条件下,被重新回答。

这些相似之处可能会引导我们反思现代性的本质,但这并不是本书的重点。我在这一章中试图表明西方发展出的自由民主体制、民族国家等模式可能是对现代化转型过程中出现的问题的一种回答,而这些问题同样也是包括儒家在内的先秦思想家所面对的。如果是这样,我们应该研究先秦儒家对这些问题的回答，以及他们的回答相对于西方的优劣，唯有如此我们才能得到政治历程应该在哪里终结的结论。

论证周秦之变与欧洲向早期现代的转变之间的相似性是非常有争议的。但是有一个在不断增长的少数群体分享我的这种观点，或者是明确地或隐含地支持我的这种观点。举例来说，美国学者、外交家理查德·沃克（Richard Walker）很早就指出了春秋战国时期的中国与早期欧洲的相似之处（1953, xi）。美国汉学家、中国思想研究者顾立雅（Herrlee Creel）也指出现代（西方）中央集权的官僚机构与中国汉代早期的相似（Creel, 1970a, 3；Creel, 1970b, 124）。肯尼思·华尔兹（Kenneth Waltz, 1979, 329-330）、王国斌（Bin Wong, 1997, 101）和查尔斯·蒂利（Charles Tilly, 1998, 7）也都注意到早期现代的欧洲和传统中国政体之间的相似之处。在最近的研究中，许田波（Tin-bor Hui）认为近代早期欧洲的国际环境类似于中国的战国时期，她也试图解释为什么在这种类似环境下，中国最终统一了，而欧洲却没有（2005）。福山甚至明确指出，按韦伯的标准，秦朝是人类历史上第一个政治意义上的现代国家（2011, 125-126）。

再说一遍，虽然有所争议，但我认为周秦之变是某种现代化过程。在这个转变的过程中，封建秩序以及与之相关的许多政治和社会特征都消失了，一个庞大的、关系密切的、平民化的、流动的陌生人社会出现了。这些变化带来对新的政治秩序的需求。这种变化和需求是周秦之变和欧洲向近代早期转型的共同特征。这种说法没有也不应当存在争议。有争议的地方是这些变化是否属于现代化。幸运的是，如在接下来的章节中可以看到的，我对儒家政治哲学之当代相关性的讨论仅依据那些我认为没有争议的部分。

3. 与新儒家和道德形而上学解读方式的对比

上述对先秦儒学的解读与今天的主流理解形成了鲜明的对比，后者的代表是 20 世纪的海外新儒家（overseas New Confucians）。今天大多数学者认为传统的儒家思想是一种古代的思想体系，其主要关注的是道德形而上学问题。即使我们先不谈它到底是古代还是现代的问题，我关于先秦儒学主要是政治哲学的论断也与当下主流将儒家理解为道德形上学或者伦理学的理解大相径庭。不过,早期中华帝国的史学家司马迁与其父司马谈就将先秦思想视为一种政治思想(司马迁,1981,358)。哪怕是现在被理解成为以心性为本的宋明理学,据余英时的说法,其政治性也被今人所忽视(余英时,2004)。

那么,为什么先秦儒家的本质被这么多人误解呢?传统中国的政治体制是失败的,自由民主体制就政治模式来说是历史的"终结"(福山,1992),这些观念或许解释了为何学者们会忽视包括先秦儒家思想在内的传统中国哲学中的政治因素。如果传统中国的政治一无是处(经常被称为"专制主义的",甚至是"封建"的——"封建"一词常被简单地解释为"过时的"),而我们已经发现了最好的政治模式,那么我们为什么要费心去研究中国传统哲学的政治维度,而不是将之视为博物馆里的一件珍奇玩物呢?

这种对儒学的理解不但从历史上而言是不正确的,并且还远没有将之解读为政治哲学那么有前途。一方面,这种理解忽视了中国传统政治思想和实践的丰富资源,而这些思想和实践可以为我们反思什么是最佳的政治制度提供建设性的意见。另一方面,将儒家限制为道德形上学严重限制了它在多元主义时代的应用范围。在多元主义时代,包括道德形上学在内的整全教义(comprehensive doctrines),在没有使用行之有效的压制手段的条件下,永远不能为多数人所共享,而政治观念(political conception)是可以的。[38]

由于以道德形而上学解读儒学的方式在当今占据着主导地位,人们可能更偏爱宋明理学——在传入中国的佛教的影响下,宋明理学似乎比先秦儒学更加形而上,人们可能也更偏爱比之前的儒学更加形而上的20世纪海外新儒家。有人甚至试图将道德形上学"读入"早期儒学,从而让它变得更"精致"(refined)。的确,与后来的儒家相比,先秦儒家没有那么形而上,或者说用非形而上学的(ametaphysical)方式,将其当作一种政治观念去解读先秦儒学更加自然,这也是为什么我更偏爱先秦儒学而不是

---

[38] 对以道德形而上学的方式解读儒家的做法更细致的批判可以参见白彤东,2010b。

宋明理学这些儒家的晚期版本的原因。[39] 这种形而上学意味没那么浓的、"薄"的儒学可以被相互竞争的不同儒家学派所认可,甚至可以被别的整全教义所认可。因此,当我们以哲学的进路理解《论语》时,它的对话形式不仅不是问题,反而它还有一定的优势,因为这种形式便于将情境考虑在内(比如对话者是谁)并能处理现实的辩证的张力(dialectical tension),并因之比起论文体(treatises)而言,它更少可能会被当作一种整全教义甚至教条。

总之,我的视角是将先秦儒学首先理解为政治哲学。这就意味着,比如,当我处理孟子著名的人性本善的立场时,我不会像今天的学者那样诉诸道德形而上学,而是以政治根源或功能为其最终依据。事实上,孔子在人性善恶问题上是沉默的。孟子和荀子的追随者们为这个问题争论了许久,而这一争论似乎是又一个只能通过看谁捶桌子更用力才能解决的形而上学争论。但他们或许都会同意人需要善也是可以善的,而这种对人的本性的"薄"的理解可以更好地成为持有不同整全教义的人群中的共识。从这个意义上来说孔子对这个问题的缄默似乎更为明智,而我也将跟随他的做法。

4. 儒家之保守与进步解读的对比

将现代化带来的三个政治问题当作先秦儒家的核心问题,我们仍然可以继续讨论他们的立场从根本上来说是保守的还是改良的,甚至是革命的。面对着这些问题,先秦儒家可以建议回到"小国寡民"的时代,就像

---

[39] 上述论断意味着我们必须对"形而上学"进行定义,但这超出了本章可以处理的范围。在我对儒家可以被当作哲学解读的合法性辩护中,我指出,先秦儒家确实为他们的主张提供了正当性辩护,并且为了避免正当性辩护的无限上升(infinite justification ascent),辩护的最终基础必须被给出。如果提供正当性辩护和划定最终基础是形而上学的活动的话,那先秦儒家就是形而上的。但是在很多地方,"形而上"的含义要厚重得多(thicker)。而即便先秦儒家是形而上的,他们的"形而上学"也是非常"薄"的(thin),他们的正当化辩护是以一种"日常语言的形而上学"的方式进行的。这种形上学坚持使用一些被普遍分享的日常推理、日常语言和生活世界,因而可以被持有不同的"厚"的形而上学的人所认可。这里感谢黄翔和林明照促使我明确这一点。我也始终感谢我的两位老师:德雷本和罗森教授,他们对("厚")形而上学的批评和对日常语言形而上学的欣赏启发了我。

老子和卢梭建议的那样(白彤东,2009b),或者回到西周的封建制度。一些先秦儒家的文献似乎也暗示要回到旧的制度中。韩非子等早期儒家的批评者也认为儒家的立场是保守的。关于儒家是否保守的争论在后代持续不断,比如,汉代的古文经学和今文经学之争可被视为这种争论的一种化身。即使在今天,一些同情儒家的哲学学者如张祥龙等还在建议建立儒家保护区(Confucian reservation),即为一个小团体提供可以践行儒家教义的地方。

这种把儒家当作一种保守教义的解读方式并非毫无依据,但这并不是我要充分地批评这种方式的地方。我能做的是进一步明确我所建议的阅读方式。在我看来,先秦儒家是披着保守外衣的革命者。按照这种"进步"(progressive)的解读,尽管儒家的一些措辞似乎与"美好的过去"(good old days)中的那些用语有所共鸣,尽管他们不像其他学派的思想家那样坚决地拥抱"现代"并进步向前,[40]但他们实际上仍然是试图通过拥抱现代性而不是拒斥现代性来解决现代性问题。另外,因为我不认可将先秦儒学看作道德形而上学,所以我也拒绝将先秦儒家解读为只会通过增进道德来解决政治问题的学派。而我的解读的前提是,先秦儒家理解到政治是首要的,而伦理是次要的,是他们对政治关注的副产品。先秦儒家关心的是重建政治秩序,虽然他们没有详细讨论,但他们对制度设计的态度是开放的。特别是在今天的政治现实背景下,通过思考先秦儒家哪种政治制度是他们想要的,来"接着读"先秦儒学,和儒家思想并不相悖,这也正是我在这本书中要做的工作。

换句话说,这种儒家可以回应来自韩非子等思想家的挑战。韩非子是一位极端聪明的政治哲学家,据说他受荀子的教育,却对儒家进行了强有力的攻击。在他看来,儒家试图恢复旧的制度,在这种旧制度下世界被

---

[40] 例如,尤锐(Yuri Pines)认为,首先完全并公开地接受贤能政治的是墨家和之后的法家(2013)。但在接下来的章节尤其是第二章中,我提出贤能政治是孟子的核心思想。这取决于读者对文本中某些段落的解读有多认真。虽然如何阅读一个文本不是完全随意的,但它还是有一定的灵活性。我能做的是明确我的总体方法(进步式的解读),以及我会将相关文本中的哪些主张当真对待。

有德者(有美德的臣民和统治者)和礼仪统治着,但是,儒家没有意识到这种世界已经永远消失了。在"现代社会",法律制度才是有效的。[41] 在我看来,如果不以正面的和建设性的方式回应韩非子的挑战,那儒家思想甚至在汉代就没啥活力了,更不用说在今天。儒家思想之所以能够保存其活力就是因为它直面了这些挑战。

　　简而言之,我的儒家版本是进步的或前瞻的,它拥抱了现代性的现实,对制度设计和法治观念持开放态度。我并不拒斥以其他方式解读儒家的可能性,但在这里我只想明确我自己的立场。

---

[41] 需要说明的是,韩非子理解的法治既不同于常常与法治(rule of law)混同起来的自然法(natural law),也不同于通常用来描述一种威权统治方式的所谓法制(rule by law)。关于韩非子对他所处时代的洞见的一般性讨论,见白彤东(2011)。

第二章

政治合法性的儒家立场:民享、民有而非民治

一 儒家的平等观

先秦儒家生活在一个旧制度行将消亡,而新的政治秩序又尚未建立的世界。建立这一新秩序最关键的问题之一是应由谁来统治;换言之,统治者的合法性从何而来以及他们如何被遴选?在本章和下面两章,我将探求先秦儒家对这一问题的回答,思考儒家的设想如何能被重建为一个适应现代世界的可行模式,以及为何它在处理诸多政治问题时优于当前的民主模式。在这一过程中,我将主要采用《孟子》,同时也引用《论语》和其他文本以资补充和比较。孟子和孔子对于上述问题的回答存在一些区别,为了完整连贯地理解儒家,聚焦于孟子的思想更好一些。此外,孟子处在一个旧制度几乎彻底崩溃的历史时期,所以相较于孔子,他的思想更贴近一个"现代"社会,并更容易适应当今世界。

在第一章中,我们认识到西周封建制度在春秋战国时期瓦解,与之一同衰亡的还有基于血统的贵族阶层以及他们作为各级统治者的合法性。绝大部分人变得生而平等了起来。从这个角度来看,对于(西方)现代性至关重要的平等,也许是一个随着贵族封建制度的瓦解而出现的附带现象(epiphenomenon),因而并非为现代西方所独有。而能将所有这些"现代"思想家(先秦中国思想家和当代欧洲思想家)在平等问题上区分开来的,是他们应对它的方式。

颇为有趣的是,先秦主流学派中几乎没有支持回到封建等级制和基于出身的贵族制的。先秦儒家也不例外,他们尽管以"保守"著称,却拥抱平等。举例来说,只不过是一介平民的孔子据说是第一个私人教师,他公开教授治国才能,对一切求学心切的人敞开大门。而在封建时期,教授和学习治国才能都是贵族所独有的特权。孔子此举大胆地挑战了封建等级制度的基础。在《论语》中,孔子称哪怕一个人只有一份薄礼给他,他也从不拒绝教导(7.7)。在另一处,他更清晰地表明了他的观点,提出"有教无类";他所说的"类",大概指的是学生们的阶层、财富和所来之处的区别(15.39)。

尽管如此,孔子并未在《论语》中提出人人平等的观点。每个人都应当受教育的想法并不必然需要预设人人平等,而可以基于一个最小的前提或是一个非常有限的平等概念,即要么每个人都应当接受一定程度的教育,要么在实际教育之前,我们不能提前决定谁是可教的以及可被教到何种程度。孟子(及荀子)在此基础上进一步提出每个人都是可教的,都有相同的成为圣人的道德上(即使不是智慧上)的潜能。在《孟子》2A6中,他提出每个人都有恻隐之心,而这对于人之为人是至关重要的。在7A4中,孟子进一步提出,一个人自己身上具备他的道德发展所需要的一切。换言之,在潜能方面,人与人是平等的。从这个意义上讲,"圣人与我同类者"(《孟子》6A7)。圣人与常人的唯一区别是,前者从不忽视他原初的善并想要将其培养到最完满的状态,而这一努力每个人都能够做到(《孟子》4B12、6A8、6A11、6A12、6A18、6A19,和6A20)。在《孟子》6B2中,孟子就人人平等表达了他最明确的观点:被问及是否人人都可以成为尧和舜这两位在儒家文本中被奉为理想统治者和理想人格的圣王时,孟子的回答是肯定的。尽管以否定人性本善著称,荀子也主张街上随便一个人("涂之人")都能够成为大禹——另一个传说中的儒家圣王和理想人格(《荀子·性恶》)。[42]

二 政治合法性的儒家立场:民有、民享……

如果按照先秦儒家,尤其是孟子和荀子的观点,我们每个人都具有同

---

[42] 这三位先秦儒家思想家的观点存在一些微妙但重要的差异。孔子并不像孟子和荀子那样完全拥抱平等。而尽管后两位都拥抱平等,孟子推崇的理想模范是尧和舜,荀子则更经常谈及禹。据说禹将权力交给了他的儿子,而不是一个最有道德和智慧的无血缘关系的人。这也许反映出荀子对于在其时代已成常态的权力更加集中的世袭君主制的接纳。关于如何实现人的道德潜能,孟子强调内在的道德完善,而荀子则强调礼所具有的调节和修正的功能,并认为应当被制度化。与他们不同的是,孔子同时注重道德发展的内在和外在条件。

等的道德潜能,都有可能成为圣王,那么还应当存在一个统治阶级吗?如果存在的话,谁将为其统治赋予合法性?在合法性问题上,先秦儒家并不主张重返那个合法性最终来自某种君权神授的旧制度,而试图为政治合法性提供一种新来源。他们坚定地认为政府的合法性在于为人民服务,应以此为基础遴选统治阶级的成员,同时政府应当为其提供的服务负责。在这个意义上,他们的回答与一些现代欧洲思想者的观点不谋而合,后者在中世纪制度崩溃后也面临着新的政治合法性问题。

基于孟子的一个看似历史的、关于自然状态的,但明显旨在描述理想政府而因此是规范性的说法,圣王尧和他的大臣们所做的是将猛兽赶跑,控制威胁人民生命安全的洪水,使得自然环境适于农耕和其他生产性活动,然后教授人民如何耕种以及其他生存技巧(《孟子》3A4)。也就是说,理想政府首先应当为人民的物质生活负责,包括为他们提供安全保障、基本生活用品和(技能性的)教育。这听起来正像是许多现、当代的西方思想家所理解的政府责任,并且已然成为当今对于民主政府的义务的主流认识,而他们比孟子晚了两千余年。[43] 举例来讲,晚期现代欧洲思想家边沁(Jeremy Bentham)将公共利益定义为是且仅是个人物质利益的总和(1948,1-3)。但孟子并未就此止步;他继续论述,当人民

> 饱食、暖衣、逸居而无教,则近于禽兽。圣人有忧之,使契为司徒,教以人伦——父子有亲,君臣有义,夫妇有别,长幼有叙,朋友有信。(3A4)

因此,根据孟子的观点,正是这些政府所教授给民众的社会和群体关系使人成了人。对他来讲,"人"不仅仅是一个生物的概念,而更是一个道德和社会的概念。一个生物意义上的人,或者一个缺乏有效社会关系的个体,

---

[43] 据萨缪尔·弗莱什艾克尔(Samuel Fleischacker),"每个人的基本需要都应当得到满足"的观点直到18世纪才被提出(2004,2和53-79)。但裴宜理(Elizabeth Perry)对此指出,他完全忽视了儒家的传统(2008,39)。如我们在这里所见,儒家远早于西方思想家提出了这一观点。

并不是一个真正的人。[44] 这也与他的另一观点吻合,即人兽之别就在于人有发展仁义礼智这四种美德之潜能,而这些美德都是定义于社会关系之中的(《孟子》2A6 和 4B19)。所以,一个政府如果可被称作人的政府,就必须保证其民众拥有这些基本道德。[45]

孟子将政府理解为必要的善,其义务包括照顾人民的道德生活,看上去似乎与当代对于政府角色的主流的民主主义理解相左。他对于人的理解也同样异于个人主义者的观点,后者认为人之为人是因为一些独立于社会关系的内在价值。我对于这些差异及其隐含意义的讨论贯穿全书,而我在此只想指出,这一对于政府角色的理解并不必然导致那种自由主义难以接受的压迫。[46]

孟子认为某些基本道德使得我们成为人,这点经常被指责为过度"道学"(moralistic),而忽视人类生活的物质条件。然而这是一个错误的批评。因为在他的论述中,虽然在人何以为人的问题上,应当首先考虑特定的道德,但是论及政府义务时,首要的则是提供安全保障和基本物质资料。从前面讨论的《孟子》3A4 的段落中,我们可以清楚地看到,孟子的理想政府将照顾人民的物质利益放在首位。之所以如此,基于《孟子》的另一段落,是因为一般民众的道德生活依赖于他们的物质生活,或者物质利益的满足:

> 无恒产而有恒心者,惟士[47]为能。若民,则无恒产,因无恒心。苟无恒心,放辟邪侈,无不为已。及陷于罪,然后从而刑之,是罔民也。(1A7;亦见 3A3[48])

---

[44] 当然,这里指的是一个人可能有的关系。比如,一个小孩子是不可能(也不应该)有夫妻关系的。

[45] 很多传统社会以及古典哲学家(比如亚里士多德)也采用这种"人"不仅是生物,而且是政治—社会的概念的观点。而孟子的独特之处是他特别强调政府在教化民众方面的作用。

[46] 关于先秦儒家和自由主义能否相容,以及法治问题的详细探讨,见第九章。

[47] "士"指的是封建制度中具有贵族血统的官员,而后来由于先秦儒家对旧制度的重新诠释,改为指称儒家知识分子和所谓的"士大夫"(有儒家情怀的官员)。在《论语》15.2 中,孔子也认为一般民众无法在贫困时坚守道德,而君子可以。

[48] 但两段还是有一些关键的不同。比如,3A3 里面并没有这里引的第一句,即士是可以没有恒产而依然有恒心这句话。

这个观点的一个隐含意义是,如果人民由于缺乏经济稳定性而犯罪,政府也应承担责任,也就是说,政府应当为那些受生活所迫的犯罪受到惩罚。孟子相信,只要他或她作此选择,每个人都可以成为善人,因此罪犯仍要对其犯罪行为承担责任(尽管在此案例中对他们可以采取某种宽大处理的方式)。[49] 在这个意义上,孟子的立场结合了美国左翼(将穷人犯罪归咎于他们的经济状况)和美国右翼(将穷人犯罪归咎于他们的个人品质)的观点。在道德和物质需求满足的问题上,孟子在以上段落中显然认为政府在制定政策时应当将人民的物质福利放在优先位置,这使得他并非如看上去那样与当今民主体制下对政府职能的理解相去甚远。

《论语》中的一段话也表达了类似的看法,即应当总是将服务人民放在第一位(12.9)。更重要的是,它认为当统治者在一个灾年中未能获取足够的税收时,与这个统治者(以及我们的)直觉相反,其政策应该是降低税负,而不是提高它,原因在于"百姓足,君孰与不足?百姓不足,君孰与足?"(12.9)[50]这一推断可以被解读为仅仅是阐述儒家所理解的政府对人民的义务,但还可以被解读为类似于当今财政保守主义者(fiscal conservatives)的一种观点:在灾年降低税负,将更多财富放入人民的口袋,可以刺激生产和消费,从而最终提高政府的税收收入。暂且不论第二种解读的有效性,在传统中国,儒家确实倾向于支持低税收和"藏富于民"的政策。这也许能够解释为什么在当今的中国,一些经济"自由主义"思想家(例如哈耶克的追随者们)同时又就其支持儒家思想的立场而言是"保守主义者"或"传统主义者"。[51]

所以一方面,儒家认为政府是必要的善,对人民的福祉负有责任。这一儒家立场与福利国家的概念不谋而合,而反对自由放任主义者在政府问题上的观点。另一方面,儒家也赞成自由市场型政策,使得他们与自由

---

[49] 这与孟子的另一意见部分地吻合,即一个人因分不到奢侈的享乐而埋怨君主,是不对的,而一个人身为君主却不能与民同乐,也是不对的(《孟子》1B4)。
[50] 这句话来自有若,在《论语》中似乎有接近于孔子的权威地位。
[51] 当代中国经济学家盛洪,哈耶克著作的译者姚中秋(笔名秋风),和已故的周德伟(中国经济学家、哈耶克的弟子),都是典型的例子。

放任主义者站在同一边,而与福利国家的倡导者分道扬镳。他们的观点于是提供了一个与当今经济政策上的左翼和右翼的有趣类比和对比。[52]

依照这些儒家思想,我们还可以想见儒家很容易认可当代政治哲学家罗尔斯著名的"差异原则"(difference principle),其目的是采取一种有效的且在经济上可行的方法来照顾最穷困者(worst-off)(1971,60-62 和 78-83;1996,5-7)。不过罗尔斯和孟子存在一个重要的差异,即他们如何定义弱势群体。对孟子而言,政府应当给予关照的对象包括经济贫困者和丧失关键社会关系的人,如寡妇、孤儿等(《孟子》1B5)。然而罗尔斯并未着重谈及后一群体。用当今美国政治的术语来说,孟子的主张是进步自由主义者和社会保守主义者的观点的综合体,他可能会关心中产阶级焦虑的两大来源,一是停滞不前的工资,二是传统双亲家庭结构所遭受的威胁,正如政治评论家大卫·布鲁克斯(David Brooks)所指出的那样(2008)。[53]

明确了政府的义务之后,孟子认为应该以此为基础遴选统治阶级的成员,并且他们应当相应地承担责任。在《孟子》5A5 中,孟子在与学生万章讨论圣王舜如何被上一任圣王尧授予权力的时候,指出"天子不能以天下与人",而只能"荐人于天"。将天下授予舜的是天。但"天不言,以行与事示之而已矣",而天意显示的最终来源是人民,即"天视自我民视,天听自我民听"。

有人也许会质疑这种对于孟子的"天"的人文主义解读,因为在这一段中,孟子指出天子的"候选人"也必须被神所接受。然而判断神愿意接受的唯一标准是当候选人进行祭祀时,神享用其祭品("使之主祭,而百神享之,是天受之"),而这看上去仅仅是个形式上的要求。[54]本质上与要求

---

[52] 当然,儒家是否会在一个工业化社会中坚持这样的政策,以及该政策在当时和现在是否切实可行的问题仍有待商榷。
[53] 需要明确的是,先秦儒家所处时代的家庭结构不一定是一夫一妻制,因此儒家关心的重点是家庭结构的稳定性,无论是双亲的还是多亲的家庭。
[54] 因为我们除了观察祭祀的仪式是否顺利完成之外,还能怎么样知道神是否享用了祭品呢?

美国总统就职典礼的顺畅完成没有太大差异。[55] 进一步讲,孟子认为如果神未能履行其对于人民的义务,那么连他们都可以被替代!在《孟子》7B14 中,他宣称,

> 民为贵,社稷次之,君为轻……牺牲既成,粢盛既絜,祭祀以时,然而旱干水溢,则变置社稷。[56]

尽管孟子极大地削弱了天和神超验的一面,从上述引文中我们仍可以看出他并未完全放弃诉诸天和神。经历了封建秩序的瓦解,周天子的神授(天赐)之权利被祛魅(disenchanted),于是孟子重新诠释天意并将其植根于人民的意志。但他并未彻底舍弃天意的表达,我们可以推测,也许这是因为他希望通过诉诸神圣力量来巩固合法性的新来源(人民的满意)。这一方式类似于早期现代欧洲思想家洛克在《政府论》上篇中解构了王权神授,但在下篇中用上帝所保证的"自然"权利为其关于政治合法性的新观点披上一件神圣的外衣。这是一个巧妙地结合了对旧合法性的祛魅和对新合法性的返魅的手法,也许比那些处于自旧合法性来源向新合法性来源过渡过程中的人所采取的彻底去除(诉诸神圣和令人恐怖的东西之)魅惑的方法更明智些。[57]

既然国家的最高领导者(甚至神)的合法性最终由为其人民提供的服务而决定,那么统治阶级的其他成员的合法性也同样应该如此决定。在《孟子》1B7 中,孟子提出,当统治者需要决定哪一位候选人适于或不适于

---

[55] 例如,新当选的总统必须在首席大法官主持的仪式上宣誓就职,而这两个人必须正确地背诵誓词。这件事的重要性因一个意外而凸显出来。在奥巴马的第一任总统就职典礼上,由于他在宣誓时出了岔子,不得不和首席大法官罗伯茨(John Roberts)再次宣誓。到了奥巴马的第二次就职典礼,他们在这个显然非常简单的表演开始之前还专门进行了练习,以防再次出错。

[56] 这里的"社稷"是在这个词的原义上使用的,即土谷之神,他们在接受奉献祭祀之后,应该保证风调雨顺。

[57] 因此,常被视作现代性特征之一的世俗化也许正是旧秩序瓦解的后果,或是强化这一崩溃的规范性尝试。这不一定意味着神圣性的任何来源都被世俗化了,而"世俗化"的过程可以接连着一个新的神圣化的过程。如果是这样的话,将现代化完全理解为世俗化的过程可能是错误的。当然,在欧洲的背景下,教会与国家之间的抗争为欧洲拥抱现代性的世俗化进程增加了额外的张力。

担任某一官职,以及哪一位官员应当被降职甚至处死时,无论是他的左右心腹还是大臣们所达成的共识都不足以让他做出决策,而只有人民的一致意见才能让统治者仔细考察此事并最终做出决策。[58] 因此,就处死一位官员的情形来讲,"国人杀之也。如此,然后可以为民父母"[59]。

因此,统治阶级的每一位成员的合法性都取决于他们对人民的服务。并且,政府应当相应地承担责任。我们在上文中已经看到,如果未能服务人民,大臣甚至神都可以被降职或替换。国家的最高统治者也不例外。在《孟子》1B6 中,孟子对齐宣王说:

> "王之臣有托其妻子于其友而之楚游者,比其反也,则冻馁其妻子,则如之何?"
>
> 王曰:"弃之。"

在讨论了另一个假设的情形之后,孟子问,

> "四境之内不治,则如之何?"
>
> 王顾左右而言他。(1B6)

显然,正如要跟没有尽责的朋友断交一样,这里的答案应该是一个极其糟糕的、不能服务人民的统治者也应被废除。但齐宣王明显不想这么说,所以岔开了话题。这个对话的结尾对齐宣王的奚落是显而易见的。

在后文中,也许想试图雪前一段对话之耻,前面这一段的对话者齐宣

---

[58] 在这一段的开头,孟子说,"国君进贤,如不得已,将使卑逾尊,疏逾亲,可不慎与?"这句话可以被理解为体现了孟子的保守性,他仍然希望保留只有王亲贵胄才能执政的封建制度,而仅仅在特殊情况下提倡另辟蹊径。但我对于《孟子》的"进步式的"阅读(progressive reading)将这一宣称理解为一般性的劝告而非表达对于拒绝封建秩序的不情愿。

[59] 有人可能会反驳说《孟子》1B7 里的"国人"不能理解为一般民众。这是因为"国人"最初是与"野人"相对,并高于后者的。但是,《论语》15.28 中,孔子已有过类似的表述:"众恶之,必察焉;众好之,必察焉。"他在这段话中用了通称"众"来泛指民众,而我们很难想象更具平等情怀的孟子会在相似的论述中缩减众的范围。并且,东汉经学家赵岐用的正是《论语》15.28 节来解释1B7 的(见焦循,1986,85)。并且,在《孟子》5A5 中,孟子用的是"民",按字面意思表示"人民"。从历史观点上说,"国人"与"野人"的差别在孔孟的时代逐渐不复存在。基于以上种种原因,我们可以合理地推测这里的"国人"泛指一般民众。

王来问孟子：

> "汤放桀，武王伐纣，有诸？"
>
> 孟子对曰："于传有之。"
>
> 曰："臣弑其君，可乎？"
>
> 曰："贼仁者谓之'贼'，贼义者谓之'残'。残贼之人谓之'一夫'。闻诛一夫纣矣，未闻弑君也。"（1B8）

因此，据孟子这里的说法，如果一个统治者不仅无能而且残暴，那么暴力推翻他甚至杀了他都是正当的。

这段话中有一点非常重要，即孟子仔细区分了弑君和诛杀独夫民贼。他这样做的用意在于将暴君与他的职位分开，并建议指出，可被推翻的是暴君，而不是其职位和背后的政治制度。这与美国政府的一个情况有相似之处，即一个坏总统可以被弹劾，但总统这一职位不能被取缔。这标志着孟子尝试在革命与审慎（保守主义）之间寻求中庸之道，而这也是个在《论语》和《孟子》中反复出现的主题。

总而言之，孟子清晰地表明，政府的目的是民享（for the people），更重要的是，这并非一句空洞的口号，因为政府必须为这一至关重要的角色承担责任，为之问责（accountable）。换言之，孟子拥抱常被认为对于民主政治而言非常重要的两种观念。的确，他可能是提出政府应当为了民享和提倡问责制的第一位或最早的一批思想家之一。

就民主制度的另一关键因素"民有"（of the people）来讲，如何归纳孟子之立场的特征恐怕会有更多争议。国家是民有的表面上意味着人民是国家最终的主人。如果我们从字面意思去理解《孟子》5A5，天下（即所有人乃至整个世界）的主人实际上是天。然而洛克，一个被认为对于民主思想发展极为重要的现代欧洲思想家，在《政府论》下篇中讨论人民的财产权（即对人民或国家拥有一块土地的正当性辩护）时，也似乎声称上帝是世间一切事物的最终主人（例如，见该书的第25和第26小节；洛克，1986，19-20）。但我们可以将洛克的这一观点理解为仅仅是维护上帝在**名义上**（nominal）对于世间万物的财产权，但并非要否定人实际上拥有的财产权。类似地，如我前面所提到的,孟子最终宣称天通过人民的眼睛和耳朵来看和听,那么我们可以将其理解为孟子承认人民对于国家的实际拥有权(ownership)。的确,在《孟子》5A5 中,在天通过享用祭品表明它接受了舜这个"天子候选人",以及人民通过对舜的统治所提供的政治秩序感到满意来表明他们也接受了舜之后,孟子说:"天与之,人与之。"他的这一说法隐含着人民可以将天下给予一位统治者的这一事实(尽管天也参与了将天下给予这位统治者的过程,但它是通过人民看见和听见的),而这一事实支持了认为对孟子而言人民才是国家的真正主人的观点。

先秦经典《吕氏春秋》中有句经常被引用的话,"天下非一人之天下也,天下之天下也",更清晰地阐明了人民对天下(更不用提对一个国家)的所有权(高诱,1986,6;《吕氏春秋·贵公》)。[60] 这本书一般并不被视为纯粹儒家的著作,但这一观点常被认为是儒家的或孟子式的,且与其他儒家经典中不是那么明确的阐述相吻合。[61]

但需要厘清的是,即便我们可以将孟子的观点理解为认可人民对于国家有真正的和最终的所有权,我们也必须将其与人民主权(popular sovereignty)的观念区分开来,如果人民主权必须通过一人一票的方式来表达的话。孟子对于如此解读的人民主权持保留意见。对孟子而言,虽然人民是国家的所有者,但不能凭他们自己去运行它,而是由他们的代理人(delegates)以他们的名义治理国家。但如果我们认为人民的所有权就等同于一人一票,那么民主思想中的"民有"就与"民治"(by the people)无异,或至少"民治"应当成为"民有"的一个必要条件。然而一个人可以拥有某样东西但请别人代他或她进行管理。请他人代为管理或收回的行动并不必然直接由所有者自己决定,而是需要通过特定的程序。进一步讲,这些程序并不必然由所有者制定或受到他的积极认可(例如当所有者通过继承遗产拥有了某些东西)。他或她必须通过**某种方式**接受这种程序的合法性及其结果,但这并非必须采取一人一票的方式。因此,除非我们

---

[60] 几乎完全一样的说法也见于应该是同为先秦文本的《六韬·文韬·文师》。
[61] 参见李若晖(2016,6)。有趣的是,在引用完这句话后,李若晖也恰好是用《孟子》5A5 来阐述这句话的含义。

对"民有"或"主权"的概念进行特别的解读,我们可以论证孟子或许也会认可主权在民这一民主思想。或者我们可以承认,孟子也许不会认可"民有"的概念,但这是因为我们将"民治"作为"民有"的一个必不可少的部分。在此情况下,讨论孟子对国家是否由人民治理的民主立场之保留意见更有意义。[62]

三 ……而非民治

到目前为止,尽管孟子的思想与一些自由民主论者的观点存在微妙的区别,但孟子听起来像个十足的民主思想家:他拥抱平等并认为政府应是为人民的(民享)、(在某种意义上)人民所有的(民有),还应对人民需要的满足负有责任(问责制)。当然,在孟子的理论中,被满足的需要范围

---

[62] 杰弗里·格林(Jeffrey Green)也区分主权和自我立法(self-legislation)管理或自治决策(autonomous decision making)(2011,204-211)。对于代议制民主持批评态度的他提出了一个替代模式:"全民公决式民主"(plebiscitary democracy)。它"将人民主权构想为一个原则之规则:具体来说是坦率原则(principle of candor)。也就是说,全民公决式民主将人民(这里格林将"人民"大写,代表抽象的主权人格)实现其主权的程度理解为与领导者和其他高级官员被迫在他们无法掌控的情况下出现在公共场合的程度相关联"(同上书,207)。与我此处的观点相反,陈祖为(Joseph Chen)认为先秦儒家拒绝了国家归人民(和某一统治者个人)所有的观点(2013b,28-29 和 213-232)。我对他反对统治者拥有国家所有权的论证没有任何疑问。关于人民的所有权,虽然我也许在一些细节上与他有分歧,但我认为他对于儒家天下为公之说法的解读(指出了这一说法非人民对国家有所有权)很有说服力(同上书,225-227),而我完全没有使用这一说法来支持我的论点。他还提出前文所引用的《吕氏春秋》的观点不应当被解读为关于人民所有权的思想。我认为他的论证很连贯,不失为另一种替代性解读。我基于《孟子》5A5 提出的关于人民所有权的观点也可以换个角度进行解读。也就是说,天和人民所给予下一任天子的是统治的权威(authority to govern),或者用陈祖为的术语来讲,类似于古罗马的"统治权"(imperium)。尽管从表面上看,陈祖为和我关于人民所有权得出了截然相反的结论,但是我认为我们对这一问题的理解实质上是一致的。我们都认为儒家反对人民有自我治理的自然权利,或者反对人民可以作为政治决策的唯一和最终来源(我在本章下面会对此论证)。所以,即使我认为儒家可以接受人民享有国家所有权("民有")的观点是对的,这一所有权,如我们所见,是相当有限和有保留的。陈祖为还提出了所有权的多层含义(同上书,216),但他也许会回应我关于人民对国家有所有权的有限解读"抻得太薄"以至于近乎空洞(同上书,218)。我对他看起来与我相反的意见有如下回应。首先,所有权经常是被"抻"过的(stretched)或者是有限制的(洛克和格林的观点)。其次,陈祖为对于所有权观点的反对主要是基于对人民主权论的反对,后者被理解为将人民视作政治决策的唯一和最终来源。在这个意义上,"民有"和"民治"重合(collapse)成了一个意思。我可以接受这一"重合",同时论证儒家只接受"民享"而不接受"民有/民治"的思想。但如果我们希望"民有"能够独立于"民治",那我们就或许不得不接受一个对人民所有权非常有限的理解,而这也是我在这节中的立场。感谢 2 号审稿人推动我去回应陈祖为关于所有权问题表面上与我不同的理解。

更广,不仅仅包括物质需要——根据对民主问责制的主流理解,它是政府应当满足的唯一需要。更重要的是,人民是否满意必须由他们自己决定,根据前文中提到的说法,天通过人民的耳朵和眼睛来听和看。这一决定,如果我们更新孟子的理论,可以通过一人一票的方式来表达。许多当代的儒家的同情者因此就声称儒家思想与民主完全兼容。他们认为上述的一些段落实际上意味着人民有反叛的权利,政府也是由人民统治的。如果有这三个要素(民有,民享,民治),孟子就会被视作一个"原民主派"(protodemocrat)。但是,如果我们仔细阅读,就会发现,尽管我们可以就孟子认可"民有"概念提出某种辩护,他却绝不会认可"民治"概念。[63]

在这一部分前面所引用的两个段落(《孟子》1B6 和 1B8)中,尽管孟子主张除去一个极其无能甚至残暴的君主,但他却从未说过人民有权实施这一废黜。在《孟子》5A5 中,是前任统治者尧将舜推荐给天和它的耳目(即人民),且人民用了二十八年的时间去对候选人舜形成一套理性的判断("舜相尧二十有八载")。《孟子》中的另一段落支持这种做法,认为人民有必要花费大量时间去考察一位将被授予重要职位以展现其能力的候选人。孟子指出,尽管被另一位天子(圣王禹)推荐的一位候选人(益)明智且有道德,但他在前任统治者去世前仅仅工作了七年,因此人民对他的了解不够,而选择另一位同样有智慧和道德的人(启)。启恰好是已故统治者禹的儿子,并且他的能力应该更为人民所认识(《孟子》5A6)。[64]

在上文的《孟子》1B7 中,孟子讨论如何对大臣进行升职和降职,如果他是位民主主义者的话,他可能会说由人民进行判断,再据此采取相应的行动。但如我们所见,他说是统治者必须先仔细考察情况再实施行动。再次强调一下,与民主政治的情况截然不同,就孟子来看,人民的呼声只

---

[63] 参见 Tiwald(2008)对于过度"民主"地解读孟子的类似批评。
[64] 在这段话中,孟子试图回应一个学生的挑战,也正是这位学生(万章)在前一段(《孟子》5A5)中曾问过他关于统治者如何获得合法性的问题。这一挑战是,如果权力应当传给最具有智慧和道德的人,为何舜之后的圣王禹却将他的权力给了他的儿子? 的确,从这一事件发生之后直到孟子的时代,除非是暴力更迭,权力总是由父亲传给儿子(或兄弟)。孟子在本段中对为何是禹的儿子而非另一候选人被选择来继承权力的解释是禹的儿子更加有道德,或者恰巧更有机会展示自己的能力,而不夸张地说,这一解释听起来是马后炮式的(ad hoc)解释。不过,似乎孟子真诚地相信候选人需要足够的时间向人民展现他的道德、智慧和政治能力。

能是一个因素,而不能是唯一的决定性因素。

孟子关于"民治"原则的保留意见在《孟子》3A4 中阐述得非常明显。一个以前追随儒家的人决定"皈依"到一个平等主义学派。这一学派认为人类能够且应该是自给自足和独立的。如果人人都能努力地满足他或她自己的需要,那就不会存在任何剥削和战争,从而使得战国时代的混乱世界回归秩序。尤其是,理想统治者应当与其臣民一起下地干活,也不向人民征税,因为这一学派认为税收是一种剥削。为应对这一学派的挑战,孟子提出了一个著名的主张,

> 有大人之事,有小人之事……或劳心,或劳力;劳心者治人,劳力者治于人;治于人者食人,治人者食于人,天下之通义也。(3A4)

大人和小人之间的区别有以下这些原因。首先,如他在《孟子》3A4 这一很长段落的前面部分所提到的,因为每个人不能生产他生活中需要的所有东西,所以劳动分工就成了必然。这也是为什么我们人类本质上是社会性的。而平等主义学派的主张——尤其是自给自足的观点——隐含地否定了社会存在的必要性,这是很成问题的。

其次,治理国家与体力劳动不仅仅是社会分工的不同,还有着高下之别。其原因我们可以从孟子在书中其他地方表达的思想中引申出来(在本书第五章中有详细讨论)。根据这些主张,一个人并非生而为人,而需要学习如何成人。如果一个人可以比其他人更完善地发展他或她的人类独有的本性(同情心以及把同情心惠及所有人的智慧),他或她就更是个人,或者相比于别人是个更"大"的人。尤其是,治理国家(也就是在其统治下去帮助所有人民)是同情心的最深刻的表达,并且要求极大的智慧,而这两种要素(同情心与相应的智慧)对于人之所以为人来说至关重要,因此统治者必须是"大人",或者更准确地说,只有"大人"才能成为统治者。相反,一个人为了自己的或其小圈子的利益而进行的体力劳动,与禽兽的活动并无本质差别,于是那些仅仅愿意这样做的人未能发展他们的人性。因此,鉴于孟子对于"人"的规范性理解,"大人"和"小人"这两个概念是描述性的。

第三，孟子在 3A4 中提出，因为"大人"或统治者集中精力于保障"小人"或一般民众良好的物质、道德生活，而这一工作又是耗时、费力、极度困难的，所以他们就不可能再有时间和精力做任何体力劳动。由此我们可以引申出来，那些把时间与精力消耗在日常劳动而无法对政治事务有任何严肃的关注与思考的人也因此不能够承担统治任务。

孟子这里谈到的劳动者是农民与工匠，而在农业社会中，他们工作的最主要目的是维持自己的生计。秉承接着讲的或哲学解读的精神，我们不应当从字面意思去理解他对于劳心者和劳力者的区分，而应该认识到对孟子而言，两类人的关键区别在于他们的工作是为了自己及亲近的人还是为了普罗大众。实际上，在《孟子》3A4 以及其他地方，圣王禹被描述为一个为了努力控制洪水、帮助人民而不得不遭受许多身体上的痛苦的人。尽管他从事了大量体力劳动，但他属于"劳心者"一类。与之相反，在今天的现实中，许多"白领"专业人士，比如科研人员、工程师、医生、金融人士、教师等，被归入"劳力者"一类是很合理的。他们是西班牙哲学家奥特加（José Ortega y Gasset）提到的"有学识的无知者"（learned ignoramus）（Ortega 1932, 108-112）。这是因为他们中的大多数也是被他们的日常工作耗干了精神，而对于公共事务和其他任何他们狭隘的专业以外的事情知之甚少。

从上述分析来看，似乎孟子会强烈反对任何政治事务中的民主参与，更不用提以一人一票为代表的全面和平等的参与了。这是因为这一广义的自食其力的阶级不可能做出好的政治决定，他们的判断要么基于自己狭隘和短期的个人利益与偏见，要么被蛊惑人心的野心家（demagogue）所误导。

关于人与人之间的不平等和对于一般民众做出好的政治决定的能力的怀疑，孔子的观点甚至比孟子的更加"政治不正确"。如本章开头所提到的，与孟子和荀子所主张的不同，他从未承认人与人在道德潜力方面是平等的。对他而言，"性相近也，习相远也"（《论语》17.2）。"相近"不是相同。并且，紧接着这句话，他断言"唯上智与下愚不移"（《论语》17.3）。更糟糕的是，他认为不可教者除了最愚蠢的那群人之外，还包括很多人。他告诫道，"中人以上，可以语上也；中人以下，不可以语上也"（《论语》6.21），并且"民可使由之,不可使知之"(《论语》8.9)。[65]

孔子对于政治决策的态度也同样是"精英主义的"。根据《论语》,执政的基本任务是正名(《论语》13.3),意味着统治者、臣民、父亲和儿子都必须做他们的名(头衔或角色)所规定的事("君君,臣臣,父父,子子",《论语》12.11)。当一个人不担任官职时,就不应当筹谋其政策(《论语》8.14 和 14.26)。就其咨询的角色来讲,人民的意见可以且应当在选拔统治阶级成员时发挥作用,但这一作用并非决定性的。在《论语》15.28 中,孔子说:"众恶之,必察焉;众好之,必察焉。"也就是说,民众的好恶只是促使上级去考察其好恶的对象。在另一次对话中,他更进一步指出,与得到人民普遍的爱戴或厌恶相比,"不如乡人之善者好之,其不善者恶之"(《论语》13.24)。也许弄清一个人被谁以及为何被人喜欢或讨厌是《论语》15.28 中的上级统治者需要去考察的,而这一观点呼应了孟子关于道德和智力出众者参与决策过程的看法。

四 儒家的中庸之道:平等与差等之间,流动性与稳定性之间

那么,如何调和先秦儒家对平等的拥抱和对等级制的辩护,以及如何调和他们认为国家的合法性在于为人民服务和不主张仅由人民做出最终政治决定的两种观点?

在平等问题上,为孔子辩护相对容易,因为他从未说过人与人是平等的。孔子所支持的在开始进行的同等教育可能意在显现出每个人的不同能力,而在发现了这种能力差别之后,我们就应根据他们的能力因材施教。

对孟子而言,问题则有些棘手。他曾清晰地阐明,我们在拥有理想人格(圣王)的潜能的意义上是平等的,而圣王与一般人的区别就在于他们付出努力的多寡。但为什么一般人未能付出足够的努力?这种努力付出上的差别是天生的还是后天社会环境的产物?如果是后天环境的产物,这就意味着我们可以通过调整环境,让一般人得以充分实现他们的潜能。

---

[65] 一些宋明理学家和其他儒家学者曾尝试"洗白"这些明显是精英主义的观点(参见 Y. Huang, 2008,所举的一些例子),但我怀疑他们是把自己更为平等主义的观点读到了孔子中去。

孟子看起来并未给出进一步的解答,但他似乎坚定地认为在现实中,那些能够发展其道德和智慧的人总是凤毛麟角。

但是,尽管我们并不清楚孟子对于现实中人分等级的最终根据,但我们可以确定的是这一等级不是在人出生时就能被决定的,而且他会认为政府政策的失败所导致的等级是不公正的。如我们在本章前面所看到的,孟子明确表明,政府应当对其人民的物质和精神之福祉负责。这意味着政府应当提供食物、住房、教育,以及在今天的语境下的基础全民医疗。也就是说,政府有责任提供一个公平的竞争环境。但由于一些未详细说明的(也许是偶然的和非人力所能控制的)原因,尽管有了政府所提供的平等机会和所有人的平等潜能,在现实中,人与人之间还是存在差异,而大多数人无法充分地发挥他们的潜能。我们必须将这一点视作孟子思想(和孔子思想)的一个基本假定,一个他所认为的生活的现实。

所以,一方面我们要在一个公平的竞争环境中提高流动性,使得那些能在现实中出众的人真正脱颖而出。另一方面,由于现实中大多数人无法将他们的能力发展至令人满意的程度("令人满意"意味着一个人能够做出同时也考虑到其他人的利益的、掌握了事实的决定),流动性过高将会导致治理不善,甚至混乱。事实上此处的张力与柏拉图《理想国》中的颇为相似。《理想国》提出在最开始,教育应对包括妇女在内的所有人开放,而这从当时的社会来看是非常新奇的观点(456c-457c)。但机会平等是为了通过扩大候选人的盘子来产生出最优秀和最聪明的人(the best and the brightest)并让他们做统治者,且这种教育并非开放且无限制的承诺(open-ended commitment)。因此,在选出明智且有德性的统治者后——几乎不加解释地,苏格拉底在后面的对话中声称他们在数量上是最少的(428d-429a)。[66]在《理想国》中他提出要向所有人讲一个高贵的谎言。这个谎言其中的一部分是说服民众:统治者的选取不是基于他们在教育和不同考试中的表现——甚至教育根本就没有发生过而只是一场梦,而是根据他们灵魂中

---

[66] 本书中提到的"苏格拉底"指的是不同的柏拉图对话录中的角色,而不一定与历史中的苏格拉底有关。

与生俱来所添加的金属的类别(414b-415d)。在听取了高贵的谎言后，民众必须自愿服从统治者，而正义就是每个阶级各司其职。尤其是民众不应该试图越俎代庖，做统治者该做的事(430c-434d)。尽管这个高贵的谎言有些蹩脚，苏格拉底的言下之意也许是为了在提高流动性的同时保持稳定性和秩序，而这是一个合理的政治考量。他用这种方式在平等与差等之间，流动性与稳定性之间找到了一条中间道路，而这一问题对先秦儒家和许多其他政治思想家来说也是十分重要的。

不过，在苏格拉底和先秦儒家之间存在着一些关键性的差异。首先，他们在何种德性对统治者至关重要这一问题上存在分歧（我将在第五章和第六章中详细探讨）。其次，与本章内容更相关的是，在高贵的谎言被讲述之后，民众在《理想国》的剩余部分中基本上被遗忘了，而高贵的谎言在能够继续接受教育和参与政治决策的人与不能如此的人之间画出了一条固定且泾渭分明的界线。与之不同的是，儒家的分界线并不固定，民众总是有可能将他们自己提升到更高的政治阶层。进一步讲，尽管普罗大众不能理解儒家之道，但为了使他们遵从它，还是需要对他们进行一些基础性教育，而这与对"最优秀和最聪明的人"的教育是连续的。《中庸》里有一段话把这种连续性很好地表达了出来：

> 君子之道费而隐。夫妇之愚，可以与知焉，及其至也，虽圣人亦有所不知焉；夫妇之不肖，可以能行焉，及其至也，虽圣人亦有所不能焉……君子之道，造端乎夫妇，及其至也，察乎天地。（第12章）

现在，让我们回到这一节开头提出的问题：如何调和国家的合法性在于为人民服务与儒家对民众的道德和政治能力存在怀疑这两种观点之间的张力？首先，如《孟子》3A4和上文一些段落所逐步说明的，孟子主张只有那些接受过一定的道德教化的人才能被称之为人。因此，对决定一个政府的政治合法性至关重要的那些人必须已经接受了这种教育，而且他们不可能是一些非社会的个人，如某些社会契约理论所预设的那样。其次，他们不仅必须接受一定的教育，而且只能就那些他们能够做出良好判断的事情接受咨询。这一思想隐含在《孟子》5A5中，即只有在"舜相尧二十有八载"之后人民才能起咨询作用。也就是说,通过 28 年兢兢业业的工作,舜充分地展现了他各方面的能力,所以人民能够真正了解他。这时人民的意见才值得去咨询。

不过,对于孟子而言,所有人在有潜能成为统治者或政策制定的积极参与者的意义上是平等的,且国家有责任让每位公民成为这样的一位参政者。这一责任表现在两个层面。第一,政府应该为每一个公民的道德与智慧的全面发展提供教育和其他必要条件。第二,如果一个公民全面发展了自我,国家就应该为他的参政创造条件。也就是说,政府要使他有可能从其日常事务中解放出来,从而使他有时间与精力思考公共事务,并且应让他能获取与公共事务相关的信息,并应鼓励对政治公开、全面、深入地讨论。其中一个明显的措施是以良政为目标的言论自由应该得到保护,并且提供物质条件(比如用于政治讨论的节假日)使言论自由和政治参与不流于空谈。

总而言之,民众缺乏良好政治决策的能力,不能是因政府未能提供基本生活保障、教育和其他对于民众良好决策而言必要的条件而造成,而只能是人类生活的一个基本事实的结果。也就是说,即使政府如先秦儒家所要求的那样做了种种努力,也尽管先秦儒家相信人类在潜能上是平等的(孟子和荀子)或近乎平等的(孔子),他们仍然承认这样一个现实,即大多数人实际上不能获得足以做出好的政治决策和全面参与政治的能力。

因此,在孟子看来,一方面,国家是民享的,甚至可以说人民是国家真正的主人和主权者。进一步讲,从之前引用的《孟子》中的一些段落我们可以看到,对于孟子而言,人民的确有能力判断他们是否对政府的服务满意。因此,人民对政府的满意度必须由人民自己决定。此项要求可以采取大众投票的方式来满足,并且它也能作为儒家为言论自由辩护的另一依据。另一方面,孟子认为在现实中,无论政府做了多少努力,民众都注定缺乏做出好的政治决策的能力。这里所体现的孟子立场的微妙之处值得强调。他认为,民众有能力判断他们是否对政府满意,但没有能力决定哪些政策已经或将会使得他们满意。这一立场应该被视作孟子关于人类的一个基本观察,以及他的政治理论的一个基本前提。既然如此,那么儒家所谓的"大人"必定是极少数人,他们有能力做出好的政治决策,也因此应当被赋予做这件事的权力。

尽管孟子显然不能对民主政治未卜先知,但秉承接着讲和哲学解读的精神,我们可以问一位"孟子主义者"如何在当今社会重新情境化(recontextualize)和制度化(institutionalize)他或她的思想。如我们所见,一个理想的孟子式政体必须同时包含"民主政治"和贤能政治的因素,它是民有、民享和(由道德和智慧上杰出的)民治的。因此,一个理想的孟子式政体与民有、民享和民治的民主政体并不相同。[67]

在第三章中,我将展示当代民主政治中存在的一些根本性问题,尤其是一人一票制背后的意识形态及其不可避免的后果。然后说明为何民主制度的"内部"解决是不充分的。接着,我将基于本章各节所讨论的孟子思想构建一个儒家式混合政体,并展示相比于现有的自由民主制度,它如何更能充分地解决民主所带来的问题。也就是说,我将在第三章中论证,孟子对于一人一票制的保留意见实际上是儒家思想的一大优势。[68]

---

[67] 前面提及反叛的权利时,孟子的立场是人民的不满可以为反叛辩护,但不能为**他们的**反叛辩护。反叛必须由"大人"领导,当有这样的人出现的时候。

[68] 我对于儒家思想"民享,但非民治"的解读与陈祖为的"服务性的政治权威观念"(service conception of political authority)很是相近(他在2013b,30 中提出了这一观点,而本书在多处讨论了这一问题)。金圣文(Sungmoon Kim)以及其他学者曾批评过陈的观点(2014,60-64 和 2017)。受篇幅所限及集中于我自己的讨论的考虑,我只能在此提供几个简单的回应。金圣文的批评之一是当代关于完美主义贤能政治的儒家版本不足以回应多元主义的挑战(2014,61-62),但是他承认陈祖为的观念"最不容易受到这一指责"(62-79)。我的立场并不是,或者说至少不是明确地基于任何形式的完美主义。诚然,如我在本书中论证的那样,我的儒家方案以多元主义的事实为基础。尽管我批评主流的自由主义由于退回到一套过于"薄"的价值观而不能维系自身,我所认为必要的道德价值也同样薄足以适应多元主义。金圣文的另一批评认为儒家的贤能政治是自以为是的(presumptuous)和有家长式作风的(同上书,63),而我的回答是,对,从一个信奉人民主权论的人的角度来看它的确是自以为是的。但如我曾提到的,也许问题在于民众(以及民众的拥趸)对于他们的政治能力过于自负。我也认为本书中我所辩护的儒家式制度某种程度上有家长式作风,但这并不必然是件坏事。金圣文还问道,我们如何"同时实行传统的儒家式贵族统治和现代的代议制民主政治……并且不自相矛盾"(2017,10),以及为什么一个支持儒家贤能政治的思想家会依然希望(在某种程度上)保留民主制(同上书,12)。二者可以调和,尽管儒家对于一人一票的理解和辩护并不基于人民主权论。而只有当我们将一人一票理解为人民主权和自治的体现时,上述的调和才会变成矛盾。金圣文还指出,陈祖为运用许多概念的方式有别于这些概念被它们的发明者最初所使用的方式,包括乔瑟夫·拉兹(Joseph Raz)所提出的服务性观念(同上书,3-4),大卫·比森(David Beetham)提出的民主的定义(同上书,8-9)和后备机制(fallback mechanism)的概念(同上书,5-8),而我也将在本书第九章中使用到这些概念。关于最后这些,也许金圣文说的都对,但如果我们并不非要忠实于这些概念的原义,那么这也不算是一个很有力的挑战。感谢 2 号审稿人要求我将自己的观点与陈祖为的服务性观念进行比较并回应金圣文的挑战。

第三章

作为民主问题之修正的儒家混合政体

一 民主政治的四大问题

在这一章中,我将首先阐述民主政治——尤其是一人一票制度——的四大问题。然后我将讨论这些问题在民主内部的解决方案,并展示为何它们是不充分的。最后我提出,基于第二章所讨论的观念的儒家混合政体能够更为充分地解决这些问题。

如在第一章中所提到的,尽管存在历史终结的普遍信念(福山1992),民主国家已不断地面临诸多问题。面对这些挑战,那些更开明的人常常诉诸传说是丘吉尔的巧妙回应:"民主是最坏的一种政府形式,除了所有其他那些曾经被尝试过的【政府】形式外。"[69] 这句话看起来很机智,但仅仅用这一说法来捍卫民主可能显示了我们思维的懒惰,因为它缺乏理论与经验的支持。经验上讲,尤其在发展中国家里,在控制腐败、制定好的长期经济政策、减少种族暴力、选择有能力的和代表人民的真实意愿的领袖等方面,民主国家并不总是或者并不明显地比非民主国家做得更好。[70]

从理论上讲,我们需要解决的第一个问题是:什么是民主,或者说是什么让一个国家变成民主国家?在西方政客和中国支持民主的知识分子中主导的一个信念是,民主的本质是"一人一票"制度。有些人还认为市

---

[69] 出自丘吉尔1947年在英国下院的演讲(据 http://en.wikiquote.org/wiki/Winston_Churchill,2011年11月29日)。

[70] Kaplan 1997 和 Zakaria 1997 给出了一些例子。关于民主与经济增长、民主与腐败、民主与种族暴力冲突的关系,学术研究已经有很多(感谢英年早逝的政治学学者史天健让笔者注意到了这些研究)。比如,政治学者乔纳森·克里克豪斯(Jonathan Krieckhaus)展示了在拉丁美洲,民主对经济增长在60年代有负面影响并应该有负面影响(虽然在非洲,民主在80年代有正面影响并应该有正面影响)(2004和2006)。丹尼尔·特里斯曼(Daniel Treisman 2000)展示了对人民所感受到的(perceived)腐败有影响的因素有很多,而一个国家是否民主只是其中的一个。并且,就民主的影响而言,一个国家必须实行民主**几十年**,民主才会对感受到的腐败产生有意义的、但是**相对较小**的影响。史蒂文·威尔金森(Steven I. Wilkinson 2005)展示了印度民主与种族暴力冲突之间的关系的复杂图景,而贝淡宁(Daniel Bell 2006)指出,民主化常常导致了种族暴力冲突的加剧。迈克尔·曼(Michael Mann 2005)对民主与族群清洗之间的关系提供了一个更为全面的说明和解释。

场经济——"一元一票"——在经济上代表了这个制度。[71] 这也是为何对于许多人来说,确立一人一票制度和市场经济是一个国家成为民主国家必不可少的条件。

有人可能会说,一人一票只是一些更普遍的民主要素——例如代议制和问责制——的一种可能体现。进一步讲,那种发展于西方且已成为世界模板的民主,其实是个"大包裹",应该被恰当地称作"**自由**民主",而不同于单纯的"数人头"(counting heads)。自由民主的自由部分包括法治、保护由社会和政治制度所支持的基本权利和自由,也许还有其他的一些要素。[72] 在自由民主的一揽子计划中,我认为自由或宪制部分是相对没有问题的要素,而通常被普遍认为对民主而言必不可少的一人一票制度则恰恰是当代民主政治许多问题的根源。

1. 一人一票制的四大问题

具体来讲,一人一票的制度存在四大理论问题。[73] 第一,在一人一票制度背后的当代主流意识形态,尤其在美国,是对人民能力的信任,并由此常常引申出对精英甚至政府权力的怀疑。[74] 对人民的相信和对精英与政府的怀疑,在美国导致了一些有趣的现象。这些现象包括:其一,一个候选人是否具备"可选性"的一个关键条件是他是不是"可爱"(likable),是不是"我们"(大众)的人,是不是能够来我们家坐坐的人。在 2004 年美国大选中,小布什班子的"杰作"之一是成功地将其竞争对手克里(John Kerry)描述成东海岸的精英。那些支持小布什的人相信了这个宣传,而反对小布什的人也和他的许多支持者一样,认定小布什是个与大众打成一

---

[71] 实际上,经济学家米尔顿·弗里德曼(Milton Friedman)甚至认为,只能在市场经济中实现的经济自由"只不过是政治自由的一个必要条件。通过促使人们在没有强制或中央指导的情况下相互合作,它减少了政治权力的行使范围"(Friedman and Friedman, 1980, 2-3)。
[72] 对于其他的要素,可以参见下一节将讨论的罗尔斯对民主的一些修正。
[73] 理论上更加复杂的民主理论家(例如 Pettit, 2013 和 Macedo, 2013)可能会承认以下问题,但认为在现实世界的民主国家中存在对一人一票问题的"贤能"制衡。我将在第四章中讨论这些补救措施。
[74] 在其建国之初,美国的民主实际上包含了比当今多很多的"精英"或贤能政治的成分。参见 Macedo(2013)。

片的乡巴佬。但是,事实是,布什家族也来自东海岸,且实际上比克里家族显赫得多。小布什和克里同样上的是耶鲁大学,参加了同一个耶鲁大学的"秘密"(意即"精英")组织。并且,美国大多数人不知道的一个事实是,小布什的大学平均成绩比克里还要稍高些。[75] 布什阵营对布什背景的掩盖和对克里的攻击是反智、反精英的政治文化的结果。其二,美国政客为了被选进政府经常要吹嘘自己是局外人,而他要在政府里做的事就是消灭政府。当一个国家的统治者队伍中充斥着"普通人",充斥着蔑视政府(也就是他们自己)的人,[76] 我们可以想见即使那些选他们的人也不会太尊敬他们。这大概是为什么:

> 在就美国人对政治机构的尊敬程度的大多数调查中,原则上所有政治机构里最代表民意的美国国会得分最低,而全是任命而不是选举产生的最高法院(The Supreme Court)、军队、联邦储备银行得分最高。(Zakaria, 2003, 248)

引了这一事实后,贝淡宁用它支持他的基于贤能统治、因此要求对政府尊敬的儒家模式(Bell, 2006, 289n34)。

有人也许会反对上述批评,指出这是关于现实世界的、非理想的民主形式,可能是美国所特有的。但是,民主政体的根本意识形态即便不是普遍的,也是相当有共性的,尽管不同国家的意识形态的强弱程度或不受其他意识形态制约的程度各不相同。欧洲的民主政体也许不像美国的这样反建制,尽管最近西欧右翼政治力量的崛起似乎对这种"欧洲例外论"打了个问号。

第二,在一个全球化的和日益复杂的世界里,一个国家的政策常常对非选民产生重大影响,这里说的非选民包括外国人与未来的(尚未出生或未达选举年龄的)与过去的(逝去的)本国人,所以政策制定的时候应当将他们的利益也考虑进来。但是一人一票制对此缺乏有效的机制。例如,民主在应付下述问题上就有根本困难:财政赤字(即把未来的国民和外国

---

[75] 关于这一点的报道有一些。参见 Benedetto(2005)。
[76] 我给"普通人"加了双引号,因为国会成员并不是真正的普通人。

人的钱花在这一代选民身上)、环境问题(即把未来的国民和外国人的资源花在这一代选民身上)、对在本国居住的外国人(合法的家庭佣工与非法移民)之处理[77],以及对外援助和其他涉及外国人利益的政策。一个很能说明问题的例子是,在美国(也可能在其他的发达民主国家),那些与工人利益有关的利益团体,例如工会以及被这些工会支持的民主党,经常支持贸易保护主义政策,而这些政策往往会伤害其他国家的贫穷工人的利益。[78]

第三,哪怕是在那些现有的选民中,其强势的和声音大的人的利益往往胜过那些沉默者(或被沉默者)和弱势者的利益,而且这种沉默效应可以通过一人一票制被触发、加强或合法化。这是导致民主国家的种族问题的一个原因,特别是在那些新近民主化的国家里,因为后者的法治和人权保护尚未健全。

第四,即使是关乎他们自己的利益,选民自己能否更好地判断其利益是什么以及如何达成利益,也是十分可疑的。如很多政治观察家——无论是从一个更通俗的和轶事的角度还是更学术的角度——所指出的,(美国)公众对政治的可怕的无知是被"六十年来现代公共意见研究"很好地建立起来的事实(Ackerman and Fishkin, 2004, 34)。[79]

---

[77] 贝淡宁曾提到中国香港和新加坡的一个有趣例子,在这个例子中,合法劳工在官僚精英的管理下比在民主制度下过得更好(2006, 281-322)。
[78] 一个例子是美国政府以各种借口(其中最讽刺的是,指责中国工厂没有正确地对待它们的员工)向世界贸易组织(WTO)提出对中国制造的产品的诉讼和禁令。最近的一个例子是,奥巴马在2012年竞选连任时,其政府明显是为了讨好以制造业为主的摇摆州(battleground states)的选民向世贸组织提起的一个诉讼(Landler, 2012)。现在一个奇怪的转折是,右翼政客,如特朗普(Donald Trump)和玛琳·勒庞(Marine Le Pen)已经从典型的激进左翼处窃取了其反对全球化的言论,并为其增添了民族主义色彩。由于反移民的民族主义言论不容易为左翼政客所用,这导致了这种新型右翼政客们的兴起和支持国内工人的左翼政党的危机。
[79] Ackerman and Fishkin(2005)给出了这个事实的详细描述。一个对此更晚近的学术讨论,请参见Caplan(2008)。在一些公众渠道里,我们可以找到大量的关于美国人政治无知的报道。参见Kristof(2008)。关于选民的无知,我认为没有多大争议,但是这种无知在政治决策制定中是否重要是可以争论的。Elstein(2015, 186-189)对于这一问题有非常好的总结。

2. 气候变化：一场完美风暴

上述问题的结合是民主制度中一些其他的政治失败和挑战的根源。一个例子是外交政策。外交通常需要专门知识、耐心甚至是痛苦的对话，以及长远的规划。但如基辛格（Henry Kissinger）指出的，在一个像美国这样的大众式民主制（popular democracy）国家中，外交政策经常被一时的公众情绪影响。这一情绪常取决于电视里报道了什么，而不是什么在国际事务里最重要。另外一个影响外交政策的是与外交无关的国内政治交易。经常出现的情况是，一个支持某项外交政策的议员或行政官员通过答允支持另外一个议员或官员的一个国内项目以换取后者对该外交政策的支持。这些因素明显与好的外交政策的真正需要背道而驰（Kissinger, 2001, 77）。

对一人一票制的一个"更好的"挑战是气候变化问题。这里让我先来做一个区分。气候变化是一个环境问题。但对于发展中国家来说，环境问题的关注点更多地集中在污染上，而气候变化（温室气体和全球变暖）则更多是发达国家的核心问题。在发展中国家，对污染问题的忽视往往是政府腐败、大企业的影响、发展与污染权衡的结果。即使在污染显然很糟糕的情况下，这些国家的民众也不一定会做出理性的选择。尽管如此，污染毕竟是一个"明显且当下的危险"（clear and present danger），且通常是地方性的（无论是污染者还是受污染者）。例如，德里的市民几乎每天都能清楚地看到和呼吸雾霾，而且污染源往往就在附近。尽管民主制度有其局限性，但它面对地方性的"明显且当下的"危险时，可以比对其他类型的危险做出或多或少更充分的反应。

相比之下，气候变化和全球变暖对于一人一票制来说几乎是一场"完美风暴"。首先，气候变化不会对大多数人构成明显且当下的危险或直接威胁。它的影响往往是长期的，这意味着它的影响在短期内几乎看不到。但选民对于他们的短期物质利益甚至都不一定是理性的，更不用说长期利益了。尤其是，贫穷国家的人有更直接的问题亟待解决，比如食物、医疗保障和可见污染等，因此他们会把气候变化问题当作富人的问题来忽视。迫切的需求得到满足后,富裕国家的民众可能会更关注长期问题,但他们也有很多短期问题需要处理(例如失业和收入停滞已经成为发达国家中越来越严重的问题)。[80] 由于长期问题缺乏紧迫性("从长远来看,我们都会死的"),他们并没有很强的动力去解决它们,并且他们可能会有不同的长期问题需要关注(这种不同的部分原因是长期所带来的不确定性)。更糟糕的是,气候变化的影响是如此长远,以至于那些不得不为之受苦的人可能还年龄太小,不能投票,甚至还没有出生。事实上,由于当前选民在气候变化问题上选择不作为,那些尚未出生的人可能永远不会出生,因此这些政策都没有一般意义上的受害者。[81]

其次,造成气候变化的是多数人,而受害者往往是少数人。如果他们生活在同一个民主国家,多数人的利益(在不付出任何即刻与直接的代价的情况下保持他们的生活方式)很容易凌驾于少数人的利益之上(要求多数人做出一些轻微的牺牲,以便少数人能避免更大的痛苦)。如果受害的少数人集中在一个国家,例如孟加拉国这样一个没有良好的基础设施来保护自己免受海平面上升影响的低地国家,那么在民主框架下,他们无法对其他国家的多数人施加政治影响,因为他们在那些国家里甚至没有任何选票。少数人最终可能不得不"适应",或屈服于这种不幸。[82]

当然,我们可以尝试"推动"选民对长期威胁和不直接针对他们的威胁变得敏感一些。但是,如果选民充其量只是回应与其直接物质利益相关的问题,即明显且当下的危险,那么任何有效的"推动"都必须是"煽动性的",不成比例地夸大气候变化带来的危险。这种推动于是变成了一种煽动性的工作,从而违反了自由民主的一些基本原则。当煽动性言论暴

---

[80] 需要澄清的是,环境问题在经济衰退期间会减少的想法符合我们的直觉猜测,而且经常被提及,但它受到了一些研究的挑战。例如,参见 Mildenberger 和 Leiserowitz(2017)。

[81] 在更抽象的层面上,正如德里克·帕菲特(Derek Parfit)在所谓的无身份(nonidentity)问题上所展示的那样,例如,耗尽资源的政策可能对任何人都没有坏处(1987, 351-456;特别是,361-364)。感谢弗兰西斯·坎姆(Frances Kamm)让我注意到这个问题与气候变化问题的相关性。

[82] 参见 Norgaard(2011)的一个有说服力的例子。

露时,这可能导致对气候变化的否认。它也可能被气候变化否认者直接利用以服务于他们的目的,将人与气候变化的战斗变成两组煽动者之间的战斗。因此,只要本节对选民能力的评估成立,在自由民主框架内的任何推动往好了说是弄巧成拙,往坏了说是破坏性的。

二 民主理论的内部回应及其根本局限

很多自由民主思想家也意识到了上述民主政治所存在的问题,并对此给出了种种解决办法。对于第一个问题,即相信人民的力量而怀疑精英的问题,一个明显的回应是呼吁适当尊重理智(reason)和有理智的人,以及政府。对有智慧的人的尊重并不必然意味着违背平等。人们还可以在诸多方面是平等的,因为平等是个非常宽泛的概念。一种尊重政府的方式是通过公民教育,它告诉公民政府是必要的善,而非必要的恶,更不是不必要的恶。普选应该被理解为首先是选拔最有能力、最配得上政府职位的,而不是对坏政客的惩罚。[83] 相反,认为选举是为了惩罚坏人的看法可能助长了抹黑运动(smear campaigns)的破坏性文化,其目的不在于展示"我是一个好候选人",而在于展示"另一个候选人很糟糕"。这些修正可以在不违背他们的根本信条的基础上,为一些自由民主思想家所接受(我将在第九章回到儒家对选举的理解与民主政治的兼容问题)。

民主的前三个问题——对精英的怀疑甚至敌视,忽视非选民的利益,忽视少数群体和弱势选民的利益(但不是第四个问题,即选民的非理性)——的一个共同原因是一种个人主义的不道德的、极端的版本,它被一些人当作民主的神圣意识形态基石。根据这种个人主义,我们是且应当是自由和平等的个人;除了自我利益外(这里的"自我"指的是原子式或单子式的个人),我们不应该关心任何其他东西。通过部分让渡我们与生俱来的自由,我们成为一个政府下的公民,归属其管治。我们这么做或是因为在这一政府之下,我们的境况得到了改善,摆脱了自然状态下我们的

---

[83] 关于这一问题的更多讨论,见 Chan, 2013。

利益不断受到其他自私之个人所威胁的状态（这样政府就是必要的恶），或是因为我们被哄骗得这么想（这样政府就是不必要的恶）。只要我们不违反作为必要交换条件的政府对我们的规管，我们就应当可以任意地坚持我们自己的利益。如上所述，这里"自我"是在其原子式或单子式个人的意义上使用的，因此自我利益是在狭义上使用的。当前选民的祖先与后人的利益，或是外国人的利益，并不是这种自我利益的一部分。当然，这也不是说自我利益在这里只能包括自我的短期物质利益。它也可以包括一些对个人而言神圣的信条。其结果，举例来讲，就是美国民主中所谓的"议题选民"（issue-voters）。他们根据自己的某些预先确定的信条投票（比如关于堕胎、持枪权，等等），而不向与他人的公平讨论敞开。这样，民主就退化成了一种权力（power）之争，其结果取决于哪一派更强（以票数多少计），而民主的稳定也只不过是一种权宜（modus vivendi）。

也许是意识到了这种自私和极端的个人主义是民主的前三个问题的根源，罗尔斯挑战了一人一票等同于数人头的观点，并论证，为了投票能够有正当性，投票者必须考虑公益或者其他投票实体的利益，而不仅仅是考虑狭义的个人私利。[84] 对选民的这种道德要求，我们可以从晚期罗尔斯对自由民主理解的一个核心概念，"讲理的"（reasonable），及其相关的公共理智（public reason）和礼尚往来（reciprocity）的概念里引申出来。关于"讲理的"这个概念，罗尔斯指出，

> 在公民于一代代的社会合作系统中互相看作是自由和平等的这个前提下，他们准备好互相提供公平的合作条款……，并且在其他公民接受这些条款的前提下，即使己方在特定情形下要牺牲自己的利益，他们也同意依照这些条款行事，这时，公民就是讲理的。（Rawls, 1996, xliv）[85]

---

[84] 其他几个自由主义思想家也认为一些特定的美德对于一种可欲的民主形式是必要的。参见 Brennan（2012）和 Macedo（1991）。
[85] 在 Rawls, 1999a, 136 中可以找到几乎相同的段落，在 Rawls, 1996, 49 中可以找到类似的段落。又见 Rawls, 1999a, 86-88 和 177-178。

第三章　作为民主问题之修正的儒家混合政体　067

与此相对,如果一个人只依照自己的"无所不包的学说"或"整全教义"(comprehensive doctrine,例如,宗教教条)来投票,如果他只因为己方的主张没有达到多数支持,才不得已接受失败,并随时准备不择手段来改变己方失败的命运,那么这样达到的稳定被罗尔斯称作"权宜"(modus vivendi),是一种没有基于正确理由(reasons)的稳定(1996, xxxix-xliii 和 146-150;1999a, 149-150 和 168-169)。简言之,根据罗尔斯的想法,作为自由民(liberal people)的一员意味着不仅仅基于自己的私利(包括物质的和教义上的)来投票,而要基于某种公益的概念。因此,罗尔斯对选民的要求是道德性的,尽管它"薄"到不至于违反自由社会中对多元价值观的宽容。

但是如何达到这一点?如何能让人民的道德达到罗尔斯对公民的要求并满足解决民主的前三个问题的需要?为了能达到这种"公民友谊"(civic friendship),罗尔斯诉诸教育和习惯养成——他称之为道德学习(moral learning)。这一学习的进行,要通过自由民主制度所安排的社会与政治机构(1999a,137;15 和 44-45)、通过家庭(同上书,57)、通过国际和国内的政治与文化环境(同上书,27(注 23);102-103;112-113)。他同时也寄希望于政治家(statesmen)的作用(同上书,97-103 和 112)。

但问题是,这些措施是否有效和充分呢?如果选民的大多数能够是罗尔斯意义上的讲理的,那么他们也许就能够关注非选民和弱势选民的利益。但是,如果讲理的选民不占多数,那么上面提到的民主的前三个问题(极端个人主义的坏影响、对非选民和弱势选民的忽视)还会存在。不幸的是,看起来我们不太可能现实地期待讲理的选民构成选民的多数。实际上,罗尔斯自己给出了为什么在一人一票制下这种期待不可能的一个论辩——他把这个论辩归于黑格尔主义者,但是他从来没有回应这个挑战。他写道,

然而,这种【黑格尔主义的】观点认为,在每个公民都有一票的自由社会里,公民的利益趋向于缩减乃至集中在他们的损害社群纽带的经济私利上,但在一个咨询式的等级制(consultation hierarchy)下,当他们所属的群体以如此方式被代表(即每个群体才有一票),不同

群体的投票成员就会考虑政治生活里更广泛的利益。(1999a, 73)

我们这里的一个出路是让那些不讲理的选民向那些讲理的和知情的选民让渡权力。但是罗尔斯似乎从未想过这种方式,因为他很少提及培养对讲理的选民和/或政府的尊重。

当然,讲理的选民是否可以构成多数,这个问题有待进一步的理论和经验研究。但是,民主还有一个问题——我认为这是一个最为致命的问题,即上面提到的民主的第四个问题,即关于选民对哪怕是他们自己的利益都不能正确理解的问题。事实上,如果大多数人甚至都不能以一种理性的(rational)方式自利(self-interested)——自利(理性)通常被认为是人类的一个基本事实,或至少对人类来说关心自己比关心他人(即能够讲理的)更自然——那么大多数人似乎不太可能是讲理的。同样,一些自由民主理论家,例如罗尔斯,也承认了现实世界中选民的非理性问题,但他将其归咎于现实民主国家的一些缺陷并认为这些缺陷是可以在自由民主的框架内被纠正的。他认为在一个真的(real)——而不是形式上的(formal)——自由民主国家里,公民必须是知情的。为了实现这一目标,很重要的是,他们的基本需要得到满足,获得教育,以及对于知情而言必要的途径。例如,罗尔斯指出:"黑格尔、马克思主义者和社会主义者所提出的反对意见是十分正确的",即"孤立的自由"(liberties taken alone)是"纯粹形式上的……就其本身而言,它们是自由主义的一种贫乏的形式,实际上根本不是自由主义,而是自由意志主义"(VII:3)。[86] 后者不像自由主义那样将自由与平等相结合;它缺乏礼尚往来的标准,并允许从这一标准来看过度的社会经济不平等"(Rawls, 1996, lviii;又见 1999a, 49-50)。

为了确保多元自由民主政体基于正确之理由的稳定,罗尔斯提出了以下制度安排:"a. 选举的公共筹资和保证获得与政策事项有关的公共信息的途径";"b. 一定程度的公平的机会平等,尤其是在教育和培训方

---

[86] 基于这一差别,中国许多所谓的自由主义者不是罗尔斯意义上的真正的自由主义者,而是自由意志主义者。

面";"c. 对收入和财富进行适当的分配以满足自由主义的第三个条件:必须确保所有公民都拥有明智而有效地利用他们的基本自由的必要工具";"d. 社会作为最后的雇主",使公民能够有长期的安全感和从事有意义的工作和职业的机会,这对他们的自尊和作为社会一员的自我意识而言至关重要;"e. 向所有公民提供基本医疗保障"(1996,lviii-lix)。根据罗尔斯的说法,未能建立这些制度将导致(美国?)政治现实中的糟糕状况。他写道,

> 当政客们在根本性的竞选资金方面受制于他们的选民,在背景文化中一种非常不平等的收入和财富的分配方式成为现实,大量财富掌握在企业经济权力的控制之下,那么国会立法实质上由说客起草,国会成为买卖法律的交易所又有什么奇怪的呢?(罗尔斯,1999a,24n19)

我们应该清楚地看到,对于罗尔斯来说,自由民主的理想形式是一种慎议民主制(deliberative democracy)。在《万民法》中,他明确表达了这一观点:"在这里,我只关心有序的(well-ordered)宪政民主制……也被理解为慎议民主制。"(1999a,138)慎议民主制认为,

> 如果没有对所有公民进行宪政民主政府的基本方面的广泛教育,如果公众缺乏对紧迫问题的了解,那么他们根本无法做出重要的政治和社会决策。即使有远见的政治领导者们希望做出合理的改变和改革,他们也无法说服被误导的、愤世嫉俗的公众接受和追随他们。(同上书,139-140)

除了上述安排,显然,言论和信息自由以及其他自由也是人们知情的必要条件。正如罗尔斯所指出的那样,除了对于相关自由的正式保障,还需要采取诸如选举的公共筹资等措施,以确保有关政策事项的公共信息不会因金钱的影响而扭曲和公共信息总体上的可用性。进一步讲,必须让公众有机会消化可用的信息。否则,信息的可用性将再次变成仅仅是

形式上的。例如,政治学家布鲁斯·阿克曼(Bruce Ackerman)和詹姆斯·菲什金(James Fishkin)提议,应该有一个新的法定假日,即慎议日(deliberation day),届时"登记选民将被号召聚集在社区集会场所……讨论该活动提出的核心问题。每位慎议员将为其履行公民义务的一天获得150美元的报酬"(2004, 34)。显然,选民投票的日子也应该是国家或州的法定节假日。

然而,我将在下文中论证,虽然这些措施已经很极端、激进,且与当今民主国家的政治现实背道而驰,但它们仍然不能充分地解决选民知情的问题。这些自由主义思想家对自由民主的愿景至少在某一方面基本上是共和主义的。也就是说,在理想的民主形式中,公民需要充分了解和积极参与政治,并拥有一种公民友谊的形式(Rawls, 1999a, 137),尽管他们参与民主的广泛程度可能比不上古代共和国时期,如共和时期的罗马和古雅典。

虽然雅典和当代民主国家的参与程度不同,但是对雅典民主的考察可以帮助我们理解为什么今天的(较弱的)共和民主形式注定要失败。[87] 首先,雅典民主的成功建立在奴隶制之上。也就是说,使用奴隶劳动有助于雅典公民从日常工作中获得自由——无论是直接地还是通过富有的赞助人和城邦的支持——而这种自由使得他们能够充分参与政治事务。但即使使用了奴隶,雅典公民的政治能力的充足性仍然受到柏拉图和阿里斯托芬等古典作家的挑战。那么,在资本主义和也许是所有摆脱了奴隶制的罪恶闲暇的现代社会的一个基本事实,即在现代(民主)国家中普通

---

[87] 例如,应该注意的是,柏拉图的《理想国》中所讨论的理想国家非常小(423b-c),而且在柏拉图的《法律篇》中,土地所有者和护卫者的人数据说是5040,这是一个准确得令人生疑的数字(737e ff.)。即使在这么小(也许比雅典还小)的国家里,柏拉图似乎都怀疑民主的可欲性。所以我们可以想象他对于当今社会的民主的怀疑只会更深,这些社会的规模使得充分教育那些即使是有潜力成为政治领导者的人变得更加困难,甚至也许是不可能的。为了论证,让我们将他的怀疑先搁在一边,并假定雅典民主在很大程度上是成功的,来看看它的成功是否可以转化为当今民主的成功。

民众需要努力工作来维持他们想要的生活水平之前提下,[88]他们对政治的参与有多大可能达到能够获得对于自由民主制和慎议民主制的理想形式而言必要的政治能力的程度?的确,通过大众教育,现代社会产生了更多受过教育的白领专业人士。但正如第二章所讲的,教育给予他们的是一种特殊的"技艺"或技能,而且他们被日常工作消耗得如此严重,以至于对公共事务或他们狭窄的专业之外的任何事情知之甚少。

更糟糕的是,我们需要明白,与大多数当代民主国家相比,古雅典的面积和人口都较小,这对于它的政治参与水平也至关重要。许多政治思想家认为,在一个国家可以采用什么样的政体的问题上,"大小很重要"。孟德斯鸠为这种观点提供了最有力的论据之一。在他看来,实行民主的必须是小国。没有任何一个中等的或大的国家能够真正成为民主国家。他提出的理由如下:

> 在一个大的共和国【包括民主制和贵族制】中,有大量的财富,结果很少有精神上的节制:【国家的】储备太大而不能交由某一公民掌管;利益变得特殊化;起初,一个人觉得没有祖国,他也可以快乐、伟大、光荣;而很快,他只有踩在祖国的废墟之上才能变得伟大。
>
> 在一个大的共和国中,公共利益可以因一千种考虑而被牺牲;它服从于例外;它取决于意外。在一个小地方,公共利益能更好地被感受到,更好地为人所知,更接近每个公民;在那里,【权力的】滥用不那么广泛,因此受到的保护也较少。(1989,124)[89]

简言之,对孟德斯鸠来说,一个大的共和国会带来大量的财富。这腐化了民主所必需的美德。特别是,一个人的利益变得与公共利益分离,甚至背

---

[88] 在当今的世界,一些石油资源丰富的国家通过剥削移民劳工或简单地压迫大多数人(通常来自与统治阶级不同的种族或信仰群体)来维持寡头阶级悠闲奢华的生活,是一个例外。实际上,尽管这些国家存在于现代,但它们仍然是前现代的,因为如第一章所述,现代性的一个基本特征是根深蒂固和全面的政治和经济上的流动性。无论我们如何将这些国家进行分类,显然,这些国家的寡头不是古希腊和古罗马意义上的共和公民。

[89] 卢梭(Jean-Jacques Rousseau)在这个问题上同意孟德斯鸠(Montesquieu)的观点,并提出了类似的论点。参见他在《论人类不平等的起源和基础》(1964,78-90)中的"献给日内瓦共和国"以及他的《社会契约论》(1978,83-85)。

道而驰。并且,公共利益变得过于复杂,令该国的公民难以理解。

有人可能会争辩说,孟德斯鸠认为一个大国可以以联邦共和国(federal republic)的形式实现民主(1989,131-132)。但孟德斯鸠所讨论的是某种类似于古希腊城邦的联邦,一个仍远小于当今大多数民主国家的联邦。同样不同于孟德斯鸠的理解的是,当今民主国家的中央政府是直接选举产生的,其权力远远大于孟德斯鸠所可能允许的联邦政府的权力。

有人还可以提出,孟德斯鸠所讨论的那种民主与罗尔斯和其他人所理解的自由民主不同。这个论点可能是正确的,但是这个论点和前面的论点并不影响孟德斯鸠的挑战的力量。用今天的话说,在一个不允许使用奴隶劳动来使公民从日常工作中解放出来的大国中,公民充分知情的可能性是受到挑战的。第一,大国中压倒性的物质财富可能会诱使人们逃避成为理性和知情的公民的义务。这种对公民理性和知情的要求比孟德斯鸠认为的民主必要的美德(1989,22-26)要有限得多,但它仍然非常苛刻(demanding)。第二,企业,尤其是在全球化时代,发展出了与本国利益相分离,甚至相互冲突的利益,无论它们来自民主国家还是非民主国家。业务与生产的外包(outsourcing)就是一个明显的例子。第三,大国的共同利益如此复杂,超出了大多数人理解的意愿或能力,因而大多数人注定是不知情的。与此相关的是,在小国,人们很可能熟悉政治人物,而在大国,大多数人无法通过长期的密切接触来判断一个政客的素质,就像人们观察舜的工作长达二十八年一样(《孟子》5A5),而只能在各种宣传的影响下对政客做出判断,这使得他们对政客的看法很容易被操纵。事实上,一般来说,进化和认知研究已经普遍认为,我们与生俱来的认知能力是通过数十万年生活在小群体中的进化过程形成的,而在"最近"("最近"是指在进化的时间尺度上而言)才出现的更大的、复杂的、联系紧密的社会中,这些认识能力是不胜其任的,特别是当我们中的大多数人未能通过教育和其他努力将这些能力发展到明显地超出其先天水平,或没有闲暇和其他条件将薄弱的认知能力应用到复杂的事情上时。

在记者和政论家罗伯特·卡普兰(Robert Kaplan)的一篇文章(1997)中,他提供了许多现代和当代民主国家失败的案例。他对这些失败的原因的分析类似于孟德斯鸠的观点,尽管他是在现代和当代民主国家的背景下提出这种看法的。卡普兰提供的解决方案是将民主元素与家长制元素相结合的混合政体,而这类似于一个孟子的当代追随者会支持的混合政体。

在政治学家罗素·哈丁(Russell Hardin)近期发表的一篇文章(2002)中,他讨论了由肯尼斯·阿罗(Kenneth Arrow)、安东尼·唐斯(Anthony Downs)和曼瑟·奥尔森(Mancur Olson)提出的战后公共选择理论中的"三个毁灭性的理论主张",这些主张"反对任何被构想为即使是最低限度地参与的、总体一致的和充分知情的民主理论的连贯性"(同上书,212)。"通过将它们联系起来,特别是通过将它们置于知识的经济理论之下"(同上书,213),哈丁发展了这些主张。他在这篇论文中提出的两个关键论点是:第一,每个人的选票并不重要;其次,知情的要求相当苛刻,也许比我们通常认为的要苛刻得多。如果我们把这两个论点放在一起来看,这意味着如果选民是理性的,他们将会或应该对投票没有兴趣,更不用说知情了。第一个论点一部分是因为今天的西方国家(即使相当于拥有约25万选民的新罕布什尔州这样的规模)太大了,导致一张选票无关紧要。这是因为即使我们在一个大的州里把所有选票都统计完后有一票之差,"单凭不可能准确地统计选票的现实原因",我们仍然无法确定哪一方获胜,必须还使用其他的方法来做出这一判断(同上书,220)。[90] 要理解这一点,我们只需要提醒自己这个事实,即在2000年美国总统大选佛罗里达州重新计票期间,关于投票结果的争议最后不得不由最高法院出面解决,而且戈尔团队过早地承认竞选失败的战术失误也是导致戈尔败选的一个重要因素。也就是说,在投票人数达到百万或更多的情况下,几百张选票都不再重要了。第二个论点也与当今西方国家的规模有关,它们的庞大使得知情的代价高得难以忍受。因此,我们可以将哈丁的论点视为对孟德斯鸠理论的一种更现代的发展。如果所有这些思想者和考虑都是

---

[90] 这种不可能性可能是数学上的:计算大量选票的统计误差太大,以至于一票的差异在确定结果方面没有任何意义。感谢钱江向我指出这一点。

正确的,那么让大多数选民哪怕是接近满足有意义的民主参与所需的先决条件,也是根本不可能的。

更同情地来看,抛开之前的所有问题,一些公民可能更偏好其他的义务与兴趣和利益——例如家庭义务或科学、艺术追求——而不是耗时的政治参与。这些公民可能会选择在政治上保持冷漠。这种在政治上保持冷漠的选择在全民劳动的大国里变得越来越合乎情理。与古代共和民主的形式不同,当代自由民主国家应该对这些自愿不参与的公民顺其自然。实际上,正如贝淡宁所说,儒家或"(东)亚的社群主义者"(2006,335)为普通公民的政治冷漠提供了正当性,通过认可他们对"家庭和其他'地方性'义务"的奉献,以及将他们政治参与保持在最低限度,"把政治决策留给受过教育的、热心公益的精英"(同上书,151)。事实上,即使是从政的儒家之君子,当他的父母去世时,他也必须从公职中解脱出来,以遵守三年守孝期的要求(《论语》17.21)。[91] 这种同情的态度也可以得到仰望星空的柏拉图主义者的认可,他们想要不受打扰地研究自己认为更有趣的事情,如果国家被托付给有能力的精英的话(参见347d)。[92] 但是,也应该有一种机制来防止对政治冷漠或不参与政治的公民对政治事务产生太大的影响。

在《政治自由主义》中,罗尔斯指出了民主社会的五个事实,并由此引申到他考虑的核心问题:一个多元但稳定的自由民主国家是如何可能的(1996, xxvii, 36-38 和 58;又见 1989, 474-478)。我们可以在此基础上添加现代民主国家的第六事实。需要明确的是,"第六事实"是一组三个相关的事实。在这组事实中,第一个是人类有滑向私利的倾向,而一人一票鼓励了这个倾向。第六事实的第二个"子事实"是,一些公民选择对许多政治事务保持冷漠态度。第三个子事实是,现代民主国家一般都非常庞大,以至

---

[91] 当然,对于儒家来说,专注于家庭并不一定意味着在政治上冷漠,或仅仅是一种消极的自由,即被排除在政治和公共事务之外的自由。家庭义务仍然是政治性的,因此与公共事务有关。当然,从纯粹的积极意义上讲,它们不是政治性的,尽管它们可以变成积极的。相关的更多讨论,参见本书第六章。
[92] 我所说的"柏拉图主义者",是指相信存在真、善、美的人。追求这些永恒的对象是唯一值得做的事情,而表象世界和人之躯体只是这种追求的障碍。鉴于柏拉图著作的复杂性和微妙性,我不能断言柏拉图本人是个柏拉图主义者。

于无论政府和个人如何努力,都不可能让大多数公民充分地对国家事务知情。这种不可能的原因是:由于现代民主国家太大了,并且我们高尚地拒绝了奴隶制,对政治(包括政治事件和政治人物等)基本的知情这一负担为大多数公民的智力、教育、意愿所无法承受;大公司和财团的几乎不受限制的、近乎疯狂的财富和权力摧毁了精英献身公益事业的意向,扭曲了信息。第六个事实似乎表明,罗尔斯式的自由民主制和慎议民主制,或一般的自由民主制和慎议民主制(即不仅仅是数人头,而是每个公民都以平等的方式和一人一票的形式参与政治),在现代是不可能的,因为现代世界中的每个国家都太大了,而且几乎每个人都必须依靠工作来谋生。

三 民意与贤能结合的儒家政体

然而,上述民主问题和"内部"解决方案并不意味着威权主义(authoritarianism)的可行性。一个可以无视人民意志的威权政府当然可以做正确的事情(例如,做出有利于环境和公民的长期利益的事情),而且威权政府可能非常有效,因为它遭到的人民的反抗不会和民主国家里的一样多。但如果政府做了破坏环境的事情,它的行为也更难被阻止。

但是我们必须在民主和威权之间二选一吗?我的答案是否定的。在下文中,我将根据本书第二章中对孟子思想的讨论,提出一种儒家/孟子式的理想政府形式。这个政体可以比目前的、即便采取了所有可能的内部的、非贤能政治的修正的民主政体更好地解决民主的四大问题(对精英的怀疑、忽视非选民的利益、忽视少数人的利益和选民的非理性)。需要澄清的是,这一政体体现了某些基本的儒家/孟子式特征,是一种理想的形态。这一政体并不预设狭义的"儒家"文化这一号称是中国人或东亚人所采用的文化的主导地位,而是普世性的,适用于满足上节中所讲的第六事实的所有国家。这一政体也不是要支持经济发展和政府治理方面任何所谓的中国模式。过去和现在的中国的现实政体可能具有该政体的某些特征,但后者从未在现实世界中充分实现过。下面,我会给出这一政体的架构。

1. 一些温和的修正

首先,法治和人权在这个儒家混合政体中得到认可和牢固的确立。[93] 其次,我们可以从第二章对孟子思想的讨论中推断出,在这一政体下,政府被认为对人民的物质和道德福祉负有责任。它有责任使得普通公民的基本物质、社会、道德、政治和教育需求尽可能得到满足。在物质需求问题上,按照罗尔斯自己的差异原则(1971,60-62 和 78-83),经济不平等受到遏制。在教育问题上,除了理论和技术知识外,政府还负责为公民提供公民教育。公民教育的目标是让公民明白以下几点:每个公民都应该对他人抱有同情心,并与他们保持适当的关系;政府的作用是维护人民的物质和道德福祉(道德福祉包括公民间相互关心、适当的家庭关系,等等);政府中的政客应该是那些在道德上和智力上更优秀的人(道德卓越是指他们愿意将他们的关心扩展到他们力所能及的帮助范围内的所有人);如果政客确实在道德和智力上优越,那么他们应该受到普通民众的尊重;参与某项政治事务的权利与一个人考虑公共利益的意愿和在该问题上做出好的决策的能力密不可分。满足每个公民的政治需要包括满足他或她参与政治的需要。那么,在公民接受了上述公民教育后,如果公民对政治感兴趣并且有参与政治的潜力,政府应该提供一切必要的手段——例如,使人们有可能充分知情的言论和信息自由,对于政治讨论和投票而言必要的场所和时间(如"慎议日"),等等。

一些民主思想家可以接受尊重政府与政治家的必要性,但这种尊重是内在于儒家思想的,使得儒家混合政体能更强有力地处理民主的第一个问题(对精英的怀疑)。一个被很多人注意到的事实是,在美国,政客经常装扮得比自己的真实状态更无知(比如像上面提到的,2004 年竞选时,小布什团队把小布什打扮成平民中的一员,而将克里描绘成东海岸精英分子),而在东亚,也许由于其儒家文化的影响,政客经常要装扮得比他们实际知道的要多。不懂装懂当然不好,但这至少是在往正确的方向上装扮,也许有助于产生我们想要的现实。我们还可以通过揭穿伪造和文饰

---

[93] 在第九章中,我将讨论儒家思想如何与法治和权利相容。

学历者,鼓励将来的领导人真正获取知识。哪怕是那些装扮者,在长期装扮后,也许会被迫甚至真诚地认同其所装扮的信仰。[94] 但是,如果在一种文化里面,拥有知识和经验被认为是政治资格方面的障碍,那么任何改进的希望都没有了。

民主思想家对其他民主问题的处理,在这个政体中也得到了大力的支持和积极的推动。实际上,儒家教育可能比民主教育更能充分面对这些问题,因为,像上面提到的,民主理论家的期望在于某种公民友谊,但这在现代社会国家庞大的现实下变得不再可能,而儒家教育强调的恻隐之心所针对的,恰恰是陌生人。

2. 以及它们的局限

像我在上一节里指出的,这些安排,哪怕有了儒家混合政体的进一步修正,还是不充分的。这就导向了这个政体的第三个安排。这一安排明显地偏离了今天的民主思想家所能轻易认可的内在的、非贤能政治的解决方案。从前面对孟子思想的讨论中我们可以引申出,他坚定地主张为人民服务给政府提供了合法性,但考虑到上述旨在提高人们的道德水平和知情程度的安排的基本局限,一个孟子主义者可能会支持一种混合政体。除了一人一票制之外,这一政体引入和强化了那些有能力、有道德的贤能者(meritocrats)的作用。我们会看到,因为这些贤能者不像被民众投票选举出来的立法者那样为选票所左右,所以当选民和非选民的利益、多数和少数的利益,以及选民的短期或表面利益与长期或实际利益产生冲突的时候,他们更有可能考虑非选民和弱势群体的利益、选民的长期和真正的利益,并且相比于直接由民众投票选举产生的立法者,他们也更有可能维护稳定的长期政策。

作为一项原则,一个孟子主义者会认为参与政治决策过程的权利应该基于智力、道德和政治能力,而现代民主社会的第六个事实意味着很多

---

[94] 在谴责"五霸""假"仁(即假装做个维护争斗的诸侯之间的和平的、假借仁慈的霸主)之后,孟子说:"久假而不归,恶知其非有也。"(《孟子》7A30)

公民在很多政治问题上都是没有能力做好的判断的。通过公民教育，我们期望这些公民如果不能迅速提高他们在这些问题上的判断能力的话，就自愿不参与这些政治问题的决策过程。但我们不应该仅仅寄希望于他们的自行决定，因为教育作为一种"软实力"，需要通过制度和法规来强制执行。并且，在这种情况下，这种强制更为重要，因为上述教育的目标是教育民众，使他们知道自己没有足够的教育，无法理解政治，而这似乎是一种自相矛盾和自我挫败的努力，它暴露了这项任务的艰巨性。因此，我们应该有更多的制度安排，以防止无能的公民在政治问题上有过多的发言权。基于这种考虑，我在儒家混合政体中做出了以下安排。

3. 在严格意义的社群层面上的"民主"

我们应该看到，民众难以知情的一个主要原因是现代国家太大了。但是，对于**严格意义上的**（strictly）社群和地方事务，几乎任何当地居民都比遥遥在上的中央政府的官僚有更好的认识。因为这里处理的是与居民最相关的日常事务，所以当地居民更有意愿去关心，而不会采取冷漠态度。当地居民的私欲也可能被地方政府制衡。所以，现代民主社会的第六事实（使公民无法对政治问题做出好的判断）的前提在小范围的群体里不成立。这就意味着所有当地居民都应该被允许参与其地方事务，通过一人一票选举地方官员，或是在重要事务上进行公投，等等。

这里一个困难的问题是哪些事情应被算作"严格意义上的地方事务"。在一个联系紧密的当代世界里，没有地方事务是绝对地方的（只关乎一方的）。因此，"严格意义上的地方事务"仅仅是那些对外界影响相对较弱的事务。就那些对外界有相对较强影响的地方事务来说，这一社区的选票只能是决策过程中的一个因素。我们也要做出适当安排（如接下来将讨论到的），以防本地选民做那些罔顾他人利益和短视的事情。同时，如果有些全国性的决策与地方紧密相关，而大众有可能对它们做出良好判断，这些政策应让公众参与，可以用全民公决的方式决定。一个更一般的问题是，一个有多少人的社群的政治事务的复杂程度是一般民众可以掌握的，而对这个问题的回答直接决定"地方"的大小。这些问题都需要实证的和经验的考察,而不是哲学家闭门造车就能正确地解答。哲学家可以讲的是这里的一般原则:民主参与的程度取决于相应的民众做出基于公益的良好决定的可能性。

4. 更高层面的混合政体

在处理超出小群体一级的事务时,现代民主社会的第六事实的前提得到满足,这就意味着公民更有可能对很多事务采取冷漠态度,并且没有能力做出好的判断。对此,我们就应该设法限制无知和不讲理的众意(popular will)对政策的影响。这种限制可以经由多种办法实现。比如,对于投票选举更高级别的立法机构,在每个选民投票前,他们被要求去参加一些相关课程与讨论,或参加专门为这一级别设计的考试,而只有在参加课程或考试通过后他们才被允许投票。选民投票的权重可以根据其课程或考试表现来调节,也可以通过他们的教育程度、社会与政治角色等相关因子进行调整。

另外一个也许是更实际和更好操作的办法是,在目前的民主国家里,立法机构通常分为两院。在一些民主国家,比如美国,国会两院的议员都是民选产生的。至于他们被选举的方式,只是在选区和任期长短上有所不同。在其他的一些国家里,一院的成员是民选的,而另一院的成员则不是。但后者在政治上被边缘化。这方面的一个很好的例子是英国的上议院。在儒家混合政体中,立法机构可以是两院制结构。下议院议员是民选产生的。但是,拥有这样一个议院的明确目的并非如目前民主国家通常所理解的那样将决策权交给人民,而是让民众的意愿得到表达。如我们在第二章(在"儒家的中庸之道"下)中所看到的,这对于一个孟子式的理想政体而言至关重要。人们是否对现任政府感到满意,以及他们的境况比上届政府执政时更好还是更糟,必须由他们自己来表达。下议院议员是人民的喉舌。

除了立法机构的这一分支(其作用已经与当前民主国家的立法机构有所不同),它的另一个分支也被引入了儒家混合政体。让我们把前者叫作下院或人民院,后者叫作上院或贤能院。上院议员由有智慧与美德的人组成。[95]

    我可以想出三种挑选上议院议员的方式——这三种方式并不互相排斥,而是可以互补的。第一种可以被称作一个层级模式。最低一级,也就是上面解释过的"严格意义上的地方"一级,其成员由相应社区的人民直选产生。他们应该(尽可能地)从他们本来的专业工作里解放出来,并接触更高一级的决策工作。因此,他们更可能有能力参与一般民众难以把握的更高层次的政治决策。他们就可以有资格推选和被推选成为上一级立法机构中的上议院成员。也就是说,两院(最低一级只有一院,而在每个更高的级别都有两院)的立法者要么是更高一级上议院议员的被选举人(候选人),要么是其选举人(选民)。这个过程可以被一级级重复,直到国家最高一级的立法机构的上议院。所有议员的工作都应该是全职的,也许最低级别的议员除外:他们可以兼职做议员,同时通过既有的工作与他们的选区保持密切和日常的互动。

    实际上,在美国政治史中,我们可以找到这种层级模式的痕迹。比如,在美国早期,联邦参议员甚至总统均非人民直选产生,而是由州议员或各州的选举人团中的选举人(electors)选举产生。之所以这样,恰恰是美国开国者,特别是联邦党人,为了制衡无知且缺德的众意(也许应该更合适地被叫作"众臆")而设。他们的意图与我设计层级推选的意图完全吻合。[96]

    第二种选拔(各级)上院议员的办法是以考试为基础的。比如,贝淡宁提出过以下一个模式。这个模式的核心是"由一个民选的下议院和一个通过竞争性考试选拔的'儒家式的'上议院【他后来称它为贤士院】构成的两院制"(2006, 267)。当两院之间有冲突时,

> "儒家"的解答可能是强化贤士院,比如,由宪法给予上议院"超级多数"(supermajority)的权利(right),使得上院(的多数)可以凭借

---

[95] 很明显,在当今民主国家里,尤其是美国,这些名称会让后者注定失败,因为"人民"通常被人民当作好词,而"贤能"一词自从它被创造(Young, 1958)以来就经常受到嘲笑。但我仍然用"贤能院"是因为它表达了这个立法分支的意图,而哪个名字更能被当今的人民所接受,这个问题我留给有政治智慧和手腕的人。

[96] Macedo, 2013 对此有详细讨论。

它否决下议院的多数意见。政府的首脑和重要的部长均从贤士院里选拔。大多数重要的法令均由贤士院颁布,而下议院只起制衡其权力的作用。(同上书,271)

有人也许会对他的这个模式的可行性提出如下质疑。在传统中国,科举考试用来选拔官员,[97]但是那时由于越来越多的应试者来竞争有限的位置,这个制度经受着长期的且不断增长的压力。这还是在国家支持的大众教育极其有限的情况下发生的。[98]现在,在中国和世界上许多地方都有了更广泛的国家支持的大众教育,这也就意味着有多得多的合格的和满怀期望的学生愿意参加考试,而可能的官员或立法者的岗位的数量增长还是极其有限的。我们只要看看近年来中国的公务员考试竞争有多激烈,就可以对这个问题有个生动的认识。这样一种过多人为了很少的机会而挤破头的现象可能会成为很多社会问题的根源。但我们可以回应说,传统中国乃至当代中国的一个严重问题是没有充足的渠道来分流这些人才。[99]并且,如本杰明-艾尔曼(Benjamin Elman)所指出的,这些考试的落榜者可以成为社会所需的其他行业的有学识的实践者(2013),这是一个不坏的"无心插柳式的后果"(unintended consequences)。(其实,知道了这个可能的后果,我们实际上应该有意地使它发生。)也就是说,这些考试可以无意地甚至是有意地提高全体公民的政治智慧。

然而,当考试人数远远超过空缺的(available)岗位的数量,选拔结果可能会变得随意。不仅这些结果可能非常不公平,而且感知到的不公平会滋生怨恨并导致人们对这一制度失去尊重。一个替代性的基于考试的选拔过程是,可以将通过考试作为投票给上议院或成为上院议员候选人

---

[97] "科举"有时被翻译为"the Chinese civil service exam system"(民事服务考试系统),但这种翻译有误导性,因为被选拔的人往往不仅是"民事服务",而且是统治结构的成员。贝淡宁将其翻译为"public service exam"(公共服务考试),这比上面提到的翻译要好(2015, 78)。

[98] Elman (2013)更详细地描述了在传统中国晚期教育的压力和现实。

[99] 见钱穆,2005a,156-157。尤锐(Yuri Pines)还认为,秦国战胜其他国家和统一中国的成功部分是由于保持了社会和政治晋升的多种途径,而保持这样的环境可以使制度"更公平、更有活力、更有适应性",防止僵化 (2013, 191)。贝淡宁提到了这一点,并认为"多元化的进入通道将保留灵活性,而这在当今瞬息万变的世界中尤为重要"(2015, 133)。

的一个资格条件。[100] 在通过考试之后,候选人可以通过相应选区的全民投票或者下一级议院的议员投票,进入上议院。

另一种可能性是将那些通过考试的人送到某种学院里。在那里,他们会被给予进一步的教育,并切近观察政治运作,给出政治建议。他们也可以被送到地方政府部门,以便他们获得现实政治的经验,以防他们只会纸上谈兵。在这之后,通过考试或投票的方式进行进一步的选拔。这种选拔精英的方式在传统中国有历史先例。更重要的是,实践训练的要求对考生来说可能是至关重要的。在讨论为统治者选择儒家顾问的儒家传统时,肯尼思·温斯顿(Kenneth Winston)对士大夫(scholar-officials)和单纯的士人(scholar-teachers)进行了重要区分(2011)。后者,就像今天的应用伦理学家一样,没有担任任何决策职位。这种实践经验的缺乏"可能为对现有政策的激进批评开辟空间,也可能为意识形态的顽固和无用的抽象开辟空间"(同上书,240)。用儒家的话来说,一个人要掌握儒家的道德原则,就需要在充满义务冲突的现实世界中检验它们。实践是掌握原则的组成部分。在选拔贤能者的三种方式中,只有基于考试的方式缺乏实践维度,导致那些擅于考试的人可能只会纸上谈兵。因此,这一事实使得基于考试的方式把实践训练的元素纳入其中变得更加重要。

很明显,在以考试为基础的这种选拔方式里,考试的管理是个重要议题。对此,一个常见的反驳是道德优劣很难通过考试鉴别。这个反驳是正确的,但只是部分正确,因为考试可以引导考生研习道德哲学著作,从而提高他们对道德的复杂认识,即使不能提高他们的道德的话。考试也可以引导人们学习过去的道德典范,而这对一个人的道德养成会有正面作用,尤其是当他对道德模范的学习在幼年就开始时。对考试材料的掌握也不仅对人的智力提出要求,还能够考察一个人的某些德性,比如恒心和延迟享乐(delayed gratification)。这意味着考试的确能够考察某些美德,而这些美德对于优秀的政客来说是必不可少的,尽管能被有效考察的德性不如我们期待的那么全面。并且,尽管应该承认狭义的考试主要针

---

[100] 考虑到当今世界专业化的事实,考试也可以分不同的轨道,比如经济轨、政治科学轨、自然科学轨,等等。被选人仍然被要求获得通识的人文教育,但是同时会专攻某一特定方向。

对个人能力,但上面提到的政治学院和现实经验等制度安排也可以被用来观察和考察一个人的道德与政治品格。

另一个反对意见是,这种考试是基于善的概念,这种概念与多元主义或对多元价值的自由主义辩护不相容。这对伊朗等国而言确实是个问题,因为在这些国家中,神权因素存在于甚至主导了政治,而歧视有不同信仰或其他整全教义(comprehensive doctrines)的人。因此,儒家混合政体下的考试必须经过专门设计,来测试"重叠共识"(overlapping consensus)中的内容,或理性公民都认为政治决策者所应该具备的一些"良好"品质,例如一般的或特定的知识(例如经济学)、对人民的同情或关怀、抵制贿赂的能力等。在拥有某些上述理想品质的前提下,上议院成员可以在具体专业上有所不同。例如,两个具有经济学专业知识的人可以采用不同经济学流派的理论,并且可以(而且应该)自由地相互辩论。

并且,为了保证考试的公平,法治和其他相关制度也明显具有必要性。尽管有这些安排,可能有人还是会怀疑公平考试的可能性。但是,我们只要想想,虽然传统中国的科举考试、目前中国的全国高考、美国的SAT考试以及难考的综合性的美国外交官考试(foreign service exams)都有问题(大概人类社会里没有哪个程序是没有问题的),但它们在决定考试内容和分数方面都有一个相对公平且较少争议的过程。[101]

一般来讲,对那些怀疑以考试为基础的选拔方式的人,科举以及一些更早的以考试为基础的选拔人才方式在传统中国之相对长久的成功应该可以回答他们。[102]实际上,传统中国选贤举能的实践及其得失为我们今天设计以考试为基础的选举模式提供了丰富的资源。[103]比如,我们已经看

---

[101] Philip J. Ivanhoe 曾经向笔者提出外交官考试是选择上议院议员的一种可能方式。这里感谢他的建议。

[102] 我这里不是说传统中国的政体混合了贤能与民主成分。我也不是说传统中国的政体是纯然贤能制或精英制的。如艾尔曼指出的,晚期中华帝国的精英、贤能从来没有摆脱那个以皇帝为最高和最终权威的系统(Elman 2013)。但是他同时也指出,一个现代的政治系统反而可能与贤能制更匹配。这点我完全同意。实际上,如果我们用众意(popular will)替代皇帝,传统中国皇权与士权丰富的博弈史(合作、制衡、对立)可以很容易地为我们今天探索混合政体提供很好的教训。

[103] 钱穆对传统中国的政治安排提供了很多细致、微妙、充满洞见的分析。参见钱穆,1996 和 2005a。

到,科举制与一些以考试为基础的选拔模式有呼应。在这种模式里,笔者还提出了一种比较复杂的方式:通过考试的人可担任某种特殊学院或地方职位。前者与中华帝国晚期的翰林院和早期的太学有呼应。至于以在地方职位上的实践锻炼作为进一步考察的场所的这一方式,我们可以在两汉(206BCE—220CE)的选举制度中找到其历史踪迹:"举孝廉"。在这一制度中,有前途的学生先被选入太学,在太学里表现出色的学生进而被授予地方官职,然后在政府工作中表现好的人再被推荐到更高一级政府。实际上,我的提议的目的是将考试与实践训练相结合,可以理解为试图结合宋代的科举与汉代的举孝廉。

  选择各级上院议员的第三种方式是一个配额系统。有些人的能力、经验、道德已经在他们的服务中得到检验,比如县、市、省/州的领袖、工业界领袖、科学家、退休军官、各类地方非政府组织(NGO)(比如环保、少数族群、工会)的组织者,等等。相比于任何纸上考试,他们的服务可能是"道德测验"更好的替代(proxies),可能为我们如何测试人们道德水平的问题提供另一个答案。让我举三个例子。第一,在美国,那些志愿服兵役、服兵役时间相当长、在服役期间获得大学甚至研究生学位,并在军衔上上升的人往往对国家有良好的服务意识,正派且智力高于平均水平,而这些品质对一个优秀的政客来说很重要。第二,科学家被训练为客观的、以事实为导向,这对公共服务也很重要。[104] 第三,如果一个民选州长或省长连任两届,其支持率保持在40%或更高,并且没有被发现有严重违反其职务(例如腐败)的行为,那么这样的人有可能具备为公众服务的道德和智力。我们可以为这些人在上议院指定一定数量的席位,然后他们可以被下一级的议员或他们相应的地方立法机构的组织或团体的选民选举;或者他们可以直接在上议院获得一个席位(例如在上述任两届州长的情况下)。

  当代世界有些国家看似有类似的制度。但据我所知,它们远远起不

---

[104] 我感谢曼斯布里奇(Jane Mansbridge)在一个关于贤能政治的会议上向我提出这些关于军人和科学家的观点。

到本章提出的上议院的作用。例如,在这些国家和地区中,其立法机构的成员往往不是专职的立法者(事实上,他们没有被赋予立法者的权力,而且纸面上赋予他们的权利和权力从未实现);本节中列出的法治和其他自由(例如新闻自由)尚未确立;等等。

需要澄清的是,这三种选拔上院议员的方式不是相互排斥的,而是可以结合起来的。实际上,配额系统的选拔方式可能只可以是其他两种方式的补充。我们还可以建议将配额系统所产生的候选人与低一级的议员放在一起,由人民或他们自己选举。在美国民主党全国代表大会中,超级代表(superdelegates),包括民选官员和政党活动家及官员,可以按自己的意愿自由投票,他们与那些必须根据民众投票的情况来投票的代表共同选出总统候选人。这可以被认为是上述混合模式的一个真实案例。我们还可以有其他安排,旨在确保各级上议院成员不受短期考虑的影响。例如,可以要求他们只服务一个(较长的)任期(六年或八年的固定任期)。

下面一个问题就是上院的功能。在公投的情况下,可以如政治活动家尼古拉斯·博古睿(Nicolas Berggruen)和内森·加德尔斯(Nathan Gardels)所建议的那样,给予上院撰写全民公决草案的权力(2013)。上院和下院可以被委托处理通常的立法相关的事务,以及选拔和确认最高法院法官、总统/总理、各级政府最高官员,等等。立法两院之间投票的权重应该有明确规定,在有关非选民和需要长远考虑的事情上,上院的投票应该被给予更大的权重,因为像笔者已经讨论过的,这些事情是选民不太可能有能力充分处理的,这也是我们在本章中引入这种上院的原因。[105]

5. 与代议制民主的区别

这里需要澄清的一点是,所有这些选拔方式,尤其是层级模式,应该与代议制民主的某种形式或理解区分开。根据对代议制民主的这种理解,议员要代表人民的意志。在儒家混合政体中,下议院成员要代表人民的意志。这对一个孟子主义者来说是必要的,因为"天视自我民视,天听

---

[105] 感谢贝淡宁向我提出这个建议。

自我民听"(《孟子》5A5),即人们对国家的政策是否满意,必须由人民来决定,或在国家太大,人民不能直接表达是否满意的情况下,由他们的代表来代言。但这可能不同于人民的"真正"意志,即人民应该有的意志,或者卢梭所说的"公意"(general will)。在我的设计中,进入上议院的人有能力参与更高层面的政策制定,并且通过上下议院之间的制衡,政治决策有可能更好地代表人民的公意。但是,无论我们在理论上如何理解他们的作用,在实践中,如果上议院成员要被民众经常性的选举所制约,他们可能就无法摆脱特殊利益,尤其是他们选区当下和狭隘的利益。这是美国国会里经常发生的情形,一个明显的例子就是那些臭名昭著的议员通过利益交换,把联邦政府的钱花在其选区的往往是以公(联邦)济私(选区)的各种工程上(英文里称作"earmarks"或"pork barrel projects")。这些工程往往使联邦有限的资金不能花在更有需要的地区,而是花在善于讨价还价、威逼利诱的议员的选区里。因此,在我的提议中,上议院议员的各种遴选方式和其他安排,都是为了让政客摆脱特殊利益的限制。

关于上院的细节我们可以继续讨论,但是可以明确的是,这些安排是为了对众意形成制衡,而在政治上给予那些比较有知识、经验、关心他人的人更大的声音。如此组织的政体可以说是民有的和民享的,但不纯然是民治的。承担治理角色的,一部分是人民,还有一部分是精英贤能。

6. 集权 vs. 自治

在社群层面,直接投票和全民投票的民主在儒家混合政体中仍然得到充分保留。自由主义和社群主义思想家旨在改善社群生活的许多努力都可以被这个政体欣然接受。实际上,在理论和实践中,许多儒家思想家也支持类似的努力。贤能政治的混合发生在社群以外的各级政府中。对于这些政府来说,一个重要的问题是它们应该多么集权。儒家在这个问题上有自己的偏好,尽管它们与第二章和本章中所讨论的儒家思想没有密切关系。但这确实与一个理想的儒家政体的设计有关,所以我在这里简要评论一下。众所周知,先秦儒家有保守的一面,而这种保守主义部分表现在他们对于(其解读或想象的)封建制度有明显的喜爱或怀旧之情。

封建制度的一个关键是地方自治。孟子似乎支持这一观点。[106] 但封建制度瓦解后的一个关键性发展,也是后封建("现代")国家的一个基本特征,就是中央集权的官僚制度。如果我们对儒家思想进行"进步式"解读,一种可能是我们接受中央集权的官僚制度,同时保留"封建制度"的某些特征,例如地方自治。后来的儒家思想家顾炎武(1613—1682)在讨论中央集权官僚体制(所谓的郡县制)和封建制度之间的紧张关系时,认为封建制度不会回归,因为它是一个有缺陷的制度,尽管周秦过渡后出现的中央集权政府也存在问题。[107] 在他看来,解决之道在于"寓封建之意于郡县之中"(1983,12)。从他在《郡县论》第一篇(同上)中的阐述中可以清楚地看出,这种综合的一个含义是将中央集权的官僚制度与下级政府的自治结合起来,使后者有更多的自由来试验关爱人民的方式。同样的论点,在适应了今天的现实后,仍然可以被用来支持下级政府某种形式的自治。[108] 这种自治是好的,因为它可以让不同的地方政府考虑到它们所在区域的特殊性,并尝试不同的政策。接着,成功的政策可以被其他下级政府效仿,并得到上级政府的推动。这样的一个系统具有可调适性和活力。

　　自治单位应有多大规模以及应该保持哪些方面的自治也是个难题。儒家对地方自治的辩护可以用来支持地方社区,这些社区小到足以将普选作为在社区层面选拔议员和地方长官的唯一途径。但它也可以支持更高级别的地方政府的自治,因为它们的自治有助于根据不同的情况调整政策和试验不同的政治模式。要使政策试验成功,通常单位的规模不能太小。例如,试验技术进步必须得到适当规模的经济和人口的支持。这方面的自治单位必须是市级甚至州级(就美国而言)和省级的。并且,地方主义和联邦主义形式的自治经常被用来为不公平的做法辩护。[109] 例

---

[106] 例如,孟子提供了据说他听到的旧封建秩序,并含蓄地批评他那个时代的封建诸侯背离了这一秩序,因为它不符合他们的自身利益(5B2)。
[107] 完整的讨论参见顾炎武《郡县论九篇》(1983,12-17)。
[108] 关于如何将封建精神融入中央集权的官僚体制,顾有他自己的设计,而我在这里所遵循的只是他的一些总体考虑,而不是具体设计。
[109] 以下讨论受益于2017年2月23日在哈佛,尤瓦尔·莱文(Yuval Levin)发表题为"在特朗普时代追求团结"的演讲后与马蒂亚斯·利瑟(Mathias Risse)进行的一些激烈交流(spirited exchanges)。

如,美国南方的一些州曾利用联邦主义或各州自治来捍卫奴隶制和后来的种族隔离政策。在美国,公立学校的大部分资金来自学区的地方税收,这就解释了不同学区之间的不平等。显然,诸如此类的问题不应由地方政府单独处理,无论它们处于何种级别。应该有一些集中的制度和法律限制(例如废除奴隶制和禁止种族隔离)或集中分配资金(例如资助地方公立学校),而在其他方面允许自治,鼓励因地制宜的政策和可供其他地方政府效仿的创新举措。很难想象任何温和的人会只接受集权或地方自治,而拒绝两者的混合。真正困难的问题是明确什么应该交给各级地方政府,什么应该交给中央政府。但是,这个重要问题超出了本书的研究范畴。

总而言之,儒家理想政体的一个更全面的安排应该是社区层面的民主,中央集权体制内社区和较高级政府的某种形式的自治,以及除社区以外的各级政府的混合政体。[110]

---

[110] 贝淡宁提出了一个模型,它由底层的民主、顶层的贤能和中间的实验(通过某种形式的自治)组成(2015,180-195)。我在这一段中的讨论部分受到了他的提议的启发,但也有一些显著的差异。在他的模型中,顶层政府是纯粹贤能的,尽管除最底层政府之外的下层政府可以是混合型的。他的提议是基于他所观察到的当代中国政体所采用的模式,或者它的理想化版本。我的模型则与当前的中国模式无关,而是植根于一些早期的儒家思想。他认为美国联邦制所提供的那种自治不会像他的中国模式里的中层实验那样奏效,但我认为前者是儒家"封建"自治思想的一种可能的化身。

第四章

儒家混合政体的优越性

一 贤能与良政？内部挑战及回应

在这一章中，我考虑了对儒家混合政体的可欲性和优越性的一些挑战，特别是该政体中与当前的自由民主政体看似有很大不同的贤能因素（而在社群层面的民主特征和较高级政府的某种自主权方面，二者差异没有这么大）。有些人可能会反对这种政体，因为它表面上违反了他们所认可的自由民主政治的原则：政府合法性来自普选的原则和平等原则。这种是一种"外部的"反对，因为它认为儒家混合政体的一些基本观念有问题（我将在下一节中回答）。在本节中，我将探讨对该政体的一些"内部"反对意见，例如它会导致在其框架内被认为不好的后果，它没有声称的那么好，或者我们没有必要为了达到儒家混合政体制定者所欲求的目标而走那么远。通过回答所有这些挑战，我希望详细阐述这个政体的设计和背后的论证，并进一步展示它的优越性和可欲性。

1. 当权者的永久化？

第一个反对意见是，儒家混合政体中所使用的各种考试可能成为当权者将特定群体排斥在政治之外的借口（例如，美国历史上对非裔美国人的排斥），而这将在被剥夺选举权的（disenfranchised）人中间滋生怨恨，使他们质疑国家的合法性，从而威胁到国家的稳定。[111] 相比之下，民主的一大重要功能恰恰是让人们感觉到国家和政府的合法性在于所有人的同意，所以人们才会真诚地支持国家和政府。[112] 我对这个反对意见的回答如下：正如已经展示的那样，对于儒家混合政体而言很重要的是，通过公

---

[111] 我感谢贝淡宁和钱江向我指出这一问题。
[112] 这一挑战不同于儒家混合政体违反了民主的合法性原则的挑战，这一点将在下一节中讨论。这里的问题不是关于违反了一个"神圣"的原则，而是关于这种违反的后果。如果其后果是真的，儒家也难以接受。

民教育向人们灌输对道德和智力卓越者的尊重意识,使他们接受德才兼备者的统治,以便他们在自认无能时自愿放弃参与的权利。过去的中国农民和民粹主义、犬儒主义时代之前的许多西方选民都尊重权威,他们认为让经验丰富、知识渊博的人拥有更多权威并不是不可接受的。这一事实显示了教育和文化的力量。在儒家混合政体中,任人唯贤的选拔对所有人开放,同时法治必须被建立起来以保护选拔的公平。更重要的是,政府有责任提供必要条件,使人民过上一种物质和道德都蓬勃发展的生活,让他们能够接受广泛的教育,并拥有参与政治的资源。因此,考试的公平并不仅仅是形式上的,也明显不同于历史上对非裔美国人或其他贫穷的、"卑微的"人的权利剥夺,所以它可以减少怨恨情绪。

一个相关的反对意见是,智者(the wise)的统治会使被排除在政治之外的人越来越无能,从而人为地延续了统治者与被统治者之间的差距。这也是支持大众参与式的民主、反对(良性)家长式统治的一个论据。为了理解这一反对意见,让我们看看密尔(John Stuart Mill)对这个问题的描述。他在批评"如果能确保一个好的专制者(despot),那么专制君主制(despotic monarchy)将是最好的政府形式"(1958, 36)的观点时对家长式统治的危险提出警告。[113] 即使我们能找到这样一个好的专制者,并且他可以为人民照顾一切(这几乎是不可能的),他的家长式行为仍将会束缚他的臣民的自由能动性(free agency),从而使他们的无能永久化。这就像当父母能力过高,过分溺爱孩子并试图包办一切时,他们的孩子就永远无法长大。相比之下,大众参与为人民提供了最好的公民教育,引导他们将视野扩展到自身之外的地方(同上书,36-55)。

然而,从现代民主的第六事实(即许多公民无法对政治事务做出良好判断)的讨论中,我们应该看到,密尔对普选的教育功能的期望可能过于乐观了。与之相反,通过普选,投票的公众倾向于退回到他们狭隘且经常

---

[113] 密尔的用词相当奇怪。他所说的"专制君主制",就是我们通常所说的"仁慈专制"(benevolent absolutism)或"开明专制"(enlightened absolutism),而他所说的专制者,就是我们通常所说的仁慈或开明的君主。他使用"专制"一词及其变体,或许是为了通过修辞让他的读者觉得这种政体令人厌恶。

被误导的私人利益。

关于密尔的批评,我首先要指出,罗尔斯在他早期的著作《正义论》中提出了类似的论点。他首先为多值投票(plural voting)辩护(即"有更高智力和教育水平的人应该有额外的选票"),这是一种不同于一人一票的安排,而且有趣的是,罗尔斯(正确地)将这个想法追溯到了密尔:

> 政治自由确实从属于其他自由,可以说,这些自由定义了乘客内在的善(intrinsic good)【在一个比喻中,罗尔斯将国家与船只、人民与乘客进行比较】。如果承认这些假设,多值投票可能是完全公正的。(1971, 233)

提出了这个论点之后,他马上批评了这种安排,其批评与密尔对家长式统治的批评相似。他指出,所有公民的参与"为公民友谊奠定了基础,塑造了政治文化的风气",并"增强了普通公民的自尊和政治能力意识"(同上书,234)。

作为回应,我们可以看到,在儒家混合政体中,民众参与以及密尔和罗尔斯所强调的这种参与的教育与教化功能仍然得到保留。这个政体的地方社区在很大程度上是自治的,而且社区民众都是自行或通过他们的代表做出政治决定。在更高的层级上,仍然有民选的立法机构分支,只是在立法和决策的过程中增加了精英的制约环节。更重要的是,尽管孟子和其他先秦儒家没有讨论民众参与的教育和教化(civilizing)作用,儒家仍然可以愉快地承认并接受这一作用。并且,儒家甚至可能看到了在民主时代通过大众参与让人们产生的政治参与感所带来的实践和心理上的益处。[114] 正如贝淡宁所指出的那样,即使在今天的中国,自由、公平的竞争性选举的象征性仪式必须得到重视(2006, 273)。所有这些考虑为我们提

---

[114] 本杰明·奥肯(Benjamin Olken)根据他在印度尼西亚的实地调查得出这样的结论:直接民主参与虽没有导致最终采取的政策的任何显著不同,但与没有实行直接民主参与的政策相比,人们的心理满足度却高了很多(2008)。有人可能会认为民主参与是一种愚弄人心的操纵。但我们不应忽视民主参与的这一重要性,即使它主要在于心理满足。毕竟,对儒家来说,好国家的目标是赢得民心,而且儒家可能是最早接受幸福不仅仅来自物质需求的满足之观念的学派之一。感谢钱江向我指出这一点。

供了儒家混合政体保留普选的额外理由,尽管与罗尔斯不同的是,儒家同时还考虑到这样一种可能性,即经过这个教化的过程之后,人们可能会变得过于自信,从而失去对智者和贤者的尊重。

并且,在儒家混合政体中,在某些政治事务或立法机构上议院的成员资格或候选人资格的问题上,某些美德被引入作为投票权的基础。但是,正如多次强调的那样,任人唯贤式选拔的公正性必须得到法律的保障,必须向社会公开,而且政府有责任为公民接受教育和参与政治提供一切必要的手段。即使人们没有通过或选择不参加考试,当他们改变主意或提高了自己的能力的时候,考试大门也总是敞开的。也就是说,与密尔所描述和批评的家长式政体不同,儒家的等级制不是固定的。相反,它鼓励向上流动,并且与向上流动密不可分。正如中国的一首著名古诗(夸张地)所说的:"朝为田舍郎,暮登天子堂。"[115] 这种流动性,如前面讨论过的,也许会消除被剥夺权利的人对势力强大的精英可能存在的怨恨。当讨论到科举制度(它可以说是我们这里所讨论的选拔机制的先驱)时,钱穆认为,它"可以从根本上消除社会阶级。……【并且】可以培养人们的政治兴趣,增强他们的爱国精神"(1996,405-406)。在这里可以看到,儒家这些安排的意图与民主政体中的民众参与的意图类似,都鼓励一种公民友谊的意识,如密尔所辩护的那样。实际上,在同一本书中,密尔引入了多值投票和其他也旨在为不知情的选民提供制衡的机制(1958,127-146)。也就是说,儒家混合政体可能与今天的民主实践不同,但与密尔——在某种程度上甚至是罗尔斯——所设想或支持的并不一定不同。凭借真正的公平和向上流动,贤能元素也可以培养公民的"友谊"感。准确地说,公民并不总是平等的,他们之间可以有类似于师生之间的关系。尽管如此,他们仍然有一种身份认同感和团结感,类似于公民友谊会带来的结果,但除此之外,他们之间还有一种尊重感。

---

[115] 当然,这句诗描绘的图景可能过于乐观,现实中各种人类社会的流动性大都是非常缓慢的(Clark, 2014)。本杰明·艾尔曼(Benjamin Elman)在一篇论文中展示,农民很少且可能永远不会有机会一路向上攀爬社会阶梯,直至成为统治精英(2013)。但表面的流动性给传统中国社会最底层的农民和其他人带来了希望,他们可能——也许得经过几代人的努力——首先上升到有产者(地主和富商)的水平,然后再从那里走向精英统治阶级。

一般而言,如第一章所述,封建制度所特有的世袭等级制在中国很早就崩溃了,而儒家和其他中国政治思想学派则在此崩溃期间和之后出现。当我们使用英文术语来翻译这些学派的思想和概念时,可能会产生很大的误导,这可能是说英语的读者抵制这些思想的一个原因。尽管儒家接受了一种等级制,但我们应该始终牢记,这种等级制是建立在流动性之上的。同样的,家长式统治也离不开这种流动性。由于没有更好的说法,我一直使用"统治阶级"这个词,但我们必须记住,对于儒家来说,这个阶级不是天生的,而且虽然它指的是社会和政治地位,但一个人必须通过为人民服务来"赢得"这种地位。[116]

事实上,基于流动性的等级制的优点也在经济学和商业研究中得到了辩护。[117] 经济不平等被认为是糟糕的,例如平均收入对公民福祉的影响更大。但更深刻的问题是,哪种类型的收入不平等会对人们产生非常负面的影响?根据锦标赛理论(tournament theory),收入不平等可以鼓励竞争者向上移动,从而对整体经济产出做出贡献。这与我对儒家等级制的辩护非常相似。在李绪红(一位工商管理学教授)等人(手稿)的一项研究中,他们认为"可达到的"(achievable,即有流动性且通过个人奋斗可以向上爬的)不平等[在他们的论文中被称为"达到的不平等"(achieved inequality)]有利于员工的福祉,而先赋的(ascribed,固定的而不流动的)不平等是不好的。对我们来说,这项研究表明,基于流动性的等级制确实鼓励人们向上移动;等级制并未被认为是坏的,且可能对人们的福祉产生积极影响。简而言之,人们对不平等或等级制的无差别攻击可能是错误的。相反,他们应该攻击的是固化的等级制。

2. 贤能政治可否作为民主政治的修正?

事实上,我们需要上议院的原因是许多公民无法对政治事务做出好的判断(现代民主的第六事实)。有人可能会争论说,从历史上看,引入普

---

[116] 的确,在传统中国,最高统治者的权位在一个朝代内是世袭的,但这不是孟子和其他一些先秦儒家会认可的制度。它不是作为一种理想,而是作为一种对现实的妥协被后来的儒家更广泛地接受。

[117] 以下说明基于 Li, X.-H. 等人的手稿。

选制度是为了防止一小群贵族控制政治决策过程并利用公共资源谋取私利。群众参与是避免这种情况的一个很好的制约。但当今民主国家的一个严重问题是，本来应该用来纠正贵族制的东西已经走到了另一个极端，它给了盲目的民意太多的发言权。[118] 因此，我们需要重新吸纳贵族制的优点，即原始意义上的"aristocracy"：这个英文词的原义是（在知识和某些道德方面，尤其是在具备关心他人的美德方面）优秀者的统治，并用它来制约过度的民主。这一混合政体的目的是在前现代贵族制和现代民主制之间达到一个更可欲的中间立场，而不是将我们对善政的希望寄托在任何一方成员的良心上。

但是，既然民意和民众参与都存在这么多问题，那我们为什么不彻底实行贤能政治呢？对孟子来说，政权的合法性来自为人民服务，对这种服务的满意程度必须由人民决定。这种思想和儒家对贤能政治的拥抱基于对民众能力的基本假定。儒家似乎假定民众有能力知道他们是否对政权及其政策感到满意，但他们没有能力做出政治决策，维持或导致令人满意的政治环境。这是儒家混合政体的理论基础。并且民众参与也有助于群众的政治教育、身份认同感和公民友谊。

现在，如果我们接受这样一个看法，即纯粹的贤能政治是不可欲的，但用贤能政治来制衡民主是可欲的，那么我们仍然可以说，在非民主国

---

[118] 那些赞成（不受贤能政治制约）普选的人可能会针对这些问题提供不同的诊断和处理方案。例如，托马斯·博格（Thomas Pogge）认为，美国采取对民众实际上不利的贸易保护主义政策的一个原因是，美国民主不是基于一人一票的真正的民主，而是基于一美元一票（这类似于罗尔斯的诊断）。美国政府补偿了一小部分有影响力的选民，比如大农场主，同时伤害了国内大多数选民和其他国家的人民。这是博格对我于2005年5月在北京清华大学的一次讨论中提出的问题的回答。另见贝淡宁（2006，162n35）。一般而言，有人可以争辩说，西方早期现代性所发生的是一个人继承的贵族身份不再赋予他政治准入权；相反，拥有财富替代了贵族地位，成为政治参与的新的入场券。也就是说，今天的民主国家的问题仍然是未能为所有人提供政治参与渠道，或者是对民意的全面代表的失败。但如果我的说法成立，那么这些民主思想家的治疗方案注定要失败。现代和当代民主的问题不在于它是公开或秘密排斥穷人和工人阶级的、以财富为基础的贤能政治，如一些民主思想家所论述的那样，而在于它是一种错误的贤能政治。因此，解决方案是引入正确的、与民主元素相混合的贤能政治。感谢普鸣（Michael Puett）帮助我阐明了民主理论内部的解决方案与我对当今民主问题的解决方案之间的差异。

家,也许我们应该将推动普选作为最终达到被制约的民主这一可欲的中间道路的更有效的操作手段。但是正如民主化道路向我们所展示的,我们常常无法止步于可欲的中间道路,而总是无助又无望地滑向我们原本只是用来当做修正的极端。即使我们把这个可能有争议的经验观察放在一边,民主的推动者至少应该知道理想状态是什么。

贤能政治作为民主政治的修正的潜在假设是,贤能者比民众做的决定更好,但这可能会受到质疑。[119] 例如,我们可以参考伊朗模式。今天的伊朗试图将民主选举与(宗教)精英的统治结合起来,但这种混合体的成功至少可以说是值得怀疑的。对这一挑战的一个显然的回应是,儒家混合政体中贤能的核心是关心人民以及将这种关心转化为成功的政策的能力,但伊朗精英的选择是基于宗教的专业知识,可能与政治无关。

直觉上,有正确美德的人应该会做出更好的政治决定,但我们必须承认现实世界的复杂性。因此,这种直觉性假设是否正确还有待经验研究的证明,而且可能有不同类型的修补(tinkering)能够影响贤能者在政治中的作用。例如,一种考虑是精英的统治往往沦为精英阶级利益的牺牲品。为了防止这种情况发生,我们希望精英的道德教育可以发挥一些作用。更重要的是,要做好一些制度安排。首先,我们必须建立一个受人尊敬的、稳定的法治来规管精英之分支,用众议院来制约它,不要让精英们为了他们自己或同伙的利益而任意地制定法律。另一个阻止精英为自己的利益服务的机制是,每个立法分支都要有大量的成员,使得精英很难形成一个统一的利益集团。实际上,正如许多研究者所指出的那样,为了产生更好的决策和结果,意见的多样性是至关重要的,也许甚至比专业知识更重要。[120] 在儒家混合政体中的上议院,确保成员数量大的条件也是为了保证专家意见的多样性。

但是,有人仍然可以争辩说,在儒家混合政体中,通过在上议院里拥有大量成员来确保多样性仍然是不够的。现代民主的第六事实的一个要

---

[119] 对于这一反对意见的详细说明,参见 Elstein(2015,186-190)。
[120] 参见 Phillips(2014)对这些研究的评论。

素是,大国的民众很容易被利益集团误导。但无论上议院的贤能者人数有多少,它与一个国家的人民比起来,仍然是微不足道的。误导和贿赂一小部分精英实际上比误导数百万人更容易。[121] 可能的确是这样,而我只能给出一个不完美的答案。我们需要为这一主张提供经验证据,并且在得到它之前,我们至少可以希望那些更聪明、更有经验、更有道德、条件(比如闲暇)更好的统治精英比民众更不受虚假消息的影响。

此外,即使经验丰富和有学识的精英分支并没有直接提高政策制定的质量,它的存在也可以被视作履行了公民教育的功能,从而间接提高了政策制定的质量。也就是说,这个分支的存在让人们意识到,政治参与不是一种与生俱来的权利,而是基于能力和道德要求的。这是一项要挣来的权利。密尔和罗尔斯说政治参与为公民教育提供了机会,这是对的。但是,在参与的同时,普通民众也可以受益于模范人物和为参与政治提供榜样的机构。如孔子所说:"为政以德,譬如北辰居其所而众星共之。"(《论语》2.1)在儒家混合政体中,上议院的公民教育所起的作用丰富了密尔和罗尔斯所讨论的群众参与的教育作用。[122] 简而言之,只要我们不持有一种极端悲观的态度,否定决策制定中理性和道德的一切积极作用,我们就应该看到,上议院能够改善政府。

3. 抽签和慎议投票是否是解决之道?

另一个可能的挑战是,即使第三章中讨论的所有问题都是真实存在的,并且不能通过如罗尔斯等自由主义思想家所主张的那样的内部"修补"来充分解决,我们是否必须诉诸儒家混合政体去解决这些问题?关于慎议选举、慎议投票和抽签(sortition)的文献越来越多,它们建立在一些慎议程序之上,其引入也是为了解决当今主流的代议制民主和民主选举的根本问题。充分解决这些新的和创新的机制超出了本书的范围,因此在下文中,我将仅对这些机制所采用的一些基本思想做出一般性回应。

---

[121] 感谢钱江向我指出这个问题。
[122] 再次说明,密尔本人承认在民众参与中树立榜样的重要性。

从历史上看，抽签选举在古雅典、罗马共和国以及如今的意大利土地上曾出现的众多共和国中盛行。从概念上讲，孟德斯鸠认为"**抽签**（by lot）选举是民主的本质；**择优**（by choice）选举是贵族政体（aristocracy）的本质"（1989, 13）。在这种理解下，今天的"民主政体"应该被恰当地称为"贵族政体"，而一个真正的民主国家的统治者的选拔应该是通过抽签的方式。但所有这些国家的共同特点是它们都是小国，而似乎很难想象一个大国如何践行抽签选举。

不过近年来，有一些实验重振了这种抽签选举的民主传统，而学术上的相关讨论则更多。例如，2004 年，加拿大的不列颠哥伦比亚省随机抽取 160 名公民组成公民大会，对选举改革进行审议。大会持续了 11 个月，而且在第一阶段，这些公民向专家们学习了选举系统。后来，荷兰（2006）和加拿大安大略省（2006—2007）也举行了类似的公民大会。[123] 2008 年，在金融危机席卷冰岛之后，人们考虑进行宪法改革。2011 年，冰岛随机抽取 950 名公民制定议程，并由 522 人（不包括政客）中选出的 25 名成员组成制宪会议。为了提出宪法改革的提案，他们在网上与公众进行了互动。[124] 在爱尔兰，2011 年举行了 100 人组成的制宪会议，其中 66 名成员是随机选出的，33 名成员是政党推荐的政客，还有 1 名主席是由政府提名的。[125]

在抽签选举这一民主传统的复兴中，如何将它应用于当代社会的问题，与主流的通过一人一票实现代议制民主国家的问题都得到了处理。大国可以抽签，但是部分因为国家太大，被抽中的人不太知道国家事务。然而，通过教育和慎议过程，这个问题是可以解决的。我在第三章中提出的另一个挑战是普通选民缺乏闲暇，但是可以为选定的公民提供闲暇和费用来研究相关问题。深思熟虑和闲暇合在一起有可能使这些公民对与国事相关的信息知情，而缺乏这些信息则是我对今天的民主国家提出的另一个挑战。抽签选举也可以解决金钱对政治的影响的问题。通过一人

---

[123] 关于这些大会的学术著作很多。例如，参见 Warren 和 Pearse（2008）以及 Fournier 等人（2011）。Hayward（2014）做了一个很好的总结。
[124] 我关于冰岛案例的叙述基于 Landemore（2016）的文章。
[125] 参见 Renwick and Pilet（2016, 208-209）。

一票与不公正的选区划分(gerrymandering),被选上的议员可以成为立法机构中事实上的永久成员,从而很容易成为利益集团的目标。与代议制民主相比,抽签使立法机构更具流动性,受利益集团影响的可能性也更小。

但是,如果我们仔细看看许多实验,就会发现它们具有儒家混合政体的特征。在不列颠哥伦比亚省的案例中,被选中的公民需要接受专家对相关问题的教育。在爱尔兰的案例中,大会(assembly)实际上是混合的,有 33 名政客参与其中。大会的提案可以或者说也许需要接受政府的评估。但即使有了这些贤能政治的因素,这些大会所审议的问题也大多局限在狭窄的范围,例如某些宪法事务。然而,在现实世界的政治中,有许多需要经常处理的复杂事务。这需要一个由立法者和决策者组成的常设议会。不列颠哥伦比亚省案例的一个重要特征是这些公民大多只把周末花在这些事情上。我们可以争论说,为了让他们能够处理更复杂的事情,应该给他们更长的教育时间,让他们成为全职议员。但根据慎议理论家的说法,[126] 缺乏轮换是代议制民主的主要问题之一,而且这些公民不像大多数政客那样经历过公共服务的磨练。全职职位对参与的公民的要求也可能是极其严苛的,而他们可能不想成为全职议员,特别是考虑到他们很可能要提供多年的政治服务才能退休,这将使他们难以回到以前的生活。困扰挑选陪审团的问题很可能也困扰着挑选公民议员一事。

隐藏在上述所有挑战之下的事实是,这样的一个慎议机构仍然隐然是共和的。但我们大多数人不再生活在小的共和政体中的事实使得共和政体难以实现。这些实验的其他特征也与国家的(小)规模密切相关。例如,冰岛案例的一个重要创新是被选中的公民与其他公民定期开展在线交流。但显然,这只有在冰岛才有可能,这个国家拥有大约 33 万人口,规模相当于美国一个大的城镇或中国一个(相当)小的县(市)。

因此,我对抽签和慎议选举的挑战的一般性回应是,这是对当今民主政治的一个非常好的修订。但是这些解决方案从根本上来讲仍然是共和

---

[126] 例如,参见 Landemore(2016)。

的,而考虑到当今大多数国家的规模,以及自由社会中的人们往往对政治以外的事物感兴趣并为之耗费精力的事实,这些解决方案的价值是有限的。正如第三章所建议的,一个常设的贤士院对于充分应对这一问题仍然是必要的。但除了使用各种慎议机制作为补充之外,我们还可以将它们的一些设计纳入儒家混合政体。例如,在这个政体中,下议院的成员代表人民或民意。他们可以由抽签选出,而且在这个议院里只需要最少的慎议,因为我们希望通过这些代表听到人民的"原始"声音。他们的工作也可以是兼职的,因为他们不一定参与慎议的过程。实际上,我们甚至可以把下议院变成一个民调系统。通过这个系统,我们就各种要决定的事情随机进行民意调查。这里的讨论比较初步,而我在这里的主要观点是,儒家混合政体的下议院可以对一些创新的设计开放,例如抽签选举。

4. 何须多此一举? 现实民主国家已经是贤能政治的了

上述对儒家混合政体的反对包括:它产生了新的问题,例如对选举权的剥夺;它没有达到它想要的目标(更好的政治决策);或者有其他更民主的替代方案(抽签)。其他人可能更愿意承认我们需要混合政体,但他们可能会争辩说,例如现实世界的美国政体已经是一个混合政体了。尽管美国声称自己是民主国家,但是美国政体的现实是,法治和官僚体制,以及其他的贤能机构(最高法院、美联储、军队,等等)在发挥着重要作用,而一人一票实际上并没有看起来那么大的影响力。并且,一人一票只不过给人一种想象中的平等感,这从美国国会中的富人和受过高等教育的人不成比例地多这一事实中可见一斑。因此,虽然没有像儒家混合政体那样的明确安排,但是美国的立法机构是一个事实上的贤能政体,因此在该政体中引入儒家混合政体的安排是不必要的。

但是,第一,那些在美国立法机构的分支中有美德的人可能不具备相关类型的美德。第二,更重要的是,这种贤能政治是一种隐性的,它需要"出柜",成为政治体制和文化的骄傲的一部分。如孔子所说:"名不正,则言不顺;言不顺,则事不成。"(《论语》13.3)如果贤能政治不是政治体制和文化的骄傲一员,那么政客往往会隐藏自己的贤能身份以迎合民意,而不是为民众做正确的事情,以便于在一个不诚实的贤能统治的环境中生存。如果他们胆敢在一种反贤能的文化中暴露自己,那么他们以及公开的贤能机构将不断受到怀疑,甚至受到民众的攻击,最终只能屈服于民意或接受被边缘化的命运。

正如斯蒂芬·马塞多(Stephen Macedo)所示,建国期间的美国政体是一个混合政体,其中包含许多贤能政治的安排(2013)。这些安排,例如由选举人选举总统(他们可以自行决定投票,而不是像今天这样按照州的普选票进行投票),州议员选举参议员(这正是在第三章中提出的分级模型),等等,都是专门为了防止不知情的民众影响太大,损害人们的真正利益。马塞多坚持认为政府是民有和民享的,但他对政府是否是民治的这一点犹豫不决。在这个意义上,早期的美国政体,特别是在上述提到的几个方面,可以被认为是儒家混合政体的一个(不完美的)例子。再次说明,儒家混合政体不仅适用于华人或文化上的儒家(广义或狭义的"儒家")。实际上,美国政体在建立时可以被认为是一个儒家混合政体,支持了后者的普世性,也说明儒家混合政体的设计并非单纯的闭门造车。但是,如我们之前所看到的,美国政体中的许多贤能要素已经被侵蚀和剔除,其原因之一可能是美国公开的意识形态不支持贤能政治,而是支持平等,即被理解为贤能等级制的对立面的平等。因此,尽管美国的立国之父(founding fathers),尤其是联邦主义者,以及像马塞多这样的当代学者,认为贤能政治和民主政治并不是相互排斥的,但贤能要素如果被"关在柜子里"(closeted),它将会被永远锁在里面,甚至因此永久性死亡。为了避免重蹈覆辙,我们应该将贤能要素明确出来。[127]

---

[127] 美国成立之初的政体是儒家混合政体的一个不完美的例子。显然,奴隶制、性别不平等和选举权不普遍是美国政体成立时的一些主要问题,而它们应该在儒家混合政体中被消除。具有讽刺意味的是,现在的美国政体几乎没有留下贤能元素,这可能与消除这些不公正安排的努力有关。即不幸的是,在消除它们的过程中,美国民主最初设计中的优点也被消除了,并获得了"毒性"大到不能被认真对待的名声。

当然，人们仍然可以质疑混合政体的稳定性。例如，有人可以争辩说，政治参与的需求是一种无法避免的历史趋势，无论它是好是坏，或贤能要素显露与否。民众，就其定义在人数上超过了精英，将不断打破立法机构的两个分支之间的平衡，并最终消除贤能分支。如果真是这样，我们只能希望反复的危机会改变这种趋势，而公民教育或许能强化在严重和反复的危机之后被引入的贤能要素。

儒家混合政体的"精英主义"设计是为了让有政治积极性、有同情心、有能力的人获得更多的权力，遏制政治冷漠、狭隘、无能的人对政治的影响。有人可能会问，为什么我们不能把它留给一个政体内的"自然选择"。那些关心政治的人自然希望推动他们的想法。但是，从美国的政治现实来看，这种希望似乎过于乐观了，因为"自然选择"往往导致极端分子的崛起，比如所谓的议题选民（issue voters）。表面上，他们站在政治冷漠者的对立面，但实际上，他们与公开的政治冷漠和无知者别无二致，具有同样的政治冷漠态度和政治无知。他们只关心一个议题，固执己见，拒绝与他人讨论，对其他问题漠不关心或一无所知。他们实际上为现代民主社会的第六事实提供了一个例证支持。

5. 进一步的澄清

应当承认，虽然第二、三、四章中的论点是规范性的，但是许多对民主的观察和这里使用的例子都是基于美国的政治现实。这种现实是美国特有的还是世界性的，是可以争论的。特别是，我们需要参考政治学家关于西欧和日本的民主是否遭遇民主的第六事实所导致的问题的理论和经验研究。如果它们没有，那么我们将不得不问，第六"事实"为何没有成为事实？

正如我反复说过的，我认为儒家混合政体适用于所有国家。对它的描述不仅是理论性的，而且旨在实践。但是，理想能否实现取决于许多特定因素，尤其是各个国家的主流文化。在美国，大多数人认为一人一票是神圣的,任何对它的挑战都是无法接受的[128],因此儒家混合政体可能只有通过巧妙的包装,或者只有在民主国家屡屡失败之后以及先在其他地方建立这样一个政体的光辉典范之后,才能建立。但在新兴的民主国家和正在经历民主化的国家里,对儒家混合政体的抵制可能较少,尤其是当那里存在喜爱贤能政治的传统,而民主国家又由于屡次失败而失去它们原本的吸引力时。[129] 当然,民主国家的失败并不一定会导致它们拥抱更好的政体。毕竟历史并不总是以我们认为正确的方式前进。

虽然我批评过自由民主,但儒家混合政体的设计实际上有助于前民主国家的民主化进程。这是因为,新近民主化国家与地区的一个问题是它们中的许多政府是民粹主义的。这些政府制造的混乱不仅让本国公民受苦,而且使得前民主国家的人民抗拒民主化。例如,中国台湾地区的政治动荡——以及美国和西欧的动荡——往往被视作民粹主义政府的产物,而当今中国某些尚不完善的状况让许多渴望西式民主的人认为民主在中国是不可行的。但是儒家的混合政体,尤其是其有限的或受限的民主形式,可以帮助我们避免这些障碍。自由(权利)和法治是自由民主的瑰宝,同时,普选需要修正。人们常常认为自由和法治与普选密不可分,但这种观点无论是在理论上还是经验上都没有得到证实。如果这两个部分是不同的,那么上面关于民主化的讨论的一个非常简单的总结是:拥抱自由和法治,(用贤能政治)制衡大众参与。

二 与民主和平等的冲突?外部挑战及回应

在回答了对儒家混合政体相较于自由民主政体的优越性提出的挑战

---

[128] 例如,对塞缪尔·阿利托(Samuel Alito)被提名为美国最高法院大法官的最有力的反对意见是他曾经做出这么一项裁决,该裁决**可能**被解读为对一人一票这一"美国民主的基石"的**间接**挑战[科恩(2006);另见《纽约时报》社论(2006)]。有趣的是,一些(如果不是全部)为阿利托辩护的人并没有通过批评一人一票的观念来为他辩护,而是声称阿利托在他的裁决中并没有真正地挑战这一观念(参见 http://www.professorbainbridge.com/2006/01/what_the_ny_tim.html)。

[129] 关于东亚国家和世界其他地区对民主政治和贤能政治的看法,参见 Shin(2013)。

之后,让我来处理更大的一个问题:儒家混合政体与自由民主之间表面上的冲突。自由民主具有一种近乎神圣的"历史终结"地位。任何对它及其基本原则的明显挑战都会被直接摒弃。不幸的是,儒家混合政体似乎违反了自由民主的两个基本原则,即合法性(legitimacy)原则和平等原则。我将在本节中解决这个问题。

1. 通过民众选举获得的合法性?

合法性问题已经在上一节关于怨恨的更实际的问题的背景下讨论过。一般来讲,有些人可能会认为政府的合法性来自它是被人民投票选出的,但首先我们需要探讨这种理解的合法性。如果我们不诉诸某些先验的原则,一个简单的答案似乎是诉诸当代在合法性问题上的共识。但这听起来像是一个循环论证:诉诸民众的共识以支持也是一种共识的民众投票作为政府的合法基础。并且,人们可以被教育得有与以上所谓共识不同的想法。仅仅因为上述对政府合法性的理解可能是当今的主流观点,并不意味着这应该是且永远是主流观点。

但为了论证,让我暂时把这个理论上的"找茬"放在一边,而接受政府的合法性来自人民的看法。这个看法并不一定意味着只有人民的直接投票才能赋予政府合法性。民主国家中的许多机构,例如美国最高法院,并不是由人民直接选择的。在菲利普·佩蒂特(Philip Pettit)最近的一篇文章中,他区分了标示性代表(indicative representation)与回应性或代理性代表(responsive or deputy representation)。在前者中,代表者的态度是被代表者的态度的证据,而在后者中,被代表者的态度作为原因决定了代表者的态度。后者的例子是由选区直接选举产生并为其选区利益左右的美国国会议员,而前者的例子是美国最高法院大法官。尽管大法官不是由人民直接选举产生的,他们仍然代表了人民的意志。在我看来,这种区分似乎与众意(popular will)和公意(general will)的区分有关。儒家混合政体中的贤能者也代表了人民的(真正的)意志或公意,即使他们不是直接选举产生的。如果佩蒂特的论点可以成立,即一个民主国家中的这两种代表形式都是合法的,那么我们为什么不能也认为儒家混合政体中的贤能元素是合法的呢？

有人可能会反驳，正如佩蒂特在他的论文中所做的那样，任命最高法院大法官的人是由民众选举产生的，这意味着最高法院的合法性最终来自人民。但在贤能政治的选拔中，也经常举行民众选举。例如，在分级模式中，最低级别的议员是直接选举产生的，而且有资格投票支持和成为立法机构的上议院的候选人。这是在美国政权刚刚建立的时候选举国家一级的参议员的方式，而且马塞多等学者认为这是民主国家选拔议员的一种合法方式。在基于考试的模型中，考试为选民或候选人提供资格证明。考试对所有人开放，而且在这些模型中可以有民众投票的元素。在第三种模式中，退休的州长或省级领导也可以将其合法性追溯到投票的结果。因此，即使我们认为民众投票为政府提供了最终的合法性，儒家混合政体也可以被认为是合法的，只要我们不将民众投票等同于选民的直接选举。

2. 儒家式平等只与一种特定的平等相冲突

儒家混合政体的另一个问题是它表面上违反平等，而提倡等级制。正如我们在实践中所看到的，这一制度与自由民主制度之间的一个关键区别在于，前者间接地限制一人一票，并导致某种政治不平等。但这种限制是否违反了平等？如果是，那么这是否意味着儒家混合政体与自由民主制度不相容？

平等是一个复杂的概念，所以我们必须明确"关于什么的平等"和"平等到什么程度"。在春秋战国期间，中国经历了以贵族为基础的封建制度的崩溃。当贵族一去不复返时，人们变得生而平等起来。先秦儒家拥抱了这种平等。对他们，特别是对孟子和荀子来说，所有人都有平等的机会成为政治上和道德上优越的人。但我们可以论证，他们与**一些**（不是全部）现代欧洲思想家的不同之处在于，他们否认**现实中**所有人在道德上和政治上都是平等的，因为为人（being human）需要一个成为的过程（process of becoming），我们成为（学习为）完全的人，而不是生来就是完人。尽管如此，如我在第九章中所论证的,儒家可以认可许多法律面前的权利和平等。人民的意见也需要通过他们自己发声来被听到。儒家只是反对人民在政治决策过程中享有平等的发言权。这是因为人与人在道德水平、政治能力和智力方面存在**现实**差异。对儒家来说,执政权不是一种与生俱来的权利,而是必须被挣得的(earned)权利(而且它是所有人"可挣得的")。他们的立场接近于"机会平等"(equal opportunities)的概念,也接近于柏拉图的《理想国》中所主张的,即统治是一种应该留给智者和贤者的负担。

通过澄清儒家对平等的理解,我们现在可以看到,儒家混合政体中的平等观念只与自由民主传统中的平等概念的一个特定部分发生冲突。[130] 作为最早的也是最有影响力的平等概念的辩护者之一,霍布斯(Thomas Hobbes)在他的《利维坦》一书中引入了自由的一种激进版本,为所有人与生俱来的、无条件的平等权利辩护。[131] 但在先秦儒家传统中,人们的"权利"是有条件的。[132] 然后我们可以向霍布斯的平等观念中添加一些亚里士多德或康德的元素,并认为所有人都应该过上一种充实的(fulfilling)、蓬勃发展的(flourishing)、自尊的生活。最后,我们可以论证,这种满足和自尊只能通过平等投票、即一人一票来实现。我所理解的儒家思想确实与这种对自由民主的解读相冲突。

这种解读是对自由民主中的平等思想的主流理解,它拒绝了来自儒家传统的挑战,因为儒家混合政体中一人一票的资格来自善治(good governance)的考虑,但上述对平等的解读将通过一人一票获得的平等尊重放在高于善治(以及所有其他利益)的位置。并且,有人可以争辩说,特别是在发达国家,我们付得起这样的代价,为了让人们感到更有权力、更尊重自己,而在某种程度上牺牲善治和经济发展。[133] 这一论点使得对于那些主要关心善治的人来说,优先考虑自尊似乎没有原先那样看似过于理想化了。

---

[130] 感谢孙向晨、钱永祥和丹尼尔·布鲁德尼(Daniel Brudney)推动我澄清儒家混合政体中的平等观念与"霍布斯式的"自由民主传统中的平等观念之间的区别。
[131] 尤其参见霍布斯(1985,189-201)的第 14 章。
[132] 感谢孙向晨与我分享这一区分。
[133] 这是布鲁德尼在一次私人谈话中向我提出的论点。

因此，上述对平等的解读可以是连贯的，甚至是合情合理的。但同样显而易见的是，要得出对平等的这种解读，有三个假设，而每个假设都可以被也持有某种平等意义的人反驳：不一定所有人都应该生来享受平等的权利和自由；这些权利和自由不一定必须采取自尊、自主或自我实现的形式；自尊和自我实现不一定必须通过一人一票来实现。从儒家的观点来看，我们可以论证，这种解读在现代平等观念上投入过多，是对贵族的消亡和现代性所产生的东西的不必要解读。

3. 但仍与民主的很多方面相容

事实上，儒家对平等的"温和"拥抱与其他的一些古典和现代西方思想家对民主和平等的理解是一致的。例如，在指出当代民主社会的问题并提出混合政体作为解决方案后，记者和政论家罗伯特·卡普兰（Robert Kaplan）指出：

> 据亚里士多德，"少数统治只是寡头政治的偶然因素，因为富人在哪儿都是少数。"[134] 而民主与寡头政治的真正区别，他（亚里士多德）写道，在于"寡头制服务于富人的利益，而民主制服务于穷人的利益"。(1997,80)

由此他论述，也许他这里所讨论的混合政体才是真正的民主，而现代国家的民主恐怕已经或即将退化为实质上的寡头政治。类似地，我们可以说如果依照卡普兰/亚里士多德对于民主的理解，儒家混合政体才是真正的民主制。

至于平等，例如在《论法的精神》中，孟德斯鸠明确指出，对于民主来说必不可少的平等是通过法律实现的平等，而民主的威胁除了不平等，还有极端平等（第8卷，第2—4章，1989,112-115）。他说，

---

[134] 卡普兰没有给出这段话的出处。他应该是转述亚里士多德《政治学》第三卷第八章中的说法（1279b30-1280a5）。在《政治学》里，亚里士多德也给出了一些很好的支持混合政体的论断。参见 1281b25-35。

> 平等的真义……不在于让每个人都去命令（command），也不在于不让任何人去命令，而在于服从和命令与他平等的人。看上去，这并不是没有主子（masters），而是只以与自己平等的人为主子……受规管的（regulated）民主与不受规管的民主的区别就在于，在前者中，一个人只有作为公民的平等，而在后者中，作为官员、参议员、法官、父亲、丈夫、或主子，他也与他人平等。（同上书，114）

因此，我们可以看到孟德斯鸠也持有一种有限平等的看法，并认为在政治决策上可以分等级。这种对于平等的理解与儒家的理解非常接近。

有人可能会争辩说，孟德斯鸠所考虑的那种民主是一种雅典式的民主，而他的描述不适用于今天实行的那种民主。但儒家的立场可能与当代自由主义思想家、平等的坚定捍卫者，美国哲学家罗尔斯（John Rawls）的立场相差无几。他的一个著名立场就是将平等原则作为正义的第一原则。然而，这个第一原则是："每个人都有享有与他人类似的自由相当的、最广泛的基本自由的平等权利。"（1971，60）这些基本自由里包括了政治自由，其内容是"投票权和被考虑得到公共职位的权利"（选举权和被选举权）（同上书，61）。但在这里，罗尔斯并没有声称每个公民的选票都应该被平等地计算，或者普选是合法性的唯一的和最终的依据。

实际上，尽管根据罗尔斯的说法，自由民主社会中的理性公民应该将彼此视为自由和平等的，但他很少提到一人一票是这种平等的表现。只有在对正派的协商等级制（decent consultation hierarchy）的讨论中，罗尔斯才似乎表达了这样一种信念，即一人一票是自由民主的一大基本要素（1999a，71）。然而，在《万民法》中，他明确地将平等政治参与"权利"排除在基本人权之外，而这一排除受到了许多人的关注和批评。[135] 这表明这项权利不如他所认为的基本权利那么重要。实际上，从他在《正义论》中对多值投票的讨论里可知他似乎并不认为违反一人一票会与自由民主相冲突，虽然如前所述，他为它（或某种形式的大众的、平等的政治参与——他没有明确说这种参与是以一人一票的形式）进行了辩护，而他给出的理

---

[135] 参见 Nickel（2006）和 Buchanan（2000）。对于这种排除的辩护，请参见 Berstein（2006）。

由是它鼓励公民友谊、自尊和竞争(1971，233-234)。[136]

因此,儒家混合政体中的贤能元素甚至与罗尔斯的平等主义立场并不必然冲突。因为在前者中,公民在许多方面都是自由和平等的。甚至在投票方面,人们也确实参与其中,或是通过为立法机构的民意分支投票直接参与,或是通过分级模型中的投票间接参与,或是通过基于考试的模型中的平等渠道来参与。只不过,儒家混合政体反对将政治合法性仅仅建立在一人一票之上。

4. 政治差异原则与寻求最佳的不平等

更重要的是,罗尔斯可能有很好的理由接受儒家政体中的混合安排。儒家混合政体和罗尔斯都认为政治参与应该以选民的适当教育和政治认知为前提。然而,对于罗尔斯来说,虽然不知情和不讲理的公民是坏公民,但是他们的投票权并没有被明确地(通过法律或其他方式)限制。[137] 儒家混合政体并没有在法律上禁止"坏公民"投票,但它确实有减少其选票的影响之机制。但是对于这些似乎是一种政治不平等的机制,如果我们遵循罗尔斯在《正义论》中的差异原则(difference principle)的逻辑(rationale),即如果处于最劣势的人可以受益,那么经济不平等是可以接受的(1971,75-83),为什么我们不能在政治上有一个差异原则(我将称之为"政治差异原则"):如果处于(从物质的角度来看)最劣势的人受益,那么政治或选举上的不平等是可以接受的?如果罗尔斯的差异原则没有取消他作为平等主义思想家的资格,那么政治差异原则为什么要使儒家混合政体与平等格格不入呢?实际上,秦儒家强调每个人在潜能上平等,而现实中道德和智慧上优越的人的地位的正当性只能来自为百姓服务,帮助他们充分发展自己,帮助他们争取与这些优越的人同等优越。这种儒家立场可以称为基于平等主义的精英主义或

---

[136] 当然,有人可以反驳说,罗尔斯的平等原则要求一人一票,而他在别处提出的模棱两可的甚至相反的主张只是揭示了他思想中的一个矛盾。相反,通过一人一票表达的平等原则才是他的真实立场。(感谢丹尼尔·布鲁德尼在一次私人谈话中向我提出这个论点。)但是那些提出这个论点来为罗尔斯作品中"矛盾的"观点辩护的人有责任去论证这一点。

[137] 感谢布鲁德尼和大卫·爱尔斯坦(David Elstein)向我指出这一点。

"平等主义的贤能主义",[138]"同情的道德保守主义"或"同情的精英主义"。

下面让我来阐发一下儒家对平等问题的看法。在孟子看来,极端平等是不可能实现的,或者只能以对社会中的每个人来说都太高的代价来实现。在《孟子》(3A4)中,他认为必须有劳动分工,而在政治方面,分工是有等级的。《孟子》(3A4)快结束时,该节中孟子的主要对话者、皈依了某种平等主义学派的陈良,试图为他的老师许行的教诲做最后的辩护。他说,如果相同数量的商品价格相同,欺骗就会消失,你就可以让孩子去买东西而不必担心他会被骗。这个论点似乎相当直观,比如说,如果一部 iPhone 6 的售价与一部粗制滥造的低端手机的价格相同,那么谁会继续制造假 iPhone,或试图欺骗天真的买家,甚至是小孩子,假装说它是正品?[139] 孟子回答道:

> 夫物之不齐,物之情也……子比而同,是乱天下也。巨屦小屦同贾,人岂为之哉?从许子之道,相率而为伪者也,恶能治国家?

如果我们认为陈良的观点是直观的,那么孟子的论点就是很奇怪的。但是,在上述例子中,我们很容易想象,如果 iPhone 6 的售价与一部粗制滥造的手机相同,那么没有人会费心制造 iPhone 6。显然,这种强制的平等对经济发展不利,而这是反对种种基于大平等主义的典型论点,尽管平等主义者可能会质疑经济发展的好处。但孟子进一步声称,这会导致欺骗,这是一个更严重的挑战,也是一个令人费解的问题。为了理解这种说法,我们可以想象,如果一个人的工资是按工作时间的长短来支付的,而不论他或她本可以工作得多么努力和熟练,那么大多数人,出于自利心,会试图在工作中偷懒,而这也是一种欺骗和作弊。在很多以极端平等主义为国家意识形态的地方,这种混工分、磨洋工的现象都发生过。因此,按照孟

---

[138] 这是我从爱尔斯坦对我的立场的描述中借用的一个术语(2015,171)。
[139] 在准备这部著作英文版的终稿时(2017 年左右),iPhone 6 是当时最先进的 iPhone 机型。准备这部中文稿时(2021 年底),iPhone 6 已经成了没人要的古董,而 iPhone 13 才是最新潮的版本。

子的说法,即使极端平等是可能的,其社会和政治成本(经济发展缓慢或毫无发展,甚至导致欺骗)是如此之高,大概要比一些不平等社会的更高,并且更难以纠正,以至于很少有人会喜欢它。[140]

事实上,有人会论证说,任何激进的平均主义的平等只是表面的,而不是真实的。搞大平等主义的国家里面,大多数人可能确实是平等的,但更准确地说,他们是平等地贫穷。在这样的国家里面,政治统治精英享有对群众的极大特权,使他们比其他人"更加平等"(more equal than others)。因此,如果不平等只能以极高的代价消除,或者它表面上的消除会导致隐秘的不平等,那么我们应该问的问题不是如何消除不平等,而是什么样的不平等才是最好的不平等。当然,我们将不得不问,"对谁最好的不平等?"对儒家来说,答案应该是满足普通民众日常生活需要。[141] 让我们考虑两种情况。在美国,政治和社会不平等被认为是很有问题的。但是,比起日本和韩国,美国的经济不平等更加深入社会,[142] 而日韩这两个国家也许由于某些儒家遗产,政治和社会平等并不根深蒂固,而对公司或政府中的上级的尊重仍然很普遍。与任何政治事务一样,造成这种差异的原因是多重的和复杂的。但一种可能的解释是:如果儒家的理解是正确的,即我们人类天性上就是分等级的,希望在与他人的比较中脱颖而出(在这方面,儒家与尼采是一致的),那么它必须以某种形式表达出来。在日本和韩国,CEO们可以用人们的尊重来满足他们出人头地的欲望。而在美国,由于人人被视为平等的,CEO们不得不通过其他方式证明自己的优越。由于所有人具有形式上的平等,所有其他彰显等级的手段在很大

---

[140] 欺骗在平等主义世界中会导致追求堕落的竞争(race to the bottom),让最懒惰的人受益。但在坚定且真正拥抱流动性的等级世界中,它会导致追求卓越的竞争(race to the top)。如本段所述,前者还会导致经济发展缓慢甚至没有发展。改善这一情况似乎取决于将每个工人变成凭良心兢兢业业的人。这确实是现实世界搞大平等的国家曾尝试过但失败的方法。而我们可以论证,竞争性市场经济中的欺骗行为已经通过经济发展和法治得到控制。当然,人们有可能为平等主义提供进一步的辩护。但很明显,孟子并不站在平等主义的一边。

[141] Li et al. (manuscript)在经济和商业研究领域中也支持这种考虑:我们不应该关注消除不平等的问题,而应该注意识别和促进好的不平等,以及识别和消除坏的不平等。

[142] 可以参考这些国家的基尼系数(见 http://en.wikipedia.org/wiki/List_of_countries_by_income_equality)。

程度上受到了压制,因此最方便的方式就是通过最鄙俗和最赤裸裸的方式炫耀,即金钱和物质财富。[143] 再次强调,现实世界的事情是复杂的,而这个解释也不一定正确。但是我们可以把这些问题搁置一旁,考虑两种假设的情况,问问我们自己哪种情况更好:更大的政治和社会平等伴随着更大的经济不平等,还是更大的政治和社会不平等伴随着更大的经济平等?[144] 对儒家来说,通过给予有能力的人更高的政治和社会地位,让他们与民众分享更多的财富并试图在经济上帮助民众,这是一个很好的权衡。的确,这几乎就像是给有能力的人耍的花招:给他们一个近乎空洞的头衔("大人"或"君子"),以换取"小人"或民众的真正利益。[145] 用罗尔斯式的术语来说,为了实现(经济)差异原则的期望,(某种形式的)政治不平等可能是必要的。

我们可以从另一个角度来体会儒家的智慧。尼采(Friedrich Nietzsche)对平等提出过一些严肃的批评。[146] 在他看来,对平等和民众利益的痴迷会压制我们的"权力意志",或者用更政治正确的话说,我们追求卓越的意志。这导致我们现代的庸人政治(mediocracy)。但是,即使我们可以将他的解决方案与纳粹主义分开,这一方案仍然充满压迫的一面,包括让一个优等种族去征服其他人类。[147] 这种压迫在民众中会滋生怨恨,并为政治动荡埋下了种子。或许尼采梦寐以求的是贵族时代,包括古典的希腊罗马时代,那时候希腊或罗马的公民是事实上的贵族,统治着外邦人和奴隶。平等在尼采时期的欧洲的兴起可能是贵族衰落的自然结果,这也发生在中国的周秦之变时期(公元前 770 年至公元前 221 年)。与这种兴起相呼应的是,先秦儒家引入了儒家的平等观念。然而,与此同时,他们也试图为等级制辩护。但是儒家的等级不是世袭的,而是基于平等的

---

[143] 实际上,研究显示,许多人愿意用他们的收入来换取能给予他们地位和自尊的东西。见 Li et al. (manuscript)、Solnick and Hemenway(1998)、Sivanathan and Pettit(2010)。
[144] 看起来,北欧国家提供了更全面的平等模式。但是这些国家仍然存在政治和经济不平等,而儒家还会要求我们考虑平等和不平等的最佳组合。
[145] 类似的讨论参见贝淡宁(2006,第 3 章,38-55)。
[146] 例如,参见尼采(1994)。
[147] 例如,参见尼采《希腊城邦》一文(1994,176-186)。

贤能竞争的结果。先秦儒家在这种设计中保留了正在消失的贵族制的一些特征。但是通过向上流动(upward mobility)，儒家的等级鼓励卑微者将对其卑微地位的怨恨转化为争取更高地位的动力，从而使卑微者可能有的怨恨得到发泄。这种发泄不会威胁等级的稳定性，防止了尼采所说的"奴隶的反叛"(slave revolt)对现状的破坏。此外，儒家强调同情，尤其是地位高的人对地位低的人的同情，这也有助于化解卑微者的怨恨。它同时允许我们中间的"大人"表达他们的权力意志，但通过同情，这一表达不会导致压制和征服，而是对民众的提升。因此，这种以平等和流动为基础的儒家等级制回应了尼采的合理关切，并在既不压迫弱者（对弱者的压迫是尼采所倡导的）也不压迫强者（对压迫强者是尼采所担忧的）的情况下实现了稳定。

5. 一个更加现实的乌托邦

现在，让我们回到本节的中心问题，即儒家混合政体与自由民主之间的兼容性问题。我已经论证过，这个政体与罗尔斯式的自由民主的偏差可能没有那么大。事实上，还有另一种方式可以展示这个政体用罗尔斯的术语是如何讲得通的。如果我们接受罗尔斯的人民内部（国内）关系和人民之间（国际）的关系可类比的话，[148]我们应该看到这个类别在罗尔斯晚期哲学里并不成立。[149] 在他的理论中，在一国之内，自由人民由自由而平等的公民组成，其多数是讲理的(reasonable)。但是，在国际上，他从未断言有秩序的人民(well-ordered peoples)这一唯一讲理的人民必须占多数。有秩序的人民实际上比其他人民拥有更高的地位，因此罗尔斯在国际层面引入了实质上的等级制。相比之下，儒家的混合政体更好地实现了这种类比。它在国内的等级体系呼应着在国际上的等级体系：知情的和富有同情心的公民在国内政治中发挥更大的作用是理所应当的，就像

---

[148] 罗尔斯晚期用"people"指代我们通常所说的国家(state)。这里的"人民"是在这个意义上用的。
[149] 关于罗尔斯在《政治自由主义》中对国内关系和其在《万民法》中对国际关系的处理之间的另一种不一致，并给出了对这个不一致的更自由主义的解决，见 Tan(2006, 88-91)。

有秩序的人民在国际政治中也理应发挥更大的作用一样。当然,一个国家中缺乏能力的公民占所有公民的比例可能高于无序社会占所有社会总体的比例。需要澄清的是,许多世界主义(cosmopolitan)自由思想家也看到了罗尔斯的国内理论和国际理论之间的差异,但认为我们应该将他在《正义论》中提出的方法推展到国际社会。[150] 我主张保持他的方法的一致性,但推展的方向相反:将他对国际社会的处理方法推展到对国内社会的处理上。[151] 那么在我的"反向"类比中,我们要将罗尔斯的国内情形中的自由人民置于什么位置呢?自由人民及其相应的只由自由人民组成的国际社会可以被当作国内和国际社会的理想。

除了上述形式上的比较之外,从一个更实质的角度来看,儒家混合政体实际上发展了罗尔斯的思想,处理了罗尔斯没有处理的问题,并就罗尔斯所关心的问题提出了更现实的解决方案。正如罗尔斯关于民主社会的第三个事实所隐含的,"一个持久和安全的民主政体必须至少得到其政治活跃的公民中绝大多数(substantial majority)的自愿、自由的支持"(1996,38),他的自由民主版本预设至少公民的绝大多数必须是讲理的,而他没有讨论如何处理不讲理的人可能占社会中的多数或关键少数的情况。他有很好的理由做出这个预设。也就是说,我们必须首先解决理想状态下的稳定性问题。在这个理想状态下,社会的多数是讲理的、但持有互相之间有冲突且不可调和的整全教义(comprehensive doctrines)的公民。当且仅当我们处理了这个理想问题后我们才能来处理更现实的问题。[152] 但是,如果我们接受这样一个事实,即现实世界中没有任何一个自由民主国家拥有大多数都是讲理的和知情的公民,那么罗尔斯所理解的自由人民根本就不会存在。相比之下,儒家混合政体处理的是讲理的、知情的公民与不讲理、不知情或政治冷漠的公民之间的关系问题。需要明确的是,我

---

[150] 参见 Pogge(1994 和 2006)、Buchanan(2000)和 Tan(1998 和 2006)。
[151] 儒家的国际秩序也是等级制,类似于国家内部的等级制,并呼应了罗尔斯在《万民法》中提出的等级制。但是儒家的国际等级制不是基于罗尔斯意义上的一个国家是否有秩序,而是基于它的仁道,与儒家等级制在国内的基础相同。
[152] 在《正义论》里,罗尔斯给出了一个与我这里的说法类似的理由:我们先要处理正义的问题,之后我们才能处理现实中更迫切的不正义问题(Rawls, 1971, 8-9)。

关注的不是如一些人所批评的,罗尔斯未能提供自由民主的可欲性的证据。[153] 相反,我关心的是,如果由于第六事实,这种自由民主的理想是太乌托邦了,我们能否有一个能够处理这个事实并仍然符合许多罗尔斯的理想的政体?我在这几章中试图论证,儒家混合政体符合此要求。此外,该政体试图解决许多实际问题,例如维持社会保障(民众的福利)、国际援助以及国内和国际人权(这是罗尔斯极为关注的问题;1997,773)。儒家混合政体与罗尔斯理想的自由民主的不同之处在于,前者不认为这些问题可以在后者的制度内部得到解决,而需要儒家混合政体的修正。

在第二到四章中,我首先展示了先秦儒家,特别是孟子如何回答新兴的"现代"问题,即如何在平民化的社会中选择统治者及获得其合法性。然后我展示了尤其是在当代的条件下,如何将这些答案制度化,以及为什么这个儒家政体是一个可行的政体,并可以比一人一票的政体更好地解决各种政治问题。如果我的论点成立,我们可以看到儒家思想在当代世界的生命力。进一步讲,对一人一票的批评以及支持混合政体的理由并不局限于某些文化——儒家混合政体旨在普遍适用于满足第六事实的所有人类社会,而不仅仅是所谓的"儒教"国家。儒家在这里提供的是关于基本政治结构的修正,而不仅仅是一些伦理上的"修补",例如教育统治者和公民,或者通过退回到某些"儒家保护区"来逃避和拒绝现代性的根本条件。以儒家思想为基石的混合政体并没有完全拒绝自由民主,而可以看作是它的一种发展。它保留了自由民主中真正有价值的东西(宪政、法治、对自由和权利的保护,等等),并处理了其他自由民主思想家未能充分处理的现代民主的第六事实。在《万民法》中,罗尔斯称他设计的政体是"现实的乌托邦"。建立现实的乌托邦,是政治哲学家和政客(前者要更乌

---

[153] 关于在这一点上罗尔斯所谓的失败,我同意伯顿·德雷本(Burton Dreben)的观点。在回答某人提出关于为自由民主的正当性辩护的问题时,他表达了他的这一观点(2003,328-329)。在他看来,一个内在一致的宪政自由民主概念存在足够多的问题,而论证支持或反对其基础(例如,为什么它比极权主义更好)并不是一项有价值的或有成效的事业。一个人不能和希特勒这样的人讲道理,因为理性对这个问题是无力的。正如德雷本所提出的那样,对付希特勒的唯一选择也许就是开枪打死他。

托邦)、政治哲学家和漫无目的的(idle)梦想家(前者要更现实)的区别。但是从儒家混合政体的角度来看,罗尔斯未能处理一些即使在理想设计中也会出现的现实因素。因此,使用罗尔斯的术语,我们可以说,比起罗尔斯的自由民主设想,儒家混合政体是一个更现实的乌托邦。[154]

---

[154] 当然,如爱尔斯坦所挑战的,如果混合政体不能带来更好的治理,那么儒家混合政体将被证明是一个不值得欲求的方案(2015,189)。

第五章

作为陌生人社会之黏合剂的恻隐之心

一 仁与恻隐之心

在第一章中,我讨论了春秋战国时期深刻的社会和政治变化与欧洲向早期现代的过渡相类似,因而有三个根本的政治问题必须被重新回答。在第二至四章中,我讨论了先秦儒家选拔政治决策者的方式和这种选拔的合法性问题,以及他们的回答如何能够被制度化、并在今天保持相关性。在这一章中,我会讨论先秦儒家为一个由陌生人组成的、广土众民的新兴"现代"社会寻找新的纽带和处理诸侯国之间(国际)关系而提出的关键概念。我在这部分讨论中使用的主要文本是《论语》和《孟子》。

正如第一章所述,对任何政治实体来说,一个关键的问题是找到能够将其凝聚为一体的纽带。在西周时期(公元前1046年至公元前771年),通过一种金字塔式的封建结构,一个大的帝国被分割成诸多紧密结合的共同体(communities),这些共同体内部的人难以从一个地方迁移到另一个地方,或者从一个等级变化至另一个等级。在这样的社会中,尤其是对贵族而言,有效的社会黏合剂就是"礼"。"礼"包含的仪式与礼仪为贵族提供了凝聚和认同彼此的机会,同时也规范了他们各自的交往行为。但是,这种以一个小的、稳定的、紧密联系的熟人社会为前提的纽带,在一个由陌生人组成的、庞大而颇具流动性的社会中是行不通的。因此,一种能将国民凝聚起来的新方式亟待提出。

1. 孔子的"仁"

表面上看,孔子的解决方案是通过坚守"礼"来重建旧的世界秩序[155]。但他在《论语》9.3中也非常明确地指出,他愿意接受对某一个行为准则的改变,但拒绝了另一个改变。因而这里的问题就在于:我们如何

---

[155] 例如在《论语》3.14和7.1中,孔子明确表达了"保守"的态度。

决定哪些行为准则应该被改变,哪些不应该?

在与弟子关于三年之丧的讨论中,孔子指明了他重审和重构"礼"的标准。根据三年之丧的要求,一个人在父母去世后的三年间,应当辞去公共职务,放弃奢侈享受、(某些)男女之事和娱乐活动。

> 宰我问:"三年之丧,期已久矣。君子[156]三年不为礼,礼必坏;三年不为乐,乐必崩。旧谷既没,新谷既升,钻燧改火,期可已矣。"
>
> 子曰:"食夫稻,衣夫锦,于女安乎?"
>
> 曰:"安。"
>
> "女安,则为之!夫君子之居丧,食旨不甘,闻乐不乐,居处不安,故不为也。今女安,则为之!"
>
> 宰我出。子曰:"予之不仁也!子生三年,然后免于父母之怀。夫三年之丧,天下之通丧也。予也有三年之爱于其父母乎?"(《论语》17.21)

从这段文本中可以看出以下几点。首先,宰我意识到遵守三年之丧这一特定准则不利于维护总体的封建行为准则。这是因为那些守规范的君子群体根据三年之丧的原则要脱离政治三年,但那些不守规范的贵族则不会。在封建秩序已经崩坏(礼崩乐坏)的世界里面,这一规定明显会加重封建秩序的进一步崩坏。但是,他拒绝废除这一规则,而是建议把守三年丧改为守一年丧("期可已矣"中的"期"指的是一年的意思,这句话表示"一年就够了"的意思)。也就是说,宰我是一个保守的改革派、一个改良主义者。第二,如果孔子是一个保守派,甚至是一个只希望保持礼制的"原教旨主义者",那么他将直接拒绝宰我温和的提议。而如果孔子是一个保守的改革派,那么他会欣然接受。但是,他既没有直接拒绝,也没有欣然接受,而是深入分析了人类的情感,并在此基础上给出了一个理性的论证。他指出,一个(道德意义上的)君子在守丧期间,吃好的穿好的

---

[156] "君子"本义指的是贵族。在这一段中,"君子"还隐含着"恪守规范的贵族"的含义,这与先秦儒家将"君子"从其封建等级的含义改变为道德模范的含义相呼应。在《论语》中,我们经常可以看到对话者在利用"君子"的双重含义(原始的贵族含义与儒家改良后的道德含义)例子。

("食夫稻,衣夫锦")也于心不安。他们遵守丧礼的要求,是发于对父母人皆有之的情感("天下之通丧"),而不是仅仅遵守外界的强制。如果一个人缺乏这些情感,他或她就是"不仁"。因此,孔子实际上提供了一个新的依据(人类普遍具有的某些情感)来评价包括"礼"在内的所有价值。在《论语》的另一处,孔子更明确地说:"人而不仁,如礼何?"(3.3)言下之意,"礼"(以及对"礼"的坚守)不是根本,"仁"才是根本,并且是"礼"最重要的基础。因此,尽管"礼"在封建社会里很好地发挥了社会黏合剂的作用,但新的政治秩序的基础是"仁",而非对"礼"的保守。

2. 孟子论同情

从"仁"的观念出发,孟子进一步阐述了"恻隐之心"或者我们现在会称为"同情"(compassion)的理念。下面是《孟子》中关于这一问题的一段非常重要的讨论:

> 孟子曰:"人皆有不忍人之心。先王有不忍人之心,斯有不忍人之政矣。以不忍人之心,行不忍人之政,治天下可运之掌上。所以谓人皆有不忍人之心者,今人乍见孺子将入于井,皆有怵惕恻隐之心——非所以内交于孺子之父母也,非所以要誉于乡党朋友也,非恶其声而然也。由是观之,无恻隐之心[157],非人也;无羞恶之心,非人也;无辞让之心,非人也;无是非之心,非人也。恻隐之心,仁之端也;羞恶之心,义之端也;辞让之心,礼之端也;是非之心,智之端也。人之有是四端也,犹其有四体也。有是四端而自谓不能者,自贼者也;谓其君不能者,贼其君者也。凡有四端于我者,知皆扩而充之矣,若火之始然,泉之始达。苟能充之,足以保四海;苟不充之,不足以事父母。"(2A6)

我们应该看到,为了论证同情心的普遍,孟子在这段文本中给出了一个设计巧妙的"思想实验"。首先,用来唤起我们同情的对象是一个小孩

---

[157] "怵惕恻隐"这四个单字是对人的心理状态的描述,是惊恐、惧怕、心痛的意思。或许是因为孟子这里的使用,"恻隐之心"后来就被用来意指同情心,与前面的"不忍人之心"(即不忍看别人受苦的心)意思相同。

("孺子")。孩童受苦也许是人类最难承受的痛苦之一。孩子通常被认为是无辜的,他或她的生命还没有得以实现。与此相对,一个受苦的成年人却可能做了让他或她罪有应得的事(或者我们可以这样将一个成年人受苦合理化),且往往有着远比孩子更充实的生活,这会削弱我们对他或她的同情。第二,孟子追问的是我们当下的反应("乍见"),即在诸如"这个孩子是谁""这是谁的孩子""从他人的角度看,什么反应是合适的"这类后起之念出现之前,我们会有的反应。第三,他只问我们在这种情况下是否会感觉难受("怵惕恻隐"),而非我们是否会采取行动,比如去救这个要落井而亡的孩子。直觉上看,我们的情感反应似乎是普遍的,而付诸行动则不然。

如果我们理解这个思想实验设计得有多巧妙,那么就很难想象有人会没有孟子描述的那种反应。但这仍然可能面临一些挑战。首先,如果这个孩子(或他或她的父母)对你构成威胁怎么办?例如,假设就在摔倒前,这个孩子马上就要无意地扣动一把指向你的枪的扳机呢?但是我们可以替孟子回答说,我们是在谈我们本能的反应,而非深思熟虑的反应;即使我们在这种假设下会有因孺子落井后带来的本能的解脱感,但对无辜而死的孩子,我们同时依然会有同情感。

其次,从我们通常的经历来看,孩子可能不会对他人的痛苦产生惊恐、惧怕、心痛的反应("怵惕恻隐之心"),他或她的反应可能恰恰相反,觉得有人掉井里了很好玩儿。但我们可以争辩说,这不是因为孩子没有同情,而是因为他或她没有领会对象正在遭受痛苦这一事实。也就是说,孩子缺少的不是同情这种道德情感,而是一定的认知能力。

最后,对那些喜欢看别人受苦的心理变态(psychopath)——他们的快乐恰恰来自对他人确实正在受苦的认知——来说,他们是否具有同情心?对此有两种可能的答案。第一种可能是,心理变态也有同情心,但它被深深地埋藏在其他情绪之下,而这些情绪可能是其童年遭受虐待和其他创伤经历的结果(当代心理学往往用"sociopath"来指称这类人)。如果是这样的话,那么它并不构成对孟子论点的挑战。但另一种可能是心理变态天生就没有同情心(狭义的"psychopath")。如果我们还想为孟子的立场辩护,那就不得不说,这种心理变态不是人,而是长得像人的禽兽。正如在第二章中提到的,对孟子来说,"人"不仅仅是一个生物学概念,而是一个关系性的(relational)和道德的概念。人与兽的区别很小("几希")(4B19),这个很小的区别就在于人有同情这种道德情感[158]。这种把某些生物意义上的人排除在他所讲的人类之外的做法,使得孟子的理论不是描述性的,而是规范性的。但与此同时,由于它抓住了大多数人所共有的东西,所以这一规范性理论同时也具有现实性。

二 作为现代美德的恻隐之心

1. 为什么基于同情的仁是一种美德(virtue)?

孟子的理论还有一个问题:即使我们同意他对同情这一情感的(近乎)普遍性提供了一个非常令人信服的论证,但他如何证明2A6中提到的关于其他三种美德的情感也是普遍的呢?他的孺子落井的思想实验最多论证了恻隐之心人皆有之。但其他三种心(辞让、羞恶、是非)的普遍性是哪里冒出来的呢?在中国思想史上,关于这个问题的争论由来已久。[159]无论孟子的论证中是否有不当的跳跃,显而易见且没有争议的是,以同情为基础的仁是儒家基本美德中最基本的美德,亦即诸美德的美德。因而问题在于:为什么基于同情的仁应该被视为一种美德,甚至是最基本的美德?毕竟,孟子展现的只是同情这一情感的(近乎)普遍性,但这并不意味

---

[158] 根据灵长类动物学家德瓦尔(Frans de Waal)的说法,一些灵长类动物也有同情的"种子(端)"(2006)。对这样一个潜在的挑战,我们可以论证,孟子在这里提供的是一个与经验挑战绝缘的规范性解释。我们也可以认为"禽兽"一词不同于"动物",前者是用来指那些残忍和缺乏任何同情心的动物。我们还可以进一步发展孟子的原始说法,指出正如"种子"这个比喻所暗示的,人类的同情之情感的本质是它可以被有意识地发展成一种"非自然"的美德("非自然"是在我们并非天生具有这一美德的意义上而言),而动物天生的同情元素却不能。有趣的是,德瓦尔认为他的理论与孟子的理论产生了共鸣,但这也许是一个误解。更详细的讨论见白彤东2012a。
[159] 陈少明2012提供了一个历史地梳理和解决这一问题的方案,与我自己对这一问题的想法有所共鸣。关于这一论争和其他涉及孟子人性本善论的话题,曾振宇提供了很好的概述,并且也讨论了许多相关的问题。参见曾振宇,2013,第五章第一节,第222—249页。

着它必然是美德的种子(the seed of a virtue)。

对于这一问题,孟子似乎只会简单地说,这种情感和建基其上的美德是人之所以为人的原因。但如果有人接着追问他为何如此,他除了(愤怒地)敲敲桌子或者敲敲提问者的头之外,似乎就没什么可说的了。这也就是说,孟子把同情看作一种美德(的种子或端绪?)的说法带有形而上学的独断色彩。而孔子的回答似乎采取了一种更"自然主义"而不具有那么强的武断或形而上学的意味。当然,孔子"仁"的理念并不必然与孟子同情的观念一致,但这二者都指向一个人对他人的关爱(care)。当被问及为什么要有这种关爱,尤其是在天下混乱而他人似乎都不太可爱的情况下,孔子说:

> 鸟兽不可与同群,吾非斯人之徒与而谁与?(《论语》18.6)

也就是人之所以为人,不得不生活在社会中。但我们还可以追问,为什么不能与鸟兽同群,就像卢梭所说的高贵野蛮人那样生活?即使我们不得不与其他人类交往,为什么应该重视人与人之间的关爱,而非其他东西(例如重视我们与他人斗争的倾向,就像霍布斯描绘的丛林政治那样)?

2. 尼采论怜悯(pity)的起源

为了回答上述问题,我在下面会展开一些比较研究,尤其是与尼采(Friderich Nitzsche)论作为一种美德的怜悯之起源的对比。在展开论述之前,我需要进行一个重要的概念澄清。尼采区分了怜悯(*Mitleid*)和同情(*Mitgefuehl*)。他批评的目标,亦即我下文讨论尼采的重点,是前者。后者是我们在讨论孟子时使用的术语,而尼采对此亦持肯定态度。对尼采来说,"同情"大概有一种"共同的情感(shared passion)"的意思,这在朋友之间当然是好的,尤其是那些同为优等种族的朋友之间。但尼采理解的"怜悯"缺乏一种真正的关注他者(other-regarding)的意识。他这里的批评是针对他伟大的老师和论敌叔本华(Arthur Schopenhauer)的。[160] 在下

---

[160] 上述关于尼采思想的许多区别是由 Hans Feger 向我指出的,特此致谢。

文中，我还提到了佛教中的慈悲思想。在当代道德心理学的文献中，也有许多关于同情（sympathy）和共情（empathy）等概念间联系和区别的讨论。但在本书的讨论中，我所讲的儒家的同情只是意味着对包括陌生人在内的他人的关爱。这种关爱的道德心理学结构是什么？是同情还是共情？是在平等还是不平等的人之间？是怜悯（pity）还是同情（compassion）？诸如此类的问题并不重要。有人可能会提出异议，例如，当我对他人的痛苦产生关心时，正如孟子"孺子将入于井"的假想情形一样，我对我关心的对象处于居高临下的地位。如果是这样，那么它更像尼采意义上的怜悯，而不应该被称作同情。但也有可能，当我也在受苦甚至遭受和他人同样的不幸时，我却仍然对别人的痛苦有一种关心和牵挂。例如，当我和另一个人被同一个施暴者以同样的方式折磨时，我仍能"同病相怜"。我这种难受的感觉的根源，正如孟子的例子中所描述的，可以是一种共同的情感（shared feeling），也可以是其他的东西。对于孟子和本书所讨论的儒家式的关心而言，所有这些不同的情况都体现了一种同样的对他人的关心，而孟子认为这种情感（几乎）是普遍的，并且可以被培养和转化为一种美德。

有了以上的澄清，现在让我们来看尼采对怜悯起源的论述，看看这是否能对我们的问题——为什么应当把同情提升为一种美德的基础，甚至像先秦儒家那样把它看作最重要的美德——提供启发。尼采认为，"'不自我中心'（unegoistic）的价值，怜悯的直觉、自我否定和自我牺牲的本能"是"人类之**重大**危险"（1994，7）。他认为怜悯的道德是"我们欧洲文化最为邪恶的症状"，它起源于"可耻的现代情感的软弱"（同上）。[161] 在古代，道德被贵族定义为利己的和侵略性的，只有"随着贵族价值判断的**衰亡**"，"群畜（herd）本能"才最终兴起（同上书，12）。

尼采把作为道德的怜悯（the morality of pity）看作一个现代概念的主张似乎得到了西方哲学史的证实。例如，他提到柏拉图从来不重视怜悯（1994，7），而事实似乎就是这样。柏拉图《理想国》中提到的并且也很可能

---

[161] 已故的莱西（Robert Rethy）曾向我指出，"uncanny"不是一个很好的翻译，恰当的翻译应当是"sinister"（邪恶的）。

是古希腊人普遍认可的四个基本美德,是智慧、勇气、节制和正义——怜悯却无处可寻。在《理想国》第一卷中,苏格拉底提供了一个人想要成为统治者的三个理由:金钱、荣誉和躲避被坏的统治者统治的惩罚(347a-d),而我们现代人认可的理由,亦即对自己同胞的关爱,却根本没有被提及。苏格拉底给出的这些基于私利的统治动机可以说是对色拉苏马库斯(Thrasymachus)的回应,因为后者认为统治就是为了满足自我的私利(通过剥削被统治者)。但是我们必须看到,苏格拉底的同伴中没有一个人觉得他只列出这些理由很奇怪,在《理想国》全书中也没有论及怜悯的地方。在《理想国》第七卷中,色拉苏马库斯几乎变成了对话中沉默的参与者。为了回答哲学家为什么应该在一个好的城邦中接受统治的重任,苏格拉底提出了回报城邦养育的想法(520b-c)。这种想法基于一种对正义的定义,即有拿有还,但苏格拉底自己似乎早已驳倒了这个定义。[162] 撇开这一点不说,哲学家也没有义务成为一个坏的城邦的统治者。无论如何,对我们现代人来说理所当然地作为动机的怜悯或同情,在这些文本中却被奇怪地忽略了。当然,所有这些行为和美德是否为善最终取决于它们与至善(the Good)的关系(504a-506b)。但《理想国》从来没有定义过至善,也很难想象它会和同情有什么关系。

尽管尼采没有提到,但在亚里士多德的《尼各马可伦理学》中,怜悯也不被看作是一种美德。[163] 亚氏的确提到了作为一种情感(*pathos*)的怜悯(1105b20-25),但他也明确指出美德不是一种情感(1105b29-1106a6)。[164] 他后来提到了一些与情感有关的美德,如作为恐惧和自信两种情感之中庸(the mean)的勇敢(1107a35-b5),但其中也不包括怜悯。有一些情感或与情感相关的中庸虽然不是美德,但也应受到赞美(1108a31-b1),而其中依然没有提到怜悯。只有在一些不自愿的(involuntary)情感和行为上,他才会使用宽

---

[162] 当然,这种定义在多大程度上能被真的驳倒、在多大程度上可以被挽救是另一个难以回答的问题。感谢刘玮教授向我指出这一点。

[163] 一些学者喜欢将儒家思想与亚里士多德式的美德伦理学进行比较。但似乎没有人注意到,作为孟子道德价值之核心的同情却并没有被亚里士多德列为美德。

[164] 感谢刘玮向我指出这一点。我参阅的英文翻译是 Irwin, 1985 和 Ross, 1925。Terence Irwin 把 *pathos* 翻译成"feelings",而 David Ross 把它翻译成"passions"。

恕(pardon),以及偶尔使用怜悯(pity)(1109b30-35)。但这里的怜悯显然不是一种美德。一个与我稍后讨论的内容相关的有趣对比是友谊在亚里士多德伦理体系中的重要性。友谊类似于同情,也和人与人之间的善意有关。《尼各马可伦理学》一共十卷,其中有两卷专门讨论友谊。亚里士多德明确指出,友谊"是一种美德,或者说包含(involve)美德,并且对我们的生活来说也是最必要的"(1155a1-5;Irwin, 1985, 207)。

因此,西方古代哲学家对作为一种美德的怜悯的忽视(尤其是亚里士多德,他把怜悯看作一种共有的情感,但依然不认为它与道德相关),更凸显出前文提到的孟子的同情观会面临的问题。亦即,即使怜悯或同情是一种普遍或近乎普遍的情感,我们为什么要把它提升到美德的层面,甚至是最根本的美德?

根据尼采的观点,以怜悯被提升为一种美德为标志的贵族价值观的衰亡和群畜价值的崛起,是犹太人的阴谋所导致的结果。他认为贵族有两个子类,祭司(the priestly)和骑士(the chivalric)阶层。前者的成员不能参与后者的行动(侵略、杀戮、强奸等),因为前者需要为其祭司活动保持真正的(而非象征性的)纯洁,这包括远离低贱者和被征服者的血肉(这意味着没有杀戮和强奸)。[165] 在贵族的价值观中,骑士的活动是被尊重的,而祭司们不得不通过声称他们被动而平静的生活方式更优越来试图合理化他们可怜的处境。因此,一个不同的价值体系出现了(Nietzsche, 1994,16-18)。

然而,祭司阶级太过软弱,根本无法反抗骑士阶级或者他们信奉的道德价值观。这时,作为一个祭司民族的犹太人出现了。他们被一个又一个群体奴役,对自己(被罗马人压迫和鄙视)的地位颇为不满,但他们太过软弱而无法改变这一切。他们又充满怨恨,不能接受自己的命运。所以他们只能通过阴谋来反抗。也就是说,他们想要把贵族的道德价值观颠倒过来,让弱者(即犹太人)的道德价值优越于强者(即罗马人)。他们试图传播这一套新的道德价值体系,即所谓奴隶道德。在这一体系中,怜悯

---

[165] 但尼采有力的言辞掩盖了一个事实,即在祭祀仪式中,往往只有祭司才有权触摸血肉。感谢莱西向我指出这一点。

成了一种美德,与古希腊和古罗马的价值观迥异。根据尼采的说法,犹太人通过"厚黑术"(black art)和将犹太教包装成基督教,成功地做到了价值体系的颠覆。通过耶稣这一"最险恶的和最不可抵御的诱惑,"犹太人成功地把他们"最深的和最崇高的(most sublime)仇恨"——"一种创造理想、改变价值的仇恨,一种在世界上从未出现过可与之比拟的仇恨"——洗白成"一种新的爱,最深的和最崇高那种爱"(Nietzsche, 1994, 19-20)。进而,通过出卖耶稣,将其钉在十字架上,犹太人试图引诱世人相信,耶稣所传播的不是犹太人自己的信条,而是普适价值,因而使世人自以为安全地咬钩,吞下犹太人制造的毒药,即基督教(Nietzsche, 1994, 20)。至此,古代上等人的主人道德就在犹太人这个奴隶民族空前绝后的阴险反叛中被颠覆了,取而代之的是奴隶道德,强调同情怜悯与平等的道德。

对于这种公然反犹太人的说法,有些人(尤其是那些为了不带负罪感地欣赏尼采而为他"洗白"的人)认为尼采只是对人类道德的衰落提供了一个一般的说法,而犹太人作为这种衰落的诱因和推动者只是一个历史偶然。的确,例如卢梭在《论不平等的起源》中讨论的道德衰落,或者黑格尔《精神现象学》中的主奴辩证法,都与尼采的论述有一些相似之处。但他们意图给出的是普遍性的说法,描述人类精神和道德发展的一般原则和必然性。然而,尽管尼采批判了许多文明内部的"祭司"道德及其代言人(如苏格拉底、佛陀等),但对他来说,似乎只有犹太人——一个有着前所未有的仇恨和"厚黑术"的祭司民族——才能让这种祭司道德感染一个群体、一种文明。也就是说,对尼采而言,犹太人的存在对于欧洲的道德衰落是必要的。[166] 对本是古典主义者的尼采来说,如果不是因为犹太人,他热爱的罗马帝国仍然会屹立不倒。尼采(对犹太人的)那种空前的仇恨在此昭然若揭。

不管尼采的理论是否充满对犹太人的怨恨,它还有一个更严重的问题,那就是它根本不适用于孟子:中国的先秦时期并没有犹太人。即使我们论证尼采意在提供一个普遍的理论而不是仅仅反对犹太人,也很难说

---

[166] 感谢莱西向我指出这一点。

先秦儒家是一个被压迫的群体,或者是被禁止参与一系列行动(例如战争)的祭司阶级。

因此,通过考察尼采对怜悯起源的论述,我们不仅没有解决先前的问题,反而又面临一个新的问题。一方面,如果我们不接受孟子把同情看作人的本质的论断,那我们就不清楚为什么他有正当的理由把同情提升为一种美德;另一方面,尼采的解释似乎也不成立,尤其是在先秦儒家的例子中。

3. 恻隐之心:陌生人社会这一现代条件中的纽带

事实上,我们可以同时解决这两个问题。我对孟子所处时代下政治变革的讨论以及尼采自己对怜悯作为一种现代美德的描述,都暗示了这一解决方案,即恻隐之心作为一种美德被提出是为了解决现代性的一些紧迫问题。

现代性的一个关键特征是规模庞大、人口众多、联系紧密的社会的出现。在由少数熟人组成的小而紧密的共同体中行之有效的黏合剂,在现代性的社会中已然失效。一种能将陌生人凝聚起来的新纽带亟待被发现。孟子的恻隐之心正符合这种需要,因为这是一种能将个人与陌生人联系起来的情感。孟子明确指出,孺子落井的思想实验关注的是个人"乍见孺子将入于井"时的感受。在看到孺子将要落井的当下,这个孺子对我们而言只是个抽象的、无辜的婴孩,所以恻隐之心的产生也就"非所以内交于孺子之父母也,非所以要誉于乡党朋友也"(《孟子》2A6)。也就是说,落井之孺子是否与我们相识这个问题在孟子"乍见"的条件下被屏蔽掉了,而我们因此对一个陌生人产生了同情。在《孟子·尽心上》中,孟子指出,君子对人民应"仁之而弗亲"(7A45),而对亲人才予以"亲"之情感。[167]因此,我们可以看到,恻隐之心和建基于其上的"仁"是指向陌生人的。我们可以进而推测,恻隐之心与仁的引入是先秦儒家(有意或无

---

[167] 当然,《孟子》中"仁"的一些用法,似乎与这里不同。比如,"仁之实,事亲是也"(4A27);"亲亲,仁也"(7A15)。但这里,可能是指对他人的仁发自亲亲。并且,不论怎样,孟子的仁、恻隐之心有朝向陌生人的向度,这一点应该是毋庸置疑的。

意地)对封建制度瓦解后陌生人社会如何凝聚这一问题给出的一个解答。[168]

对西方思想史而言,同情能解决现代性条件(modern conditions)下一个关键问题的观点也有很强的解释力。与秦以降的古代中国或进入现代化之后的欧洲相比,古希腊社会是由城邦组成的。城邦规模较小、居民相互熟识的事实也许才是柏拉图和亚里士多德的著作中同情心没有被给予美德的地位的真正原因。凝结希腊城邦的一种重要纽带——如果并非唯一纽带的话——是友谊。一个城邦的公民之间,是一种或应该是一种朋友关系,而朋友之间不讲同情,讲友谊。这也就解释了《尼各马可伦理学》对友谊的重视。但是,在希腊化时代和罗马的帝国时代,即在小国寡民向广土众民过渡的时代,同情心渐渐得以重视,最终推动了强调同情的基督教的盛行。这里我们也可以看到,犹太教到基督教的演变对后者进入主流是至关重要的。作为一个联系相对紧密的民族的宗教,犹太教并不特别强调同情,而只有引入同情并由此演变成基督教,它才最终成为罗马帝国时代的主要宗教。但是,随着欧洲中世纪封建制的确立,将大国划分为许多小型共同体的等级金字塔式结构,又使得这种广土众民化的势头得以遏制,同情作为一种美德的发展也陷入停滞。尼采就注意到了这一点,因为他曾指出"教会没有加速毒药的通过,而是减缓并阻止了它"(Nietzsche, 1994, 21),这似乎是指教会内部的等级和十字军东征部分地保留了"贵族道德"。最终,这种限制被欧洲向现代化的过渡所打破,其飞跃性的进展就发生在封建制瓦解后、现代陌生人社会出现之时。尼采敏锐而深刻地感到了这一变化。他指出,与他同时代的自由思想者(freethinker)处在"一个真正现代的社会","憎恨教会,但**不是**它的毒药"(同上),实际上,他们"热爱这种毒药"(同上)。也就是说,现代性状态下的自由思想者

---

[168] 需要澄清的是,尽管同情可能是对陌生人社会凝聚问题的一种解答,但这并不意味着它是唯一可能的解答。我们会在第七章中讨论其他几种方案。

们厌恶教会的等级制度和宗教战争,但并不厌恶它对同情的宣扬。[169] 尼采正确地描述了这些古代和现代的"症状"(古今之变,《旧约》《新约》之别,等等),但给出了错误的诊断。同情成为一种关键的道德价值并非奴隶道德反叛的结果,而是广土众民的陌生人社会出现后来自道德哲学的可能回应之一,是现代化的结果。[170]

因此,孟子提出作为美德的恻隐之心,是(有意或无意地)试图回答周秦之际早期现代化过渡中的一个关键问题。诚然,孟子并未像我在本书中所做的这样,明确地阐述这种转变,他也不会为作为美德的恻隐之心的起源提供这种社会的或政治的解释。这种解释更符合另一位先秦儒家哲学家荀子的精神。他尤其关注道德的社会起源,[171] 而他的学生韩非子——一位对儒家有激烈批评的法家——对时代的政治变化提供了更明确的描述,其描述与我说的类似[172]。但我们仍然可以从一些文本中窥见孟子对这一关键问题的意识。"孺子入井"(2A6)这段论述的缘起,是欲推动基于不忍人之心之上的不忍人之政。在段落的结论部分,他又回到了"充之足以保四海"这个政治问题。虽然我们不清楚孟子这段话的确切对象,但很显然,他的目标受众是国家的统治者。在《孟子》中很多其他的地方,他更是明确地在和统治者对话。例如,在《孟子·梁惠王上》中,齐宣王暗示了他以武力统治"天下"(中国人所知的世界)的愿望(1A7)。但孟

---

[169] 在《道德谱系学》序言的第五节中,尼采将康德归为认为怜悯毫无价值的更早的"前现代"哲学家之列。但他的这种说法可能是误导性的。诚然,在《道德形而上学奠基》中,康德指出,依赖于天性或为了获取内在满足的助人为乐没有道德价值,但至少是值得称赞的(4:398-399;Kant,1998,11)。在《道德形而上学》中(6:456-457;Kant 1991, 250-251),他似乎也对怜悯(pity)和同情(compassion)评价不高。但我们如果仔细阅读这些文本,就能发现他的这种评价是因为,怜悯或同情意味着那种基于"仅仅由自然本身赋予的、与他人共同感受快乐和悲伤之敏感性"(同上书,250)的仁性(humanity),因而就没有康德道德哲学所追求的先验(a priori)与必然。但是,人对基于"分享他人情感的能力与意志"(同上)的仁性(humanity)是有义务的。因此,在关于同情的问题上,通常被看作是现代哲学家的康德不是站在古人(不管是古希腊罗马还是中世纪)一边,而是站在现代人一边的。
[170] 我们这里的解释,甚至可以解释其他哲学思想的变化。比如,在读了本节所据的文章的一个早期版本后,佛教学者姚治华就推测,这里的理解也许可以解释佛教的慈悲概念不是在其起源的小邦,而是在广土众民且联系紧密的贵霜帝国被引进和发展出来的这一事实。
[171] 感谢白诗朗(John Berthrong)向我指出我的解读是荀子式的。
[172] 关于韩非子对周秦之变的论述,可参考 Bai, 2011 的初步讨论。

子拒绝就此给出任何建议("臣未之闻也"),而是建议他"保民而王",亦即成为一个令民众心悦诚服的天下领袖。齐宣王接着询问"若寡人者,可以保民乎哉?"孟子举出齐宣王问牛的例子,认为这个事例体现出齐宣王也有恻隐之心这一美德的端绪,而如果他能把这种恻隐之心推扩到他的人民甚至全天下的人民身上,他就能成为真正的"王"(即全天下、全"世界"的领袖)。从这段对话中,我们可以看到,在封建时代紧密联系的共同体崩溃之后,因为封建时代的君主只需与少数亦是其近亲和朋友的贵族互动,而后封建时代的大多数民众于他而言都是完全的陌生人,所以一个国家的君主失去了关爱其民众的动机,这导致君主往往退缩到他的纯粹私利的计算上,并将其看作统治的动机。而孟子试图将同情作为联系统治者和人民的新纽带、作为君主治理百姓的新动力。[173]

因此,解决现代性的问题——寻找新的社会纽带——可能是孟子提出恻隐之心的深层原因,或许也是他的教诲后来在"现代"中国有影响力的原因。如果这种解释成立,那么,恻隐之心这一道德概念其实主要是一个政治概念,而且只在功用意义上才是一个伦理的概念。这意味着孟子、宋明理学和20世纪的海外新儒家没有必要把关于恻隐之心的论述提升到道德形而上学的层面(尽管他们可以这样做)。也就是说,我们不必像这些儒家学者中的许多人所主张的那样,认为恻隐之心是与生俱来且内在于人(人性中本有的善)的。我们需要论证的只是,它可以成为人类的一种道德价值,并且可以在由陌生人组成的现代社会中作为纽带发挥作用。虽然孟子和荀子在人的本性是善是恶的问题上有着尖锐的分歧,但他们都认为人可以也需要为善。因此,我对为什么恻隐之心应该是一种

---

[173] 我已经论证了同情可以作为陌生人之间的纽带,而这一段的重点是统治者和人民之间的纽带。从经验的意义上看,虽然"现代性"的一个明确特征是陌生人社会的出现,但对于普通人来说,他们的大部分社会环境仍然是相对封闭的。相比之下,孟子时代的王和今天的统治者才会面对绝大多数的陌生人。在规范的意义上说,先秦儒家根据一个人能否扩充对陌生人的关爱来区分普通人和统治者,统治者应该是那些能够关心陌生人的人。也就是说,肩负着凝聚陌生人重任的主要是理想的统治者。因此,尽管陌生人之间的联系在经验上和规范上都很重要,但统治者和臣民之间的联系是解决现代性状况下陌生人凝聚问题的一个关键方面,也自然是孟子的一个重点。对此更详细的讨论,参见本书5.4.2小节。感谢英文版的2号审稿人促使我澄清这一点。

美德这一问题提供了"荀子式"的解释,而通过这种对孟子和先秦儒家思想的政治哲学式解读,孟子和荀子间的分歧也就显得无关紧要。

4. 秦以后的中国:陌生人组成的现代社会?

我的上述解读是基于周秦之变的一个关键特征——陌生人社会的出现。但主流观点却认为,中国传统社会是一个熟人社会。社会学家费孝通就持有这种观点(1998,6-17),许多当代中国学者也分享着这种观点。但是,费孝通是在传统王朝覆灭后社会动荡和战乱的背景下展开对乡村社会的观察,并得出了乡村社会是一种紧密联系的熟人社会,其居民世世代代生活在同一个共同体之中的结论。在这些动荡中,传统制度、政治结构和社会网络几乎被完全摧毁。如果我们回顾中国历史就会发现,当政治稳定、秩序井然时,农业生产力就会提高,商业也会得到发展。只有当政治混乱和战争不断时,这些活跃的交流才被中断。因此,熟人社会可能并非传统中国的常态;相反,这可能是一百多年社会和政治动荡的结果。认为中国传统社会是熟人社会的观点可能是将当代的观察错误投射于整个中国历史的结果。

并且即使我们接受中国传统社会的经济以农业为基础,且其乡村流动性很低(人们在开拓耕地或躲避战乱的压力下从一个地区迁移到另一个地区)的熟人社会,我们也应该看到,推动传统中国社会流动的主要活动有两种:一是商业和"工业"活动(尽管这种工业活动可能不像欧美工业革命时那么发达),二是政府任命官员的流动——这些官员往往被禁止在家乡任职(以防止任人唯亲和腐败)。特别是就后一种流动而言,自秦朝以来,这些官员不得不与相当多的陌生人打交道,而不是像西周的统治者和官员那样,只需与封建结构中比自己低一级的熟人来往。事实上,如果这种双重结构——在一般民众层面上的熟人社会和在政治与商业精英层面上的陌生人社会——存在于传统中国社会,那么它不仅没有挑战我对孟子恻隐之心的功能的解释,反而实际上支持了它。孟子论述恻隐之心的主要目标是为统治者(孟子时代的王和秦以后传统中国的皇帝和士大夫)提供处理关乎无数陌生人的事务的动机。而当维系封建政权的纽带在新兴的陌生人社会中不再有效时,这就成了一个迫在眉睫的问题。

当然,我们必须承认一个事实,那就是传统中国社会的"陌生"程度并不像今天这样高。即使是当时生活在城市的商人和官员,他们的经济基础也通常留在农村地区,因此无法切断与成长于其中的熟人社会的联系。相比之下,工业革命发生在或者说标志着现代晚期,亦即本书第一章所说的"现代性2.0"。在一个工业化的社会里,下层民众的人口流动与现代早期相比有巨大的增加,现代晚期的"陌生"化也比主要局限于商业、社会和政治精英的现代早期更加全面。尽管如此,孟子为凝聚陌生人社会而提出的纽带在今天仍然是相关的。[174]

三 恻隐之心的培养:能近取譬直到先天未画

综上所述,对陌生人关爱的情感或者说恻隐之心对人类而言(几乎)是普遍的,它也应该被提升为一种美德,甚至是最重要的美德,因为它可以作为凝聚陌生人社会的纽带。然而,孟子关于这种道德情感普遍性的论证之所以有力,一部分原因是他耍了"花招"。他只问我们在看到有人处于危险时会有怎样的即时情感反应,而不管我们是否会因之采取行动。但这种情感和任何其他情感一样,也可能导致道德上可疑的行动。例如,我们有可能对那些不值得的人表达关爱,也有可能对家庭成员的关爱过于强烈,以至于忽略了陌生人的痛苦。因此,正如孟子在2A6的后半部分中所指出的那样,为了让恻隐之心强大到足以引导我们做出真正的道德行动,这种普遍的"仁之端"必须被"扩而充之"。这种扩充既包括增强恻隐之心的力量,也包括引导它落实为道德上正确的行动。我将在本节具

---

[174] 这一变化也可以解释另一个问题。先秦儒家即提倡全民教育的理念。因此,与其他社会相比,中国传统社会的教育水平相当高。但与工业化社会的教育水平相比就相形见绌了。因为在工业化社会,迁移和进厂工作要求所有人接受基础教育,而尽管儒家也提倡全民教育,但在传统中国社会,大多数人都在乡村中生活和劳作,识字和说"国语"或者"普通话"的能力是没有必要的。这一解释部分是由费孝通(1998,6-17)提出的。

体讨论如何扩充这种端绪的问题。

1. 自我和家庭是培养"仁"的基础

虽然孔子没有为恻隐之心的普遍性提供论证,但他在《论语》中的一段话可以作为道德修养的原则:"能近取譬,可谓仁之方也已。"(6.30)也就是说,我们应该从最近己的东西开始,将其作为道德修养和扩充的基石。而最近己的东西正是自我及其所有物。孟子很好地说明了自我及其所有物对道德修养的重要性。根据孟子的说法,私有财产的稳定所有权对于普通民众拥有"恒心"——或者借用当代美德伦理学家的术语"品质"(character)——至关重要(1A7 和 3A3)。普通人的道德能力很可能是有限的;他们的善良可能不足以抵御物质匮乏生活中遇到的挑战,孟子在 1A7 和 3A3 中就明确指出了这一点。而孟子在这里没有具体说明却与孔子"能近取譬"的道德修养原则更加相关的一点是,拥有财产有助于我们理解他人的需求,从而可能有助于我们真正慷慨地对待他人。而在一个财产公有、没有私产的社会中,不存在真正的慷慨,因为任何东西都不属于任何人。[175] 孟子在另一个地方明确了这一推理(1B5)。齐宣王向孟子承认自己有弱点("寡人有疾",字面意思是说他自己有病):他喜欢金钱和女色。孟子指出,古代也有贤明的君王喜欢金钱和女色,但这些都不成问题,因为他们能够与民众共享这种喜爱。拿希求伴侣的欲望来说,他们能够确保"内无怨女,外无旷夫"。这段话隐含的一点是,如果没有君王自己对女色的喜爱——一种私人利益——那么他就无法理解人民的利益或公共的利益。[176]

但是理解自己的需求只是关心他人需求的必要条件。同情将我们引向外部,把我们的自爱扩展到他人身上。而为了做到这一点,我们需要培

---

[175] 亚里士多德在他的《政治学》(1262b1-6)中就给出了这一论证,而儒家也可以愉快地接受它。
[176] 这种说法与康德形成了有趣的对比。康德在讨论一个行为如何具有道德价值的例子时说,如果一个人被他自己的悲伤所淹没,从而消除了对他人命运的任何同情,或者如果他天生对他人的痛苦冷漠(同时假设这也没有给他带来物质利益),那么他慷慨的行为就具有"真正的道德价值",因为道德价值只能来自他的道德责任感(1998,12-13;4:398-399)。

养我们与生俱来的恻隐之心。这种培养的一个独特场所就是家庭,因为一方面,家庭是一个普遍的机构。即使是对孤儿而言,他或她的成长也必须由一个家庭、一群人来抚养。[177] 家庭是大多数人会产生亲爱之情的对象,这种情感几乎和个人的自爱一样自然。另一方面,对家庭成员的关爱也是超越自我和自爱、走向他人的第一步。这也许正是儒家如此重视家庭关系的原因。许多人将其误解为一种不加反思的、也就是非哲学的所谓"家庭主义"(familialism)的表达,是把家庭的利益放在所有其他利益之上,就像电影《教父》中那句有名的箴言"永远不要违背家庭"(never go against the family)所体现的那样。这种观念是自然的,并且仍然很流行,尤其是在许多农村地区和相对孤立与自治的社会中。但是,儒家强调亲亲之爱的原因在于,它是我们实现道德扩充的自然而然的第一步。《论语》中明确阐述了这一基本原理:

> 有子曰:"其为人也孝弟,而好犯上者,鲜矣;不好犯上,而好作乱者,未之有也。君子务本,本立而道生。孝弟也者,其为仁之本与!" (1.2)

当有人担心没有兄弟该怎么办时,孔子一位优秀的弟子指出,成为君子意味着把天下的每一个人都当成他的兄弟(12.5),而要实现这一点,大概需要通过把孝悌之爱扩展到全世界的人身上。《论语》中著名的"君君臣臣父父子子"的说法也意味着父子关系和君臣关系之间也有着明显的类比(12.11)。从这些段落中,我们可以相当清楚地看到,群体关系和政治关系被类比于家庭关系,并且应当以家庭关系为模范;国家,甚至整个世界,就是一个扩大的家庭。对大家庭的热爱是从对自然家庭的热爱发展而来的。

在这一点上,孟子完全同意孔子的观点。如他所说,

---

[177] 因此,儒家所看重的家庭不一定是一个人的亲生家庭,而是抚养这个人的家庭。正如汉代大儒董仲舒(公元前179年—公元前104年)明确指出的那样,如果亲生父亲放弃了抚养儿子的义务,那么儿子就只有孝顺养父的义务,对生父则不需要或至多是承担有限的义务。参见董仲舒《春秋决狱》的一些残存篇章(如程树德,1963,164)。

老吾老,以及人之老;幼吾幼,以及人之幼。……故推恩足以保四海,不推恩无以保妻子。(《孟子》1A7)[178]

因此,儒家对家庭核心地位的强调应该与家族主义区分开来,因为前者的关键在于"推恩",将对家人之爱外推出去。但是一些人(尤其是20世纪中国的反传统主义者)认为,儒家对家庭的强调是通过在家培养孝道并将其投射为对统治者的盲目忠诚,去产生顺从的臣民。这显然是一种误解,因为先秦儒家强调的亲亲之爱(familial care)明显是相互的,而君臣关系也是互惠的。如果先秦儒家真的希望利用亲亲之爱来培养忠诚的臣民,他们会把这两种关系(父子和君臣)都呈现为单向的(儿子对父亲的孝,臣民对君主的忠)。[179] 但不可否认的是,在先秦儒家经典中,关于孝道的讨论远多于关于父母对孩子的关爱的讨论。一种合理且站在同情立场上的解释是:或许是出于进化或动物性的本能,父母对孩子的关爱似乎更为自然,他们有关爱孩子的强烈的自然倾向,而成年子女对父母的关爱却并没有那么本能和自然。儒家对亲亲之爱的强调,意在推动人类超越本能的情感,因此更多地关注子女对父母不那么自然的关爱,也就顺理成章了。

2. 通过家庭去超越(transcendence)

如果一个人不断地扩充自己的恻隐之心,最终他的关爱会遍及宇宙中的一切。这一理想图景被北宋儒者张载(1020—1077)完美地表达了出来,他在著名的《西铭》中写道:

---

[178] 《论语》和《孟子》之间有一些细微但重要的区别。这两个文本似乎都遵循了从身边的事物出发的方法,也都特别重视家庭的意义。但是孟子引入了《论语》中所没有的人性本善的思想。这样一来,对孟子来说,家庭和私人领域似乎只是为原初善端的成长提供了一个触手可及的环境,他远比《论语》注重从自我出发的修养。相比之下,《论语》中道德修养的重点似乎是家庭,这就使得对自然的亲亲之爱是人类生活的事实还是具有形而上学的根源这一问题的回答具有了开放性。就这个意义上来看,《论语》并没有孟子那么形而上。
[179] 父子关系之相互性的说法见《论语》13.18,君臣关系之相互性的说法见 3.19,同时提到两者的说法见 12.11。一般被认为是对儒家有尖锐批评的法家文本《韩非子》,其第五十一篇的标题是"忠孝",这一篇里的忠孝关系确实是单向的。可以说,利用儿子对父亲的盲从来促进臣下对统治者的盲从,更像是《韩非子·忠孝》或一般法家的立场,而非儒家的立场。

> 乾称父,坤称母;予兹藐焉,乃混然中处。故天地之塞,吾其体;天地之帅,吾其性。民,吾同胞;物,吾与也。大君者,吾父母宗子;其大臣,宗子之家相也。尊高年,所以长其长;慈孤弱,所以幼其幼;圣,其合德;贤,其秀也。凡天下疲癃、残疾、惸独、鳏寡,皆吾兄弟之颠连而无告者也。……富贵福泽,将厚吾之生也;贫贱忧戚,庸玉汝于成也。存,吾顺事;没,吾宁也。(张载,1978,62-63)

从这段话中我们可以看出,普遍之爱(universal love)的理想在伦理和政治上都意义重大。它在伦理上的重要意义体现在它能给实现它的人带来巨大的安宁。而在政治上的重要意义是因为,如果一个人能用这种普遍的恻隐之心来治理国家,那就会像孟子在 2A6 中所说,"治天下可运之掌上"。这也意味着,凝聚陌生人社会的纽带终于被发现了。

家庭除了在关爱的"空间性"扩展中发挥着关键作用外,还在道德培养中引入了时间维度。一个人的生命是有限的,而通过他或她的家庭、祖先和后代,他或她就可以获得一种超越和永恒。[180] 这种超越并不外在于个人,因为个人就是超越的一部分。通过家庭而获得的永恒也可以回答另一个重要的哲学问题(这一问题是"哲学的",因为它是永恒和普遍的)——死亡的问题,因为一个人可以借由在家庭中获得的永恒来(在某种程度上)战胜死亡。关爱的这种时空维度也能解决道德哲学的一个关键要求,亦即超越单纯的自我和利己的理性计算。道德哲学所关注的是人应当做什么,这通常以超越为前提,因为大多数道德哲学都认为"应当"不同于"是",亦即不同于人类事实上的所作所为。在西方哲学和亚伯拉罕宗教的许多流派中,死亡的哲学问题和道德哲学对超越纯粹自我的需要都是通过存在(Being)、上帝或"类存在"或"类上帝"的东西来解决的。

---

[180] 需要说明的是,《西铭》这篇文本、张载的哲学以及一般而言的宋明理学经常暗示着(或被解释为)一种道德形而上学。但是本章讨论的超越和永恒是自然主义的。这里没有形而上学或神秘的宇宙秩序的预设,超越和永恒只是通过家庭来扩充四端之心的自然结果。事实上,下文对基督教和上帝的解释也是从功能的角度进行的。人们**可以**对所有这些思想进行"更厚重"的形而上学式解读,但我在这一章中坚持对超越和永恒进行更薄的、自然主义的功能性解读。感谢英文版的 2 号审稿人促使我澄清这一点。

因此，就这些方面而言，可以说家庭就相当于存在或上帝在儒家传统下的对应物。[181]

由于永恒通过家庭实现且内在于家庭，而历史是对家庭和其他人类交往活动的记录，所以对于儒家（以及受儒家影响的中国传统社会）来说，历史便与永恒和超越的事物联系在了一起。并且，对于儒家而言，智慧和原则也是通过历史表现出来的，因此历史也与理性和对真理的追求相关。这与西方哲学中"历史主义"（historicism）这一术语形成了有趣的对比。"历史主义"这个概念强调的是历史偶然性，它被理解为永恒、真理、超越和神圣的对立面。这或许是因为，对许多西方哲学家来说，永恒是与存在或上帝相关的，与之相对，历史就必须被贬谪到（condemned）不断变化的世界（the changing world of becoming）。在这种理解下，对真理的追求不可能通过历史的研究来完成，而只能通过逻辑、形而上学或其他类型的"第一哲学"。但对于儒家来说，历史提供了"经验的先验"（empirical a priori），并帮助我们从变化（becoming）中把握存在。

3. 家庭价值对利己倾向的约束

在一个不那么抽象的层面上，如果一个人可以通过家庭扩展自己的关爱，那这便意味着即便一个人仅仅是理性的（rational），其行为也可能发生改变。而如果理性计算的单位是个人，那么他或她或许很难抗拒为了眼前利益而不惜一切代价的诱惑，或者难以抵制"我死后哪管洪水滔天"（据说是法国国王路易十五的一句名言）的态度。相比之下，中国经济学

---

[181] 孙向晨（2014a）和盛洪（2008和2010）也有类似的讨论。孙向晨阐述了基督教的上帝和儒家的家庭在作用上的呼应。他还认为，在尼采宣布上帝已死之后，海德格尔试图通过个体生命的终点——死亡来发现生命的意义。从海德格尔的方案是对上帝之"死"的反应这一意义上来说，他的哲学仍然与基督教有关，仍是"神学的"。更重要的是，个人的死亡标志着其生命结束的观点受到了儒家对个人理解的挑战。对后者而言，一个人的存在和意义通过家庭在空间和时间上被扩大，因此一个人的死亡并不是其生命和意义的终结。

家盛洪阐述了当理性计算的单位变为家庭后经济行为的不同和优点。[182]当一个人基于家庭进行计算时,很明显的一个结果是,他或她会做长期规划,而非单纯的短期决定,因为他或她会考虑自己的行为对祖先和后代的实质影响(例如在环境问题上,这类考虑就非常用得着),以及自己的行为是否会给祖先和后代带来荣誉或耻辱,而这种后果在人死后也仍然存在。正如曾子在《论语》中所言,"慎终追远,民德归厚矣"(1.9)。

此外,历史的维度可以用来限制人类利己的自然倾向的观点可以而且应该体现在制度中。在传统中国社会中,大家庭都有一个家族共同体的家族祠堂,在那里祭奠祖先、缅怀先贤。虽然如今大家庭正在消失,但我们仍然可以在核心家庭中保留这种做法。同时,我们也需要更新其具体的形式,例如要让女性参与其中,要在家谱中列入父母双方的族系,供奉双方祖先的牌位。如果父母只有一个女儿,她结婚时应该把这些东西都带在身边,然后供奉在新的家庭里。这些都是应该(且能够)做出改变的例子。[183] 无论如何,个人能通过家庭而有长远目光的一般观点在当代仍然成立,而且保持着相关性。鼓励这种家庭价值观的其他政治和制度安排也应就位,例如,应该提倡那些旨在加强家庭观念的某些出生、婚姻和死亡的礼仪。我们可以从传统中国社会和儒家经典中借鉴许多历史上的范例和解读,当然,它们也需要与时俱进。

在国家层面上,也还有一些做法仍然适用。例如,在儒家的影响下,传统中国会有史官记录皇帝的言行,已故的皇帝会被追封用来评判其治

---

[182] 见盛洪 2008 和 2012。对盛洪 2008 的批评,参见陈志武 2008。盛洪除了给出一些理论分析外,还试图论证以家庭为基础的理性计算是中国传统社会的一个特征。陈志武的批评部分集中在盛洪文章的实证方面。但是其批评的一个严重问题是用当代中国社会的经验来挑战盛洪关于传统中国社会的主张。由于中国经历了一些与传统社会的严重断裂,把对当今中国社会的观察投射到传统社会的做法可能是完全错误的,这也是反传统的中国"自由主义者"经常犯的错误。更重要的是,我关注的是规范性的问题,因而回避了中国传统社会的复杂现实。因此,即使陈志武的经验批判站得住脚,也不影响盛洪(和我)的论证在规范性上的效力。

[183] 儒家经常被批评为(即便不是厌女也是)以男性为中心,上述这些改变是否真的能实现也有可能受到挑战。我会在第六章第七节里讨论这一问题。在这里让我们简单地假设,对儒家的进步式解读可以支持上述家庭活动的性别平等化尝试。

理的谥号或庙号。[184] 在一个理想的政体(如儒家混合政体)中,这些做法的精神仍然可以保留。比如,可以设立独立的历史记录部门,记录被选拔出的政治家们的言论和行动;在政府换届的"宽限期"(grace period)之后,可以由一些部门为每届政府提供"谥号",亦即对其治理成果作一两个字的描述和判断。[185]

尽管我们是从中国传统社会的一些做法和儒家理论中获得了灵感,但只要我们承认家庭和历史的维度可以促使人们把目光放长远,而这又有利于被认为是政治中的终极良政(good governance),那么其背后的原理就并不只适用于中国人或儒家。这些原理可以是抽象或最底线的(minimalistic),以便让信奉不同整全教义(comprehensive doctrines)的人可以按照自己的理解来接受它们。

例如,美国政治理论家杰弗里·格林(Jeffrey Green)对目前的代议制民主——或他所谓的(让人民)"发声模式"(vocal model)——提出了自己的批评(2011)。他的许多批评实际上与我在第三章中给出的批评有相通之处。他提出用"视觉模式"(ocular model)或"全民公决式民主"(plebiscitary democracy)来替代"发声模式"。在这种模式下,最关键的理想是坦诚(candor),这意味着"对领导人不能控制其公众形象之条件的制度性要求"(同上,13)。而历史记录部门和提供谥号的做法就可以是满足全名公决式民主对"坦诚"的要求的两种制度。

简而言之,上述与时俱进的做法的意图是政治的,并不局限于一个民族、一种文化或某一特定的整全教义,而可以是一个多元和自由但以良政作为首要目标的社会的重叠共识的一部分。[186]

---

[184] 这一点受到了盛洪(2008 和 2010)的启发。
[185] 为了使这些传统中国社会的做法适应当代世界更加多样化的政治环境,还可以设立多个部门,以便它们有时可以提供不同版本的记录和谥号。
[186] 在接下来的章节中,我会再次讨论多元和自由社会中这些做法的可能性和必要性。

四　普遍而差等之爱

1. 差等之爱

恻隐之心是作为凝聚陌生人社会的纽带而被提出的。政治实体的凝聚问题是一个至关重要的政治议题。但是，人们仍然可以对孟子普遍的恻隐之心的说法提出另一种批评。这种批评与把儒家对亲亲之爱的强调和家庭主义混淆起来的指控截然相反，认为孟子式的理想图景不能把政治实体内部的人与外部的人区分开来，因此不能被用来证明任何群体内部身份认同（如爱国主义）的正当性。这其实是对孟子思想的简单误解。孟子式普遍关爱的理想应该与墨家、某些基督教理念、法国大革命以及其他一些激进平等主义的博爱思想区分开来。对孟子来说，即使有人能够达到普遍关爱这一极其难得的境界，其关爱也应该是有差等的。一个人更关爱与自己亲近的对象，比如在救其他任何人（或任何东西）之前先救自己溺水的母亲，既是自然的，也是可被辩护为正当的。根据孟子的说法，墨家普遍而均等的兼爱思想"是无父也"（《孟子》3B9）。而正如本章前面部分引用过的，孟子认为：

> 君子之于物也，爱之而弗仁；于民也，仁之而弗亲。亲亲而仁民，仁民而爱物。(7A45)

受孟子极大影响的明代大儒王阳明（1472—1528）很好地阐释了这种普遍但有差等的关爱。《传习录》中有这样的记载：

> 问："大人与物同体，如何《大学》又说个厚薄？"先生曰："惟是道理，自有厚薄。比如身是一体，把手足捍头目，岂是偏要薄手足，其道理合如此。禽兽与草木同是爱的，把草木去养禽兽，又忍得？人与禽兽同是爱的，宰禽兽以养亲与供祭祀、燕宾客，心又忍得？至亲与路人同是爱的，如箪食豆羹，得则生，不得则死，不能两全，宁救至亲，不救路人，心又忍得？这是道理合该如此。及至吾身与至亲，更不得分

别彼此厚薄。盖以仁民爱物,皆从此出,此处可忍,更无所不忍矣。"
(2011,122)

2. 以关爱为基础的新封建等级制(Neofeudal Hierarchy)

对孟子普遍关爱思想的另一个挑战是,它的要求太高,尤其是对普通人来说。但是,对孟子而言,人们能够合宜地扩充其关爱的程度是有等级之差别的。大多数民众本就不可能把自己对他人的关爱扩展得太远,也不可能将其以恰当的方式施予他人。他们关爱的对象可能只限于自己的家庭或亲密的邻居,并以此维持小的共同体内部的良好秩序。如果有一些人能将其关爱扩展到整个共同体,他们就应该成为共同体的领袖。进而,我们可以继续向更高的层级推进,并由此重建起一个金字塔式的"新封建"秩序,这种秩序的根基是个人关爱他人的恻隐之心、理智水平和政治能力。这种"**新**封建秩序"之新体现在其统治结构不是像封建制那样以出身为基础,而是以个人关爱他人的能力为基础。对一个人关爱他人的能力的判定可以按照第二、三章中提出的方式进行。[187] 通过对孟子式治理图景的上述解读,我们可以说先秦儒家确实是"反动的"(reactionary),因为他们试图重建封建秩序,但这一秩序实际上是对"封建秩序"自下而上、基于美德的重塑。因此,将对他人的关爱扩展到整个国家乃至整个世界的重任只是针对少数人,并非大众。这种有差等的要求在《中庸》里有很好的阐述(这段文本在第二章中已经引用过,这里值得再次引用):

> 君子之道费而隐。夫妇之愚,可以与知焉,及其至也,虽圣人亦有所不知焉;夫妇之不肖,可以能行焉,及其至也,虽圣人亦有所不能焉。……君子之道,造端乎夫妇,及其至也,察乎天地。

在这种有等级的新封建结构中,统治阶级要遵从儒家的理想,将其恻隐之心推扩到极致,由此将无数能在家庭和社区内部维持合宜关系的熟人共

---

[187] 感谢英文版的 2 号审稿人促使我澄清这一点。

同体凝聚在一起。这就解决了广土众民的陌生人社会的凝聚问题。由此可见,认为儒家因其对道德的强调而只适用于熟人社会的观点,与认为孟子式普遍关爱的要求过于苛刻的观点,都有失偏颇。

五 恻隐之心的有效性

但是,即便是对能比大众更好地存养其恻隐之心的君子来说,恻隐之心的有效性仍有可能被怀疑。人们可以说,家庭内部的关爱过于薄弱,而在扩充的过程中又不断被稀释,因此不可能作为凝聚陌生人的纽带(费孝通1998,24-30;赵汀阳2007a 和2007b)。这一质疑隐含的一个观点是,恻隐之心的扩充是通过一个近乎机械的过程,一步步地从自我推向外围。而在离这种儒家式道德扩充的圆心较远的外围里,残余的恻隐之心就会薄弱到难以作为纽带发挥作用。然而,这种推扩关爱的机械图景是错误的。《孟子》1A7记载了齐宣王不忍心看到一头牛因祭祀而被杀的故事。在这个例子中,齐宣王对牛的同情并不是通过试图回忆起对家人的关爱,然后将其一步步推扩到动物身上——这确实是荒谬的! 与此相反,他看到这头牛便直接说出:"舍之! 吾不忍其觳觫,若无罪而就死地。"也就是说,当他看到牛的无辜和无助,心中就直接浮现出一个无辜的人被杀的残忍画面,以及他在这种情况下会感到的怵惕恻隐。这正是孔子主张的"能近取譬"(《论语》6.30)的另一层含义:我们能够将(在近处产生的)直接和强烈的感受与情感所意指的对象直接联系起来,而非机械地经历所有的"中间"步骤。事实上,对一个儒家的君子来说,最重要的是关注在常人的视野中不易被同情的对象,进而将常人容易感到同情的对象与之直接联系起来。

与恻隐之心的有效性相关的另一个挑战涉及用恻隐之心将陌生人联系起来的可能性,尤其是在一个工业化和全球化的社会中,即便是普通人也不得不时常面对陌生人。事实上,春秋战国时期的思想家韩非子就指出,人与人之间的同情心太弱,根本不足以将一个国家凝聚在一起,而真正有效的是基于赏罚的制度和法律,这才是可以让每个人都轻易归服于其下的"旗帜"(banner)。[188] 在我看来,儒家应该接受而且也确实接受了制度和法律的必要性。孔子就明确说过:"刑罚不中,则民无所措手足。"(《论语》13.3)这也就意味着,普通人不受恻隐之心或美德的约束,而是受政治和法律制度的规范。其原因与第二章所述的儒家对民众较低的期望有关。但就在上面引用的那句话之前,孔子还说道,"礼乐不兴,则刑罚不中"(同上)。也就是说,法律制度应该体现道德,而君子或大人有责任实现这一点。与此同时,法律和制度也无法规范人们生活的方方面面,尤其是对一个复杂的社会而言。对于法律法规之外的事项,比如看到一位老太太提着沉重的包袱,我们就需要恻隐之心来推动自己去帮助她。而这即便对"小人"来说,也不是一个苛刻的要求。简而言之,即使在陌生人社会的当代社会,儒家基于恻隐之心的美德也仍然是重要的,因为它不仅可以与法律和制度相容,并且也可以作为法律和制度的基础与补充。

---

[188] 这种思想在《韩非子》中随处可见(尤其可以参考第49篇《韩非子·五蠹》)。

第六章

推己及人中的矛盾：公与私

一 公与私之问题

对儒家来说,"近"和"远"之间是有连续性的,我们对后者的关爱根植于对前者的关爱。借用道德哲学中常用的一对概念,我们可以说,儒家认为私与公之间是有连续性的。但显然,它们之间也存在冲突。从差等之爱的理念出发,我们可以论证,儒家能够通过对不同的义务进行等级排序、使一方服从于另一方来解决公私冲突。第五章末尾引用王阳明的那段话就是一个例子。尽管如此,我们仍然可以想象比王阳明的例子更为复杂的义务冲突的情况。儒家扩充差等之爱的图景预设了对各种冲突的义务进行和谐的等级排序的可能性。因此,我们需要研究更多公私冲突的案例,以展示我所说的"儒家连续和谐模式"(Confucian continuum and harmony model)的可行性。

并且,如何处理公私关系也是道德哲学的一个普遍问题。先秦儒家意识到了公私之间的冲突,但他们的解决方案是发现和发展私的建设性的一面,并利用它来抑制公私间的冲突。与儒家相反,柏拉图的《理想国》主张为了公而几乎完全地压制私。而像密尔(John Stuart Mill)这样的思想家和大多数现当代西方自由主义者都将注意力转移到了如何确保私免受公的侵犯。相比之下,先秦儒家和柏拉图(在其《理想国》中)主要关注的是私对公益(public good)的破坏。但是,柏拉图和现代自由主义者都坚持认为公私之间存在着巨大的鸿沟。因此,进一步研究先秦儒家处理公私冲突的方案,可能也会启发我们对公私关系这一普遍哲学问题的思考。有了对儒家处理这一问题的方案的更全面的理解,我们就可以将儒家扩充关爱的想法应用到其他政治和道德问题上。

在开始这些讨论之前,对公与私的概念做些澄清可能会有所帮助。[189] 应该注意的是,这两个概念是相对的。[190] 私是指自己的东西,公则是自己之外的东西。但是"自己的"这一说法带有某种不确定性。如果我们把一个人的利益视为私人利益,那么其家庭或家族的利益就可以被视为公共利益的一种形式。但是,相对于一个不完全基于亲属关系的共同体的利益而言,一个人自己家庭的利益就应该被视为私人利益。同样,就许多共同体总体的利益或国家的利益而言,一个人自己所属的共同体的利益便可以被认为是私人的。因此,在儒家不断扩充关爱的图景中,我们可以说,儒家敦促我们不断扩大私的领域并继而超越它,直到我们能够拥抱(embrace)总括天下万物之整体,即"与天地万物为一体"。

然而,尽管公与私具有相对性,但似乎人类不需要付出多少努力(或许根本不需要付出任何努力)就是自利的(这里的"自"指个体的人)。对大多数人来说,通过家庭与家族间的自然亲爱,或在家庭或家族环境的滋养与支持下,培养对家庭利益的关切虽然需要付出更多的努力,但仍然是很自然的(在"毫不费力"意义上的"自然")。因此,虽然私的定义是相对的,但个人及其家庭的利益往往被视为私,同时也是私利的基本来源。但我们也应该看到,家庭的利益以及在自己之外的其他家庭成员的利益,正是一个人超越个体狭隘的利益并关心他人的第一步。家庭利益的双重特征体现在,它一方面通常被"自然"地看作是自己的利益(私),[191] 另一方面也在最窄(narrowest)和最"自然"(最不费力)的意义上是超越私的第一步。这一点与另一事实——家庭是对任何人都拥有

---

[189] 感谢黎辉杰(Loy Hui-chieh)促使我澄清这两个概念,感谢 James Peterman 强调密尔对这两个概念的不同理解,感谢郝长墀和周玄毅提醒我这两个概念的相对性。

[190] 郭齐勇和陈乔见(2009)详细讨论了这两个概念的原始含义以及先秦儒家对它们的解读。他们还指出了这两个概念在中国历史上的相对性,尤其是在西周和东周时期(公元前 1046 年到公元前 256 年)金字塔式的、多层级的封建制度下。一开始,"公"的意思是"上级",而"私"的意思是"下级"(因此,具体是谁代表着"公"就取决于我们关注的是金字塔的哪个层次)。但是,这种封建结构在东周时期日渐崩溃,取而代之的是更加中央集权的政府。逐渐地,公就只与国家(及其唯一的统治者)联系在一起,而私则与个体的臣民联系在一起。亦可参见陈乔见,2008 和郭齐勇,2008b。

[191] 这里的"自然"之所以加引号,是因为它不应该被理解为带有任何先验的、形而上学的必然性。

的普遍建构——共同解释了儒家为何如此强调家庭关系。

在澄清了这两个关键概念后,我们会首先考察先秦儒家(这里讨论的主要文本仍然是《论语》和《孟子》)是如何处理公私之间的冲突的,特别是家庭与国家之间的冲突;然后再考察《理想国》对这一问题的处理方案。我们会看到,《理想国》更加强调广义的个人利益与公共利益之间的冲突,而《论语》和《孟子》则更注重两者之间的连续性。

二 先秦儒家的解决模式

1. 公私之间的冲突与和谐

孔子和先秦儒家(痛苦地)知道公私之间存在冲突,因为这就反映在他们所处时代的混乱之中。周王朝(公)的统一和共同利益日益受到诸侯国(私)不断增长的权力的挑战;而诸侯国(公)的统一和共同利益又日益受到贵族(私)不断增长的权力的挑战(这些贵族的家长通常也是诸侯国的卿大夫);贵族(公)的统一和共同利益又日益受到为他们服务的雄心勃勃的小贵族(私)的威胁,以此类推。孔子在担任鲁国大臣时,就一心想削弱篡取鲁国国君权力的三个最有权势的贵族家族(所谓"三桓")的势力,并恢复公私之间的合理关系,这也是后来孟子明确提到的一个事实(钱穆 2002,30-38)。

孔子(《论语》)和孟子(《孟子》)注意到了公私的区别和冲突,也目睹着这一冲突在每一层级上的严重爆发。但是,他们也发现了私(对公益来说)建设性的一面,亦即第五章所说的能够被向外推扩的关爱的情感。换句话说,孔子和孟子发现了公私之间的连续性。例如,在《论语》中,当有人问孔子为什么不"为政"(担任公职)时,面对这一可能是对自己作为一个政治上好管闲事之人的嘲笑,他回答说,

> 《书》云:"孝乎惟孝,友于兄弟,施于有政。"是亦为政,奚其为为政?(2.21)

《中庸》亦有言,"君子之道,造端乎夫妇",即使是普通人也可以理解并实践"君子之道"(第12章)。

要通过上述洞见处理公私之间的冲突、而非为了公而压制甚至废除私,先秦儒家认为我们可以发展私的建设性的一面,如此一来,我们最终便可以利用其建设性的一面来压制其破坏性和冲突性的一面,进而拥抱公益。但问题在于,在我们扩充关爱的尝试中,对私与公的关爱是否能够调和。儒家通过扩充关爱来解决公私冲突的提议是以上述调和的可能性为前提的。

2.《论语》中的"亲亲互隐"

先秦儒家理解这一问题的重要性,并给出了独特的回答。在《论语》13.18 著名的"亲亲互隐"案例中,一位地方执政官叶公向孔子吹嘘说,他的乡村里一个有正直声名的人("直躬者")会为父亲盗羊的行为作证。孔子回答说,在他的(理想的?)乡村里,正直的人会有不同的行为,亦即"父为子隐,子为父隐"。

如何理解这段文本以及其他的相关文本一直是当代中国学者争论的热点。[192] 有些人认为,这些文本表明,儒家思想即便不是专制主义(despotism)的同盟,也是威权主义(authoritarianism)的同谋,是传统中国和当代中国法治不足和腐败频生的根源。这是自反传统的新文化运动和五四运动以来的一种典型的理解方式。但这是对上述文本相当粗糙、肤浅和错误的理解。从这个意义上说,这些批评不值得受到现有的重视。但可悲的是,这些理解代表了许多在反传统的政治、社会和教育环境中被影响的当代中国人对儒家思想的普遍理解,同时也与许多西方人对中国文化的偏见产生了共鸣。因此,我必须在本章中对这些解释做出回应。

仔细阅读《论语》13.18 的读者应该注意到的第一件事是,孔子说的是"互隐",亦即父亲为儿子掩盖,儿子为父亲掩盖。这明确地揭露了典型的

---

[192] 郭齐勇(2004 和 2011)收集了关于这一论争的许多论文。相关的英文论文可参见 *Dao: A Journal of Comparative Philosophy*, 6, no. 1 (March, 2007)。

反传统主义解读的错误。他们认为儒家通过倡导儿子对父亲单向度的虔敬,以推动皇帝对于臣民的绝对权力。但孔子在13.18中倡导的关爱显然是双向的。

其次,先秦儒家文本的一个重要特征是其语境性或情境性(contextual nature),《论语》中的语境性尤为明显。由于未能理解这一点,也并未注意文本的细节,一些人认为孔子的观点是家庭利益(私)**总是**高于公共利益。[193] 但我们不应该忽视下面这一简单的事实,即孔子和叶公讨论的只是一个盗羊的案件(并且可能只是顺手牵羊),而不是像谋杀那样的滔天大罪。[194] 而孔子或先秦儒家如何处理后一种情况还有待考察。

无论罪行多么轻微,家庭的关爱与维护公义(public justice)的义务之间仍然存在着明显的冲突。在盗羊这类轻微的犯罪案件中,孔子似乎把家庭内部的互相关爱放在了公共利益之上。但很明显,孔子支持的是"隐",这通常被理解为"掩盖"。[195] 因此,他并没有建议儿子或父亲以任何方式为犯罪提供便利。在这段谈话的语境里,叶公希望他的村民能作不利于近亲的证词,而孔子可能只是建议他们拒绝主动作证。即使在如今的美国法律体系中,夫妇中的一方在许多情况下也都可以合法地拒绝作不利于配偶的证词,而孔子和先秦儒家所要辩护的只是将这种特权扩大到父子关系中。

上一段中的辩护意味着,违反对公的义务并不像一开始看起来那么严重。然而,就孔子来看,一个人是否应该做些什么来履行自己对公义的

---

[193] 正如前文所说,这些解读者并不值得严肃的学术回应,但因为他们的言论如此离谱,他们反而受到了很多关注。他们中的一些人甚至还利用这些关注来展示自己的作品有多么重要。我不愿让这种泼皮无赖的学术恶习继续下去,也尽量不去直接引用他们的文章(这种引用成了他们吹嘘自己有多重要的基础)。但这些文章在上述中英文论文集中很容易找到。

[194] 王怀聿在其一篇文章(H. Wang, 2011)中认为,在叶公居住的地方,盗羊是一种死罪。我不认同这一观点。我将在本章后面的部分回过来说明这一点。

[195] 为了用解释消除(explain away)家庭内的关爱与公共利益的冲突,一些学者试图利用"隐"字模糊的含义,使得这段文本中的建议变得看起来并无不妥(参见廖明春,2013)。作为一名倾向于从哲学上来理解文本的读者,我并不支持这种尝试。我们应该遵循所讨论的术语的通常含义,并试图提供对相关文本哲学上融贯的解读。

义务,以及帮助违法者成为更好的人?孔子在《论语》13.18 中没有给出答案。但如果我们遵循哲学解释学的方法,或者采取一种"接着讲"的解读方式,我们应该通过想象作者或这段文本里的主要人物在回答我们的提问时会说些什么,来揭示出经典文本中隐藏的东西。按照这种方法,我们可以说,对孔子而言,隐瞒近亲的不当行为并不意味着让这个人肆意妄为。比如,一个人可以告诉这位亲戚他做错了,就《论语》13.18 的例子而言,父亲应该把羊还给其合法的主人来纠正自己的错误。毋庸置疑,一个父亲可以这样告诫他的儿子。但即使父亲是违法者,儿子也可以对父亲进行一定范围内的劝诫。例如,在《论语》4.18 中,孔子说,

> 事父母几谏,见志不从,又敬不违,劳而不怨。

尽管劝诫是有限度的("几谏""又敬不违"),但儿子其实可以采取其他举措。例如,他可以自己把羊送回去,并承担相应的责任。这可能会使他的父亲因为羞愧而在将来保持举止得当。

但是我们为什么不能直接遵守法律或某种抽象的正义,把父亲供出来呢?让我们假设儿子这样做了,父亲会怎么样?对父亲来说,他最信任的人(儿子)背叛了他;他有没有可能因此而在将来成为一个守法的人?的确,他可能选择不再违法,但这不是因为他认为违法是错误的,而是因为他害怕惩罚。如果他有可能逃过法律的惩罚,他或许仍然会这样做。只不过,这一次他甚至不会让儿子知道这个肮脏的秘密。孔子说得好:

> 道之以政,齐之以刑,民免而无耻;道之以德,齐之以礼,有耻且格。(《论语》2.3)

我们要想想,一个人人看似遵纪守法实则毫无廉耻、全无信任可言的社会是否更值得欲求呢?孔子提倡"亲亲互隐"的理由并不是遵守法律不重要,而是如果社会成员之间没有关爱与信任的关系,遵守法律的要求就会变得压抑甚至无效,社会就会解体。践行法家思想的秦朝的短命(秦朝就被指责为强调严格的奖惩制度,忽视甚至压制家庭关系)是儒家最喜欢拿

来阐明这一点的例子。[196] 相反,通过掩盖其家人的不当行为,进而保持家人间的关爱与信任,一个人便可以更有效地帮助其家人纠正错误。

3. 《孟子》7A35 中更严重的公私冲突

通过对《论语》13.18 的讨论,我们可以看到孔子处理公私冲突的方案。但是如果公私冲突比那里提到的更严重呢?例如,如果父亲犯的是像谋杀这样的大罪,该怎么办?孔子在《论语》中没有提及,而孟子在《孟子》中处理了这种情况。在《孟子》7A35 中,孟子的一个弟子设想了一种情境,并询问孟子对此的意见:如果舜的父亲瞽叟(根据历史记载,他是一位糟糕的父亲,或许也是一个糟糕的人)谋杀了别人,舜应该怎么做?显然,对圣王舜来说,他面临着一种义务冲突:一方是对父亲的孝顺,另一方是对国家的公共义务。更重要的是,这一冲突远比《论语》13.18 所呈现的要严重。因为这里讨论的罪行是谋杀,它比 13.18 中的盗窃罪严重得多。而且,舜在这个例子中所肩负的公共义务也比 13.18 中的父亲或儿子所承担的要重得多。在 13.18 的例子中,父亲或儿子只扮演着私人的角色,而舜却是负责维持秩序的统治者,或者更准确地说,是比私人肩负着更多责任的统治者,这些责任中就包括让罪犯为自己的罪行付出代价。

对于这一设想的情境,孟子的第一反应是让负责执法的皋陶去逮捕瞽叟。弟子可能是对孟子回答中孝道的缺失感到震惊,因而问道:"然则舜不禁与?"孟子对此的回答是,"夫舜恶得而禁之?夫有所受之也。"当弟子再次追问舜对父亲的义务该如何处理时,孟子终于说道,

> 舜视弃天下犹弃敝屣也。窃负而逃,遵海滨而处,终身䜣然,乐而忘天下。

我想在这里说明的第一点、同时也是非常显而易见的一点是,这显然不是腐败。因为腐败是指官员为了私利滥用权力,而在这个案例中,孟子拒绝了让舜禁止皋陶逮捕瞽叟的建议。事实上,在舜的时代,舜很可能拥

---

[196] 需要说明的是,尽管儒家喜欢论证法家思想是秦朝迅速灭亡的原因,但其实是一个需要仔细研究的问题。

有赦免其父亲的法定权力。因此,在这一假设的案例中,孟子甚至拒绝使用有利于近亲但与公共利益相悖的**合法**权力,这使得指责儒家思想是腐败根源的说法,尤其是在明确涉及《孟子》7A35 的情况下,显得荒谬可笑。

尽管这种指责很可笑,但却是真实存在的。[197] 这种指责虽然不值得回应,但不幸的是,由于过去 150 年反传统的"传统",它成了当代中国对儒家思想的主流理解。关于儒家思想是腐败之根源的指责,有几个提出者没有解决或没有充分解决的一般性问题,使得他们的指责显得非常轻浮和随意。首先,传统或当代中国的腐败比其他文化背景下的国家更严重吗?其次,如何将腐败归因于一种特定的哲学?我们知道,哲学拥有一定的被实践的自由。一个人可以阅读尼采,进而成为纳粹,但也可以成为后现代女权主义者。而中国有很多传统,需要经过哲学、历史学和社会学的细致研究才能将实践中的问题归咎于一种特定的哲学流派。我并不是说哲学总是可以免于这种指责,而是认为我们应该谨慎,因为给出这种指责是一件相当冒险的事情。最后,一种哲学学说可以通过传统和文化产生实际的影响。但鉴于过去 150 年中国反传统运动的巨大影响,将当代中国的任何问题归咎于包括儒家在内的中国传统思想都是很可疑的。

最重要的是,孟子不仅没有提倡腐败,而且首先关注的是公共义务(《孟子》7A35)。只有在追问下,他才给出舜如何履行对父亲的义务的建议:义无反顾地放弃王位(以及伴随着的所有物质利益和荣耀),成为一名逃犯,没有任何怨言地生活在荒无人烟的海滨。[198]

这样一来,在履行私人义务的过程中,公共正义也得到了伸张。瞽叟不再享受作为王的父亲的"特权",舜自己也因为帮助父亲逃跑而受到惩罚。孟子"乐而忘天下"一词是为了强调舜从心甘情愿地承担"窃负而逃"

---

[197] 再次指出,相关的文献可参考郭齐勇 2004 和 2011,以及 *Dao: A Journal of Comparative Philosophy*, 6, no.1 (March, 2007)。

[198] 对于当代读者来说,"海滨"听起来似乎是个不错的地方。但在舜和孟子所处的农耕社会,它象征着文明世界之外的蛮荒之地,不受任何政治实体的管辖,这正是孟子会让舜将其作为理想的藏身之地的原因。

的后果中体现出的孝顺。然而,我们仍然可以问,人民如果因为没有像舜这样的圣王统治而受苦该怎么办?受害者的家人呢?孟子没有考虑这些情况,但我们可以通过设想他对这些追问的可能回应来为他辩护。例如,他可以辩称,有皋陶这样一位称职而仁道的官员,人们仍然会得到很好的治理;他也可以说,尽管舜"乐而忘天下",但他确实为受害者的家人感到难过,并给他们送去物质补偿。

然而,为孔子不作这些进一步陈述开脱要比为孟子开脱容易得多,因为《论语》以其简洁的、箴言式的风格闻名,而孟子似乎喜欢在《孟子》中给出详细的叙述。而且,在这些叙述中,孟子似乎十分一贯地忽略了不同义务之间尚未解决的一些冲突,代之以不同义务被和谐处理的"美好"图景。[199] 事实上,许多后代儒者都讨论过不同义务之间的冲突(参见黄俊杰 2008,90-97)。尤其是一些号称孟子追随者的儒者(如程朱学派的一些人物)也关注"理一"与"分殊"的关系问题(参见《程氏遗书》第18卷),"月印万川"就是宋明理学家朱熹用以解释这一点的比喻。[200] 但在我看来,这些后代的孟子追随者也倾向于相信这些冲突总是可以被完美地解决。相比之下,尽管《论语》中的孔子并不总是给出关于这一冲突和其他冲突的充

---

[199] 《孟子》中还有其他值得探讨的案例,例如,5A3 的讨论是关于舜如何对待曾多次策划谋杀自己、同父异母的兄弟象。从中我们可以再次看到,孟子试图在各种关切之间找到一种调和,亦即在舜对象的家庭义务(舜不仅没有惩罚他,反而封予他领地)和他对公众的义务(不允许象管理他的封地事务,因为象并不是一个有仁德的人,如果真的赐予他统治的权威,他会让民众受苦)之间找到一种调和。因此,当代的一些批评者认为孟子没有意识到义务间的冲突,或以完全忽视所有其他义务为代价来坚守一种义务(对家庭的义务)的说法是完全错误的。但孟子对所有相关义务的处理是否充分,仍有争议。在 5A3 的案例中,虽然他用舜分封象的行为来体现舜的宽恕和孝顺,并且通过不让象真的拥有统治权来实现某种"危害防控"(damage control),但他并没有解决这样一个问题,即由于一个完全不道德的人受到了奖励,尽管奖励的程度非常有限,人们还是会被赋予一种错误的道德榜样观念。毕竟,根据儒家传统,统治者应该成为臣民的榜样,而象显然不是。尽管如此,从某位当代批评者提出的弥补孟子处理方案之不足的"解决方案"来看,他也只是坚持一项义务(尽管不同于他指责孟子坚持的那种义务),而忽略了所有其他义务,这其实并未提供任何真正的解决方案,而是像他指责中的孟子那样完全回避了冲突。因此,我们可以怀疑这位(或许还有其他)批评者是否一开始就没有理解问题所在。对此更详细的讨论,参见 Bai 2008b。
[200] 他可能是从禅宗大师永嘉玄觉那里借用了这个比喻,参见《朱子语类》第 18 和 94 卷。

分解决之道,但他似乎更了解调和不同道德关切的困难。[201]

在孟子的辩护中,我们应该看到,他生活的时代并不像孔子时那样仍对重建"美好的旧时代"(good old days)的秩序抱有很大希望。在这一绝望的时代,"强调正能量"(accentuate the positive)或许是更能激励民众的修辞手段。但面对同时代诸多更危险却更受欢迎的思想,孟子为了让别人听见自己的声音,可能不得不疾呼痛斥、直言不讳。这或许是孔子与孟子之间差异的一个原因,更确切地说,这可能是为什么在孟子时代挺身而出的是孟子,而非什么孔子的转世。但不可否认的是,孟子比孔子多些直白(exoteric),也少些微妙与复杂。

4. 成仁之方:解决不同情境下的冲突

我们可以就儒家对公私冲突的各种处理是否充分以及它们之间的实际差异进行争论,但我们应该理解这些处理方法共同的基本理念。先秦儒家明白对家庭成员的自然亲爱可以成为社会弊病的根源。但他们也意识到,这种情感也是个人学会关爱他人和公益心(public-spiritedness)的起点。因此,与法家和许多西方思想家所倡导的压制家庭关爱以实现公共利益不同,他们认为我们应该利用这种关爱的建设性一面,并将其扩展到公共领域。儒家的独特之处正体现在对向外扩展关爱的要求,以及对公私之间可以有连续性与互补性的理解。先秦儒家认为亲情是扩充的自然起点,而非终点。在向外推扩自然的亲亲之爱的过程中,总会有不可避免的挑战和张力,一个人只有克服它们才能成为真正的"仁者"。通过克服这些挑战,其追求仁德的决心会受到考验,对仁之意义和不同关切之次序的理解也会得到深化。从这个意义上说,上述不可避免的张力与冲突也是成长为一个儒家意义上完整的人的必要条件。一个人很可能会声称自己平等地爱所有人,但如果没有克服各种冲突的实际行动,其说法就只不

---

[201] 例如,孔子批评管仲和齐桓公的实力政治(realpolitik),但也因为他们使文明世界免受野蛮人的威胁而对他们加以赞扬(《论语》3.22、14.9、14.15、14.16 和 14.17)。相比之下,孟子对这两个人物的立场则不那么模糊和微妙(《孟子》2A1 和 2B2)。总的来说,我认为 Sharon Sanderovitch(2007)认为孟子哲学中存在"缺陷"(未解决的冲突)的观点是正确的,尽管我会论证孟子及其追随者(而非孔子)认为冲突的充分解决总是可能的。

过是空洞的纸上谈兵,不值得被认真对待,尤其是考虑到人类生活本就充满了冲突和考验。

挑战和张力取决于情境,人们必须在自己的生活中应对它们。在儒家思想中,有一个处理这些张力的指导原则,即在保持爱有等差的同时,将爱推扩到天地万物。然而,儒家并没有现成的、普遍适用的公式或"实战手册"(field manuals)来应对所有实际的挑战。《孟子》和《论语》中的各种叙述和故事只是作为基于不同情境的例子,为我们处理自己的问题提供提示和启发。这种普遍性(指导原则)与特殊性(情境)的结合是儒家思想另一个明显的特点(也许这里的"儒家"更是孔子式的儒家)。

冲突有时是不可调和的,或者说,先秦儒家的解决方案并不总是充分的。但至少他们认识到了这一冲突,并且不是掩耳盗铃地忽视掉它,也不是以忽视其他所有义务为代价来坚持一种义务。例如,如果一个人的母亲(或任何其亲近的对象)和一个陌生人同时掉进水里,儒家会认为这个人应该首先拯救自己的母亲,这不仅是自然的,也是可被辩护为正当的。我们可以争论这个人应该做多少努力,或者在选择母亲而非陌生人之时应该感到多少自责,但这听起来远比另一种说法更合理,亦即一个人应该基于某种先验或绝对的原则选择挽救母亲或陌生人,而无须经受任何冲突。[202]

三　韩非子的挑战

先秦时期重要的思想家韩非子,他生活在春秋战国末期,据说曾是颇

---

[202] Michael Ing(2017)的观点与我目前为止提供的和谐图景形成了有趣的对比。他指出,那些主张克服和协调道德冲突的人倾向于关注《论语》《孟子》和《荀子》。但是,如果我们研究其他先秦儒家文本,我们会发现,根据它们的说法,冲突并不总是能够得到解决(同上书,3)。如前所述,本书主要关注《论语》与《孟子》,而正如 Ing 所说,这两个文本往往被认为提供了一幅"和谐的图景"。我也很清楚,我在这本书中提供的也只是对这两个文本的一种可能和融贯的解读。但我对 Ing 对(即便是儒家圣人)处理道德冲突时的悲剧性与脆弱性的强调深有同感,我相信,这一点即便没有体现在《孟子》中,也体现在《论语》中。和谐的图景亦有其局限性,它会在某些节点崩溃。感谢英文版的2号审稿人让我注意到 Ing 的研究。

具影响力的儒家思想家荀子的学生,后来成为严厉批评儒家的法家代表人物。关于儒家通过扩充亲亲之爱来克服公私冲突的建议,他给出了一些严肃的反驳。[203] 表面上看,他并没有拒绝孟子把同情看作一种普遍情感的观点,但他认为,这种指向他人的先天的善良太脆弱了,根本起不到真正的作用。他用其标志性的巧言雄辩说道,"穰岁之秋,疏客必食",即人们在丰收而物质丰富的时候会招待陌生人,这似乎承认孟子普遍关爱的思想。但在这句话之前,他还坚决地指出,"饥岁之春,幼弟不饷",即在物质匮乏的时候,人们会将自己亲人的死活置于不顾(《韩非子》,第49篇)。[204] 在他看来,春秋战国正是对人类充满挑战的"饥岁之春",因此我们与生俱来但又十分脆弱的关爱感会被完全抑制(同上),而我们永远不会被抑制的"人情"是(获得)奖赏和(避免)惩罚对我们的驱使(同上,第48篇)。

公平地说,孟子也理解我们天生的关爱感的脆弱性,这正是为什么他和其他儒家(包括号称是韩非子老师的荀子)都主张通过家庭进行道德培养。但韩非子进一步论证,就塑造民众行为的效果而言,家庭成员之间的关爱不如基于赏罚的严刑峻法可靠。他再一次用强有力的言辞指出:"夫严家无悍虏,而慈母有败子。"(《韩非子》,第50篇)

但是,仅仅诉诸法律会产生守法而无耻之徒,而一个由表面上遵纪守法实则毫无廉耻的民众组成的社会正处于混乱和灾难的边缘(《论语》13.18)。针对这一点,韩非子认为,权衡不同义务之间的轻重对于民众来说要求太高了。相反,法律和其他治理之术的运用是治理国家唯一有效的方式,尤其是当国家规模庞大且复杂、还面临着对有限资源的竞争时,而这在韩非子看来,正是春秋战国(以及之后的时代)的现实(《韩非子》第49和50篇)。

为了应对这一挑战,儒家可以根据其精英主义的倾向(我们在本书中

---

[203] 下文只是对韩非子给出的反驳的简单总结。对此更详细的阐述,请参见 Bai, 2012b。
[204] 我使用的《韩非子》文本来自韩非子,1991。

清楚地看到了这一点)回应说,法律的确是规范普通人行为的东西,但我们还需要培养一批精英,他们不仅品德高尚,而且富有智慧,能够权衡不同的义务。这就引出了韩非子对儒家解决公私冲突的方案的核心挑战:公私之间的冲突根深蒂固,无法调和。为了说明这一点,他提出了自己对盗羊案的看法,这可能是他在接受儒家教育时所了解的。他还补充了一个与孔子相关的故事,一个对儒家"别出心裁"的嘲讽(《韩非子》,第49章)。

在他对盗羊案的描述中,楚国一位正直的儿子向大臣举报了自己的父亲,大臣却命令处死他(儿子),因为他的行为虽然表达了对君主的忠诚,但同时是对父亲的不孝。根据韩非子的说法,这个故事的寓意是"夫君之直臣,父之暴子也"。在另一个很可能是由他编造的故事中,孔子的故乡鲁国的一个百姓,因为担心自己战死沙场后父亲的安危,三次逃离战场。对于这一情况,孔子认为这个人很孝顺,并建议政府重用和提拔他。韩非子认为这则故事的寓意是"夫父之孝子,君之背臣也"。由于楚国大臣和孔子的所作所为,楚国百姓不再向政府举报恶行(因为这可能不仅得不到奖赏,还会招来惩罚),鲁国士兵在战场上轻易地投降(因为为国家而死可能得不到任何奖赏,而投降和逃跑却有可能得到奖赏)。韩非子认为,这些故事都表明,公私之间的冲突是根本性的。

作为一位犀利敏锐的思想家和文采斐然的雄辩家,韩非子的一个特点是他也可以用雄辩来蒙蔽我们。但儒家也承认公私之间的冲突,其与韩非子之间的关键分歧在于这种冲突是否"根本",亦即是否真的不可调和。在鲁国逃兵的例子中,儒家可能会建议国家制定法律,至少免除一个儿子入伍,以便支撑家庭,并为战场上伤亡的士兵及其家庭提供保障。这些安排至少可以减轻士兵可能的担忧。而且,为国捐躯的士兵应该得到荣耀,这也会让他们的父母感到骄傲。对儒家来说,孝敬父母不仅仅是身体上的服侍;让父母自豪也是孝道的一大标志。[205] 在如何对待盗羊的父亲的问题上,儒家虽然不鼓励儿子指证或"出卖"父亲,但也不会支持对指

---

[205] 我们将在下文考虑《理想国》对公私冲突的处理。《理想国》认为,勇敢的士兵应该被授予崇高的荣誉(467e-469b),但它关注的重点是士兵本身,而儒家方案的重点也包括对家庭的关切。

证父亲的儿子处以极刑。韩非子为了论证自己的立场,故意夸张了儒家的想法,使其显得荒谬可笑。

尽管韩非子有些言过其实,但他确实为我们有力地展示了公私冲突的图景。虽然儒家不一定支持处死儿子,但他们不会鼓励儿子向政府举报其近亲犯下的轻罪。这仍有可能危及政府统治的稳定。对此,儒家会说,通过推崇亲亲之爱,人们会变得有道德,而这长远来看亦将有利于治理。但韩非子会反驳,美德是不可靠的,如果国家正处于明确且紧迫的危险之中,长期的承诺则无济于事。为了说明后面这一点,他给出了一个强有力的比喻:

> 故糟糠不饱者不务粱肉,短褐不完者不待文绣。(第49篇)

进一步来讲,《论语》13.18 中的案例是关于盗羊的轻罪,而孟子对谋杀案的处理并不完全令人满意,即便我们可以通过遵循儒家的普遍关切来帮助他提出更有力的处理。但如果出现冲突更难调和的情况怎么办?在儒家经典中,我找不到这样的案例。而在司马迁撰写的《史记》中有这样一个案例(1981,339)。[206] 石奢是楚国负责抓捕罪犯的大臣,在追捕杀人犯的过程中,却发现凶手正是他的父亲。他放走了父亲,向楚王自首并要求判处自己死刑。楚王原谅了他。但他却认为不放走父亲是不孝,不遵守国王的法律是不忠。虽然是否原谅他取决于楚王的考量和宽宏,但为自己的罪行付出代价是他的义务。因此,他选择了自杀。这里的冲突甚至比《孟子》7A35 中的更严重,因为石奢直接负责逮捕罪犯,而舜不是。石奢对这一冲突的"解决方案"与其说是一种解决,不如说是承认这种冲突的无解或无法调和。我对儒家能否真的在这里实现调和或者更好的"解决方案"持怀疑态度。在这种情况下,公私之间的连续性和兼容性崩溃了,我们无法通过调和来完全克服这一冲突。

除了美德的不可靠,以及公私之间不可调和的冲突,儒家方案还面临

---

[206] 司马迁对儒家的态度有些模糊,但在下面的例子中,他似乎对儒家有所同情。

着滥用的问题。儒家调和不同义务的努力的一个特点是没有一个"实战手册"而是重视情境。但我们如何才能防止人们利用这一点为自己的利益扭曲规则？正如韩非子所说，即使是最聪明的人也很难理解智者的微妙之言，因此这些微妙之言不仅无法规范普通人的行为，而且会导致智者之间无法统一的分歧或内讧。[207]

在另一部政治立场不以儒家为主、而是兼收并蓄的历史文本《吕氏春秋》中，就有上述滥用的例子（高诱，1986，第11卷，第3章，110-111）。这是盗羊案的另一个版本。"直躬"首先把盗羊的父亲供了出来，他的父亲因此将被处死。[208] 然后，他提出替他的父亲接受惩罚。但在被处决之前，他告诉官员，他将父亲交给官府的行为表明了他对国家的忠诚，为父亲接受惩罚的行为则是孝顺的表现。如果一个既值得信赖又孝顺的人被处死，那么这个国家的每个人都应该被处死。楚王听说他的论辩后，便赦免了他的死刑。据说孔子对这种花言巧语很不以为然。

从孔子反对的态度来看，这个故事说明儒家并不赞成这个儿子的做法。但它也揭示了儒家的教导多么容易被滥用。这个故事里儿子的脱罪，也促使我们反思儒家教导的另一个问题：在不稀释个人的道德压力和法律神圣性的情况下，很难在法律中纳入道德意义。也就是说，在为父隐瞒的情况中，如果为父亲隐瞒的行为受到法律的保护，那么这种行为就失去了很大的道德价值，因为这一价值恰恰取决于受到法律惩罚的风险，而且这一行为对道德修养的意义在于通过克服冲突，进而在更深层次上发现公私之间的连续性。然而，如果隐瞒行为不受法律保护，那么国家将在道德上错误地惩罚好人（在公与私的意义上都是"好人"）。当然，政府可以通过一些特赦（例如美国总统特赦）来推翻这种裁决。但如果我们总是

---

[207] 参见《韩非子》第49篇和第50篇的前几段。
[208] 所有这些对盗羊案不同版本的记载显然都是为了说明一些寓意，而且很可能有一些细节被戏剧化地处理以用来表达讲述者的观点。尽管《吕氏春秋》与一些传统的官方历史记录有相似之处，但这些记载不应该被当作准确的历史。因此，我们不应该用这个故事来说明盗羊是一种重罪（死罪），就像 H. Wang, 2011 所认为的那样。

这样做，法律就会成为一个笑话，并失去在人民心中的权威。[209]

四　《理想国》的解决模式

在本节中，我将讨论柏拉图在《理想国》中提供的另一种模式。选择这一模式而非《韩非子》中的模式的一个原因是，《理想国》中提供的模式与《论语》和《孟子》中的模式形成了非常鲜明的对比，甚至比与《韩非子》的对比更为强烈。[210] 而且，通过引入西方哲学中的模式，以及在本节和之后各节中进行的中西对比，我们将看到公私问题是普遍存在的，来自不同传统的许多观点相互呼应，而来自所谓同一文化下的观点反而可能会产生深刻的分歧。这可能有助于我们破除对"中国 vs. 西方"这种二分法的迷思。

尽管孔孟时代失败的封建制度与柏拉图时代失败的雅典民主制之间存在着深刻的政治和社会差异，但它们之间有一个共同的问题。在伯罗奔尼撒战争期间和战后，柏拉图目睹了一个被派系之争困扰的雅典。每个派系通常以大家族和氏族或宗亲（clans）为基础。[211] 如果我们将城邦的公益视为公，那么家庭和宗族的利益（以及个人的利益）就应该被视为私。因此，派系问题就是公私冲突的问题。这个历史背景也许会帮助我们理解为什么在《理想国》里，公私被当作是相互冲突的，私和家庭被唾

---

[209] 类似的一系列关切也适用于当代有关酷刑的争论。比如，假设根据情报，一名恐怖分子嫌疑犯知道一条关键信息，可以预防一场即将发生的恐怖袭击，挽救许多无辜公民的生命，我们是否应该允许一名中情局特工对这名恐怖分子嫌疑犯实施酷刑（假设酷刑在这个例子中有效）？如果酷刑变得合法，那么使用酷刑的情况就会增加，结果会造成许多对嫌疑人的不公正，酷刑也会变得无效，甚至可能导致许多虚假证词而适得其反。但如果不这样，假设中情局特工为了拯救自己的同胞而冒着被法律惩罚的风险，那么惩罚他或她可能就是不公平的。因此，最好的解决办法似乎是保持酷刑的非法，但要给予总统等掌权者一定的赦免权。然而，如果经常使用赦免，法律的神圣性也会再次受到威胁。感谢钱江向我指出这一点。

[210] 本章讨论的《理想国》的观点是它表面上所提供的，而我只给它们以必要的最低限度的解释。至于柏拉图是否真的持这种按字面理解的观点，或他是否有隐秘的学说并不是本章所关注的。

[211] 《理想国》494a-495a 中苏格拉底描述的一个现象可能就是基于柏拉图对雅典政治现实的理解。根据这个描述，大城邦里富裕、贵族出身、英俊、高挑的年轻人（有政治前途的年轻人）常会被其宗亲和其他公民用奉承和荣誉诱惑，使他将来能为他们所用。

弃,而统一(unity)被当作了城邦(polis)最高的目标。

在《理想国》中,私人利益和家庭事务中那些通常被认为于公无害甚至有益的方面,在很大程度上被忽视了,而这些方面却被儒家视为关键的出发点,甚至是培养公益心的必要前提。一个明显的例子是,苏格拉底在讨论理想的城邦应该设立哪些法律时,将一些事务列为微不足道、无关紧要的约定。[212] 对于这些约定无须设立任何法律。在这些次要事务里,对待老人的适当行为和如何照顾父母与什么是合适的发型并列(425a-c)。

相比之下,苏格拉底更关注公私的明确区分和冲突。例如,他在一个地方指出,私人(private man)不能对统治者撒谎,尽管统治者可以为了城邦的福祉撒谎(389b-c)。《理想国》的一位当代英译者和注释者阿兰·布鲁姆(Allan Bloom)在对此"私"(private;希腊文 idion)所作的脚注中指出,"公私对立是《理想国》的一个重要主题,在某些方面,它是正义问题的核心"(1991,445-446,注41)。的确,《理想国》的大部分内容都集中于私如何对公构成威胁,私与公相冲突的方面也因此必须被压制。特别是理想城邦的两个统治阶层,护卫者及其助手(guardians and guardians' auxiliaries)几乎不允许拥有任何私的东西。例如,据他对护卫者生活物质条件的讨论(415d-417b),他们不允许拥有包括土地、房屋和金钱在内的私有财产,甚至不允许有作为私人空间的居所乃至储藏室(storeroom)(416d)。废除任何私人财产的原因是私人拥有的任何东西都会把这些护卫者变成"其他公民的主子和敌人而非同盟"(417a-b)。这个转变会导致派阀冲突,并最终导致城邦的毁灭。因此,城市必须为护卫者提供充分的(既不多也不少的)生活必需品。护卫者同吃同住,而这种共同生活明显是为了培育他们之间的同志之谊。

但尽管他们的私利(狭义的、个体的"私利")在很大程度上受到压制,但监护者们仍有可能通过家庭的纽带形成帮派。家庭利益是私人利益的另一个主要来源。这就是苏格拉底后来主张彻底废除家庭(457c-471b)的

---

[212] 在本章里,"苏格拉底"指的是《理想国》这个柏拉图创造的戏剧里的那个主要角色。至于他是不是符合历史上那个真实人物在这里并不相关。

原因之一。通过一些复杂的、几乎不可能的安排,只有最好的男性——"在战争中和其他地方出色的年轻人"(460b)——和最好的女人才被允许繁殖后代。新生儿被马上从他们的母亲那里带走,而任何可能有助于"亲子鉴定"的东西都要被销毁。这些孩子会由城邦来抚养。这么做的结果是男女护卫者就会把城邦里的所有公民都当作血亲来对待,而不能基于家庭纽带而厚此薄彼。上面提到的译者、诠释者布鲁姆挑明了这种安排的理由:"成为城邦的一员——或一个哲学家——一个人必须断绝他的首要的忠诚(primary loyalty)。"(1991,385)

这种安排同时也有助于解决另外一个关键的政治问题:如何能使统治者关心城邦与公民。苏格拉底在两个不同的地方给出了好人或哲学家想要统治的两个理由。其中第一个理由是基于自利(躲避被坏的统治者统治的惩罚)。尽管我们试着同情地理解他的论证,但难以否认的是这一理由并不能使好人情愿去统治。而在理想的政体里,我们想要最好的人心甘情愿地承担起统治的重任。并且,只关心自我利益的统治者虽然因为他们关于统治的知识也许能把统治工作做好,但是如果他们献身公益的话会把工作做得更好。苏格拉底在另一处(520a-b)提供的理由则基于正义感:因为(理想的)城邦孕育并养育了哲学家,所以哲学家需要通过统治来偿还(所欠城邦的)。但问题是,这个理由是基于对正义的一种有问题的理解,这种理解似乎已经在《理想国》第一卷中被驳斥了。撇开这个问题不谈,人们也可能会论证,这种商业交易式的模式就像冷酷的正义一样,并不能充分地驱动哲学家去统治(尽管有人可能认为哲学家会受到作为美德的正义感的驱动)。

也许是意识到了这些问题,苏格拉底提出了加强潜在统治者的动机的方法。在《理想国》另一处,苏格拉底试图构建一个理想城邦,一个"言语中生成的城邦"(369a),他在那里主张,护卫者(统治者)必须基于以下条件选出:他们不但要有如何保卫城邦的知识,还要相信对城邦(公)有益的也是对他们自己(私)有益的。只有在各种考验下坚定地保持这一信仰的人才会被选择为护卫者(412b-414b)。然而,苏格拉底似乎并不认为单纯的教育就足以向守护者灌输公益心;相反,一个"高贵的谎言"必须被讲给所有(男性)公民听(414b-415d)。他们要被告知自己是从城邦的土地里生出来的。因此,这片土地是他们的母亲,而他们互相之间都是兄弟。基于这样的信仰,统治者就会实实在在地像爱母亲一样地爱他们的国土,像爱兄弟一样爱他们的公民。上面提到的废除家庭的主张(这一主张是在讨论了高贵谎言之后提出的)可以被看作是高贵谎言的强化。也就是说,通过废除家庭,护卫者(统治者)碰到的每个公民都实实在在地是"一个兄弟、姐妹、父亲、母亲、儿子、女儿,或者他们的后代或先人"(463c)。[213]

要明确的是,并非所有的私人利益都会受到压制。[214] 城邦为统治阶层提供了生计,从而满足了他们的一些私人利益。但这种满足是如此的基本,以至于城邦的护卫者和他们的助手可能不会高兴,因为他们就像报酬微薄的雇佣兵(419a-420a)。当然,一种特殊的私人利益,亦即他们的荣誉感,确实得到了充分的满足(413e-414a 和 468b-469b)。而且,我们可以论证,生产者阶层(被统治的大众)也有一些私人利益得到了满足。也许他们可以拥有私人财产和家庭,其生活方式也受到统治阶层的保护。但是《理想国》从未明确指出这一点。我们可以从一些段落中推断,生产者私人利益的满足应该被对城邦福祉的关切所限制,甚至可能会因此受到侵犯。毕竟,正如苏格拉底所说(在他对护卫者并不快乐的抱怨的回应中),整个城邦的福祉才是我们唯一应该关心的,这表明,如果为了更大的福祉,或者为了至善(在《理想国》里,至善并不像现代人经常理解的那样是所有公民的私人利益的总和)需要压制大众的私人利益,那我们就可以压制它们。事实上,护卫者的一项重要任务就是以下面这种方式分配财富:城邦中既没有贫困,也没有过多的财富(421c-422a),城邦作为一个整体被描述为不富裕的(422a-423c)。

---

[213] 至于苏格拉底对这些安排能在多大程度上使好人献身公益是可争议的。比如,在《理想国》第七卷里,哲学家(最好的人)在看到了至善(the Good)之后,必须被**逼着**去为人民服务(514a-521b)。

[214] 感谢刘玮敦促我作出这一澄清,我从与他就下文的几个论点进行的讨论中受益匪浅。

因此，不损害公共利益的私人利益，或者是像某些生理需求那样实在难以摒弃(除非通过摆脱自己的身体这一不可能的行为才能完成——有趣的是，这种方式真的在《斐多》篇中被考虑过，见61b-65b；以及《泰阿泰德》篇172c-177c)的私人利益并没有被压制，而是会(经常是抠抠索索地)得到满足，只是《理想国》对此并未给予过多关注。与此相对，《理想国》的重点是如何压制与公共利益冲突的私人利益。一旦这些利益被完全压制，公共利益便不再受到威胁。统一(unity)这一**号称**的城邦的最高善，[215]在维持城邦合理规模的条件下(423b-c 和 461e-466c)被实现。所有公民，尤其是统治阶层的公民，都会有共同的痛苦感和快乐感，"就像一个人一样"(462c)。公民之间不再有派系，公私之间的冲突通过彻底消灭与公共利益相冲突的私人利益来解决。然而，应该指出的是，苏格拉底认为上述安排(尤其是废除家庭)，不太可能在一个现实的国家里被执行，除非出现了哲学家成为国王或者国王碰巧是哲学家这样非常罕见甚至是不可能的情况(471c-474c)。

也许有人会说，《理想国》表面上给出的政治主张太过"疯狂"以至于不应该照字面来理解它们，不应该把它们当成现实的、严肃的主张。我并不否认《理想国》里可能有隐藏起来的学说和主张，这些学说可能要比本节所讨论的少些疯狂，多些微妙。确实，否认这种学说的存在是我们对柏拉图这个人类历史上最深刻的思想家之一的傲慢态度的表现。但是，以《理想国》表层的主张疯狂、简单的名义就随意对它们不做细致考虑难道不也是傲慢的表现吗？如果一个人连表面的东西都没有理解透又何谈理解隐藏起来的微言大义？

并且，同样不可否认的是，《理想国》的表面主张在历史上已经被人按字面来理解、被当成严肃的主张(尽管经常带有误解)，而且成了一个很好的捕捉很多历史上的政治思想的代表性范式。例如，本章里讨论的《理想国》的公私冲突模式是古希腊真实世界里斯巴达所采取的政体的一个

---

[215] 之所以说统一是**号称的**最高的善，是因为苏格拉底后来声称至善(the Good)是最高的善(504d-5b)，而统一是否始终是至善的一部分是可以怀疑的。一个合理的猜测是，统一就像正义一样，只有通过与至善的关系才成为善的。

(有显著)改进的版本。它也被诸如波普尔(Karl Popper)这样的思想家批判为极权主义的蓝图(Popper, 1971)。当然,我们可以说波普尔对《理想国》的理解是有严重缺陷的,但即使是亚里士多德这个柏拉图伟大的、但不总是忠实的弟子,也对《理想国》里的政治主张提出了全面的批评(《政治学》,1260b25-1265a25)。亚氏批评的一个焦点正是本章所关注的《理想国》里的因公废私的主张。如果这个模式是疯狂的、因而不值得被认真对待的话,那么我们便很难理解亚氏为什么花这么大力气来攻击它。

对《理想国》政治主张的这种解读还面临另一个更技术性的挑战,亦即,这一解读假设了这种政治主张相对于《理想国》其他部分的独立性。但是,按字面理解,《理想国》的政治讨论是为了解决个体灵魂的正义问题(367e-369a)。这似乎意味着《理想国》里的政治讨论不能被独立地理解。[216] 为了辩护我的立场,首先让我们来看看苏格拉底是如何引入政治讨论的。他与其同伴开始争论的是什么是正义的问题,包括最正义的人是不是幸福的。在面临极大的困难时,苏格拉底指出个体灵魂的正义是什么很难判断,其解决也许依赖于我们考察一个放大的物体(亦即城邦)里的正义。[217] 按照苏格拉底的说法,这就像我们看不清楚小字,但我们可以通过一些办法把它们放大了看一样。但是,这个类比实际上有毛病。从常识上讲,放大的字可以帮助我们认清小字是因为这个"放大"过程(比如走得离小字近些)不会改变小字。但是,在不知道个体灵魂正义的情形下,我们怎么能知道城邦正义就是扩大的个体灵魂的正义呢?我们怎么能知道前者与后者类似呢?对这些问题的回答最终依赖于对至善的理解,但是苏格拉底不得不承认他只能通过类比来给出至善是什么的暗示,而不能给出一个直接和清晰的描述(506b-511e)。因此,《理想国》里实际上没能完全建立起个体正义的伦理学问题和城邦正义的政治问题之间的联系,这就为我们把《理想国》里的政治讨论单独对待提供了进一步的支持。

---

[216] 感谢黎辉杰促使我澄清这一点。
[217] 把城邦(国家)看作一个扩大的个体灵魂的观点与政治哲学中的不同类比形成了有趣的对比。对许多现代西方思想家来说,国家是一个扩大的个体。对早期儒家来说,国家是一个扩大的家庭。这些不同类比的根本原因及其含义本身就是一个有趣的话题。

五 两种模式的比较

经过上文对《理想国》所提供的模式的介绍,我们应该已经看到它与先秦儒家模式之间的一些明显对比。这些对比可以进一步揭示每个模式隐藏的特征、优点和问题,并帮助我们更好地理解它们。这就是在两个所谓的不同传统之间,甚至是在所谓的相同传统内部(例如关于柏拉图和亚里士多德的比较工作)进行比较研究的美妙之处。

1. 对比两种模式

基于这一比较的背景,我们可以把先秦儒家所提供的图景称为一幅连续且和谐的图景。他们确实承认并且试图解决公私冲突,但他们的解决方案在于加强私的建设性方面(对公益的建设性方面),以克服私的破坏性方面(对公益有损害和有冲突的方面)。而且,尽管公和私在概念上有区别,但它们在现实中的界限并不是固定的。在一种情形下属于私的东西(例如,当社群利益与国家利益放在一起时,社群利益便是私),在另一种情形中可以属于公的(例如,当社群利益与家庭利益放在一起时,社群利益又成了公)。由于这种相对性,诸如家庭价值(family values)的东西便不能被说成只属于私。因为家庭价值不仅仅局限于私,一个好的家庭成员也有可能成为一个于公有利的人物。也就是说,民众(关注其狭隘的自我利益和家庭利益)和儒家统治精英(具有公益心)之间并没有明确的区分。

相比之下,《理想国》所呈现的图景则是一种断裂和冲突的图景。对公共利益无害或者甚至对其具有建设性意义的私人利益在很大程度上被忽略,焦点在于私与公冲突因而需要被压制的一面。公私之间也有一条明确的界线:对护卫者来说,个人的私利和家庭利益被视为私,它们在很大程度上需要被压制。因此,被划分在私的领域内的人(民众)和划分在公的领域内的人(护卫者)之间也有一条清晰的界线。

一方是连续与和谐，另一方则是断裂与冲突，这种鲜明的对比可以帮助我们理解《论语》（以及其他先秦儒家文本）与《理想国》之间的其他关键差异。在《论语》中，君子在教化大众的任务中发挥着重要作用。根据先秦儒家描绘的连续与和谐的图景，大众虽然大多局限于他们的私人领域，但他们还是可以通过作为一个家庭与社区的好成员来对公共事业做贡献，并且可以在由私到公的连续道路上从一个较私人的角色上升到一个较公共的角色。相反，在《理想国》中，由于其断裂且冲突的图景，大众被赋予了非常被动的服从角色，而统治者如何教化他们的问题在很大程度上也被忽视了。

这两幅图景的对比也能帮助我们理解"公益"在各自的模式中是如何被定义的。在儒家模式中，公益是私利的延伸。这意味着一国之公益无非是组成这个国家的人民的利益总和。这听起来很像我们今天对公益的理解，但应该注意的是，对儒家而言，利益的总和不仅仅是物质利益的总和（还要包括人之为人的伦常需要等），而且利益的总和也不仅仅是个人利益的简单累计（因为有些利益只在群体，比如家庭和社群中才萌生出来）。因此，像促进合宜的家庭关系之类的利益追求也属于公的领域。而与儒家理解不同，由于《理想国》图景中公与私的断裂，公益或国家利益的某些成分就有可能与个体公民或公民群体的利益彻底分离。正如上一节提到的，《理想国》所构建的言语中的城邦被怀疑是这样一个吊诡的城邦，在它里面城邦作为一个整体是幸福的，但其中没有任何一个群体看起来是幸福的(419a-421c)。[218]

2. 儒家对《理想国》模式的批评

我之所以要介绍《理想国》中的这种模式，一个原因是儒家的连续和谐模式似乎存在问题。但另一种选项的结果如何？通过高贵的谎言和废除家庭，苏格拉底试图将所有的公民都变成兄弟姐妹或其他的家庭成员，

---

[218] 这种断裂的另一个原因也许与如何理解至善有很大关系。在《理想国》里，至善似乎超越人类事务而居于纯粹思辨(pure theoria)的领域。但在《论语》里，智慧服务于至善(仁)，而仁被定义为"爱人"(12.22)。

想必是要通过这种家庭纽带创造城邦统一。基于对家庭在培育公益心上的角色的独特理解，孔子和其他先秦儒家会对以上想法提出如下挑战：如果家庭被彻底废除了，公民从哪里能体会到家庭纽带的含义呢？这里的一个关键问题是，就《理想国》的表面内容来看，为了实现公益，许多私的方面都被抛弃了，但通过使城邦变成一个大家庭，苏格拉底其实隐隐希望利用私之于公有利的一面。不幸的是，《理想国》里的护卫者被剥夺了所有的家庭联系，其中也从来没有认真考察过如何教育和培养孝悌与恻隐之心。《理想国》里讲因为城邦是护卫者（统治者）自己的家乡或母邦（motherland），公民是自己的兄弟姐妹，所以他（她）必须要爱自己的城邦和公民。这个要求是空洞的。因为若没有家，"家乡""母亲"（之邦）、"兄弟姐妹"不带有任何意义，这些名分只有当亲情在家庭环境里得到培育时才获得了意义。有人可能会说，护卫者可以通过社区获得一种同志之谊（camaraderie）。[219] 但是儒家可以回应说，对同志之谊来说必要的亲密关系会隐秘地将事实上的家庭关系重新引入社会，进而导致苏格拉底所担心的公私冲突的出现，而如果同志之间的关系并没有这么亲密，这又会使得所谓的"同志之谊"被稀释得毫无意义。[220]

与此相反，在《论语》的模式里，在家庭环境里呈现的家庭成员之间自然的关爱可以达到《理想国》通过高贵谎言和不现实的废除家庭所试图达到的目标。对儒家模式的可行性的一个来自日常生活的支持是，苏格拉底梦想的人们以通常只用在家人身上的称呼来指称陌生人，部分得益于儒家的影响，在中国却成为一种现实的实践，比如，在中国，人们会称年龄相近的陌生人"哥哥、弟弟、姐姐、妹妹"。[221]

为了捍卫《理想国》提出的模式，我们可以说，《理想国》里理想状态下公民之间的家庭关系或多或少是字面意义上的，而不是儒家模式中不断

---

[219] 感谢陶林向我指出这一点。
[220] 《理想国》中有一个有趣的段落试图论证护卫者之间的争斗不会导致派系之争（464b-65b）。其中有些别扭的论述可能恰好反映了本段所讨论的这些困难。
[221] 有趣的是，当英文里表示"姐妹"的词被用于称呼陌生人时，通常因为她是修女。换句话说，西方世界里四海一家的思想很可能是源于基督教的。但是，基督教博爱的思想与儒家"民胞物与"的思想有很大不同。我无法在本书里详细论述这一重要的问题。

扩大的亲亲之爱所产生的那种"仿佛"式的家庭关系。《理想国》中共妻共子女的安排以及国家的创始神话(所有公民都是城邦之下大地母亲的孩子)确实使城邦成了一个大家庭,因此《理想国》中对私的(隐秘)利用要比儒家模式中的更直接。[222] 但上一段中提到的挑战——这些家庭关系在没有家庭的地方毫无意义,以及创始神话(高贵的谎言)可能无效(后一点甚至格劳孔也在一定程度上承认了(《理想国》415c-d))——仍然存在。

因此,儒家似乎有一个对《理想国》的模式的有效反驳。简言之,后一种模式试图实现的统一是无根的。或许通过洗脑和一些相当激进的安排(例如共妻共子女),这种模式能够发挥一定的作用。但没有合理的根基,对公益、法律和行为规范的献身与忠诚将最终消亡。当冲突尚不严重时,这种模式可能会发挥作用,就像一棵枯树仍然可以抵御微风,但当遇到极端情况时,它便会骤然崩溃,恰似枯树在风暴中顷刻倾倒。但儒家模式自身也会在一些极端情况下崩溃。也许任何深刻的政治学说都无法提供对公私冲突的完美解决,因为任何模式都会在某些地方崩溃。毕竟,正如《老子》中所说,"天地不仁,以万物为刍狗"(第五章)。我们人类不能总是让事物按照自己的想法运作。或者,用一种简单通俗的方式来说,生活是悲催的。在人类生活中,有一些根本性的困境是无法完美解决的。尽管如此,我们可以且应该考察每个模式的"崩溃点",并找到一个在大多数情况下都有效的模式。先秦儒家的模式起始于普通人触手可及的地方(家庭关系的培养),而《理想国》的模式从一开始就是激进的。从这个意义上讲,先秦儒家的模式比《理想国》的模式要可行得多。

3. 模式差异而非中西之别

我还希望澄清如下两点。首先,《理想国》的模式与先秦儒家文本形成了非常鲜明的对比,这有助于说明两种模式各自的特点。但我们不应该仓促地得出一种过于简单的理解,即西方思想强调公私之间的断裂和

---

[222] 感谢苏德超向我指出这一点。

冲突,而中国思想强调两者之间的连续和和谐。中国传统政治思想家韩非子对儒家关于公私关系的和谐观提出了挑战,而法家的政治主张也被认为在某种程度上为历代中国统治者所(偷偷地)采用。儒家认为对整个社会的无根的关爱无法维持自身,而这一批评实际上针对的是在先秦时期占主导地位的墨家学派。[223]

在另一边,是亚里士多德,一个西方政治思想家,在其《政治学》中对《理想国》的政治主张提出了深刻的批评。尽管儒家和亚里士多德在许多其他政治哲学问题上存在着差异,但他的一些批评及其政治思想实际上非常接近儒家对家庭在公共事务中的角色的理解。[224] 在他的《政治学》中,第一,家庭中夫妇的关系是用古希腊的政治术语描述的;他用的是"伙伴"(partnership),而非"自然的统治者和被统治者",尽管他也强调"一个大家庭和一个小城邦"之间的区别(1252a1-1252b35)。第二,在对《理想国》的批评里,他暗示了私与家是公德教育的重要场所。比如,亚里士多德指出,没有私人财产,一个人就不能通过克制自己的自恋和通过用自己的财产来帮助别人学会对"朋友、客人、或会所成员"("friends, guests, or club mates")的大方(generosity)和关爱(affection)(1262b1-6)。[225] 没有家庭环境,一个人就无法学会对家庭成员的适当尊重,也无法最终学会对陌生人的适当态度(1262a25-33)。一般地讲,亚里士多德以强调通过习惯来养成道德著称,而家庭和"私人领域"给这种教育提供了自然环境(1263b40)。第三,与先秦儒家一样,他也认为若对待所有公民都像家庭成员一样,并且把关爱分给他们所有人,那么"关爱就必然在这种伙伴关系里被冲淡了",而如果没有自己的和自己觉得亲近的伙伴,人类就不能学会珍惜和感受对他人的关爱(1256b6-1235)。

第二个要澄清的问题是,先秦儒家文本和《理想国》中的模式只是哲

---

[223] 但同样,这种批评也可以被转化为对功利主义的批评。他们主张平等对待每个人的利益,从而要求一个心口如一的功利主义者与世界上每一个穷人分享自己的财富,无论这些穷人与其相隔多么遥远(例如,Singer 1972)。在这个问题上,我们可以看到墨家与一些功利主义者的相似胜于墨家和儒家的相似。

[224] 感谢 Robert Rethy 与我进行了一些有益的讨论。

[225] 我在第五章第三节里曾用这个论证来解释儒家的观点。

学史上处理公私问题的"样本"。当代学者黄俊杰认为,即使在儒家传统内部也存在着对公私关系态度的转变,亦即从先秦时期的连续性观点转变为宋儒对公优先于私的肯定。[226] 而清代的一些哲学家又对宋明理学家的信仰提出了挑战。比如,他们指出儒家道德信条"推己及人"中的"己"与宋明理学家所批判的"私"不同。除了这些批评之外,顾炎武、王船山等明清儒者也对这一问题给出了新的、有趣的论述。[227]

尽管这只是两个样本,但本章讨论的这两个一般模式对于我们思考政治思想史和过去及当下的现实政治来说都是非常有用的范例。这两种模式都会在某些地方崩溃,但儒家模式的崩溃点"遥远"到足以在大多数普通情况下发挥作用。我不否认有一些混合模式可以解决儒家模式遇到的一些问题。事实上,儒家模式可以接受法律和制度的使用,并不像韩非子和其他批评者所描述的那样。但我依然怀疑是否有一种模式能够完全解决所有这些有关公私问题的人类困境。

六 当代对道德的回避之儒家批评

在阐述和辩护了儒家关于公私问题的连续和谐模式之后,在下面两节,除了已经暗示的关联,我将阐发它对当代自由民主政治的可能影响。

1. 从对公的威胁到对私的压制

值得注意的是,尽管存在着上述显著的差异,但《理想国》《论语》和《孟子》似乎都很关注私对公的威胁。但从西方现代晚期到当代世界,问题的焦点已经转移到公对私的可能威胁,以及如何防止公对私的侵犯。

---

[226] 但是宋儒把一些情感放在了"天理"或者公的一边。这些情感似乎与我们讨论中所说的对公具有建设性的私的方面非常相似。因此,宋儒在公私问题上所做的改变可能并不像表面上那样激进。

[227] 例如,在顾炎武的《郡县论九篇》(1983,12-17)中,他以公与私为主题,深刻地分析了分封制与郡县制的优点与问题,其中前者通常被看作是儒家支持的制度,后者则通常被看作是儒家反对的制度。

密尔的《论自由》就是一个很好的例子。尽管有这种转变,《理想国》与《论自由》共同预设了公共领域和私人领域之间严格划分的可能性。总的来说,"古人"提倡的大多数美德和谴责的许多恶习如今都被"现代人"放在私人领域,既防止受到公的侵犯,也被阻止进入公共领域、侵犯其他个人的生活。(西方的)现代人的担忧是有充分理由的。一方面,如果这些国家不采取压迫手段,价值的多元化将在当代国家势不可挡。但与此同时,现代晚期和当代的国家已经发展出(比古代西方)强大得多的国家机器,使政府能够对其公民产生强制之效力,一种古代暴君们只能求之于梦的效力。[228] 这一发展使得极权主义(totalitarian)政府成为可能。如果是这样的话,那么无论是现代晚期和当代的思想家,还是柏拉图和先秦儒家,都有充分的理由表达他们看似相反的关切,我们不应该责怪任何一方忽视了另一方所关切的问题。特别是,我们不应该用当代的标准来批评先秦儒家忽视了极权主义的可能性。事实上,用我们理解的"极权主义"概念来描述传统政权是不恰当的。[229] 也就是说,虽然在传统政权中存在着压迫,但这种压迫远非极权主义。

对传统中国来说,用"极权主义"来描述它可能具有误导性还有另一个原因。极权主义意味着对普通人生活全面、完全的控制(包括物质和道德两个方面),将与民众的利益格格不入的东西强加给他们。被强加给人民的可以是一小群人(主要是作为统治者的少数)的私人利益,我们可称这种类型的政权为"自私的极权主义"(selfish totalitarianism);或者可以是与人民利益分离的"共同善"(common good),我们可称之为"理想主义的极权主义"(idealistic totalitarianism)。因此,诉诸人民的利益并不能真正地在内部挑战这些政权的合法性,亦即无法在这些政权奠基其上的范式内部发起挑战,这也使得真正的挑战本身就意味着一种范式转变。相比之下,在传统中国社会,由于儒家的影响,政府不得不使用"民享"(for the people)或者为民服务的旗帜来为包括战争在内的政府行辩护。对此一个

---

[228] 这里的现代晚期(late modernity)指的是工业化和后工业化的世界。
[229] 在我看来,在一些法家学说中的确有极权主义的痕迹。但"多亏了"工业革命和后来的信息革命,它直到现代晚期才成为一种成熟的政治机制。

很鲜明的对比是亚历山大大帝,据说他征服世界是为了追求荣耀(而非为了他的人民的利益)。在西方,他经常被看作英雄,而这在传统中国是根本不可能的。当然,"民享"的旗帜可能只是一个旗帜,并且这也并不意味着中国历史上没有压迫性的政权。尽管如此,这仍然使得这些政权容易受到他们声称采用的政治范式的内部挑战,例如统治者是否真正做好了服务人民利益的工作。如果上述描述是正确的,那么将"极权主义"一词(按其在西方政治哲学和历史所理解的意义上)应用于中国历史上的政权可能会产生误导。

总之,"极权主义"是个在20世纪以来,政府可以全方面地掌控人民生活以后,才成为可以描述某些政权的合适概念。但即使在这样的极权主义政权里面,如果"民享"还被当作最高的善,这一政权的合法性还可以通过考察它是否真正给人民以服务来确认。当然,在这一政权里面,"人民"可能并不是一个包容的概念,比如它可以排除一些特定阶级与族群。并且,虽然先秦儒家对人民的利益有着更宽泛的理解,但他们并没有脱离对利益的日常理解,更重要的是,他们相信人民能够判断自己的利益是否得到了满足。但在一些打着民享旗号的极权主义政权下,人民的利益或"共同利益"有一种抽象甚至神秘的维度,以至于它可能导致前面提到的一种奇怪现象,即城邦作为一个整体是幸福的,但其中没有任何一个群体看起来是幸福的(《理想国》,419a-421c);或者说,"人民"的利益得到了满足,但这个政权下没有一个人或只有极少数人对自己的生活感到满意。因此,在一个政权是否是极权主义政权的规范性问题上,该政权仅仅认可对人民利益的满足是不够的;人民的利益必须为大多数人民自己所能认知,而他们的判断是政权合法性的基础。后者恰是儒家的一个关键要求。

曾经,许多政治观察者认为在阿拉伯世界的一些压迫性国家政权垮台后,这种革命会在非西式民主国家中蔓延。但是,他们没有看到,这些压迫乃至极权的政权没有将包容性概念下的人民日常所理解的利益的真正满足作为自己合法性的基础。这些政权的迅速崩溃并不意味着其他非西方政体的危机。就政权稳定性来讲,民主与非民主不是一个好的指标,民享与非民享可能是个更可靠的指标。未能认识到这一区别，当代的政治观察者就会做出各种错误的预测。

2. 对自由主义价值中立原则（liberal value neutrality）的挑战

尽管儒家"民享"的理念听起来很民主，但正如前面所提到的，其政府应该满足的需求除了物质需求外，还包括基本的人伦关系和道德需求。而根据民主问责制的主流理解，政府只需要满足人民的物质需要。这种对道德价值的强调可能会让当代的自由主义者感到不安，因为他们担心这种强调会导致公共领域和政府对私人的侵犯。为了避免这种侵犯，自由主义者主张国家在关乎至善的问题上保持中立，将其看作公民私人自由选择的问题。需要澄清的是，这种价值中立只针对被认为是私人领域内部的关乎至善的东西。自由主义的价值中立原则仍然预设了诸如正义、公平、平等、自治（autonomy）等的价值，这些价值则被认为属于公的领域。

但问题是，一个正常运转和繁荣发展的人类社会能否在"私人"美德方面保持价值中立。许多所谓整全学说（comprehensive doctrines）的倡导者可能会回答"不能"，但基于他们对美好社会的愿景违反了自由社会的一些重要原则和理念，从而是不合理甚至疯狂的判断，我们无视他们的说法。例如，从自由主义的角度来看，不同政治实体之间不断的战争和对无辜人民的杀戮显然是不好的。但对于尼采这样的思想家来说，如果所有的战争和杀戮都是为了实现最好的政权（不管这种政权是多么短暂），那么它们就可以获得正当性。事实上，战争可能是这个政权出现和维持下去的一个不可或缺的部分。相反，通过避免那些实现最好政权的努力（战争和杀戮）而实现的和平与稳定，只不过是庸俗和陈腐的东西，是不值得欲求的。

为了不偏离主要的问题，让我们假设这些非自由主义思想家确实是不合理甚至疯狂的，尽管这实际上是一个有争议的问题。让我们反过来看看国家的中立原则是否会面临一些合理的担忧。

国家价值中立原则的一个主要原因是防止政府扼杀多元化的私人生活。在苏联解体之前,这种侵扰的一个非常明显的来源就是那种将价值观强加于公民生活各个方面的苏联式政体。但随着苏联的解体和它所代表的意识形态在世界大部分地区失去吸引力,这种危险似乎已经消失。现在,危险似乎来自中立原则本身,因为事实上,激进个人主义和自由市场经济主宰了许多(甚至是绝大多数的)当代自由民主社会。激进个人主义在欢庆激进平等和个人主义时,可能也已经摧毁了所有的权威,但有意或无意地保留了每个人原始的、无节制的狭义的个人利益的暴虐力量。这是令人担忧的。例如,假如我们并非过于天真,那我们就知道为了共同利益牺牲自己的生命对任何政权的公民来说都是一项悲哀但有时却不可避免的任务。因此,如果个人主义意味着个人利益的至高无上,而这种版本的个人主义被视为一个人口众多的自由民主国家的唯一道德基础,那么该如何说服这个国家的公民为自己的国家而死(以下论证也适用于较小的牺牲)?为什么他们会愿意参军,以自己或亲人的利益为代价去保护成千上万陌生人的利益?为什么他们不能选择"搭便车",换言之,为什么他们不能选择不冒险,在享受着安定和繁荣的同时哄骗他人去为国家作战呢?即便他们参军了,这样的军队能打败来自一个崇尚爱国和公益的国家的军队吗?[230] 如果我们在这里讨论的是一个以家庭或氏族为中心的小社区,或者是一个小而紧密联系的城邦,我们可以利用亲情或友谊作为为他人牺牲的动力。这既容易实现,也不具有压制性。但现代民主制的第六个事实带来了一个困境:我们再也无法轻易地得出一些公认的美德,但却肯定更加迫切地需要它们。

而且,当一切神圣的东西都被激进的个人主义摧毁时,被留下的真正而隐蔽的权威、旧的诸神死后的新上帝,正是在自由市场下对短期物质利益无节制的追求。平等成为自由市场中的平等,因为每个人都是卖方为买方的(同样是被创造出来的?)需求所创造的产品的潜在买方。因而,在现实世界里所谓的自由民主社会中,公民真正享有的平等是市场面前的

---

[230] 在柏拉图的《理想国》(421c-23d)中,有关于这一问题以及国家的适当规模的有趣讨论。

平等,而在这样一个社会中,自由是一种将人们从除了对短期物质利益的关切之外的任何其他关切中解放出来的自由。如脱缰野马般的自利与自由市场下的新上帝可能破坏了公民私人愿景的多元性以及不同价值观的供求关系。换句话说,经济上的自由市场很可能已经摧毁了思想的自由市场。这种事实上的单一价值体系的暴政却受到了自由主义价值中立的保护,因为后者不允许国家通过促进某些至善的价值来挑战自由市场的强大力量。

事实上,许多思想家都提出过这类批评,比如所谓的社群主义者、左翼和平等主义者。所有这些批评都有一个共同点,那就是相信一个理想的自由社会不能通过自由主义中立原则来维持。受儒家思想启发的政治理论家陈祖为(Joseph Chan)提出了对自由主义中立原则充分而全面的批评,并为一种温和形式的致善论(perfectionism)辩护,其中致善论被定义为"国家应该推崇关于美好生活的有价值的概念之观点"(2000,5)。我要补充的是,这些价值比自由主义者通常希望国家保护和促进的那些价值(比如一种允许人们运用自己的自治从自由的思想市场中选择价值观的正义架构)更多些。陈祖为的结论是,一方面,反对致善论的自由主义论证"要么将国家排除在追求社会正义和其他传统目标之外,要么根本无法把致善论的目的排除在外(同上书,41-41)。也就是说,排除致善论的自由主义将付出放弃甚至自由主义者自己都会珍惜的目标的代价。另一方面,就致善论而言,陈祖为认为,

(1) 追求美好生活需要一个适当的社会环境的支持。(2) 社会环境的维持依赖于国家的帮助。(3) 政治社会的不同部分相互关联,且对人们的生活有很大影响。(4) 国家应对这种影响负责,不能逃避评估这种影响的责任。(5) 一个温和的致善论的国家比自由主义中立原则的拥护者们认为的更有道理(sensible)且更可接受,即使以自由民主社会的一般标准来判断也是如此。(6) 温和的致善论并不违反自由契约论对政治合法性的解释,事实上,它反而可以被这种解释所辩护为正当(同上书,42)。

陈祖为在其论文中明确指出儒家是一种致善论(同上书,5n1)。另一位儒家学者安靖如(Stephen Angle)在近期出版的一本书里,也提出了一个基于对儒家思想的温和致善论式理解的初步建议(2012,139-142)。

事实上,我们可以从本章所阐述的儒家对公私关系的理解中提出对自由主义中立原则的批评。国家在关乎美好生活的问题上保持中立、并允许公民做出自己的选择的前提,是公与私的严格区分。但如果我在这一章中的论述成立的话,那么这种严格区分正是先秦儒家所否认的。对他们来说,一个人在自己家里(亦即"公共领域"之外)的美德往往会影响到他在公共领域的行为,而且,家庭环境也是公共领域的组成部分。即使我们只关心公共领域,私人领域中的某些东西(包括某些"私人"的美德)也应该引起我们的关注。

但自由主义对儒家强调美德培养的挑战在于,一个政权如何在不造成压迫、不危及多元主义的情况下做到这一点?与《理想国》里几乎只关注公私冲突且因此主张对(绝大多数)私的绝对压制的模式相比,先秦儒家的模式注意到了私对公的建设性一面,因此可能并不具有那么强的压迫性。

尽管如此,我们仍然需要说明,儒家坚持通过社会、政治甚至法律法规来推崇美德的做法与多元主义并不冲突,也不会导致压迫。我在第九章里会讨论这个问题。现在应该很清楚的是,儒家理解公私关系的连续性模式对自由主义中立原则的一个根本预设造成了严重的挑战。

七 儒家对性别平等的论证

儒家的连续性模式对公私的绝对分离之否认也可能对政治上的男女平等问题做出贡献。需要澄清的是,先秦儒家并不是女权主义者,他们对女性的评价也不高;直到最近,大多数思想家也都是这样。但我采用的是一种"接着讲"的哲学式的方法论。在性别平等的问题上,我关心的是儒家对女性以及(新出现的)性别平等问题**会**有怎样的看法。这里真正重要的问题是,对女性的歧视究竟是植根于儒家哲学体系自身,还是仅仅反映了当时的流行观点,而这些观点可以在与时俱进的儒家思想中被抛弃。并且,即使儒家对性别平等的反对是根源于儒家的一些基本原则,我们仍然可以把儒家与性别平等的相容性问题放在一边,去考察儒家对公私关系的连续性理解是否能够支持性别平等。最后一个问题是本节的重点。我不会对下面这个更一般的问题做出评论,亦即儒家作为一种思想体系如何处理性别平等乃至女权主义的难题。[231]

为了考察对公私关系的连续性理解如何有助于性别平等,不妨先看看《理想国》中的一段阐述。从表面上看,它可能会被认为是人类历史上第一个"女权主义"的论述。在理想城邦的建构中,苏格拉底建议给予妇女平等的教育和参政机会。但仔细阅读文本又会发现,苏格拉底并没有完全接受性别平等。他认为,女性作为一个整体在任何实践中都比男性弱。因此,即使他激进地提倡女性的受教育权,建议选拔最优秀的女性成为统治者和士兵,但他仍然认为,总的来说,应该赋予女性比同层级(same rank)的男性更轻(lighter)的任务(451d-e, 455a-456a 和 457a)。只不过,虽然平均而言,最优秀的女性可能也只比得上二等优秀的男性,但如果二等优秀的男性被赋予了受教育和被选拔为统治阶层的权利,女性也仍然应当拥有同样的权利。

但这种基于政治上(部分的)性别平等的提议还面临着更为严峻的挑战。如果最优秀的女性因其抚养孩子的义务(为了生产最优秀的后代,苏格拉底认为有必要鼓励这些女性尽可能多地与最优秀的男性生下孩子[459a-60a]),必须远离教育(包括军事训练)和政治活动,那么她们似乎与其男性同伴相比,将处于更为不利的地位。这也许是苏格拉底提出废除传统家庭并将抚养孩子的义务委托给城邦的一个未阐明的理由。这样一来,女性护卫者将拥有"一种轻松的生育方式"("an easygoing kind of childbearing", 460d)。如果我们把所有这些理由放在一起,我们应该看到,《理想

---

[231] 关于儒家与女权主义的一般问题,可参见 S. Y. Chan (2003)、C. Li (2000) 和 R. Wang (2003)。

国》表面上的女权主义提案实际上对性别平等的主张提出了严重挑战:如果妇女仍然是生育、喂养和养育子女的主要承担者,那似乎她们根本无法像男性那样做好统治者的工作(当然,除非最优秀的女性选择不生孩子,但这对苏格拉底来说会对下一代公民的素质产生负面影响)。这也是当今世界许多雇主或选民在考虑雇用或投选女性候选人时一种或明或暗的担忧。《理想国》传递出来的信息对那些倡导性别平等的人来说似乎相当令人沮丧:除非废除传统家庭,或者至少由国家承担抚养孩子的重担,否则性别平等就无法真正实现。因而,可以说人类历史上第一个支持性别平等的提案实际上提出了一个似乎隐蔽而又致命的挑战!

这一挑战的一个关键预设是,抚养孩子意味着远离政治和公共生活、退居私人生活,而这是对宝贵的公共事务训练时间的浪费。反过来看,这是以私(养育子女)和公(在公共事务中任职)之间的严格分离为前提的,这一点植根于《理想国》以及许多当代自由主义的模式对公私问题的理解。与之相反,先秦儒家否认这种分离,强调公私之间的连续性。因此,从儒家对公私关系的理解来看,人们可以说,尽管女性可能不得不离开公共事务好几年来抚养孩子,但这并不一定会使她们在公共事务方面缺乏经验。私人领域内的良好表现与公共领域内的良好表现息息相关。

显然,先秦儒家没有为政治上的性别平等提供这种辩护,但这一论证符合他们关于私人生活在公共服务中的作用的一般观点。孔子(以及他之后的儒家)曾为三年之丧的实践进行了辩护。显而易见的是,在父母去世后的三年间不担任政治职务(三年之丧的要求之一)并不会成为这个人在服丧结束后重返公共事务的障碍。事实上,如果我们遵循孔子的理念,这种退隐(retreat)可能还会有助于服丧者通过回忆父母对他或她的关爱,来强化甚至重新发现自己对他人的关爱感,而这种被强化和重新发现的亲亲之爱也有助于他或她重新发现人生的目的。可以说,三年之丧是儒家应对中年危机的一种方式。毕竟,当父母去世时,一个人很可能正处于中年,而中年危机的一个原因恰恰是当他获得了舒适的生活后,就失去了生活的目标,因为舒适的生活可能就是其此前的人生目标。对于一个政治人物来说,花三年的时间来悼念已故的父母、追忆他们对自己的关爱,并在更长的时空尺度上思考其生命的意义(一个人的生命不仅仅是为了自己,也是为了给家庭带来荣誉),而非局限于此时此地。在远离政治一段时间后,一个政治领导人可能会变得更有动力,也更有爱心。类似地,我们也可以论证,抚养孩子甚至可以帮助女性成为(比没有抚养孩子时)更好的政治家,因为这项活动既可以增强她们的同情心,也能帮助她们形成一种深谋远虑的观念,而这两者都是优秀的公共人物所需的关键特征。

从以上论证中,我们也可以看到,恢复某种形式的三年之丧在今天仍然是有意义的。显然,即使在儒家的"原义主义者"(originalists)或原教旨主义者中间,如今也很少有人能遵循这种做法。然而,我们能否制定政策,要求雇主给那些父母去世的人提供一个月的带薪假期?在服丧的三年里,还可以安排一些不影响工作(或许除了在这三年中得请几天假之外)的仪式。[232] 其背后的理念或许"薄"到足以让拥有不同整全教义(宗教)的人接受,而且这种由国家支持的推崇美德的政策几乎没有任何压迫性,也不会威胁到多元性。[233]

要明确的是,在性别平等的问题上,我只表明了儒家有资源支持在女性参与公共服务方面的性别平等。但是,举例来说,如果一位女性数学家为了抚养孩子不得不休假几年,这是否一定会使她与具有相似天赋和动力的男性数学家相比处于劣势?如果是这样,我们应该如何解决招聘委员会的担忧,亦即聘请女性数学家不如聘请男性数学家对大学的科研发展更有利?在我看来,儒家的连续性模式在这类情况下并非真正有助于构建性别平等。但我希望读者能够注意到不以倡导性别平等闻名的儒家思想为性别平等提供支持的可能性。

---

[232] 事实上,对于那些仍然遵守其传统的犹太人来说,在第一级的(first-degree)亲属去世后的前30天里,许多活动都要被暂停。如果去世的是父母,那么哀悼仪式会持续12个月,尽管在头30天之后,许多活动就恢复了。犹太人遵循与儒家类似的哀悼仪式,这一事实也支持了我以下的主张,即哀悼仪式可以被具有不同宗教信仰和整全教义的人们所认可。

[233] 关于儒家对美德的提倡与多元主义之间的兼容性问题,我会在第九章进行更为全面和详细的讨论。

第七章

国家认同与国际关系：儒家的新天下体系

一 对爱国主义的儒家辩护与约束

1. 对爱国主义的儒家辩护

我在第五章中介绍了儒家的"同情"或者"恻隐之心"的概念,这一概念有三个关键特征:第一,每个人都有它(的端绪),在这一意义上它是普遍的;第二,这种关心针对的是陌生人,并且如果我们能够充分地发展这种关心(这只有少数人能做到),那么它可以帮助我们拥抱世间万物;第三,它是有差等的,比起关系疏远的人,我们往往对关系亲近的人有更强烈的关心,而这种差等是**正当**的。第二个特征意味着我们应该关心每一个人,而第三个特征意味着我们会优先关心一部分人,二者并不必然有矛盾,但二者需要一种巧妙的平衡。在第六章中,我讨论了在一些困难的案例中如何实现这种平衡,展示了私的优先与对公的关切如何能够和谐。第六章里的案例是关于家庭责任与国家责任之间的冲突。如果进一步扩大我们的关心,我们将遇到一个人对他自己国家和人民的责任与对其他国家和人民的责任问题。第六章的讨论在这种情境中也是适用的。实际上,儒家的"恻隐之心"思想,以及一些其他的概念性工具,能够用来解决"现代"背景下两个遗留的关键政治问题:如何在不使用具有中层自治单元的封建体系的情况下,把一个大的、人口众多且联系密切的国家中的人民结合在一起;以及如何在不存在天下共主的情况下处理国与国(即国际)关系。[234]

因此,运用现在应该很清楚了的儒家理路,并将其应用到人对自己的国家与其他国家的责任,我们可以论证,在关心向外延展的等级体系中,一个人应该把对自己国家的责任放在优于对外国的责任的地位,这就为

---

[234] 我主要在《论语》和《孟子》的基础上发展这一儒家建构。在本章中,我仍然会主要运用这两个文本,但我也会参考一些其他儒家文本,作为对孔孟思想的补充。

某种形式的爱国主义提供了正当性。但是,基于关爱的向外延展具有无所不包的特征,一个人也应该试图关心外国人的利益,因此儒家拒绝民族主义所体现的那种强的爱国主义——这种爱国主义将一个人祖国的利益视作最高的且绝对的。

我们为什么要将自己国家的利益放在优于其他国家利益的地位? 这是因为,要想实现无所不包的关心,一个人必须一步一步地延展他的关心。在家庭与国家之间,对家庭的关心是对国家的关心的根源,并且这一根源自然应该更强。同样,如果国家也是培养人类关心的必要台阶,那么对自己国家的关心就是对自己国家之外的世界关心的根源,因此前者自然应该比后者更强。否则,我们所谓的对世界上所有人的关心就将成为无根据的空谈。正如宋代儒家的士大夫司马光(1019—1086)所说:"臣闻君子亲其亲以及人之亲,爱其国以及人之国。"(《资治通鉴·秦纪一·始皇帝上》)

这里有一个必须回答的关键问题是,国家的存在是不是必要的? 只要我们不生活在《理想国》提出的那种家庭被彻底废除的理想城邦中,我们就无法想象人类没有家庭制度。但是我们为什么必须拥有国家这一政治实体呢? 在《孟子》3A4 中(这段文字在本书第二章第二节里也被引用过),孟子论证了政府的必要性,因此他会拒绝无政府主义者取消政府的主张。但是,孟子所说的政府可以是世界政府(world government)。的确,比如见证了中国在西方和日本手下丧权辱国的梁启超这样的思想家对于儒家的一个批评恰恰是:中国人有对家庭的关心、对社会的关心,然后是对天下的关心,但是并没有对国家的关心,也就是没有爱国主义,而这一点儒家要负责(Bell, 2011, 113)。在本章中,我会对这一批评作进一步的回应。现在我只想说,虽然先秦儒家没有提供任何对于国家必要性的强烈辩护,但他们同样也并没有提出任何反驳。国家存在是人类历史中的自然现象。并且先秦儒家比如孟子,对于一个国家为了自身利益而吞并另一个国家表示强烈反对。在第八章我对孟子对正义战争的思想的讨论中,我们将看到,只有在极端的情形下,也就是只有当一个国家已经极端暴虐的时候,它才能够被真正的仁的国家用武力消灭。鉴于这一合法的国家消灭与吞并相当高的标准,消灭其他所有国家的大一统对于孟子来说就永远是不正当的。这是因为正当的大一统需要假设所有其他被消灭的国家都已经相当暴虐,以至于它们能够被一个人道且强大的国家合理地消灭,而这在现实世界中是完全不可能的。因此,个体国家的存在而非统一的世界政府,在孟子的设想中是现实的且可辩护的。有了这一基本假设,那么我们的祖国和同胞自然与我们更亲近,因为比起外国人,他们与我们有更多的来往。如果我们甚至不能好好对待这些与我们亲近的人,那么根据儒家的论证,所谓能够好好对待疏远的人就只是空话,或者只是经不起严肃考验的说法而已。

除了儒家对消灭其他国家的反对之外,我们还有正面和直接的理由来为国家的必要性辩护,但这些理由来自儒家文本以外的资源。比如,如果我们遵循尼采式的论证,即没有竞争单元的世界一定是只剩下了末人(last man)的世界,而竞争能够使人类保持权力意志(will to power),从而保持对卓越的追求,这也继而使人们的生命是值得且欣欣向荣的(flourishing),那么我们就可以说,一个统一的没有竞争单元(competing units)的世界是不可欲的。然而,为了使尼采的观点变得没有"毒害",我们需要规定竞争必须维持在"健康"的状态,也就是说,比如竞争单位之间的暴力斗争就应该被禁止。但是有人可以反对说:这些竞争的单元不一定是国家,它们可以是世界政府领导下的半自治的共同体。但是这些单元需要足够大以至于能够维持它们的竞争力,而一个只有几千人的小社区并不能维持哪怕是最基本的科技与政治机构,以保持其作为重要的竞争单元的地位。当今世界的国家几乎都大到足以成为竞争的单元,所以,如果没有正当的理由重建竞争单元的话,为了维持对人类欣欣向荣必要的竞争,为什么这些国家不应该被保持?此外,相互竞争的国家既能相互制衡,也能制衡有可能成为具有压迫性的世界政府。上述为国家存在辩护的理由并不直接出自儒家文本,但先秦儒家反对极端形式的平等,并支持选贤举能的竞争。在他们对于封建制(半自治)和郡县制(高度集权)的相对优点的讨论中,一些晚期儒家思想家同样担忧一种可能性:当地方自治完全被取消的时候,高度集权政府的压迫将无法再被挑战。[235] 因此,上述关于国家的必要性的理由与儒家的一些想法是一致的,并且儒家能够认同这些理由。

2. 儒家的爱国主义并非无条件的

虽然儒家的同情无所不包,且因此能够把整个世界的陌生人联系在一起,但它的等级性质(爱有差等)以及国家的必要性能够为本国人之间更强大的联系以及爱国主义提供正当性辩护。这是儒家对现代国家认同问题的部分回答。但是,对同胞更强烈的关心并不意味着对外国人的彻底忽视。恰恰相反,这提供了关心外国人(更弱的关心)的基础。如果我们对外国人丝毫不关心,那么依据孟子的说法,我们就失去了"人之所以异于禽兽者"(《孟子》4B19)。也就是说,如果我们在保护自我利益的时候完全忽视他人的利益,我们就不再是人而是禽兽。对于先秦儒家来说,爱自己的国家是正当的,但是这一国家必须是人的国家而非禽兽的国家。比如,如果几个国家同时遭遇水灾,那么先帮助自己的国家与同胞是正当的;但是,如果有人为了使自己的国家免于水灾,就将洪水引向邻国,这一行为就不再是正当的。并且,在自己国家的洪水得到控制之后,一个人也应该设法帮助其他国家的人民。儒家的差等之爱所辩护的是"优先"而非"至高无上"。

因此,儒家并不会支持为了促进本国利益而不惜一切代价的爱国主义,并且儒家认为,人们甚至不必不惜一切代价忠于自己的祖国。在儒家体系中,父子关系与君民关系是相互的。然而值得注意的是,虽然早期儒家提出了家与国的类比,但是似乎父亲对来自儿子的爱的要求要强于君主对来自其臣民的爱的要求。虽然汉儒董仲舒似乎认为,在某些情况下,一个抛弃儿子的亲生父亲不应该享受父亲的地位,[236]但是孟子赞美了舜,因为他一直坚定地关心他邪恶的家庭成员,包括他的

---

[235] 这一观点在顾炎武的《郡县论九篇》中可见(顾炎武,1983,12-17)。
[236] 参见现存的董仲舒的《春秋决狱》(程树德,1963,164)。英文版参见 Loewe(2009)。

父亲,尽管他们甚至密谋试图谋杀他好几次。[237] 但这里要澄清的是,舜是一个圣人,孟子赞美舜对家庭忠诚并不意味着这是对所有人的普遍要求。并且,更重要的是,依照早期儒家的想法,国家很显然并不享受这种程度的忠诚。先秦儒家对用手投票(比如一人一票)持保留意见,但是他们完全赞同用脚"投票"。儒家的模范人物(君子)和士大夫可以从一个国家到另一个国家,从而远离暴君去寻找仁君,由此实现他们的政治理想。在这一意义上来讲,用脚投票适用于他们。孔子和孟子就是这样的例子,并且他们支持政治精英的自由流动(可参见《孟子》4B4)。用脚投票同样也适用于人民,比如说在谈到如何正确地使一个国家强大的时候,孔子的建议是,通过仁政使这个国家具有足够的吸引力,以至于其他国家的人民愿意迁移到这个国家,从而使这个国家拥有更多幸福的劳动者并因之更加强大。这同时也对那些不仁的国家施加压力,促使他们在仁政方面表现得更好(《论语》16.1 与 13.16;也可见于《孟子》4A9)。这是认为人民可以用脚投票,移民到他们认同的国家。

并且,对于如孟子这样的早期儒家来说,无论是普通人还是精英都可以选择不去保护他们失败的或者行暴政的国家,甚至可以选择欢迎乃至帮助入侵的解放者。[238] 这类似于第六章第二节中说的假想的案例。在那个案例中,孟子论证说,虽然舜不应该阻止皋陶抓捕并控告他的杀人犯父亲,但是孟子还是认为对父亲的忠诚应该比对君主和国家的忠诚更强,因为他认为舜应该放弃王位和父亲一起逃亡(《孟子》7A35)。事实上,在非常罕见的情况下,反叛暴君及其政体可以是正当的,[239] 但从来没有任何早期儒家文本论证过,杀死坏的父亲是正当的。

总之,儒家的同情概念能够被用来为爱国主义辩护,但是这一爱国主义并非无条件的。对国家利益的追求、个人对其国家的忠诚以及国家主权都被同样的儒家概念(即同情与仁爱)限制。这种条件限制被一些批评

---

[237] 参见《孟子》4A28、5A1、5A2。
[238] 在《孟子·滕文公下》5 中可见。我将在第八章关于孟子正义战争理论的讨论中再谈这一点。
[239] 但人民没有权利发起和领导反叛运动,只有拥有特定政治地位的精英有这一权利。

解读为儒家思想里国家认同感与爱国主义的缺失,但这显然是一种误解。然而,不可否认的是,儒家的爱国主义比极端民族主义的爱国主义更弱。但这种"弱"或许是儒家爱国主义的优点。当然,尽管儒家爱国主义是有条件的,一个人也仍然不应该在对国家的忠诚给自己带来不便的时候就背弃他的国家。只要他们的祖国没有彻底走向暴政的道路,以至于已经彻底无法改变了,儒家精英还是应该努力拯救他们陷入困难的祖国,而不是抛弃他们的爱国责任与仁责而去往其他国家。对普通人而言,当其祖国的问题还不至于严重到不得不通过被解放来解决的程度(这在孟子那里有非常严格的标准)的时候,保卫其祖国也是(部分或完全地)正义的。[240]

二 文明与野蛮的区别与儒家世界秩序

1. 先秦儒家的天下模式

当把我们的关心扩展到国家边界之外时,我们似乎能够拥抱全人类。但是对先秦儒家来说,在不断扩大关心范围的时候还有另外一个"停脚点"。为了理解这一点,让我介绍另一个重要的儒家议题:夷夏之辨。这种区别有时被理解为中国人和非中国人之间种族的向度,但孔子和孟子显然不是这样区别的。在《孟子》3A4 中,孟子责怪陈良的弟子陈相(二者没有血缘关系)道:

> 吾闻用夏变夷者,未闻变于夷者也。陈良,楚产也;悦周公、仲尼之道,北学于中国,北方之学者,未能或之先也。

在传统西周的封建世界中,遵循周代封建秩序的国家和人民被视为夏,而不遵循周代封建秩序的国家和民族则被视为夷或野蛮人。即使在这种理解中,这种区别也不是种族的而是政治的。在上面这段引文中,孟

---

[240] 在第八章中我会详细讨论这一点。

子进一步强调了这种区别并非是种族的。在传统的封建意义上,楚国在西周政权下不遵循封建秩序(更不用说当封建秩序崩溃时在东周政权下),于是被遵循周封建秩序并自认为是夏的中国北方国家视为夷。然而孟子认为,虽然陈良出身"蛮夷",但他是夏的一员,因为他学习了象征夏的周公、孔子之道。相反,孟子含蓄地指出,尽管陈相可能来自通常被视为诸夏之一的国家宋国,但是他没有遵循夏之道,所以被降格为蛮夷而非夏的一员。[241]

显而易见的是,一个人是夏的一员还是夷的一员主要取决于他是否采用夏人的政治与生活方式,而不是取决于他的种族或者国籍。因此,我们可以放心地将孟子所说的"夏"解释为"文明"。[242] "夏"或"华夏"经常被用来指代中国人,但是在这里,"中国人"指的是文明的,而不是今天所说的种族意义上的中国人。这种对夷夏之分的理解也能在其他先秦儒家经典中找到,比如《春秋》及其经典注疏。[243]

在春秋战国时期(约前770—前221)有不止一个夏的国家,而广义的华夏,即对于文明生活方式的认同,这成了文明国家之间的纽带。那么问题是,文明国家之间的区别是什么?一个儒家的回答是前文已经说明的差等性同情。另一个回答是文化——先秦儒家并没有明确地说出这一点,但是在春秋战国时期以及后来的传统中国,这是一种普遍的做法。在春秋战国时期,每个华夏国家都有自己的口头与书面语言(虽然不同中国国家之间书面语言的差异可能不会很大),有不同的历史与文化,而且它们的人民也被认为具有不同的总体特征。这些文化差异可以被视为一个国家的身份,而这些不同的国家身份又进一步将其人民联系在一起。

通过这些说明,我们终于能给出儒家世界秩序的完整图景——我将

---

[241] 孟子没有讲到的是,从传说中的血缘上来讲,楚国本与诸夏同源,它在当时被看作夷狄也是因为它未采纳华夏文明。
[242] 为了进行人为的区分,在本书中"文明"一词及其变体,指的是不同文明民族的共同特征,而"文化"指的是将不同文明民族区分开来的东西。
[243] 郭晓东(2012)对此问题有更详细的讨论,这篇文章还处理了更多基于文本的夷夏之分是以种族为基础的论断,并为这种区分是基于文明人和野蛮人的这一论点进行了辩护。

其称为"儒家的天下模式"。[244]《春秋公羊传》简洁地表达了这一点：一个"民"或者族群(people)应该"内其国而外诸夏，内诸夏而外夷狄"(《春秋公羊传·成公十五年》)。这种优待(preferential treatment)的概念，或者说有差等的关心，其根源在于儒家的同情概念，以及文化与文明的身份不同。当然，对文明生活方式的认同同时也是对儒家同情与仁爱概念认同的结果。

2. 秦以后中国的世界秩序

但是后来，所有(对中国人)已知的世界中的所谓文明国家都被秦统一，其采用的方法与理论都是先秦儒家并不认可的。在后来的统一王朝中，儒学重新成为主流。但是随着不同的国家消失，它们相互区分的文化身份认同也一并消失了。作为所有"华夏"(这里意指文明人)身份认同的文明，与大一统国家中所有中国人的身份认同，即文化，成了同一的。文明意义上的华夏与大一统国家中的文化身份认同一致。也就是说，现在"华夏性"(Chineseness)有了双重身份：文明与文化。即使是在分裂期间，这种强大的双重身份依然存在，部分是由于并没有明确的政治、文化以及文明的更优选择。[245]

在这个大一统的世界中，世界秩序的另一个版本出现了，这一版本部分地受到儒家天下模式的启发——我将称之为天下体系。在这一天下体系中，中国是世界文明的中心，其他国家或者接受中国的影响，成为天下体系中与中国不平等的一员(在特定历史时期的朝鲜、越南等)，或者仍自居蛮夷，有待中国去开化或主动投靠中国模式。传统中国的统一王朝时代，中国人所知道的和认识的文明世界全部被纳入天下体系。在这一体系中，华夏文明与政治制度被认为是等同的，都代表了所有文明之民(civi-

---

[244] "天下"的字面意义是"普天之下的一切"。但是对先秦儒家来说，天道具有道德含义，因此他们的天下模式并不是现实的世界模式，而是理想的、道德的世界模式。在下文中，我将用"天下体系"来指代传统中国之世界受到儒家天下模式启发的体系。

[245] 这是一幅相当简单的传统中国的历史图景；在真实的历史中有很多例外情况。一个重要的例外是宋、辽、金以及西夏的关系。这些"王朝"是一个世界体系中或多或少平等的成员，而非天下体系等级制中不同层级的成员，他们之间的外交关系看起来也更像主权国家之间的关系。关于这一话题，田野在他的会议报告(2015)中提供了非常有趣的讨论。

lized peoples)的普遍原则或"普世价值"。还应该指出的是,这一体系中文化与文明的认同都不是种族层面的。

有了这一理解之后,我们可以进一步回应上一节所说的梁启超的批评,即中国有氏族认同与天下认同,但是没有国家认同,因此也没有爱国主义。秦之后的传统中国(公元前206年—公元1911年)缺乏国家认同的原因是,梁启超生活的中国事实上是一个统一的"世界"体系,在这一体系中,有(世界的)政府(即朝代)的变化,但不再有国家的变化。如果现在整个世界也被一个政府统一领导起来,那么人们对于国家认同的感知或许也同样会减弱(因为国家没有了)。

虽然我一直强调这一体系中是没有种族因素的,但是在传统中国历史上的特定时期,正如唐文明指出的,中国人与野蛮人之分确实曾有种族的向度。但这是外来种族威胁与压迫下的反应,而非通常之意。唐文明论证说,在常态下,华夏"是由华夏族开创、发展起来"且"是以华夏族为主体的文教理想",而中国人的民族认同"也正是在这一文教理想的发展过程中逐渐形成的"。据唐文明,这是一种文化民族主义。但是在本章中,我用"文化"来指代特定人群所拥有的,而"文明"标志着与野蛮的界限,可以为不同文化的人群所共享。春秋战国后中国统一以来,文化与文明的区分消失了,因此我们应该将这种"民族主义"称作同时基于文明与文化的民族主义。唐文明进一步论证说:

> 实际上只有在一种情况下,夷夏之辨的种族意义才可能被突显出来。这就是异族入主华夏,但以背离华夏文教理想的方式建立其统治。在这种情况下,文教之辨与种族之辨是重叠的。借用现代以来对文化民族主义和政治民族主义的区分,可以说,这时候夷夏之辨既表现为文化民族主义,又表现为政治民族主义。特别是,当这种异族统治推行明显的种族主义政策、对华夏族采取制度性歧视的时候,夷夏之辨的种族意义就可能以更极端的方式突显出来,表现为一种具有强烈种族意义的政治民族主义。很显然,这种政治民族主义是反抗性的民族主义,其背后实际上是以反种族主义为基础的。一旦

种族压制的制度性外力解除,这种具有强烈种族意义的政治民族主义也就完成了其历史使命。(唐文明,2010,10)[246]

但是传统中国最终被西方打败了。在此之前,中国曾经被其他民族与政权打败,但是人们一直觉得,那些打败中国的民族并不代表有竞争力的不同的政治、文化或文明模式。如果非要说他们有什么优势的话,他们(通常是游牧民族)只是拥有更好的马,而在冷兵器时代,这些马会给拥有它们的人带来显著的优势。只有像佛教这样的外来影响似乎提供了一些具有文化竞争力的东西,但是佛教徒没有入侵的军队,且佛教也被吸收到了中国文化中。然而,被西方打败这一事实似乎向中国人表明,西方人不仅拥有更好的军事力量,同时也拥有更好的政治、文化与文明模式。这确实是中国人几千年没遇到过的挑战。清末民初的思想家如章太炎,在回应西方的民族主义的时候,将华夏文明降格成了"中国这个特殊民族的特殊的言语、风俗和历史的组成部分"(唐文明,2011,104)。也就是说,现在"华夏"的双重含义(文明与文化)被简化为单独的文化含义。[247]

3. 儒家新天下体系

尽管章太炎的说法有自我矮化之嫌,在今天,我们不得不承认,传统中国的天下之外,还有其他独立于华夏的、但符合文明标准的国家存在。那么,作为儒家提出的认同基础之一的华夏性,就又要承担双重身份。其一,狭义上讲,它成为"中国这个特殊民族的特殊的言语、风俗和历史的组成部分。"这里对"华夏文明"采取一种厚重的理解,指的是历史上作为中国人的主导意识形态的华夏文化的综合,包括中国历史、人物、经典、制度,等等。这样的华夏文明成为区分当今的中国人与外国人的一个可能基础。其二,广义上讲,按照早期儒家的理解,华夏文明指的是所有文明人的普世价值,以文明的重要载体经典为例,那么在今天,不同的符合文明

---

[246] Elliot(2012)对汉族身份认同的出现给出了一些不同但是更详细的分析。
[247] 如果这一解释是正确的,那么那些反对西方普世价值、坚持儒家乃中国之特殊文化的文化保守主义,其实是遵循了反传统主义者提供的对华夏的理解,而背离了先秦儒家的普适性理解。这使得他们的保守主义有些反讽的味道。

标准的文化的优秀经典(比如柏拉图的《理想国》)都应该包括进来。这里,我们就要把这个意义上的华夏文明与历史上作为意识形态的、与具体的时间、地点、人物不能分开的华夏文明加以区分。这个文明的内涵,有待进一步阐发,但是至少应该包括儒家的如下价值:国家以人民为邦本,以仁政为目标,以恻隐之心为道德。

那么,在当今的世界体系中,按照儒家的想法,地理、历史、语言、风俗等情境性因素构成国家认同之基础。这样的国家就成了我们推恩实践中的一环。在普遍而有差等的儒家之爱下,我们对国的热爱也是正当的。儒家虽然不把国家主权视为神圣的,但是国家的边界依然需要被尊重,并且不能随意改变。即使两个国家同属于文明国家且共享同一种文化,只要它们已经作为独立国家存在,且并非不仁之国,通过武力合并两国就是不正当的。如果一个国家试图以武力吞并另一个国家,那么前者将被取消文明的资格,且后者自卫是正当的。在国家之上,所有的文明国家,在对文明的共同认同上,应该也有内在凝聚力,并且作为一个群体,要捍卫文明的生活方式,并防备与积极影响野蛮的国家。如上所述,"文明"的含义有待发掘,但是我们可以说,野蛮国家要么对其人民施行暴政,要么出于无能或漠不关心而未能给其人民提供基本的服务,从而使他们遭受巨大的痛苦;此外,它威胁到了其他人的幸福,或者完全不顾自己对其他人的责任,比如保护共享环境的责任。简而言之,"文明"是一个和儒家的"仁"的概念密切相关的词语。比如,如果一个国家的人民饥寒交迫,但它还穷兵黩武,那么这个国家的主权根本不应该被尊重,也不应该在国际社会中被给予席位,更不用说给它平等的地位了。文明国家的一个明显信号就是认定这一事实,并愿意为推翻这样一个暴政做出贡献,如果这样做不会给那个国家的人民和其他受到这个国家威胁的人民带来巨大痛苦的话。

根据这一以早期儒家天下模式为基础、又基于当代世界新现实有所更新的新天下体系,一个文明国家的人应该"内其国而外诸夏",且所有文明国家的人民都应该"内诸夏而外夷狄"。爱自己的国家、爱所有文明国家是正当的,把自己国家的利益置于其他国家的利益之上、把所有文明国家的利益置于野蛮国家之上也是正当的。然而,与此同时,给予自己人优先待遇并不意味着完全漠视他者的利益。相反,基于儒家的同情与仁爱观念,一个人群对外人是有道德责任的。文明国家能够正当地干预野蛮(即失败的、暴政的或极端民族主义的)国家的事务,当然,作为一种道德干预的方式,我们首先应该努力成为道德模范,并且只有在某些极端情况下,军事干预才是正当的。在后者的情况下,暴政国家的主权不应该被保护,并且对这一国家的防卫也是不正当的。这就犹如哪怕是一个自由宪政国家里面,罪大恶极者也要受到国家暴力机器的惩治。在这两种情况下,一个国家的主权与一个人的自由都是基于一个前提条件:这个国家或者这个个人履行了基本的"仁责"(humane duties)。在所有文明国家中,虽然一个文明国家可以将其自身利益置于另一个文明国家之上,甚至前者可以与后者展开激烈的竞争,但是这种竞争永远不能通过暴力的方式进行。否则,这些国家就不再被认为是仁的,而仁是文明的关键特征。这可谓"文明和平"论,而非一些学者提出的"民主和平"论。这种情况就像是一个自由宪政国家里面,正如罗尔斯的自由主义所描述的那样,理性公民之间的争吵永远不应该诉诸暴力。总的来说,就像本书第四章第二节末尾所说的,儒家等级式的国际秩序可谓国家内部的等级秩序的一个镜像,并且它也回应了针对罗尔斯的国际秩序和国内秩序存在不对称的反对意见。

虽然文明的定义还有待进一步发展,但是我们已经能够看到,文明必须包含以下几个观念:第一,国家的合法性建立在为民服务的基础上(首先服务自己人,其次服务外人),并且仁应该是对内对外的首要原则。更清楚地说,服务本国人民应该是其首要任务,但国家对所有人类的责任也应该被考虑。举例而言,如果为了服务本国人民,这一国家在国外引起了环境危机,那么这一国家就因此在某种程度上失去了合法性。第二,仁在国家关系中至高无上的体现是,一个文明国家永远不应该用武力解决和另外一个文明国家的冲突,但同时文明国家可以武力为最后手段对野蛮国家进行旨在使其文明起来的干预。第三,并非基于儒家的原初立场、而是基于儒家可以接受的立场。[248] 文明的另一个要素是对一些最基本权利和自由的维护。第四，我们需要保护构成文明生活方式的经典和其他遗产。

这里需要澄清，儒家的新天下体系的推广，或许听起来对于那些在传统中国天下等级制度中处于较低位置的人们是有威胁的。但是应该清楚的是，我提议的体系是规范的体系，取材于先秦儒家的资源，且这一体系旨在能普遍应用。事实上，传统中国不仅仅是天下体系的一员，也是其核心、创造者和保护人。但是在经过扩大和更新的新天下体系中，当代中国是否能够成为文明世界中的一员并不是既定事实，而是需要中国和其他国家为之努力的。事实上，如果在广义文明的意义上理解"华夏"，那么今天"华夏"的意义还需要进一步扩展。

三 民族国家（nation-state）是通往现代化的唯一路径吗？

1. 中国走向"现代化"的民族主义道路

根据我在本章的论说，现在应该清楚的是，虽然与现代化西方的遭遇使中国意识到，这个世界并不是在以中国为中心的天下体系中统一的，而中国仅仅只是众多国家中的一个，但是天下体系的儒家规范版本，如果能像上一节所说的那样根据当代世界进行调适，那么还是能够被用来解决相互竞争的国家所构成的世界（这是自西方现代化出现以来的事实）中遇到的问题。

不幸的是，主流观点似乎是与之相反的。在过去150年甚至更长的时间里，有一种普遍的说法是，中国之所以屡次惨败于西方列强和脱亚入欧的日本，是因为西方进入了现代而中国还处于前现代。那么，为了避免落后挨打的命运，中国就需要进行现代化。一个政治实体的现代化的关键特征是它得是一个民族国家：现代化就是要变成民族国家。

---

[248] 我将在第九章中进一步讨论这一问题。

那么，在这种说法之下，理解何为民族国家是非常重要的。在西方现代化过程中，主权国家观念是在威斯特伐利亚诸和平条约中发展出来的，依据这一观念，他国不能合法干涉主权国家的内政。这一观念又与18世纪发展起来的民族国家概念结合，逐渐形成了以主权为基础的民族国家模式。[249] 在民族国家模式演变的复杂过程中，出现了不同版本的民族国家模式。但是，当民族国家模式的一个特定版本通过西方对其他国家的优势而成为主流之后，这一模式常常就被认为是民族国家模式本身。在这一版本中——我称之为民族主义（nationalist）版本——"民族"被理解为是种族的，并且为民族国家提供了凝聚力；而主权使得民族国家成了一个单独的个体；在世界各国中，每一个民族国家似乎都能够正当地不惜一切代价追求自身利益，而这些"单子"或者说独立民族国家之间的关系的基础是权力或现实政治（realpolitik）。

而传统中国明显不是这个意义上的民族国家，于是它就被拿来与欧洲民族国家之前的国家形态（比如帝国）类比。在对传统中国有一知半解的人中间，恐怕最流行的说法，是如美国右翼学者白鲁恂（Lucian Pye）所说的：

> 中国并非民族大家庭中的又一个民族—国家。中国是一个装扮成一个国家的一种文明。[250] 现代中国的故事可以如此描述：中国人与外国人努力把一种文明挤进现代国家的随意的、限制性的框架中——【而现代国家是】一个出自西方自己的文明之破碎化的机构创造。从另一个角度看，中国的奇迹就在于其惊人的统一。用西方的话说，今天的中国就像罗马帝国和查理曼大帝的欧洲一直延续到了

---

[249] 感谢钱江向笔者强调了主权国家与民族国家的区别，以及民族国家最终定型于第一次世界大战之后这一事实。不过，主权国家与民族国家是封建制瓦解所带来的问题的一种回答。在这个意义上，这两个概念是紧密相关的。诚然，主权国家概念的确立、从主权国家过渡到民族国家、"民族"含义的确定，都是漫长而混乱的历史过程。我在本章中只会进行相当简单的说明。

[250] Pye 1993 几乎原样重复了这句话，其中一个重要修改是把"国家"换成了"民族—国家"（130）。

今天,并且正试图作为一个单一的民族国家来运作。(Pye, 1990, 62)[251]

不论对传统中国这个国家的性质理解有什么不同,主流的说法是传统中国是前现代的,并非现代民族国家。传统中国国家认同和国际关系的模式不再与当代世界相关,并且不再能建设性地提供指导。

并且,正如上一节所述,依照天下体系的历史版本,中国是文明世界的中心,羁縻他邦,接受后者的朝贡。那么有人论证说,不但中国是前现代的,而且,中国已经习惯了的愿景(vision)将使崛起中的中国威胁现有的国际秩序。因为后者建立在所有国家都能成为国际社会中平等成员的情景之上,但是在天下体系的历史版本中,中国并不是这一社会中与他国平等的成员。一个崛起的中国,如果走其自身的老路,那么轻点说也至少会破坏世界的稳定。

因此,无论是出于现代化的考虑,还是出于世界和平的考虑,中国似乎必须学习西方,把自己建成民族国家,并且成为民族国家之世界中平等的一员。中华民国和中华人民共和国的建立可以理解为是为此目标所作的努力。基于这种对中国现代化的理解,一些人论证说,在物质与精神层面对传统中国的双重毁坏,以及革命的巨大代价,可以被辩护为必要的牺牲——因为好的结果证明了所有手段都是正当的。这也是一些中国人成为狭隘的民族主义者的借口。

讽刺的是,当一些中国知识分子与政治家期待着中国能通过高举民族国家的大旗,加入现代(西方)国家之林,由此"站起来"并看起来"正常"的时候,许多西方国家开始对民族国家有了不同的想法。他们意识到,民族国家以狭义的国家利益(即短期的物质利益)为指南,遵循强权政治原则,恰恰是导致动乱与战争的来源。那些后来崛起的新兴大国,比如纳粹德国和沙文主义的日本,给世界带来了巨大的伤害,而这也是为什么中国的崛起使世界上很多人感到担忧。为了纠正民族国家模式的错误,

---

[251] 与白鲁恂说法类似的说法,尤其在汉学家中间(比如著名的列文森),并不罕见。参见杨治宜(未刊稿)中给出的更多的例子。

现在许多西方国家努力超越了现代民族国家,打着"人权高于主权"的旗号,继续对中国的崛起持不信任态度。很多中国人对这种态度感到困惑甚至愤怒,并持续强调中国的崛起会是和平的。但是,在很多西方人看来,几乎没有一个民族国家是和平地崛起的。如果一个崛起的民族国家只依靠权力来追求国家利益,那么它自然就会要求享有世界秩序中的更多利益,也将因此注定扰乱现有的世界秩序与和平,毕竟,英国、德国、日本、美国等国家的崛起莫不如此。

2. 民族国家只是通往现代化的一条可能路径

既讽刺又充满悲剧性的是,在西方和西化势力的批判下,中国努力成了西方式的民族国家,但这又成了中国被西方批判的新理由。但是,虽然这很讽刺,如果民族国家模式是通往现代化的唯一道路,且如果现代化是可欲的,中国在努力追赶西方的同时,又要遭受西方的质疑。但中国在春秋战国时期发生的事,或者说周秦之变,与西方的现代化多有可比之处。我们可以讨论现代化的意义,以及周秦之变是不是早期现代化,但我认为下列陈述是没有争议的。[252] 在中世纪欧洲和西周时期的中国,一个政治实体(比如诸侯国)的统治者,并不直接控制该国的所有人民和土地,而是由一些代理(更低级的贵族)来统治诸侯国内较小的、相对自治的单位。也就是说,统治者即使在他自己的国家里也并不享有绝对的主权。在西周,周王是所有诸侯的共主(overlord),他能在一定程度上干预这些诸侯国的事务,并且这种有条件的干预也是对诸侯的主权的另一个限制。在中世纪欧洲,没有一个像周王那样享有稳定地位的共主,但是经常有跨国家的权威,例如教皇,他们有权干预国家事务。此外,虽然整个封建制度或许看起来很庞大,但是通过多层的授权结构,在每一层级,只有统治者及其代理(在最低层,是统治者及其人民)能形成一个紧密联系的小型熟人社会,因此一个看起来庞大的国家实际被划分为许多这样的小型社会。

---

[252] 我已经在第一章中讨论过了这一比较,但我将重复一些与本章讨论相关的关键点。

每个社会内部可以通过对共同的善的理解、礼仪、显性或隐性的法律,或者贵族的行为准则来凝聚。

然而,在周秦之变和欧洲早期现代化期间,上述政治结构崩溃了。在接下来的丛林政治中,所有政治实体都面临了哈姆雷特式的问题:"生存或者死亡",也就是征服别人或者被别人征服,最终一种新型大国出现了。在这些新型大国里,封建贵族代理的系统消失了,它被中央集权政府所取代。同时,这些国家之上不再存在合法的仲裁者。换言之,绝对或者近乎绝对的主权出现了。虽然中国没有威斯特伐利亚诸和平条约,以法律形式承认国家自然地发展出来的主权地位,从而赋予其一丝神圣性,但是战国时的各国都取得了与欧洲现代国家类似的实际的独立和主权。如我们今天所理解的国际关系也产生出来了。在既没有天下共主的调解与仲裁,又没有贵族战争的规则的前提下,如果我们不寻找其他跨国家的权威与管理者作为替代的话,国与国之间的关系就建立在赤裸裸和血淋淋的利益争夺之上。在每个国家内部,在没有代理的情况下,统治者要直接统治千千万万的陌生的人民。建立在封建制下的实质性小国寡民之上的内部纽带(亲情、宗法、礼俗、个人契约、对善的分享)对这种广土众民的、没有一层层自治性的代理的、中央集权的陌生人的大国不再有效。这种条件下,寻找君主与其臣民之间、人民与人民之间的新型纽带成为一个迫切的问题。

在如此理解中国的周秦之变与欧洲的现代化的基础上,我们可以看到,上文所引白鲁恂的文本中所表达的理解源于错误的类比。能与当代世界相提并论的是中国历史上的战国时期;当代世界是中国的战国时期的放大版。在战国之后,(中国人所以为的)"世界"被统一了,直到中国人痛苦地意识到中国只是更大世界中众多国家中的一个。当代世界的走向还有待观察,而从理论上说,政治哲学家将不得不解决这一放大版战国中的问题。

有鉴于此,我们应该看到,民族国家模式只不过是回应现代化的两个新兴问题——如何将一个陌生人社会作为一个国家凝聚在一起,以及如何处理国与国的关系——的一种方式。但即使在西方,民族国家模式也不是唯一的回答。比如卡尔·马克思在《论法兰西内战》中引入了阶级概念代替民族来凝聚现代社会中的陌生人(孙向晨,2014)。在西方中世纪之前,罗马通过军事和法律统治帝国,对罗马人和其他人民应用不同的法律,而西方当代的宪法爱国主义和宪政主义思想可以看作是罗马方式的现代发展。面对着类似问题的先秦诸子,也提出了自己的解答,包括儒家模式,而本章刚刚提供了这一模式的更新版本。因此,成为民族国家是唯一通往现代化的道路这一断言是完全错误的。在所有不同道路中,关注规范理论的思想者需要回答的问题是,哪种模式能最好地解决上述提到的现代化面临的问题? 我认为,儒家的新天下体系是最好的回答之一。为此,我将分别把儒家模式与民族国家模式、世界主义(cosmopolitanism)模式进行比较,以此展示儒家模式的可行性甚至优越性。

四 儒家模式与民族国家模式的比较

1. 民族主义版本的民族国家模式

现代欧洲出现了很多不同形式与不同版本的民族国家模式,对所有模式进行公正全面的评估是一项重要的工作,但超出了本章的讨论范围。接下来,我将选择一种版本,也就是上一节所说的民族主义版本。根据这种民族国家的概念,虽然一个民族的划分也可以含有文化、语言、地域的成分,但是以血缘关系为基础的种族是这种民族划分不可或缺的。如果一个国家之人民的主体属于同一个民族并且这一民族的主体都能集中于这个国家,那么这个国家就是一个民族国家。这样的民族国家,其好处在于人民的身份认同是清晰的,因此其纽带可以非常牢固。"自我"和"他人"之间的界限也很清楚。国界之内都是有血缘关系的大家庭,之外都是没有血缘关系的外人。在自我与他人的这种明确划分下,民族利益得以明确树立,并且在民族国家与其他国家的交往中,民族利益是唯一且最高的关注点。在这种框架下,国与国的关系,在无利益纠葛的时候,可以相安无事。但是,只要有利益纠葛(这在全球化的时代在所难免),那么国家就会通过威逼利诱甚至战争以达到其自身利益。可能会存在国际法,但是民族国家只会在国际法有利于促进其民族利益的时候才会使用它们。当国际法妨碍民族利益的时候,如果这一民族国家足够有技巧、强大或无耻,它将操纵或者干脆无视国际法。如果一个民族国家内部有异族且它与这个国家的主导民族有利益纠葛(这种纠葛也是无法避免的),与国与国的关系类似,这一民族国家将诉诸各种手段,包括种族灭绝的形式,来解决这些冲突。如果在民族国家外部有大批属于本国主体民族的民族聚居地,那么这个民族国家也会采取各种手段将这批人民及其土地合并过来。

公正地说,我在这里给出的民族国家版本是极端民族主义的。但是从历史上看,这是很多国家都曾遵循过的模式。即使在西方,最近右翼民族主义的兴起也体现了民族国家的这一版本。因此,评估其优劣并将其与儒家模式比较依然是一项重要和有意义的任务。

在评估民族国家的这一版本之前,我们先要做一些澄清。这一版本的民族国家是建立在民族或者种族的纯粹之上的,但这种纯粹可以纯粹是想象和人造的。事实上,与民族国家叙事中的先有民族、再有国家的民族造就国家的模式相反,实际发生的往往是国家造就了民族。也就是说,先出现一个统一的大国,然后为了使其能够紧密地结合,民族才被创造出来。在这个意义上,某种世界主义理想——尽管我们通常认为它是要消解国家的——可能还在民族国家的形成中起过正面作用,因为它对超越小群体认同的强调有助于民族国家中的民族之产生。[253] 那么民族国家根植于一个矛盾:它在国家内部采纳世界主义,又在国家之外拒绝世界主义。当"内部"的身份认同和"内部"与"外部"的界限被更明确地划定的时候,这种矛盾可以得到更好的控制。

2. 比较与对比

比起诸如儒家基于差等之关爱提出的国家认同,血缘的观念都是更

---

[253] 感谢 Theodore Hopf 向笔者指出后一点。

直观且强烈的。因为民族国家将所有国民视为一个大家庭的成员,它就会有一个很强的动机去保护他们,甚至会在国家内部促进个人权利。这种保护和促进有助于提高个人与社区的创造力。[254] 但这种模式的缺点是与其优势共存的。这种民族国家的内部纽带之所以强,是因为它使用的是血缘关系,而血缘关系是排外的。不同种族(民族)的人永远无法成为这个民族的一员,其他国家与其他的人民永远是外人。其结果是,将会不择手段地解决与外人的利益冲突,包括战争。在国内,种族清洗是可以接受的,在国际上,这一版本的民族国家模式也会是国际战争的根源。包括两次世界大战,都是由欧洲民族国家和紧随西方民族国家模式的日本带来的。这种民族国家在另一个方面似乎是自相矛盾的(与前面提到的内部世界主义和外部民族主义之间的矛盾不同):它对本国人是仁或人道的,对外国人是霸道的。比利时国王利奥波德二世就是一个很好的例子,他是比利时内部自由与权利的推动者,同时也是对非洲残暴殖民与大屠杀的推动者。如杰克·丹内利(Jack Donnelly)所言,民族国家既是人权的"主要破坏者也是其根本的保护者"(Donnelly 2003, 35)。但是如果我们理解这个民族国家版本的逻辑,民族国家的这两个方面之间就没有矛盾。

相反,儒家模式在一定的条件下承认个体国家的主权及其神圣性,而这意味着儒家模式并不完全排斥民族国家。[255] 在儒家模式中,用作联结国家的纽带并不是排他性的种族,而是差等的关爱和文化。这种纽带的缺点是没有血缘那么牢固,但这同时也构成了其优点:正是因为它并不那么牢固,所以它可以是包容的,一个人能够通过采用夏的文化与生活方式而成为华夏的一员(《孟子》3A4)。从历史上看,中华文明能得以延续与发展的一个重要原因是,它部分地采纳了儒家的国家认同模式而非基于种族的民族国家模式。如果传统中国采纳的是后者的话,那么中国将不可能通过异族通婚、通过外国人自愿皈依中国的生活方式而成为中国人,有时也通过儒家模式不赞同的战争等方式,同化那么多不同的种族。并且,

---

[254] 感谢崇明向笔者指出这一点。
[255] 感谢 Mathias Risse 使我澄清这一点。

如果传统中国采取的是族群认同的模式,在历史上发生过的任何一次国家政权崩溃,可能都会终结中华文明,因为种族意义上的"中国人"不再是中华文明与中国生活方式的承担者。古埃及、古希腊、古罗马和古印度就是如此终结的。[256] 相反,儒家模式帮助中华文明得以延续并相对和平地发展。[257]

因此,儒家新天下模式不是为了消除民族国家,而是为它提供一个更包容的基础。或许会有人说,有多种不同版本的民族国家模式并不以种族为基础,而是用一些"软"的且包容的认同为基础,类似于儒家秩序中的文化认同。并且,民族国家同样也被要求尊重基于被认为有道德内容且先验的"自然法"的国际法。在这一意义上,这种民族国家模式和儒家模式仍然有两点不同。第一,儒家模式所依循的终极原则,即儒家关于仁爱与同情的观念,可以是非形而上的且自然主义的。第二,如果我们将当代联合国模式视作平等成员国的共同体的话,儒家模式会接受的国际秩序显然是与之不同的,因为儒家秩序是不平等的等级秩序。如果我们将联合国模式理解为安理会的五个常任理事国处于较高地位的等级制的话,儒家所接受的国际秩序依然与之不同,因为儒家定义等级的方式是通过国家是否行仁,而不是一些不相关的历史事件。但是我们能够想象一种民族国家模式的版本,同时也能接受国际秩序非形而上的原则,以及建立在这一原则之上的实质意义上的世界警察制度(即由那些负责任的大国作世界警察和主管)。如果是这样,那么我会很高兴接受这样一种可能性:儒家模式并不是最好的模式,而是最好的模式之一。[258]

---

[256] 澄清一下,儒家对中国人身份认同的理解或许只是促成中国文化得以延续的一个因素——既不是充分条件也不是必要条件。我也并不是想说,另外三个文化终止的原因是它们采纳了民族国家模式,这在历史上是错误的。感谢王彩虹督促我澄清这一点。

[257] 我将在后面回应这一反驳:中国历史上的扩张并不像一些人愿意相信的那样和平。

[258] 为了充分处理这一问题,我需要将儒家模式和诸如大卫·米勒(David Miller, 2000)和雅尔·塔米尔(Yael Tamir, 1993)提出的自由民族主义模式比较。但这超出了本章能处理的范围,我将把这一问题留给未来的研究。

3. 对现实主义的反对之答复:蛋糕上的糖霜很重要

正如上一节提到的,很多西方国家意识到,极端排外的民族主义版本的民族国家及其对自身利益无条件的追求导致了巨大的危险。因此,他们对中国的崛起深深地担忧,因为中国看起来遵循的就是这种民族国家模式。一方面,他们的担忧与指责背后的那种"只许州官放火,不许百姓点灯"的虚伪心态很可笑也很可耻,但另一方面,他们的这种担心正如唐文明指出的:

> 如果对资本主义的发展逻辑和现代帝国主义的政治经济学有着清楚的认识,那么,站在一个理性的角度,一度被中国政府采纳的"和平崛起"的修辞就很难令人相信:谁能相信一个处处学习美国的中国在崛起之后还会采用和平主义的意识形态?(2011,105)

唐文明的结论以下理解为前提:美国是一个纯粹由国家利益驱动的霸主。无论是在中国还是其他地方,对美国和西方参与国际事务抱有愤世嫉俗态度的人,都持有这一观点。这种指责可以被一般化为对儒家模式的民族主义与现实主义的批判。也就是说,每一个国家真正遵循的一定是其自身利益优先的原则,所谓关于人道或者人权的讨论,就美国和西方列强而言,其实只是空谈。现实主义者有一个观点:现实世界中的任何国家(包括在儒家强烈影响之下的传统中国)都会情不自禁地将国家自身利益视作首要考虑。但是正如孟子所说:"人之异于禽兽者几希。"(4B19)在很大程度上,无论是作为个人还是作为国家形式之下的群体,我们都是理性动物(rational animals),因此我们会将自身物质利益放在首位。但是如果我们或我们的国家是孟子意义上的"人"或人的国家的话,我们与国家都应该显示出与理性动物的细微区别。如果不理解这一点,而是通过考察公民是否受国家利益的驱动来评估这一国家是否道德,我们将否认任何国家是有道德的,并由此接受相对主义的观点:所有国家都不道德,也就是天下乌鸦一般黑。相比之下,一个真正有意义和真正**现实主义**的视角是,看一个国家会不会考虑到其自身利益以外的其他因素,尤其是在国家利益牺牲不大的情况下。

从这一角度看,我们能够辩护说,在历史上的所有霸主中,当代美国和传统中国的政权是有道德属性的,虽然它们将国家利益放在优先层面考虑,但它们并非纯粹受利益驱动。孔子在他那个时代的霸主中就做了这种区分:齐桓公与晋文公都被认为是当时的霸主,他有条件地赞扬前者,但是更多地批评后者(《论语》14.15 和 14.16)。虽然齐桓公像春秋时代其他霸主一样,也追求其国家利益和个人利益,但是他确实尝试过在对这些利益没有直接和当下的伤害的情况下,去帮助那些更弱小的国家,并常常通过和平的手段来恢复和维护"世界"秩序。相比之下,类似晋文公这样的就是更不择手段、自私自利的霸主。

当然,战国末期中国统一的方式几乎是与儒家理想背道而驰的。即使是秦以后宣称遵循儒家方式的中国政体,历史现实与理想之间也存在差异,正如规范与经验之间通常存在差异。但真正有意义的问题是,传统中国的政体在儒家的旗帜之下,确实做得比那些完全缺失儒家理想的国家更好。可以说,在汉代和宋代政体中能找到最强的儒家元素。即使在后来的明清两代,依据韩裔美国学者康灿雄(David Kang)的说法,在14世纪末到19世纪中叶之间,东亚地区只有六场据称受儒家影响的国家参与的重大战争。其中,只有两场是儒家国家之间的战争,剩下四场都是儒家国家与游牧民族或者西方列强之间的战争(2010,83)。他认为,在那个时期一个强大的中国有利于东亚的和平与稳定,弱小的中国则不然。吉奥瓦尼·阿里吉(Giovanni Arrighi)对这一时期战争数量的估计更高一些,但是也比同时期欧洲的战争更少。[259] 此外,即使是明清时期中国的扩张战争在深层意义上也是防御性的,中国政府并没有像欧洲殖民主义者和后来的日本那样,在新获得的领土上开发资源,而是使用"旧"领土上的资源来

---

[259] 当然,如果我对中国历史和西方历史的比较成立的话,这一时期的西欧经历的是"战国"时期,但是在东亚,中国对一些边缘国家来讲是绝对主导力量。尽管如此,这并不影响由一个有某种道德义务的大国主导的世界体系更稳定、更不容易发生战争的观点。

支持新领土(Arrighi, 2007,314-29)。[260]

在美国的例子中,正如地缘政治学大师基辛格(Henry Kissinger)曾说的:"从他的分水岭式的总统任期以来,美国的外交政策首先是跟着威尔逊式的理想主义的鼓点儿前进的,并继续前进到了今天。"(1994,30)[261] 如果确实如此的话,那么这种说法也支持了以下观点:美国并不是纯粹由国家利益驱动的霸权。

回到规范性的问题,在更现实的儒家秩序中,我们能够承认以下事实,即国家不可能超越其自身利益,国家也很难或很少不把其自身利益放在首位。文明国家不会相互打仗,但是现实主义者可以对此提出反对说,之所以如此只不过是因为不为自身利益而向其他国家开战是文明国家的决定性特征之一。那么,一个更现实的儒家甚至可以接受这一现实主义观点:两个国家之间的和平,甚至是两个拥有道德义务感的国家之间的和平,事实上也只能在这两个国家权力平衡的时候才能永久维持。文明国家之间甚至可以存在相互竞争的联盟。[262] 正如尼采论证国家存在的必要性时所说,竞争对人类文明的繁荣是有好处的。但现实的儒家和典型现实主义的区别在于,前者认为纯粹利益驱动的国家和有道德义务感的国家之间的"细微"差异至关重要——这可能只是蛋糕上的糖霜,但是有时糖霜可以是改变蛋糕口味的重要因素!更具象点说,所有现实儒家的期待是,有儒家式理想的国家会用仁来约束其利益。[263]

---

[260] 上述关于明清中国的描述基于蔡孟翰(2017,60-61)中对康灿雄和阿里吉讨论的概括。

[261] 讽刺的是,美国并不总是出于地缘政治的考虑做事,或许有一定的原因是其特殊的地理位置:美国与其他重要的地缘政治势力隔绝,使其远离威胁。

[262] 再强调一次,它们是文明的这一事实意味着它们的竞争是和平的,并且在任何方面都没有违反仁的一些基本原则。

[263] 在建设现代印度的过程中,为了避免侵略性民族主义的问题,其解决方案是和平主义(pacifism),或者说是解除武装的民族国家。我将留给读者来决定这个解决方案是否可取和可行。感谢 Rahul Sagar 向我指出了印度的解决办法。

五 儒家模式与世界主义模式的比较

1. "薄认同"的模式及其问题

意识到了狭义的或强的民族国家与民族主义的危险后果,西方的自由主义者中有些人,比如所谓的世界主义者(cosmopolitanists),希望通过诉诸普世价值,由此取消民族认同,迎来后民族、后国家的时代——我们称之为"去认同(no-identity)模式"。略微温和一些的自由主义者,试图使国家认同尽可能地薄,比如将国家认同归于宪法认同——让我们称之为"薄认同(thin-identity)模式"。其好处是(想象的或真实的)不同血缘、文化、地域的族群可以被归属于一个国家。这与前面提到过的罗马帝国的内部凝聚方式有相似之处。罗马帝国将整个帝国用政治、军事、法律的手段加以控制,对其征服的异族内部的文化予以宽容,甚至保留其部分政治机构的完整性。这种去文化的整合国家的办法也曾为先秦法家,比如韩非子所提倡。如第六章讨论的,他认为恻隐之心、文化与文明等都太过脆弱,无法将一个巨大且人口众多的国家整合起来,而只有依于人之情实(好赏恶罚)的、建立在赏罚二柄之上的国家制度才能真正整合一个大国。韩非子执着于国家的统一与强大,他想都没有想到过宽容。但他也没有诉诸比如民族主义的旗帜来忽悠人民。有人可能会说,当今美国的国家认同似乎也是建立在美国宪政的基础上。所谓美国人只意味着宣誓效忠美国宪法,而他们可以来自不同的民族、文化乃至国家。

使用"薄认同模式"也能帮助一个国家快速地吸收种族意义上的不同民族。

薄认同模式的问题是这一纽带可能过于薄了。比如,因为整个帝国没有(最高层的)机构、法律、军事之外的整合,所以罗马帝国的中心被摧毁后,帝国就随之土崩瓦解。依照法家学说建立起来的秦帝国的迅速覆灭也展示了类似的问题。至于美国和其他似乎是建立在宪政基础上的国家,周濂就引述西方自由民族主义思想家大卫·米勒(David Miller)的观点,认为宪法认同不大能够取代民族认同作为国家的有效纽带(周濂2011,101)。也就是说,就美国来说,如果它只靠宪法认同,其统一就不会稳固。而真实的情况也许是有其他的整合手段,但为那些认为美国的统一仅仅依赖于宪法认同的人所忽视。周濂认为,只诉诸宪法爱国主义和公民意识,而彻底否定历史传统,是"低估了'民族性'的意义和价值"(同上)。[264]

需要澄清的是,与实行法家学说的秦朝和罗马帝国不同,使用薄认同模式的自由主义可以使用平等、普遍人权、博而平等之爱、对多元的尊重与认可将人们凝聚在一起——这里的前提是多样性会产生统一。[265] 但显然,这种纽带无助于区分两个同样自由多元的国家。但这一问题可以如此回答:或许不必做出这种区分。那么在这种情况下,薄认同模式就转变为了去认同模式,至少在所有自由国家中是这样。如果我们认为国家的存在依然是重要的,那么这种薄认同模式就有问题了。但是,如果一个薄认同模式的拥护者依然希望保留国家,那么基于自由与多元的身份认同似乎太弱,无法将人民团结在一起。并且,对多元主义的自由主义承诺有时会演变为对不同身份认同(种族、性取向等)的积极的促进。这种促进会带来越来越厚的亚国家身份认同,但是国家认同依然很薄,甚至由于自由主义怀疑任何形式的国家认同,于是变得越来越薄,因为一些自由主义者和左翼知识分子认为对国家认同的肯定不仅是不必要的,而且是压迫的、民族主义的甚至种族主义的。这种自由主义的或者左翼的身份认同政治(即促进亚国家身份认同,而忽视甚至压制国家认同),曾经在很多西方国家流行,现在在整个西方导致了右翼民族主义的反击,其部分原因在于西方没有给国家认同以足够的关注。[266]

为了解决这一问题,周濂提出,首先,我们还是要以宪法和最抽象的正义原则为基础,其次,

---

[264] 这种纽带不一定只是"国民性格(national character)"。在冷战时期,对"他者"的恐惧,可能是所谓自由世界团结起来的有效纽带。但随着这一外部威胁基本消失,西欧国家现在面对的问题是如何区分彼此。
[265] 感谢 Theodore Hopf 与我分享这一观点。
[266] 参见 Lilla(2016)对"身份认同自由主义"(identity liberalism)的批评。

为了强化政治社会的正当性以及团结(solidarity),政治自由主义无须也不应该保证"绝对的"中立性,而要和更厚的、属于特定传统的价值观进行融合,非如此,民族国家的向心力便不足以维系,各种离心离德最终会造成雪崩的效果。(2011,102)

周濂对国家认同的自由主义观念,以及其他类似的自由主义观念,对那些有些天真的宪政认同观念做出了重要的修正。自由主义不能拒绝一切"厚"的学说,它需要厚重的东西作补充。这里周濂预设了自由主义是可以被加厚的。同时,自由主义体制的法治基础、对人权的维护,使得它能有效防范强版本民族主义的危险。周濂最后总结:"我宁可舍弱的儒家民族主义,而取薄的自由民族主义。"(2011,102)

但是为什么比起儒家民族主义,周濂会偏好自由民族主义?周濂给出了两个理由。第一,他认为儒家民族主义与自由民族主义不同,它没有宪政、法治和权利制度来遏制民族主义的危险。但儒家是赞同法治与人权的。虽然法治与人权无法在儒学中拥有和厚版本的自由主义中一样的神圣地位,但是儒家依然能够通过提供薄的对法治和权利的解读,来完全赞同并支持它们。因此在保护人民权利方面,儒家"民族主义"可以和自由民族主义一样强大。

周濂为自由民族主义模式的优越性辩护的第二个理由是,他相信儒家缺乏用以支持国家认同的自愿。他写道:

> 如果用"天下"观【周濂是在这一意义上使用这个词:所有文明的人都应该人道地对待彼此,而不特别注意国家的边界】取代现有的"民族—国家",对于"儒家民族主义"而言几乎就是自我挫败(self-defeating)的逻辑:它将从根本上否定民族国家的国境意识和民族根基,从而成为有中国特色的"世界主义",如此一来"儒家民族主义"也就成为一个自相矛盾的概念。(2011,100)

但是,如果我对儒家模式的描述是正确的,那么周濂对儒家天下观的解读就是深深的误读。诚然,在儒家天下模式中,国家边界甚至主权都并不被认为是神圣的,并且他们也不认可一个国家可以不择手段地追求其狭义的国家利益这种想法。但是,与前一节讨论的民族主义的民族国家模式相比,这种对民族国家模式的超越,不正是儒家思想和自由主义薄认同模式和去认同模式共同的优点吗?更重要的是,周濂提到的那种世界主义似乎是指去认同模式,这种模式否认了国家认同、国家主权以及成为民族国家的必要性。但在儒家模式中,国家的必要性是被承认的。世界主义模式和儒家模式的另一个重要区别是,儒家的关心是有差等的,但是周濂所说的那种世界主义似乎赞同的是平等对待所有人,没有任何特殊待遇。出于对国家必要性的认识,儒家模式能接受薄版本的爱国主义,但是周濂所说的世界主义则不能。

除了有差等的关心之外,我本章提到的儒家模式还有另一种资源可以用来加强国家认同,那就是文化。正如上一节所说,和种族相比,文化是更包容的,但它依旧能以比种族更柔和的方式来区分"我们"和他者。中国的历史证明了它的有效性。历史上中国的扩张建立在文化和文明的双重身份上,包括政治、习俗、书面语言等都有这种双重身份。这使得秦以后中国的扩张变得缓慢,但在其人民中保持有相对厚且稳定的纽带。虽然这个国家曾经被侵略与征服,但为数众多的有强烈中国身份认同感的人无法被消灭。这也是为什么,虽然个体的政治体制和王朝都曾崩溃,但中国文化与中国人能够延续。这与罗马帝国形成了有趣的对比,罗马帝国曾迅速扩张,看起来不可战胜,但是当帝国中心被摧毁的时候,整个帝国几乎一下子就完全崩溃了。[267]

事实上,儒学还有另一种理论工具可用于解决自由主义或左翼身份认同政治及其民族主义反弹的问题。孔子的一个重要思想,甚至可以说是理想是"和而不同"(《论语》13.23)。在孔子的时代,"和"一般是指不同味道或不同音调的和谐。因此,它以多样性为前提,拒绝同一。但是不同

---

[267] 中国历史学家钱穆对传统中国和罗马帝国的差异提供了相似的描述(1996,13-14)。当然,在传统中国,人们已知的世界里面并不存在更高层次的政治文化,这是中国文化得以延续的重要原因。

的元素需要构成一个和谐的整体。利用这一概念工具,我们可以说,民族主义版本民族国家的问题是,它强化同一性而弱化多样性,而自由主义或左翼身份政治的问题是,它强调多样性却没有找到一个和谐的整体。这里澄清一下,我刚刚说的只是启发式的,还需要更严谨的理论分析:比如,儒家"和"的范围,比如它是否能运用于国家认同及其意义,等等。否则,我们可以说,比如,自由主义的宽容和儒家的和谐其实是一样的。我们也需要展示这一观点是如何与我在本书之前用到的关键观点联系在一起的。

因此,儒家天下体系缺乏国家认同的工具,它只是有中国特色的世界主义,而这使儒家"民族主义"自相矛盾了——周濂的这种认识是错误的。当然,周濂也拒绝接受他说的那种世界主义,试图提供一个能接受更"厚"传统的自由民族主义,由此避免自相矛盾。但问题是,自由主义这样做的理论基础是什么?为了加厚世界主义,我们可能会得到的是前面提到的自由民族主义,比如上一节提到的由 David Miller(2000)和 Yael Tamir(1993)提出的民族主义薄版本。自由民族主义可以被认为是一种在民族主义版本的民族国家模式和薄认同的世界主义之间寻找中间立场的自由主义尝试。这就是为什么在批评民族主义的一节和批评世界主义的一节中,我们最终得到了相同的选项。如我所提到的,对于这种选项的充分分析及其与儒家模式之间的比较,是重要的,但并非本章讨论范围。再说一次,如果最终发现这两个模式之间没有什么区别,那么我也很愿意接受这种观点:儒家新天下体系不是最好的模式,而是最好的模式之一。

2. 去认同模式

最后,让我讨论一下去认同版本的世界主义。如果我们承认国家的必要性,我们就已经拒绝了这种世界主义。我们其实还可以提出另一种儒家式的反对。这种世界主义可能的理论基础是要求同等地关心每一个人,但儒家的普遍关怀是有差等的。其原因正如第六章所述,我们对疏远的人的关心是根源于我们对亲近的人的关心。平等关心每一个人听起来很好,但这是无根基的,也因此对人类要求太高以至于无法长久维持。人类可以通过类似宗教的激情以达到这种状态。但是，正如吸毒的"愉悦"阶段最终会消失一样，这种普遍且平等的爱无法维持太久，于是会不可避免地失败。当其失败的时候，也和毒品带来的愉悦逐渐消失后瘾君子的反应一样，其中的个人将从一个极端走向另一个极端，从极端的无私走向极端的自私。并且，因为平等关怀的理想要求过高，因此一个国家即使是在很有限的程度上也无法实现它，所以其他国家将迅速对比如挥舞着"人权高于主权"旗帜的国家产生怀疑。这种认为人人皆自私的愤世嫉俗的观念，将把我们从道德高地带向道德相对主义和虚无主义，甚至更糟。第二次伊拉克战争后，人们对国际干预的愤恨和怀疑，以及反对欧盟和德国难民政策的民族主义反弹，都是当代的例子。

事实上，上述对平等关心的批判能在《孟子》中看到。孟子批评了当时两个占主导地位的学派：杨朱与墨翟，以及他们的追随者。依据孟子所说，杨朱提倡极端自私的道德哲学，而墨翟提倡极端利他的道德哲学。但他们是同一问题的两个方面，并且都会导致世界的混乱（《孟子》7A26 和 3B9）。在国际层面，我们可以说民族主义版本的民族国家是建立在极端（民族）自私上的，而基于平等关怀的世界主义模式是建立在极端的无私上的。那么儒家模式（以及某些版本的自由民族主义）所采取的就是一种中间立场，它比民族主义版本的民族国家模式更理想，比平等关怀的世界主义模式更现实。用罗尔斯的术语来说，儒家新天下模式中的国家认同和国际秩序是一个现实乌托邦。

在当代由众多陌生人构成的大国的背景下，解决身份认同和国际关系问题的另一个模式是共产主义，它也是一种去认同的世界主义模式。因此，它所面临的挑战也与前面讨论的去认同的世界主义遭受的挑战类似。一个简单的事实是，在极端冲突的时代，比如过去两百年间，我们一次又一次地看到，工人认同的是自己的祖国，而不是其他国家的工人，也不是"全世界无产者联合起来"。现在，我们能看到西方国家的蓝领工人是左翼反全球化、反自由贸易，甚至右翼民族主义政策的坚定支持者，而这些政策对发展中国家工人的福祉是有害的。现实告诉我们的是全世界无产者并非总能认同其共同的阶级利益。

公平地说,世界主义可能有不同的版本。依据其中一种版本,世界主义并不要求人们平等地相互关心,也可以依照现有的国家框架来实行其政策。[268] 其世界主义特征表现在,当制定国际法规与政策的时候,它要求我们利用罗尔斯式的无知之幕的理论工具,在屏蔽自己的国籍、国家状况的条件下,从而平等地对待每一个人。在我说的儒家模式中,拒绝的是平等关心,它可以接受这种形式的世界主义以及依据无知之幕建构的国际秩序,作为一个公平的程序来在国际层面上制定法律规范。但是儒家会强调,虽然在无知之幕背后我们可以屏蔽关于自己国家的知识,但是可以考虑在国际交往中,自己所属国和同胞(不管这个国家具体是哪一个)的利益可否被优先照顾的问题,比如在自然灾害的情况下。如果世界主义可以接受这一点,那么这种版本的世界主义便与儒家有契合的地方。

让我用一个当前的例子来说明本节的讨论:移民和难民问题。儒家的一般原则是,只有当本国公民的生活没有受到严重干扰的时候,难民和移民才被允许进入这个国家。当然,需要制定一个明确的机制来评估对本国公民生活的影响,并定义何为"严重干扰"。但是很显然,基于其基本理论原则,儒家模式会拒绝对难民开放边境。与一个更世界主义的、开放边界的政策相比,这一儒家原则或许听起来是冷血的。但是前者实际上可能并不能给那些移民带来正义和繁荣。这是因为这样一个开放边境或者宽松的移民政策只对能负担得起,或者勇于到那些更繁荣国家的移民有利,而他们更贫穷以及相对没有主动能力的同胞被落在后面。这会让他们和他们的国家陷入更绝望的境地,因为更富有、更有野心的人已经离开了他们的祖国。[269] 即使是对那些能够且愿意走上移民道路的人来说,他们也常常会遭遇各种形式的压榨、奴役甚至死亡。正如西方的反难民、反移民者展示的那样,通过对这些富裕国家的公民提出不合理要求来达到某种世界主义的热血理想,很可能会适得其反。与此不同,如儒家模式中通过"和而不同"表达出来的文化认同所要求的,难民和移民需要被接

---

[268] 感谢 Thomas Pogge 和 Thomas Christiano 向我提到这个版本。
[269] 感谢 Thomas Pogge 与我分享这一论证。

收他们的国家的文化吸收和同化。这至少意味着两点。第一，接受难民与移民，如果不是对一个危机情况的暂时解决，那么就必须是渐进的；不然，大批不同文化背景的人一下子涌入，是很难被文化认同与之不同的国家吸收的。第二，在容忍他们不同文化的同时，吸收这些移民的国家应该积极地使用软性手段，促进本国语言的使用、学习本国历史等，以此激励文化融合。这是儒家对西方左翼身份政治的回应。

事实上，传统中国通过为犹太人和其他族群提供科举考试机会以达到和平同化是一个很好的现实例子。在传统中国(的一些朝代)，成为政治精英的最重要方式就是参加并通过科举考试。这是一个国家管理的考试，用于选拔不同级别的官员。在这些考试中取得好成绩给那些新移民施加了软压力并鼓励他们学习这些考试用到的共同文本。科举制度由此帮助有不同亚国家认同的移民群体找到共同的语言与文化。部分地由于这一软压力，传统中国能够有和平同化犹太移民这一世界历史上比较罕见的例子。[270] 不过，儒家解决方案面临的严重挑战是：如果由于某些人道主义危机，大量难民需要找到安全的地方，那么此时该怎么办？让一个或几个国家把他们都接收下来或许是太过分的要求，但是拒绝又会任由他们死去。我无法给这一挑战以很好的回答，我只能建议，类似特许城市(charter city)这样的机制或许可以作为解决方案。也就是说，某些国际组织或国家联盟能够用一个无人认领的岛屿，或者在难民的来源国建立一个安全区来接收由于严重自然灾害或政治灾难而忽然涌入的难民。这一特许区域可以由联盟管理，由联盟中的国家提供援助。我们还可以在这一区域中建立工厂，使其经济在一定程度上是可持续的。[271]

最后，需要做出一些澄清。第一，本章已多次重复，我只是在论证儒家新天下体系比起某些形式的民族国家模式和世界主义模式所具有的优越性。但可以说，这种儒家模式和某些其他形式的民族国家模式和世界主义模式并没有本质上的区别。我承认这一点。我想要论证的是，早期

---

[270] 参见 Shapiro (1984), Pollak (1998), and Xu (2003)。也可参见 http://en.wikipedia.org/wiki/Kaifeng_Jews。

[271] 有关特许城市理念的非常好且更全面的分析，请参见 Sagar(2016)。

儒家已经创造了一种关于国家认同与国际关系的模式,并且其当代版本应该与西方近现代发展出来的诸理论是在同一层次上的。并且,儒家模式依然不仅是可行的,还是已知的最好模式之一。事实上,有来自不同传统的同样好的模式的判断表明了儒家模式的普遍性,而这也是我想要论证的。当然,一个有价值的理论必须有其独特的观点。为了说明这一点,我们将需要考察某一特定的理论并与之比较,才能有更多的说法。[272]

第二,人们可以说自由主义已经深入人心,而儒家已经成为游魂一百多年了。因此,建构儒家的理论只是哲学家纸上谈兵的游戏。[273] 本人以为,这个挑战其实暗含着儒家乃是一种中国人的特殊文化甚至意识形态的观点。因为是特殊意识形态,所以它就不能脱离其具体政治与社会架构而存在。但是,如果我们将儒家看作政治哲学体系,那么一个心仪这种体系的学者应做的工作是完善其理论。在理论完善之后,我们需要政治家、社会活动家将其付诸实践。如果我们的理论确实比现实世界中的主流模式更好,那么即使"深入人心"(但有缺陷)的观念也可以改变,或至少我们要努力改变。抱着"君子之德风,小人之德草。草上之风,必偃"的信念(《论语》12.19),对正确的事情要"知其不可而为之"(《论语》14.38),这也算儒家传统。

---

[272] 感谢刘擎鼓励我澄清这些观点。
[273] 感谢刘擎和崇明对本章早期文稿的批评。

第八章

仁责高于主权：儒家的正义战争理论

一 "灯塔国":作为国际干预的孤立主义

我在第七章中提出了一个关于国家认同和国际关系的儒家新天下模式的概要。国际关系中的一个重要问题是国际冲突与国际干预。中国的春秋战国时期即充满了国与国之间的冲突,并且先秦儒家对此提供了很多概括和应对。那么在本章中,我将讨论他们是如何处理这些问题的。本章的讨论是第七章所述的一般模式的例释、详述与发展。为了保持连贯性,我将依然主要使用《论语》和《孟子》作为载体。[274]

但在我进入先秦儒家对这些问题的讨论(包括被我称为"正义战争理论"的讨论)之前,我需要回答,"正义"与"正义战争"是否适用于《论语》与《孟子》中的讨论,因为这些术语是起源于西方的哲学与政治理论的。[275] 不过,即使在西方哲学中,对这些术语也有不同的理解。但是,尽管存在理解上的差异,对这些术语有一个共同的用法:当一个战争被称作"正义"的,这意味着这场战争是善的、正当的(right)、适当的(proper),并且至少遵循一些道德规则。哲学家之间的理解差异在于他们如何理解善、正当或者道德。从广义上的"正义战争"一词来看,很明显,孔子与孟子都认为一部分战争是正义的而另一部分战争不是。那么,讨论先秦儒家思想中的正义战争理论就是合理的。

在《论语》16.1 的对话中,孔子的两个学生与鲁国贵族季氏密谋攻打另一位贵族颛臾之封君。孔子指出,颛臾的封君及其封地一直是国家的

---

[274] 在《超越自由民主》第二章中,贝淡宁(Daniel Bell)讨论了《论语》与《孟子》中正义战争的观点,并将其与西方关于这一问题的理论进行了对比(2006)。我同意他的很多观点。我希望本章独特的地方在于:第一,本章基于第七章提出的关于世界秩序的更一般的理论,以及我关于中国早期现代性的总论;第二,本章的中心是对《论语》与《孟子》的严密文本分析;第三,我与贝淡宁的处理有一些细节上的不同。

[275] 先秦儒家使用"义战"这一术语(比如可见于《孟子》7B2),其中"义"也被用来翻译西方的"justice。"但这一术语是否与"justice"同义依然有争议。

重镇,且他没有做错任何事。但是他的一个学生指出,这一封地距离季氏的一个要地费邑很近,且这一封地有很坚固的防卫工事,这是他和季氏想要摧毁它的原因。孔子接着指出,国家或封邦的稳定与否取决于是否善待自己的人民。"远人不服,则修文德以来之。既来之,则安之。"[276] 最后,孔子尖锐地评论,对季氏封地的威胁并非来自外部,而是来自内部,也就是说,来自季氏缺乏仁道及其权力政治(realpolitik)之实践。

上述谈话的背景是我在第六章中提到的,公与私在不同层面上的严重冲突。季氏是鲁国三个最强大的贵族家族(所谓"三桓")之一,这三个家族为了私利篡夺了鲁国合法统治者的几乎全部实权。孔子在前段对话最后暗示的是,这种自利是有传染性的。如果季氏纯粹出于私利行事,那么他的下属也将效仿他的不道德行为,这将成为内部威胁,亦即对他封地之稳定的真正威胁。或许是为了证实孔子的预言,《论语》的下一章提到,16.1 中说的受到颛臾威胁的费邑的管理者利用费反叛了他的主人季氏(17.5)。[277]

因此,以自利为动机的战争并没有得到孔子的认可。我们可以通过这种战争消除外部威胁,包括先发制人的攻打,但这只是暂时的解决方案,从长远来看将适得其反,因为这种战争会鼓励不道德且利益驱动的权力政治,这将使国家之间的冲突永久化。那么外部威胁应该如何处理?正如 16.1 中所说的,我们应该使我们自己的国家繁荣且文明,并吸引外国人到我们国家来——包括那些来自对我们国家构成威胁的国家的人。如果人们离开他们的祖国,那么对我们国家构成威胁的国家将会失去发动战争所需的人力。如果那个国家不想失去他的人民,它将被迫改变其不仁的方式,效仿施行仁政的国家。事实上,我们可以进一步论证,在一些国家为了道德可疑的理由(比如基于私利的理性计算)相互打仗的情况下——比如第一次世界大战——此时对于其他国家来说,比起帮助一方

---

[276] 《论语》13.16 也表达了相似的观点。一个地方官员问起管理问题,孔子的回答是:"近者悦,远者来。"

[277] 当然,这些所谓的历史事件是否真的发生了,以及即使发生了,它们之间又是否有这些联系,都是历史学家会质疑的问题。我只是依据这两段文字的安排作一个推测。

或另一方,最仁道且最有效的政策或许是,不要参与这些战争,并让自己的国家(比如一战中的美国)成为"灯塔国",[278]通过向参战国及其人民示范一种仁道的选择,以施压、使之知耻,或者说服他们改变方式。也就是说,一种明显的"孤立主义"(isolationism)政策——不直接卷入冲突意义上的"孤立主义"——对那些在冲突中受苦的外国人来说可以是最仁道的。在传统中国历史中,或许是由于儒家这一观点的影响,热衷于发动战争的传统中国的帝王们——即使是出于为了人民好的目的或借口——也经常被批评而很少被赞扬。

这里至关重要的是儒家"用脚投票"的观点,这在第七章开头已经进行了一定程度的讨论。让我在此再多做一些评论。第一,先秦儒家对普通人做出明智政治决策的能力持保留意见,但是从他们对用脚投票的支持可见,他们似乎相信普通人有能力选择他们认为最好的能过上幸福繁荣之生活的地方。这种对普通人能力的理解似乎兼有平等与精英主义,这值得在未来的研究中探索。第二,用脚投票的观点可以用来衡量儒家"幸福指数"。对于任何一个国家,在充分接触不同国家生活的情况下,我们可以测算这个国家中想要移居国外的人口百分比(与希望留下来的同胞相比),我们也能测量其他国家想要移民到这个国家的人口百分比(与那些国家中不想移民到这里的外国人相比)。这些测算可以进一步被用来评估政府的合法性,并为从其内部或者外部取代一个失败或暴政的政府提供基础。可以肯定的是,任何种类的政权的捍卫者都会声称他们的政权是合法的,甚至提供先验的理由来支持他的断言。当持有两种不同先验理由的人无法相互认同的时候,用人民的脚来决定哪个政权更好,或许是一个解决方式。当然,这必须以双方都接受用脚投票的观点为前提。但用脚投票似乎是一个更具"客观性"的衡量标准,或者更准确地说,比起诸如用手投票或者询问人们有多幸福,用脚投票更可能成为有不同形而

---

[278] "灯塔国"的英文原文是"city on a hill",直译是"山巅之城"。但遵从现在汉语中流行的表达,我们将其译为"灯塔国"。

上学与宗教信仰的人的共识。并且,我们不需要辩护说,用脚投票是合法性的形而上基础,我们只需要论证,这一行为是被相关合法性形而上学说的持有者承认的某些更高的善的展示。因此,诉诸用脚投票有解决不同的关于合法性的形而上学说与宗教学说冲突的可能。

回到国际干预的问题,虽然在有些情况下,远离那些自利驱动国家之间的残酷冲突是合理的,但在有些情况下可能并不是。进一步说,如果某个国家的人民正在遭受他们政府的暴政或极端无能该怎么办? 孔子在这些问题上并没有说太多。比如,他赞扬齐桓公与他的宰相管仲在周王不再能扮演天下共主的角色的时候,能够在不诉诸战争的条件下,成功维持不同封建国家之间的秩序(14.16)。显然和弟子讨论国内治理的时候,孔子说治理中有四种坏行为,其中两种是"不教而杀"与"不戒视成"(20.2)。我们可以将这一观点应用到国际干预中:我们可以论证在诉诸战争之前,我们必须首先采取一些措施,比如让陷入困难的国家意识到它的问题,给予其人民适当的援助,并明确说明在何种条件下将会对其军事干预。但我必须承认,关于干预,孔子在《论语》中提供的是相当粗略的,理由或许是,孔子生活的时代里,虽然旧的封建秩序正在崩溃中,但还被所谓霸主维持,这些封建君主暂时扮演周王的角色来维持周代封建制度下国家间的秩序。而在《孟子》中,关于国际干预的讨论要详细得多。

二 国家实力与正义战争

在《孟子》6B9 中,孟子论证,如果一个人辅佐一个"不乡【向】道【指儒家的方式,或者仁政】,不志于仁"的君主,还使其国家在经济和军事上更强大,那么这个人"是富桀也""辅桀也"(桀是中国历史上臭名昭著的暴君),并且这个人应该被视为人民的小偷与强盗。其隐含的意思非常明显:不行仁义的君主的国家富裕、强大,是不正义的;这样的国家对外战争的胜利,是不正义的。实际上,不仁之君主发动的战争——他不仁意味着他发动战争的动机是出于私利(狭义的、物质上的"私利")——一定是不正义的战争。并且,对孟子来说,仁不仅仅对**有正当理由的**(for the right reasons)国家强大与战争的正义性至关重要,同时,仁也对政权长期的稳定至关重要。他指出,"由今之道【不仁之道】,无变今之俗,虽与之天下,不能一朝居也"(同上)。

在另一段对话中,孟子对上述问题进行了更直接的讨论。魏国是战国七雄之一,魏国的梁惠王哀叹说,他的国家虽然曾经是最强大的国家,但屡屡被其他强国击败。因此他问孟子如何使他的国家强大,孟子回答说:

> 地方百里而可以王。王如施仁政于民,省刑罚,薄税敛,深耕易耨;壮者以暇日修其孝悌忠信,入以事其父兄,出以事其长上,可使制梃以挞秦楚之坚甲利兵矣。
>
> 彼夺其民时,使不得耕耨以养其父母。父母冻饿,兄弟妻子离散。彼陷溺其民,王往而征之,夫谁与王敌?故曰:"仁者无敌。"王请勿疑!(1A5)

这里,孟子先是描述了在内政上行仁政的图景:在政治经济上,减免刑罚、减轻赋税,并支持百姓的农业生产;同时,要支持建立在基本人伦关系上的道德的发展。在这个基础上,哪怕这些人民只是拿着木棒子("梃")也能打败秦、楚这样大国的坚甲利兵,因为这些国家穷兵黩武,不鼓励人民生产,也不试图稳固人伦关系,以至于人民"兄弟妻子离散。"

但问题是,凭什么孟子认定秦与楚就是穷兵黩武而人民处于悲惨境遇的国家?他并没有给出任何历史、经验证据支持这个论断。一个可能的解释是,孟子并不是真的在描述秦与楚的真实状态,而是在隐含地给出一套规范性的论述。也就是说,只有当一个国家施行仁政,而另一个国家施行暴政的时候,这两个国家之间的战争才是正义的——在上述秦与楚如何对待其人民的描述中,具体说明了"暴政"可能的意涵。这一规范性的描述,也给出了被孟子所认可的战争之时机——也就是,当暴政已经极其糟糕以至于其人民已经毫无抵抗外部武力的积极性的时候。[279]

孟子这段话中另一个有问题的主张是,他声称只要实行仁政,即使是拥有差得多的武器(木棒)的小国,也能够打败一个有更好武器的强国。从一个对现实政治稍微有点了解的人看来,尤其是对战国时代有所了解的人看来,这种说法出奇的天真。这种明显的天真似乎符合一些人心目中孟子甚至一般儒家的形象:他们泛道德化、迂腐、不切实际。但是,我们要注意到,孟子在这段对话中的对象是梁惠王,其所统治的魏国是战国七雄之一(尽管它在梁惠王手上经历了很多挫败)。他的国家是孟子在这段谈话中所说的小国面积的数百倍。但那些耻辱性的失败或许导致梁惠王急于复仇,对仁政没有信心与耐心。因此,孟子声称一个小而能行仁政的国家能够统治天下或许意在鼓励,甚至是哄骗梁惠王去相信仁的力量。在这段对话最后,孟子直截了当地请求梁惠王不要怀疑"仁者无敌"的说法,这支持了我的理解。

并且,孟子说的是小国的统治者**可以**"王天下"。另一段中的讨论可以被理解为这样一个国家"王天下"更现实且详细的路线图(1A7)。在孟子和另一个大国君主齐宣王的对话中,齐宣王勉强且间接地承认他的理想是成为整个"中国"的共主。但是孟子指出,尽管齐国是一个强大的国家,但也只占有已知天下的九分之一。如果齐宣王想通过征服的方式称霸,他实际上是在对抗一个八倍于其自身大小与力量的敌人(即天下其他地区),这显然是一个不可能完成的任务。但是如果齐宣王实行仁政,他的国家会吸引——这里让我们想一下儒家用脚投票的观点——士、农、商贾、行旅者以及痛恨自己的君主的人,这会使齐国天下无敌(1A7)。我们应该记住,在孟子那个农业是经济的驱动力、有大量的土地等待开发的时代,人口增长几乎与经济增长同义,并且人口也会为国家提供更多的兵源。换言之,孟子论证一个国家之所以强大不是仅仅因为它实行仁政,而是因为由仁政带来的经济增长与热爱国家的民众的人口增长。这或许是他对仁政与国家强大之间联系的真正理解。借用罗尔斯的术语,我们可

---

[279] 感谢成中英教授向笔者指出"彼陷溺其民"所隐含的时机性。

以说,对于孟子来说,通过仁政获得的强大是有正当理由的强大。

从《孟子》的这几段话中,我们可以总结出,孟子认为,两国交战,如果一国行仁政,一国行暴政,那么仁政国家是在进行正义的战争。并且,如果一个国家实行仁政足够久,会带来人口(经济与军事力量之源泉)的增长,这个国家会足够强大以至于战无不胜。

三　行仁政的小国之自保

但是,我们依然能够质疑,一个行仁政的小国是否有机会"王天下",尤其是当这一小国被强大且为自利所驱动的国家包围的时候。或许,远在通过行仁政多年而变得无敌之前,这个小国就已经被消灭了。在《孟子》3B5 中,一个对话者(万章)问,如果宋国将实行王政,[280]但是被齐楚两个强国憎恶,该怎么办? 孟子回答的时候,仍然坚持不行仁政则国家要败亡,而若行仁政,"齐楚虽大,何畏焉?"但这仍然可能是一种鼓励。虽然宋国不是战国七雄之一,但它还是一个中等国家,比孟子在 1A5 中描述的国家大得多。特别是,据《史记·宋微子世家第八》(《史记》卷三十八;司马迁1981,197)记载,在君偃的统治下,宋国曾经打败齐、楚、魏这三个属于战国七雄的国家。但是,后来君偃沉迷酒色,杀死劝谏的大臣,被贴上"桀宋"这样暴君的标签,终于被他国所灭,这发生在孟子死后。如果《史记》的记载可信,我们可以得出,在上述对话发生时候,宋国实际上是个中等国家,并且可能正在成为最强大的国家之一。因此,除了上一节所述的大国之外,即使是中等国家也能通过仁政来自保,进而发展经济,变成无敌的。

在《孟子》中,我们确实能找到孟子与真正小国君主的对话,即他跟滕文公的对话。滕文公虽然不是最理想的君主,但是接近于仁君。[281] 在回

---

[280] 王政,自然是让其国"王天下"之政。对孟子来讲,"王天下"是要通过仁政实现的。因此,王政与仁政于孟子是相通的。

[281] 在《孟子》3A4 中,据称滕文公实行了仁政,虽然他可能没有达到仁道君主的最高标准。的确,一个简单的事实是,他仍然自称"公"而非"王"。"公"是周代封建统治之下的头衔,这意味着他对旧政权的尊重——这是一些先秦儒家所推崇的。而战国时期大多数统治者都自称"王",这就对旧制度毫无尊重了。这标志着滕文公的确接近于儒家意义上的仁君。

答滕文公如何保卫自己的国家,免受齐与楚的威胁时,孟子不再有 1A5 对话中貌似的天真,他的回答听起来相当现实,这支持了我上一节中的对孟子之"天真"的说法的解读——那些说法只是意在鼓励。

在孟子的回答中,他基本给滕文公提供了两种选择。孟子给的第一种出路是:"凿斯池也,筑斯城也,与民守之,效死而民弗去,则是可为也"(1B13)。这里,孟子不再说,仁政下幸福的人民拿着木棒子就可以打败"秦楚之坚甲利兵",而是要凿池筑城,也就是说仁政之上,还是需要军事技术的支持。并且,即使这样,且人民以死报国,也只是"可为",而不是必胜、必能自保,更别提"王天下"了。

第二个选择可以从两段文字(1B14 与 1B15)中总结出来。他引述了周之先祖大王(太王)的故事。当时,属于蛮夷一支的狄人来犯,周给他们皮裘、丝绸、犬马、珠玉,狄人仍不罢手。周太王指出:

> 狄人之所欲者,吾土地也。吾闻之也:君子(这个概念在这里可以同时被理解为有贵族血统的统治者与儒家道德模范)不以其所以养人者(即土地)害人(即命令人民为了土地而死)。二三子何患乎无君?我将去之。(1B15)

然后就放弃了君位与原有的国土(邠),跑到岐山之下。但是,他原来的臣民认为,他是"仁人也,不可失也。"于是"从之者如归市"(1B15)。

这一故事并没有就此结束。如果这一统治者与其人民能够找到一个安全的地方,以及这一国家之后的统治者都能世世代代保持仁政,"后世子孙必有王者矣"(1B14)。依据现有的历史记载,周国之后的统治者文王和武王确实成了西周帝国的开国元勋,也是"天下"的领袖。这似乎支持了孟子的理想主义主张:一个行仁政的小国能够(最终)"王天下"。只不过,"王天下"的并不是仁国的这一代君主。更重要的是,在这一振奋人心的主张后,孟子紧接着指出,"若夫成功,则天也"(1B14)。一些传统注家也注意到了这一并不那么理想主义的主张,他们对这一主张的解释符合儒家的立场。比如,朱熹指出:"此章言人君但当竭力于其所当为,不可侥幸于其所难必。"而从他前面的注释可以看出("若夫成功,则岂可必乎?"),

他指的"所难必"者,乃是这一成功(朱熹,1985,16)。赵岐在此章的章指中也指出:"言君子之道,正己任天;强暴之来,非己所招。谓穷则独善其身者也"(焦循,1986,97)。总之,根据儒家的立场,一方面,一个人不应该听天由命,而应该尽力而为;但是另一方面,"天意"、运气、命运,或者无论怎么称呼它,也在世界上发生的事情中起着重要的作用。简而言之,孟子并不真的认为一个行仁政的国家在任何条件下都能获得安全与繁荣。这是因为这个小国的君主或许不能找到一个安全的地方,其国或许不能存续到有王者出的那一代,而那一代的君主或许还是不能达到王者的要求。

在孟子自己对这两种选项的总结中,他指出,并不是每个君主都可以选择和他的人民一起躲避的出路,因为有些人会认为"世守也,非身之所能为也。效死勿去"(1B15)。这一主张是以统治者的口吻提出的,这意味着,如果选择以死保卫国家,那么统治者也必须参与其中。这组对话的最后一行是孟子的建议,他建议滕文公必须在二者选择其一(同上)。

总之,孟子认为,一个行仁政的小国面对强敌的时候,要么冒着灭亡的危险拼死守卫,要么逃跑躲避。后一种选择,有可能在找到安全的地方、并经过几代仁政之后,有一个未来的统治者能够王天下,但是这并没有保证。因此,尽管孟子有时会提出乐观的主张,但他并不认为仁政必然能够保证国家的稳定,甚至不必然能保证国家的生存。国家的自保依赖于它的实力(大小、人口、经济、军事)。它最终是否能强大也取决于命运等因素。行仁政能保证的回报是,即使这一仁之国内的所有人(包括统治者)在防御战争中和国家一起死亡,他们也是作为人类(仁者)死去的,这一国家也是作为人(仁)的国家灭亡的。这或许是孟子声称"可为"(1B13)的意指。也就是说,这一可为的机会并不必然是国家与人民的生存,而是说他们将能够带着人的尊严、作为人而死去。[282]

在这几段里,孟子不但给出了行仁政与国家力量之间关系的更具有现实性的、更微妙的论述,他还给出了正义的防御性战争的一些参验。就

---

[282] 《韩非子》49章也讨论了一个小国如何自保;柏拉图《理想国》(422a-423c)苏格拉底也讨论了这个问题。这三种说法既有相似之处,也有不同之处,这将是一个值得研究的有趣话题。

孟子看来,自卫战争并不必然是正义的。但是如果防御一方行的是仁政,那么自卫战争是必然和全然地正义的。

但是,几乎每一个被攻打的国家都喜欢自称是无辜的受害者。而前面提到的《孟子》的几段给出了判定受到攻打的国家是不是真正且完全的仁的决定性标志,从而判定其自卫是不是真正且完全正义的,对其征伐是不是真正且完全不正义的。其中一个标志是,统治者与其人民都愿意为了保卫国家而死。另一个标志是,当这个国家的君主决定弃国土而去的时候,他的人民将"从之者如归市。"虽然,尤其是后者,孟子似乎是在描述一个历史事件,但是,如果我们把他当成哲学家,那么我们应该将这个看起来是叙述的陈述当作规范的、普遍适用的。简而言之,仅仅声称这是一个仁的国家、因此受到攻打是不正义的(尤其是统治者自己声称)是不够的,需要有一些明确的验证,比如人民对统治者的自愿追随(去以死报国或是去背井离乡)。

四 行仁政的大国的征伐之责

现在,如果是一个既仁且强、自保不成问题的国家该如何行事?它是否有正当理由发动对外战争呢?从上述讨论我们可以推断,孟子对此的一般原则是,在征伐中,如果被征伐的一方是暴政国家,而征伐的一方是仁政国家,征伐的目的是拯救暴政国家中受苦的人民,且其他所有方法都已经尝试并失败了,那么这场征伐就是正义的。但是,这些讨论可能几近空谈,也很容易被滥用。也许是意识到了这一危险,孟子再一次给出了如何判定征伐是否正义的决定性表征。

在我们讨论这些表征之前,我要首先强调,对孟子来说,战争是最终手段。在《孟子》3B5中,商的邻国的统治者葛伯拒绝祭祀,当商汤问他为什么不祭祀(这被当作是统治者的义务)的时候,葛伯用的借口是缺乏牲畜与其他农产品。但是当商汤给他提供这些东西之后,葛伯自己把它们吃掉了。商汤让他自己的人民去葛伯的国家帮忙种地,给葛伯的臣民带去食物,葛伯抢劫了他们,甚至杀死了一个送食物的小孩。这最终导致商汤发起(正义的)征伐。从这个例子中我们可以看到,征伐只有在其他所有手段都失败,并且一个真正悲剧的事件(比如孩子被杀)发生之后才能被采取。[283]

在《孟子》2B8 中,一个可能是齐国大臣的人沈同私下问孟子,燕国是否可伐。[284]孟子认为可以,其理由是燕国之前的君主把他的王位禅让给了他的相国,但这个王位不能由君主自己给出。孟子认为王位继承的正当理由是天意,而天意是通过人民反映的。

燕王做错了,是不是其他国家或实体对其国征伐就有了正当性呢?齐国伐燕,于是就有人以为孟子的上述说法是"劝齐伐燕"。为了回应这一怀疑,孟子表明,他只是说燕国可伐,但是能够正义地承担这一责任的国家必须是"天吏"。这里暗示齐国并不是天吏,那么谁是呢?

在另外两个段落中,孟子给出了正义征伐的明显标志的更详细的描述,这一讨论是在上述齐伐燕的背景下展开的。齐国攻打燕国,并在五十天内取胜,齐宣王认为这不是人力能做到的,一定是天意。因此如果他不吞并燕国,上天将惩罚他。他问孟子是否真的应该这样做,孟子回答,

> 取之而燕民悦,则取之……取之而燕民不悦,则勿取……以万乘之国[285]伐万乘之国,箪食壶浆以迎王师,[286]岂有他哉?避水火也。如水益深,如火益热,亦运而已矣。(1B10)

这段文字清楚地表明,孟子认为,征伐战争是否正义来自被征伐的国家之人民的感受(是否"悦")。但是,考虑到征伐者往往会制造被征伐者心甘情愿的形象,我们需要找到可靠的判据。对孟子来说,如果人们"箪食壶浆以迎王师",那么他们的认可就一定是真实的。在《孟子》3B5 中,

---

[283] 这个例子,以及下面要提到燕国被征伐的例子,其中有些非常困难的问题。我将在本章后面讨论它们。
[284] 关于沈同的职位的更多讨论参见焦循(1986,168 与 170)。
[285] 一个国家有多少"乘"的战车可用于打仗是这个国家力量的象征,尤其是在春秋时期,"万乘之国"是一种形象的表达,在春秋战国时期很常用,指代强大的国家。
[286] 这一人民欢迎伐者的场面在《孟子》中还有两次被提到,都是当他谈论正义的解放战争的时候(1B11 和 3B5)。

他进一步补充,"其君子实玄黄于筐以迎其君子",即被征伐国家统治阶级的成员(大概不包括暴君)也应该欢迎征伐者中与他们身份对应的人。也就是说,被征伐者的欢迎是真诚且广泛的。

在上述引文(1B10)中,孟子还进一步论证,如果他们发现在征伐者的统治下情况变得更糟,"亦运而已矣。"对这句话,有两种主要的解释。一是说(比如根据杨伯峻),这只不过是换了一个(同样坏或是更坏的)统治者而已;一是说(比如根据朱熹),"民将转而望救于他人"(杨伯峻,1960,45;参见朱熹,1985,15)。这意味着人民的欢迎态度要经得起时间的考验。在1B11 中,孟子更详细地描述了为什么人们会改变对征伐者的态度。齐国征服燕国后,其他国家的君主计划攻打齐国,齐王针对这一情况请教孟子,孟子说,

> 若杀其父兄,系累其子弟,毁其宗庙,迁其重器,如之何其可也?天下固畏齐之强也,今又倍地而不行仁政,是动天下之兵也。

他对此问题的解决方案是,

> 王速出令,反其旄倪,止其重器,谋于燕众,置君而后去之,则犹可及止也。

与齐宣王经历的燕国与其他国家的人民的反对不同,商汤(也是后来的汤王)的征伐得到了所有人民真诚且长期的支持,其一个理由是在征伐期间,

> 归市者不止,耕者不变。诛其君而吊其民,若时雨降。(同上)

也就是说,人民的生活没有被打乱,只有让人民受苦的暴君付出了代价。

在这些段落里,我们已经看到,孟子还给出了征伐战争的正义性的另一个表征,即"国际舆论"的支持。在《孟子》1B11 中,孟子更明确地指出,商汤征伐得到了天下人的相信("天下信之")。一个明显标志是,"东面

而征,西夷怨;南面而征,北狄怨。曰:'奚为后我?'"(1B11)。[287] 也就是说,其他那些处于水深火热中的人民抱怨,为什么他们国家没有被先讨伐?他们都对这种征伐有所期待:"徯我后,后来其苏"(1B11)。[288] 上面这种描述,在《孟子·滕文公下》中有几乎一模一样的重复(3B5)。[289] 但是,齐宣王应该没有听进孟子的这些话,终于失掉燕国,而齐王也惭愧于孟子。[290]

五　孟子的正义战争理论

通过对《孟子》上述段落的分析,我们现在可以建构孟子的正义战争理论。其根本原则是,在国际关系中,尤其是国家之间的战争问题上,仁责高于主权。正如8.3中论证的,只有在国家施行仁政的前提下,这个国家的防御性战争才是完全正义的。从8.4中我们可以推断,如果一个国家没有施行仁政,而是主动地将其人民置于无法忍受的苦难之下,并且如果"征伐者"意在救民于水火,那么保卫被侵略国就是完全不正义的,此时欢迎征伐者(解放者)才是完全正义的。因此,对孟子来说,主权并不是神圣的。如第二章所述,主权的正当性来自主权国家满足其人民的基本物质与道德需要。没有仁责,就没有主权!

但是这并不意味着受苦难的人民应该欢迎任何征伐者。有些被西方或日本侵略和威胁的国家的激进分子曾经声称,如果比如让英国殖民三百年,那会是一件好事。但是对孟子来说,这是一个相当有问题的说法,因为孟子的理论要求,征伐者的动机是救民于水火,并在行动上实现了他们的愿望。但英国殖民者之主体显然不是。并且,这一理论还要求被入侵国家的生存状态要达到民心思变的程度,其人民准备好张开双臂欢迎征伐者。而历史上被英国殖民的国家大概也没有达到这个要求。

---

[287] 7B4中有类似段落。
[288] 在3B5中,相应的话是"徯我后,后来其无罚"(3B5)。
[289] 不过,在这一段里,孟子又讲了周征伐邢国的故事。
[290] "燕人畔,王曰:'吾甚惭于孟子。'"(《孟子·公孙丑下》;2B9)

一般地讲，在仁责高于主权的原则下，正义的征伐战争有如下表征或条件。

第一，征伐的一方要有足够的实力完成征伐，并且武力征伐是最后的手段。

第二，被征伐国的一方要有明显的、无法用非武力的形式改变的、违背仁政而导致其人民遭受苦难的行为之证据。

第三，被征伐的人民所遭受的水深火热要达到一定程度，以至于让他们准备好了用明确无疑的方式（"箪食壶浆以迎王师"）欢迎征伐者。

第四，征伐者必须是出于救民于水火的动机，并且这一动机要经受被征伐的国家的人民的长期考验来验证，以保证对仁的追求不是征伐者侵略和掠夺的借口。

第五，他们的解放行为还要得到"国际社会"的支持，尤其是那些遭受相似非仁统治的人民的拥护与期待。

第六，征伐者在被征伐国家的去留，也要依赖于被征伐国家人民的意愿，以及国际舆论。

对上述条件与标准，一个可能的问题是，它们是一场征伐战争具有正当性所必须具有的条件吗？上面所列的第一项是正义战争的前提，之后的三项，从道理上讲，从《孟子》的行文来看，都应该是密不可分的，而第六项是跟它之前的四项紧密相关的。因此，这里问题的关键是，是否上面的第五项，即"国际舆论，"也是必须要有的，还是有了好，但是没有也可以的？这一项要求，在孟子对齐伐燕与汤征葛的讨论里都提了出来。更重要的是，对孟子来说，战争的正当性来源于所有人民（无论其国家是否直接卷入战争）的满意与否。因此，把其他人民，尤其是其他受苦人民的看法从战争合法性问题中剥离开来，不能符合孟子对这一问题的整体理解。因此，我倾向于认为，上面所列一切条件与表征都是孟子所理解的正义战争所要有的。

孟子坚持征伐战争的合法性要有明确的表征，理由是他担心合法性可能是由侵略者制造的。人们可以争辩说，孟子理论要求的"箪食壶浆以迎王师"的欢迎场景也可以是由征伐者组织出来的假象。对此可以有如下的回应。第一,作为征伐战争是否正义的评判者应该在不受征伐者的宣传的影响的前提下,来判断这种场景是人民情感的真实反映还是被制造出来的假象。这里就预设了信息的自由和充分的流动。第二,孟子还要求征伐者的行为要经得起长期考验,这也减小了被侵略者被误导的风险。第三,孟子对国际社会舆论的要求提供了对这场战争合法性可靠评价的另一个保证。

现在,让我们从本章提出的孟子正义战争理论出发,分析一个具体的例子。关于美国第二次伊拉克战争的合法性,支持和反对这一战争的双方共同面临的一个关键问题是,伊拉克是否有大规模杀伤武器并因此构成对美国的"明显且当前的危险"(clear and present danger)。也就是说,双方预设一个共同原则:只有他国对本国构成上述的这种威胁,对他国的战争才是正当的。现在,让我们假设一个案例:A 国实行不仁之政到了令人难以忍受的程度,此时 B 国出于对 A 国中受苦人民的同情,攻打 A 国。在这一案例中,B 国对 A 国构成了明显且当前的危险。但是根据孟子的正义战争理论,A 国为了消解这种明显且当前的危险所做的防御是不正义的,而 B 国征伐的原因与任何明显且当前的危险无关,而是由 A 国中人民的悲惨处境触发的;因此 B 国攻打 A 国是正义的行为。也就是说,在孟子的理论中,"明显且当前的危险"既不是正义战争的充分条件也不是必要条件。在伊拉克战争的案例中,如果伊拉克人民受到的痛苦已经如此巨大,以至于他们准备好了政权更迭,那么以解放为唯一意图去征伐伊拉克会是正义的,即使伊拉克没有对征伐国家构成明显且当前的危险。事实上,一些美国政客,特别是一些所谓新保守主义者(neo-cons),确实用这一理由来支持伊拉克战争,声称伊拉克人民会跑到大街上,用鲜花欢迎美军。美国当时的总统布什及其政府也一再强调美军是解放者(liberators),而不是侵略者(invaders)或占领者(occupiers)。一些反战人士反对这些说法背后的原则,但是孟子会支持这一原则。从孟子的观点来看,伊拉克战争的错误不在于美国使用这一原则发起伊拉克战争(如果这真的是美国攻打伊拉克的唯一理由的话,但这是极具争议的),而是那些声称遵循这一原则的人对当地的现实做出了错误的评估。一些伊拉克人民确实跑到了大街上，但他们带来的是炸弹而非鲜花。

那么，人类历史上是否存在孟子意义上的正义战争的好的例子呢？或许最好的例子是美国加入二战。在法西斯的统治下，很多亚洲人和欧洲人遭受了巨大的苦难。当美军（部分地）出于拯救人民免遭大规模毁灭的动机，出征欧洲与亚洲的时候，这些人民确实用好的食物、饮料、鲜花（"箪食壶浆"）等欢迎美军。他们唯一的抱怨是"你为什么那么晚才来攻打我的国家？"和"你为什么不先来攻打我的国家？"（"奚为后我"）

很明显，这里给出的原则是正义战争的规范性理想，依据这一理想，现实中任何战争都不可能是完全正义或者完全不正义的。[291] 不过，一个正义战争理论就是旨在提供规范性理想，而我们可以依据这一理想来衡量任何现实中战争的正义程度。同时，一个完善的正义战争理论，应该对现实世界中常常（或者总是）"不纯"的案例有所处理。不幸的是，孟子几乎没有讨论不理想案例。但是，在孔子在《论语》中对当时精明的政客管仲的讨论中，他一方面批评管仲的行为不能达到儒家道德标准，但是另一方面，他承认管仲的一些行为可能拯救了华夏与文明世界，使其免于彻底灭亡（《论语》3.22,14.9,14.16 和 14.17）。从这些讨论中，我们可以想象，我们能够发展孟子的正义战争理论，来更充分地处理那些不理想的案例。但是，我们不应该否认孟子理论的意义：因为他给出了一套标准，依据这套标准我们可以衡量现实世界中战争的正义程度；同时，他也给出了一个人类应该努力达到的理想。

六　与"人权高于主权"和"保护之责"的比较

1. 与基于权利的理论比较

在我们阐发了孟子的这种"仁责高于主权"的观念及其衍生的正义战争理论之后，我们下一个问题是，它与当今主流的正义战争理论相比的独

---

[291] 也有人因此认为，孟子把义战的标准定得如此之高，实际上是想否定任何现实中战争的合法性，也就是说，孟子是根本反战的。参见 Hagen（2016）。我不同意这一观点。

特性与优劣何在?正义战争问题在西方思想史上是个源远流长的问题,当今也有很多关于它的细致与复杂的讨论。很明显,在本章中,我无法将孟子的理论与当今主流理论做出任何全面和深入的比较,但我将把孟子的理论和一些人道干预(humanitarian intervention)理论和保护之责(Responsibility to Protect)理论的"教科书"版本进行初步比较,以之为未来的研究做些准备。

第一,人道干预的自由主义和世界主义理论一个核心思想是"人权高于主权"的原则。人权与仁有部分重叠,但二者的理论基础与实际含义有所不同。[292] 在正义战争的问题上,首先,孟子强调的是解放者的责任,以及被征伐国家的政府在没有尽到保护其人民的责任下主权(sovereignty)的丧失,而基于权利的干预理论的重点是对人民权利的侵犯。基于责任的进路将行动的责任放在有能力采取行动的一方,即潜在的解放者。

第二,根据孟子理论中仁的原则,决定人民是否需要外部援助的是,在他们充分知情的情况下,他们自己是否觉得自己正在承受国家的不善之治理的后果,而非是否某些抽象权利被侵犯。如果干预是基于权利,一个问题是,作为潜在援助对象的人民是否承认这些权利?如果他们不承认,但是外部援助者承认,那么后者依然可以打着保护人权的口号去干预。这会被用作殖民主义者的借口与辩护。即使外部援助者是真诚的,他们也犯了傲慢的错误。他们做的是,通过侵犯人民决定接受哪些权利的权利以及决定他们的痛苦是否足够严重以至于外部干预是正当的权利,来保护他们的权利。与之相比,人民是否正在遭受非仁的统治,比他们的权利是否被侵犯,争议要**小很多**(尽管依然会有争议)。基于权利的干预的另一个问题是,比起基于仁的干预,它有更大的过度进攻性的风险,因为外部援助者总是可以发明新的权利,或给出对权利的新的解释,而人民的痛苦会更少受这种发明的影响。

第三,根据孟子的理论,即使人民遭受痛苦(或者说他们的权利被侵

---

[292] 我将在第九章进行更详细的讨论。

犯),但只要他们还没有准备好政权更迭,那么征伐就是不正义的,即使其他方法都已经被用尽了。但是根据基于权利的理论,这种情况下的征伐战争可以是正义的。有些人可能认为儒家的谨慎机制是冷漠的,因为它似乎(只要还没到忍无可忍的程度时)忽略了人民的痛苦。但这一策略或许来自对现实政治的深刻洞察。当被征伐国家的人民还没有准备好欢迎征伐者的时候,善意的征伐或许会将人民在爱国主义的名义下推到他们不仁的统治者一边,随之而来的抵抗也将带来死亡与破坏,这又将进一步助长抵抗。这将延长一个不仁政权的寿命,并赋予它一些合法性。而如果不过早入侵,它不会拥有这些合法性。孟子关于揠苗助长的著名寓言也提供了相似的论证:一个愚蠢的农民太渴望幼苗长大,以至于把它们拔了起来,结果是他杀死了它们(2A2)。对孟子和很多儒家来说,除了站在历史上正确的一边之外,时机也是很重要的。当然,当军事干预没有正当理由时,孟子思想的追随者仍然可以通过其他方式帮助受苦难的人民,比如帮助那些受够了国家治理不善的人民逃离那个国家。

有人可以为基于权利的干预理论提供这样的辩护:他可以论证说,我们可以发展一种基于权利的理论,它把行动的负担放在能够行动的人身上;它所涉及的权利仅限于一些基本的、没有争议的权利;它有一个机制把被解放人民的感受与判断纳入考虑;并且在使用军事干预的时候它有一个谨慎机制。但所有这些都是孟子理论中已经有了的、内在的且自然的内容。

2. 与保护之责学说的比较

部分地由于基于人权高于主权原则的人道干预理论的问题,保护之责(Responsibility to Protect;R2P)理论被发展了出来。[293] 面对卢旺达种族屠杀和所谓"斯雷布雷尼察大屠杀"(Srebrenica massacre),加拿大政府在2000年成立了干预与国家主权国际委员会(International Commission on

---

[293] 感谢罗秉祥教授指出保护之责理论对我的讨论的重要性。保护之责的历史与基本观点,参见 http://www.un.org/en/preventgenocide/adviser/responsibility.shtml。

Intervention and State Sovereignty；ICISS)。ICISS 在 2001 年发表了一篇报告。[294] 在有最多数的国家与政府参加的 2005 年世界峰会(2005 World Summit)上,保护之责理论被一致采纳,并被写入这次峰会的成果(outcome)。[295] 在 2009 年,联合国秘书长发表了名为"实行保护之责"(Implementing Responsibility to Protect)的报告。[296]

这篇报告指出,保护之责建立在下列三大支柱上：

(a) 第一个支柱是:每个国家承当保护其民众(不论是否本国国民)免于种族屠杀、战争罪行、种族清洗、与反人类罪行,以及对上述行为的煽动……的长久责任,国家是这一责任……的首要承担者。(b) 第二个支柱是:国际共同体承诺帮助每个国家履行这些义务……。(c) 第三个支柱是:在某一国家明显地没有提供这种保护的时候,联合国成员国有责任以及时与决定性的方式做出集体性的回应。[297]

从这些文件,尤其是上述三大支柱来看,保护之责理论与孟子正义战争理论有很大的重合。首先,保护之责理论规定,适用国际干预的情形包括种族屠杀、战争罪行、种族清洗以及反人类罪行。类似于我之前所展示的孟子以仁为基础的理论的优点,认为上述情况不可接受,并将其作为干预的动机,这远比基于权利的理论更少争议。人们可以说,保护之责涉及的情形与孟子理论中的相应条件不同,即被征伐国的人民必须以"箪食壶浆"欢迎解放者。但保护之责所列举的情形,可能也正是人民会以"箪食壶浆"欢迎解放者的情形。

其次,保护之责用责任语言代替了权利语言。这一变化可以有两个有利影响。通过接受每个国家是保护其人民的首要责任承担者,保护之

---

[294] 保护之责,ICISS 的报告,2001 年 12 月,http：//responsibilitytoprotect.org/ICISS%20Report.pdf。

[295] http：//www.who.int/hiv/universalaccess2010/worldsummit.pdf。

[296] 履行保护之责:秘书长的报告,联合国大会,2009 年 1 月 12 日,http：//responsibilitytoprotect.org/implementing%20the%20rtop.pdf。

[297] 同上书,8-9。

责承认主权。同时,通过将主权与责任联系在一起,这样就对前者有所限制。有了这样的理解,我们可以看到,国际干预并没有侵犯国家主权;相反,是被干预的国家的无能与暴政使它自己失去了主权。这可以导致道德、政治与法律话语更大的清晰性。保护之责强调其他国家有责任帮助失败或暴政国家的人民,这或许也能更有效地呼吁其他国家采取行动。我们所欲求的国际干预无法实现的一个原因是,虽然其他国家有权利干预,但他们拒绝使用这一权利。这一权利只是**允许**他们做某些事,但并不**要求**他们做这些事。相反,责任的话语可以向那些有能力帮助的国家施加更多的压力(不承担这一责任是可耻的),也会有更大的吸引力(承担这一责任是光荣的)。

第三,保护之责理论明确规定了国际社会有哪些责任:防止的责任、反应的责任、重建的责任。[298] 在讨论这些责任时,我们可以清楚地看到,战争是最后的手段。在我对孟子理论的介绍中,重点是对正义战争的讨论,没有太多关注他仁责理论的其他方面。但是从本章开头我们可以看到,孔子是如何提供一种方法来对付不仁的国家的。在前文提到《孟子》(3B5)的商汤伐葛的案例中,我们可以看到,商汤是在其他援助的办法都失败之后,才不得不采取战争手段的。在他讨论如何处理其他国家对齐国占领燕国的反对(1B11)时,孟子对恢复的建议("反其旄倪,止其重器;谋于燕众,置君而后去之")和保护之责理论中重建的责任是呼应的。

因此,孟子的正义战争和干预理论,和保护之责理论是高度重合的。二者的一个重要区别是,在保护之责理论中,主权受到国家为其人民提供多少服务的限制这一观点是隐含的,但是在本章讨论的孟子理论与第七章阐述的儒家新天下体系中,这一观点是明确的。的确,如果这一观点在保护之责理论中也是明确的话,那么这一理论被参与 2005 世界峰会的国家全票接受将会是一个奇迹。与这一问题相关的是,在联合国文件中,保护之责由联合国承担,联合国是所有主权国家的集合。但是在儒家世界秩序中,世界应该是以仁为基础的等级结构。仁道国家的联盟有保护不

---

[298] "a responsibility to prevent, a responsibility to react and a responsibility to rebuild",同上书,7。

仁的国家之人民共同责任(他们不必保护联盟国家中的人民,因为成为联盟的一员要求每一成员国以令人满意的程度保护其人民)。仁责或者保护之责应该在联盟成员国之间做出决定,而不是经由所有国家或者联合国安理会的常任理事国的共识。也就是说,孟子理论中的承担者或许和现在保护之责模式中的不同。

七 孟子理论的问题

在本章最后一节,我将讨论孟子正义战争理论的一些问题。首先,正义战争理论通常有三个组成部分:jus ad bellum、jus in bello、jus post bellum,即诉诸战争的原因的正义、战争中的行为的正义,以及战争结束的正义。孟子的理论详细处理了第一个部分,发动战争的正义原因,并触及第三个部分,战争后的正义(在对战后重建的讨论中)。但孟子几乎没有谈到战争期间的正义行为。与此相对,另一个重要的先秦儒家荀子广泛地处理了这一问题以及其他两个问题。[299] 如唐清威指出的,其原因可能是孟、荀对人性的不同理解(2014)。对孟子来说,人类有向善的天生潜能,而暴政是一个特别坏的暴君所致,这是一种极不正常的情况。因此,为了解放受苦难的人民,我们需要做的只不过就是除掉这禽兽般的暴君,而人民自然会支持我们,因为他们能从其自身善的潜能中看到我们的善良意愿。

1. 人民意志的不透明性

这也让我们看到孟子正义战争理论的另一个问题。[300] 即使孟子理解的独夫民贼的暴君是人民痛苦的唯一原因在他的时代是正确的,在当今世界所有暴政国家中,事实并非一个独夫民贼的暴君压迫该国所有的人

---

[299] 荀子可能对利用民意证明侵略战争正当也有更充分的讨论,这一问题对孟子的正义战争理论是一个挑战。但为了在全书中提供的儒家理论的连贯一致,我决定主要使用《论语》和《孟子》,因此我不会在本书中详细讨论荀子的理论。但在这里这一点尤其令人遗憾,因为他在正义战争问题上提供了更丰富的理论。关于荀子的详细讨论见唐清威(2014)。

[300] 感谢钱江向我指出这个问题,以及本节之后将要讨论的民意稳定性问题。

民,而压迫几乎总是由一群人带来,这一群人往往是被暴君"收买"的少数群体。比如,在萨达姆统治时期的伊拉克,逊尼派,尤其是来自他的家乡的逊尼派,是压迫什叶派多数的共犯。这一事实与萨达姆被武力推翻后的动荡相关。所谓"阿拉伯之春"的动荡中也发生了类似的事情。即使是在前面提到国际干预的最佳历史案例,即"二战"的例子中,大多数日本人和德国人可能也并没有张开双臂迎接美军。在当今世界,除了暴君以外的所有人都欢迎解放者的场景几乎从未实现过(如果它真的曾经实现过的话)。诉诸简单多数的欢迎可能也是不够的,因为在一些种族清洗的案例中,是多数人杀死了少数人。[301]

用人民的意志作为解放之合法性的基础还有另一个问题。解放战争前,如果一个国家的人民遭受暴政,他们的意志很可能无法自由表达。即使我们可以通过本章开头所提议的那类调查(移民比例)来衡量他们的意愿,专制国家的人民可能被洗脑,以至于认为他们的生活方式毕竟没有那么糟糕,尽管从儒家或任何合理的观点来看,事实是他们的国家应该得到解放。我们可以尝试向人民传播正确的信息,但是当他们处于一个压制信息自由的政权之下时,这是非常具有挑战性的。即使我们找到了一种方法做这件事,人们在能够表达对一个政权的满意或不满之前,也需要时间充分了解信息,这使孟子解放之合法性的标准的实际挑战更大。

对于这两个挑战,孟子可以有两个形式上的回答。第一,那些与暴君共谋,并且选择忽视民众苦难的人是不仁的,甚至在孟子意义上是非人的,他们的意志不应该成为人民意志的一部分。第二,只有在人民充分了解信息的情况下,他们的意志才可以被用来为政权更迭提供合法性。但是因为上述实际的困难,两个回答都将使对民意的判断变得不透明,与比如向他们的解放者提供"箪食壶浆"这样清晰的欢迎的表征形成对比。这种不透明的结果是,我们可以想象,征伐者可以忽略被征伐国家中一部分人甚至是大多数人的意志,声称他们的声音不被采纳是因为他们是压迫

---

[301] 感谢刘晓飞向我指出这一点。

者或是其共犯，[302] 或者因为他们没有充分了解信息。如果征伐者是真诚的，这可能导致错误的判断，以及轻率甚至适得其反的行动。如果征伐者是不真诚的，这会是为他们的恶意入侵辩护的好借口。

保护之责理论明确规定了哪些情形下可以采用军事干预，并且这些情形可能恰好符合孟子正义的解放战争的标准。并且，与孟子的解放的条件相比，它们相对更容易识别。确实，一个孟子思想的追随者可以论证，在现实中，我们应该将这些情形为解放的正当性辩护，而不是使用民意和国际社会的共识。并且，在国际舆论的问题上，一国发生的事情是否应该被视为这些情形之一种，应该由文明国家的联盟（这个联盟可以是一个或多个联盟）决定，而不是由所有国家决定。这可能有助于避免上述挑战。

2. "厚"的意义上的仁

孟子的理论的另外一个问题，是仁的多义性，其中一些含义过于厚重，会引起很大争议。我在本章前面用的例子，主要是关于被征伐国家人民遭受的苦难。但是在燕国被伐(2B8)的案例中，明确提到的是燕王禅让王位给一个大臣。这违反了继承的惯例，但燕国的人民是否因这一非法继承而受苦并没有被提到。[303] 我们可以为孟子辩护说，对这一惯例的违反导致了对燕国人民的伤害。确实，在齐国的征伐下燕国迅速崩溃，这似乎表明燕国人民并不热衷于保卫他们的国家，其原因可能是他们遭受了苦难。这一对惯例违反甚至可能对其他国家的人民也有伤害。这是因为，比如，它鼓励了其他国家也去违反继承的规则与野心勃勃的大臣之间残忍的竞争。即便这一辩护成立，我们还是应该明确指出，解放战争的正当性必须建立在受苦难的人民已经准备好政权更迭的事实之上，而不能

---

[302] 和被征伐国家中谁的声音应该被采纳的问题相关联的一个问题是，国际社会中哪些国家的声音应该被采纳。

[303] 一个有意思的对比，是《论语》里孔子要求伐齐，因为一个臣子犯了弑君罪(14.21)。但这显然是一个比孟子在这里讨论的案例更严重的问题，并且在孔子的时代，封建秩序还没有完全崩溃，战争可以是相当有限的。

仅仅是继承惯例的违反。

另一个更有问题的案例是商汤伐葛(3B5)。商汤干预葛伯的最初原因是,葛伯拒绝祭祀。这是礼的选择的问题。但是一个国家是否符合礼,很容易被另一个国家利用,作为其由私利驱动的军事扩张的借口。并且在当代世界,如果仅仅宗教与习俗的差异就能成为冲突与战争的原因,这将违反自由的多元主义,甚至动摇世界秩序。[304] 比如,清末民初思想家章太炎(1869—1936),他见证了"文明"的西方与日本以其傲慢的原因侵略中国,为《孟子》中的这一例子提供了愤世嫉俗的解释(1986,40)。[305] 依章太炎的说法,商汤伐葛其实是个阴谋("尚考成汤伊尹之谋,盖借宗教以夷人国")。首先,他用宗教差异为借口批评葛伯。一国之君是否遵守他国家自己的礼,可能不是由其邻国去质问或者批评的,且牺牲祭品只应该由国君本人提供,而非由他国国君提供,尤其是在前者并没有要求任何帮助的情况下("诚知牛羊御米,非邦君所难供,放而不祀,非比邻所得问")。[306] 当葛伯被这些批评与干涉惹恼的时候,商汤把他的臣民派到葛伯的国家去,使后者非常担心("故陈调讽,待其甕言,尔乃遣众往耕,使之疑怖")。最后,大概是出于怀疑与敌意(这大概是这些情况下的理性反应),商的一个小孩在葛被杀——这是几乎注定要发生的事情。于是,商汤迅速以此来证明他征伐葛是正当的("童子已戮,得以复仇为名")。章太炎进而指出,人类历史上,一个国家以另一个国家野蛮而自己文明为借口来攻打后者的情况屡见不鲜。

为了避免这类问题,我们需要回到最"薄"的、最具有共通性的标准,也就是基于人民福祉的标准,而非基于继承规则、遵守礼教等"厚"的标准。在《孟子》的案例中,据说商汤伐葛得到了"国际"支持:其他受苦难的人

---

[304] 感谢中岛隆博教授和方旭东教授促使我澄清这一点。对于礼和宗教的多元性问题,詹康教授提供了一个有意思的回应。我们可以检查一个国家是否违反了它自己的宗教信仰。但是这种回应有道德相对主义的危险。比如,如果纳粹德国决定违反他们自己的价值,善待犹太人,难道我们应该干预吗?一般来说,干预,尤其是军事干预,应该使用对仁的更高标准的违反,否则它会容易被滥用。
[305] 感谢中岛隆博教授向我指出这一解释的相关性。
[306] 詹康教授向我指出,商汤的援助,类似我们现在对非洲的援助。但问题是,商汤的援助是不顾后者的抗议强加给葛伯的。

民,甚至蛮夷,都焦急地盼望他的解放。可以推测,这些蛮夷对礼可能有不同的看法,但他们的支持意味着对商汤发动战争的正当性是基于某些重叠共识的。这可以回应章太炎的挑战,也可以支持我对孟子理论的薄的解读。

需要明确的是,虽然这一标准不能过于厚,以至于以违反某一特定国家的礼或宗教系统为标准,但是儒家也不会接受把人民短期物质利益的满足视作人民福祉的全部内容。相反,人民的长期利益,包括后代的利益,以及基本的道德需要,比如基本人际关系的培养,也应该是人民福祉的一部分。举例来说,一个国家对环境破坏的彻底漠视会对外国人和子孙后代有害(长期利益),这可以是干预的理由,虽然,很明显,这不能是军事干预的理由。

3. 定于一

最后,让我来澄清孟子关于天下统一的观点。贝淡宁(Daniel Bell)论证说,儒家的理想世界是"一个统一的世界","没有国家边界的、由一个圣人通过德行,而根本不是通过强制性武力统治的和谐的政治秩序"(2006,36和24)。在这一理想世界中,自然不会有任何战争。孟子似乎表达了这一观点。在《孟子》1A6中,他声称世界可以通过"定于一"实现稳定,并且只有不喜欢杀人的人才能做到这一点。但是,孟子这里所讲的"一"到底是何种意义上的"一"?是秦以降之郡县制下中央相对集权的大一统的"一",是西周封建制中天下共主之下各诸侯国相对独立的"一",还是当代欧盟形式下甚至是联合国形式下更松散的"一"呢?并且,"定于一"是如何达到的呢?实际上,我们上面看到,在讨论齐应该如何对待燕的问题上,孟子做出了重建燕国的建议(1B11)。这里,孟子表现出对国界的尊重。也就是说,这种"物理"意义上大一统不是他所要求的。事实上,孟子认为,真正的王者,即一个能够"王天下"的仁人,可能每五百年才会出现一次(2B13)。根据他的正义战争理论,即使这样一个王者出现了,而另一个国家如果没有实行不仁的统治,或者即使它实行了不仁的统治,但没有极端到其人民已经准备好政权更迭的程度,那么这一王者也不能攻打和吞并另一个国家。所以,由真正的王者实现对全世界的"物理"统一的前提是,其他所有国家都极其暴虐,以至于其人民准备好了政权更迭。这里准备好的意思是,他们的人民准备好了欢迎解放者,于是他们的国家很容易就能被解放。很明显的是,这甚至比真正的王者出现更罕见。因此,即使是在真正的王者出现的时候,国家边界也极有可能依然存在。这一王者能成为真正的王者,必要的并不是他真的统一了整个世界,而是他通过使其国家成为"灯塔国"、成为道德典范来引导其他国家实行仁政;通过吸引受苦难的人民移民到他的国家,以及仅仅在某些极端情况下,通过阻止不正义的战争,或者通过征伐另一个极端暴政的国家,由此带领其他国家走向仁政。世界因此成了"一",不是物理意义上或主权意义上的统一,而是在真正的王者以上述方式的领导之下,即天下定于仁。很可能"真正的王者"不是一个特定的国家,而是仁道国家的联盟。如果它能够产生,将不仅给世界带来和平与稳定,而且是<u>有正当原因</u>的和平与稳定。

但我们能够拥有一个恰好强大到足以成为天下共主的仁的统治者吗?孟子似乎对仁的力量持乐观态度,但他并不真正相信一个仁的国家能永远自保,更不用说带领全世界。这展示了孟子现实性的一面。但是,我们还是可以问,即使我们对孟子的现实性一面给予同情的解读,它是否能抵抗现实的挑战?比如,孟子声称"不仁而得国者,有之矣;不仁而得天下者,未之有也"(7B13)。但恰恰是被孟子理解为不仁的秦国,征服了整个已知世界并统一了天下。孟子的追随者可以用秦帝国的快速灭亡来自我安慰。毕竟,孟子论证过一个不仁的统治者不能持续统治天下太久(6B9)。我们也能辩论说,孟子像罗尔斯一样,关心的是"出于正当原因的稳定"(stability for the right reasons)。不仁的统治者控制全世界是可能的,但这并不使其成为正当的。此外,孟子对一个仁者统治世界秩序不太抱有希望。但是不可否认的是,孟子并没有讨论一个不仁的国家如何能统治整个世界,其权力如何能被保存(无论时间多么短),以及我们对此能做什么,对这些问题的讨论对仁政与国际秩序的完备理论很重要。[307]

---

[307] 再说一次,这种不完备可能与孟子对人类自然倾向的乐观态度有关,而荀子可能提供了更现实的学说。

第九章

儒家权利理论

一　关于儒家与自由民主相容性的四种立场

在第五章中介绍了儒家的恻隐之心的观念之后，我已经说明了它是如何从家庭外推到国家，从国家外推到全人类的。我还展示了将关爱推扩至政治哲学中一些关键问题的意义。下一个自然而然的外推步骤是将这种关爱应用到动物身上，我将以此来发展儒家的动物权利理论。但在此之前，我必须再次回顾前几章中反复出现的一个问题：儒家思想与权利之间的相容性问题。我在这里所使用的主要的儒家文本依然是《论语》和《孟子》。

正如第一章开头提到的，自由民主制度被认为是在政治模式探寻上历史的终结，是每个国家都应该追求的目标。尽管自由民主制度遇到了越来越多的问题，但人们仍然普遍认为，任何儒家思想（或其他"非自由主义"思想）之当代意义的捍卫者，首先要做的是论证儒家思想和自由民主思想的相容性。

为了显示二者的相容，我们需要定义什么是自由民主。西方政客与中国向往民主的知识分子似乎都相信西方民主的根本观念（fundamental ideas）是个人主义（个人利益至上）和平等。人权与法治被认为与这两种观念相关，或以这两种观念为基础。如果我们将自律（autonomy）观念加在上面的个人主义的"最低"版本之上，即是说每个人都应该是自己命运的主人，或者我们进一步认为每一个人都是他自己利益的最好裁判[为了论证需要，我将上面的根本观念和添加的观念合在一起称为"民主理念"（democratic ideas）]，这些观念在制度层面上就表现为一人一票的普选制度。正如第三章开头所论证的那样，一些人可能还认为市场经济——也许可被称作一元一票的普选制度——是这些观念在经济层面上的表达。这就是为什么对许多人来说，一人一票的普选制和市场经济是一个国家被看作民主国家的重要原因。

在此背景下,那些关注自由民主思想与儒学以及所谓一般性的东亚价值相容性问题的人可以分为四个阵营。第一个阵营是亲民主而反相容性阵营。这群人认为上述的民主理念是自由民主的本质,儒家思想与自由民主不相容,因为这群人和很多外行都认为儒家倡导的思想与前面提到的自由民主原则恰恰是相反的。特别是儒家把国家和社会置于个人之上,反对个人主义;儒家主张一种精英主义或贤能政治,甚至是威权主义,其以人与人之间的不平等为前提,反对平等和一人一票;孔子的德治思想(也被描述为一种人治,即有德的人去统治)表面上与法治思想不一致;儒家所谓轻视商业和强调政府的道德角色,似乎与市场经济和个体自律相冲突。

基于这种不相容的观点,第一阵营的人可以进一步划分为两个子阵营。第一个子阵营认为,我们需要摆脱儒家思想,才能使儒家文化圈内的国家接受自由民主。这是新文化运动和五四运动的激进派的信条。它在中国的民主派知识分子中仍然非常流行,并由罗纳德·德沃金(Ronald Dworkin)等国际人物推动。与第一个子阵营相对立的第二个子阵营包括更多现实的思想家,如萨缪尔·亨廷顿(Samuel Huntington)和蔡美儿(Amy Chua),他们认为儒家价值在东亚根深蒂固,不能被连根拔除,而这些根深蒂固、互不相容的价值观将会导致东西方文明的冲突。[308]

第二阵营是亲民主且支持相容性的阵营,许多所谓的海外新儒家,尤其是牟宗三和他的追随者都属于这一阵营。他们论证相容的主要策略是努力从儒家思想中导出上述的民主理念。然而,这种努力存在一定的问题。首先,比如在儒家思想与权利相容的问题上,他们中的一些人认为,康德式的个人自律是儒家思想固有的,因此儒家思想可以与权利相容。但这一策略中的关键举措一直饱受争议,并且这对于康德和儒家思想都不是公允的解读。[309]

其次,即使上述推导是可行的,但如果民主理念已经在某些西方政治

---

[308] 有关参考资料和更详细的讨论,参看贝淡宁(2006,1-6)。
[309] 比如可以参看史伟民(文稿)。

哲学中得到了充分的发展,我们又何必费力去从儒家思想中推导出它们呢?简而言之,我们为什么要费神去读孔子呢?我们直接去读康德就好了——他不需要我们去进行思想上的"揉搓"(massaging)就可以直接给我们所需要的。因此,这种推导至多能起到帮助有儒家传统的国家或者当代儒家去采纳民主的实用功能。一般来说,尽管新儒家的进路看似非常自信,认为现代西方自由民主的价值可以从儒家推导出来,但它实际上在向自由民主举起了白旗。也就是说,这一阵营实际上与第一个阵营的人有相同的信念,即"西方(即西方的民主和科学)是最好的",其与后者的区别在于他们(通常是牵强地)声称西方价值可以源自儒家。他们所做的实际上是让儒家思想成为自由民主制度的啦啦队,而儒家思想唯一的建设性方面来自其道德形而上学。但他们用来应对现实世界民主过度行为的、厚的道德价值却与自由民主制度下的多元主义现实相冲突,充其量也只能对其思想的信众有用。但这些信众只是持有不同道德观点的人群中的一小部分。事实上,更温和的中国亲民主思想家会以近乎居高临下的傲慢态度欢迎这样一种"去了势的"(neutered)儒家思想,将其作为一个自由政体中多元价值的组成部分。

最后,这两个阵营的共同之处在于,他们都认为民主理念是西方民主的根本,因此只有从儒学中推导出民主理念才能使儒家与民主相容。在权利问题上,前面提到的新儒家思想预设了一个前提,即权利只能通过一种强有力的(康德式的)自律来得以辩护。我将在下面的两节回来讨论这些问题。

第三个阵营是亲儒家而反相容性的阵营。这个阵营和第一个阵营的人一样,也相信儒家与民主不相容,但他们坚称中国传统价值优于西方。20世纪早期特立独行的思想家辜鸿铭的著作就是这样一个例子,虽然它们一般并不被看作是学术著作。当代学者蒋庆认为,自由民主与基督教是分不开的,而后者是西方文化的根源。因此,由于中国是儒教国家,它不能采纳基督教文化特有的自由民主,而必须发展和采纳儒家的宪政制度,而该制度也是优于西方自由民主制度的。[310]

第四个阵营是"修正主义"阵营。这个阵营的成员承认主流自由民主思想和儒家思想之间的差异,他们想提供一些修正主义的学说。根据修正的内容与应用,这一阵营可被划分为两个子阵营。一个是更加亲民主的修正主义阵营。这一阵营的人想要对儒家思想进行修正,使其与自由民主相容,从而催生带有儒家价值观的自由民主国家。金圣文(Sungmoon Kim)最近的著作可以归入这一类(2014)。目前中国有一些思想家似乎也正在进行这样的尝试。但他们大多还没有以学术的方式清晰地表达这种思想。此外,这个子阵营和第二阵营之间的区别可能变得模糊。就金圣文而言,他与海外新儒家的真正区别在于,他是公开的"修正主义者",而后者是"未出柜"(closeted)"修正主义者"。因此,我对这个子阵营(包括金圣文的著作)的批评类似于对第二个阵营的批评。我特别要指出的是,除了在促进民主化上对所谓的特定文化(儒家)环境比较敏感之外,我们很难看到他们的这种努力如何可以在普世意义上丰富我们对最好政体的反思的。

第二个子阵营是亲儒家的"修正主义者"。这一阵营的人承认自由民主有其优点并希望保有它们,有时通过更新、修正,甚至放弃儒家的一些思想来做到这一点。但与第二阵营和第四阵营里的第一个子阵营不同,他们认为在儒家与自由民主理念产生分歧之时,儒家思想可能还有一定的优势,尤其是在政治制度方面(而不仅是在多元公民社会中的美德方面),它们可以用来改善自由民主制度,甚至发展出不同的政治模式。贝淡宁、陈祖为、安靖如和我都属于这个小阵营。[311]

以上的划分是一个路标——路标自有其意义和短处——意图引导读者掌握关于儒学和自由民主关系的种种文献和研究。这种分类可能是粗略的,无法公正地对待许多细微差别,即便是对那些已经被提到的学者而

---

[310] 我已经在其他地方批判过他的提议了,这里不再重复。关于蒋庆的理论的详细介绍和一些英文批评,包括我自己对它的批评,请参看蒋庆(2012)。

[311] 贝淡宁在这方面的研究,见贝淡宁(2006 和 2015)。在最近的一本书中,陈祖为汇集了他在过去十多年的许多作品(2013b)。安靖如在这方面的工作见安靖如(2012)。

言也是如此。比如，牟宗三的辩护者安靖如的作品具有类似于第二个阵营与第四个阵营里的第一个子阵营的特征。当代中国学者干春松在他的一本新书中似乎提供了一种儒家的世界秩序，这一工作看似第四阵营的工作(2012)。但有人会说，他提供的秩序相当接近自由世界秩序，这使他的作品更接近第二阵营的工作，也就是说，在自由民主外面涂上儒家的糖霜(sugarcoating)。

在对当代世界中的儒家思想的反思这一知识领域的分类方面，还有另一套工具可能对读者和思想史学者有用：普遍主义和特殊主义解读的区别。"普遍主义"还是"特殊主义"取决于将儒家思想视为普遍(哲学)的学说，还是被视为特定时间(意识形态)或特定人群("中国文化"或"东亚价值观")的教义。我采用普遍主义的方式来解读儒家思想。

通过上述对自由民主与儒家思想相容性问题之不同阵营的分类，以及澄清我自己的立场，现在我可以给出一个我如何处理这个问题的大纲。儒家思想可以接受一人一票作为一种选择善(而不是消除恶，这通常被理解为民主的功能)和揭示民意的机制。但其理想的政体中有贤能政治的成分。儒家思想还可以提供国家认同和国际关系的独特模式。所有这些模式都有其优点，甚至可能优于某些西方自由主义模式。同时，这些模型与自由主义模型具有一定的相容性，并且我将给出这个相容性命题的进一步论证。自由、人权和法治在处理大的和多元的国家的政治问题时，有着显著的优势。因此，我为儒家思想的当代意义进行论证的规划可以概括为：限制民主(理解为一人一票)和民族主义，但同时拥抱自由主义(理解为权利保护、自由，以及法治)。我现在剩下的任务是展示我的规划的后半部分是可行的。也就是说，我需要展示儒家思想与权利以及法治之间的相容性。此外，为了说明我的前半部分只是一个修正，而不是完全否定民主，我还需要说明儒家对一人一票制度的解读与民主制度之间的相容性。我在第四章论证了这种相容，但在接下来的讨论中，我将进一步论证从第二章到第八章的批评和建设性的规划与自由民主之间的相容。

我想在这里指出的一件事是，我的立场不同于对自由民主的一种主流理解。许多人认为一人一票是自由民主制度的核心。正如贝淡宁指出的那样，即使是政治立场保守者与民主化的批评者也只关注民主化的时机(2015,15)。也就是说，他们表面上的保留意见只是关于(目前)人民是否准备好接受民主，他们从不怀疑或从不敢怀疑民主(被理解为以一人一票的形式进行的竞争性选举)的可欲性(desirability)，而对自由部分颇多质疑。对于亲民主人士来说，最重要的任务往往是推动普选。也就是说，颇为讽刺的是，政治保守人士与亲民主人士在这个问题(民主的关键是一人一票的制度)上是一致的。但这与我的立场非常不同。就我看来，自由(法治与对自由和权利的保护)远没有民主(一人一票制度)那么该被怀疑，而且要比民主(一人一票的制度)可欲得多，应该首先被提倡。自由民主制最近陷入了困境，这导致许多人反对它。虽然我对自由民主的许多方面都持批评态度，但我认为是其中民主(以及民族国家和世界主义模式)的部分造成了这些问题，所以应该加以修正，而自由的部分应该得到捍卫。也就是说，我的批判性主张实际上是对自由民主(修正版)的支持。

二 作为自由民主的形而上学基础的民主理念之问题

现在让我们回到相容性问题。再重复一遍，一个占主导地位的信念是自由民主制度建立在第一节所定义的民主理念，或个人主义、平等、自律等理念之上的。这些理念往往被赋予形而上学的地位。但是我们如何为他们辩护呢？或者说，我们如何论证它们是绝对的和先验的呢？对这些理念的正当性进行辩护的一个方法是诉诸人性。也就是说，我们可以说人类天生**只能**是自私的或平等的。在这里，限制性的词"只能"是至关重要的，这是因为一些"非自由的"(non-liberal)学说并不(像常被有些人所错误指责的那样)否认人的自利性，它们否认的常常只是人"**只能**"是自利的这一信条。通常情况下，用于佐证人天生如何这样的信条的往往是关于自然状态模棱两可的、虚构的和非历史的说法，或者一个对人性的貌似生物的、心理的或者行为科学的,而实际上在科学上十分可疑的描述。科学和历史地讲,我们并不清楚是否人仅仅是自利的或者平等和自律的。[312]

更重要的是,即使人天生**是**自私自利或平等的,我们是否**应该**如此呢?通常在一些关于自由民主的正当性的论辩之中,一个常见的错误是从我们是怎样的来论证我们应该怎样,并进而为此欣喜、欢呼。人类生而蒙昧,但我们通常并不认为我们应该保持这种蒙昧。只有在我们不能超越我们所生而是之的时候,各种各样对人性(我们是什么)的论述才可能有一个决定性的功能。例如,一个建立在人应该不需吃饭的假定的基础上的政治哲学是毫无意义的,因为至少直到现在不吃饭对人类来讲还是不可能的。但人显然是可以利他的或关心公益的、不平等的,或社会性的。当然,如果我们想要把人引导进特定的规范或特定的"应该"的话,知道人的自然趋向还是很重要的。[313] 因此,现在的问题变成了人类是否应该是利己主义的,平等的,还是个人主义的,以及为什么我们必须接受这些"应该"。我不会讨论支持或反对这些主张的许多论据,而只是想指出,捍卫"应该"的主张比捍卫"是"的主张更加困难和更有争议。

展示了这些理念本身的问题后,我下面将讨论一下这些理念和自由民主之间的关系。首先,让我们来看看这些理念是否是自由民主的充分条件,即是否接受这些理念必然导致接受自由民主。答案是否定的。为了论辩的目的,假定人是且应该是自私的。但由此我们并不清楚为什么,如果可能的话,一个人不想建立对他人的暴政。人们可以争辩说因为我们(在全民的相互战争中)有相对平等的能力,因此一个人或者少数几个人统治大多数人是不可能的。但从柏拉图的《理想国》里的色拉苏马库斯(Thrasymachus)与哥劳孔(Glaucon)到尼采都反驳了这种说法,并且历史上暴政和寡头政治也并不罕见,因此这个假定颇有问题。或许这些政权不是稳定的,但是为什么我们要关心政权的稳定呢?**谁**要关心这个呢?

---

[312] 事实上,灵长类动物学家弗朗斯·德瓦尔(Frans de Waal)指出,从经验上讲,人类最初是有等级的和社会性的,并且有对他人同情的种子(2006)。

[313] "自然趋向"并不必然有普遍和决定的意义,而仅仅指人在没有教化的情况下有较大可能的行为。

尼采会说稳定是那些有群畜本能(herd instinct)的人关心的,不应该被上等种族认真对待。也许暴君的行为会有不好的结果,但只要在他活着的时候,它们不会发生——或者这些暴君不认为它们将会发生,暴君总能以传说中的法国国王路易十五的名言自慰:"我死后哪怕那洪水滔天。"(之前在第五章中引用过)。实际上,即使他们要为他们的放纵买单,他们仍然可以用修改后的台词安慰自己,"过把瘾之后哪怕洪水滔天"。

为了论辩的目的,让我们先把这些"吹毛求疵"放到一边而接受人虽自利但相对平等、没有一个或一小撮人能够凭其能力建立暴政这个假定。但是,个人利益加上某种意义上的平等还是不能必然地导致自由民主。人们仅仅需要想一想对霍布斯(Thomas Hobbes)的《利维坦》的教科书式的理解就可以认识到这一点。根据对霍布斯的这个通俗理解,根据自利、能力相对平等的民众的约定,任何政权都可以被接受。[314] 例如,如果多数投票要一个君主政体,君主政体便会被正当地接受。那去除自利的平等的观念又如何呢?这里,我们只需想想一个事实:一些并非民主而追求大平等的制度也把平等视为它的基本原则和最后目的。至于个人主义,即个体的权利应该被首先和在最高的程度上被尊重,当个体之间有深刻的冲突时,个人主义和自由民主之间的关系就会变得很复杂,而冲突的解决就有可能导致一种非自由民主的制度。需要澄清的是,我这里论证的不是这些理念必然导致非自由民主的制度,而是接受这些理念并不必然导致自由民主。这些理念之间的或与其他观念的某些结合完全可以导致非自由民主。

但是,接受这些理念是不是采纳自由民主制度的必要条件呢?也就是说,是不是如果不接受这些理念,我们就不会接受自由民主呢?如果答案是肯定的话,当今自由民主取得的几乎普遍的合法性和至上性对那些拒绝民主理念的人会造成严重挑战。但明显的是,很多人并不接受某些或者所有的民主理念。人是不同的,尤其是在那些人类存在的根本观念上。既然如此,那么,比如,我们如何对待那些不相信

---

[314] 当然,霍布斯的真实观点可能比教科书版本要复杂得多。

"不自由毋宁死"并且无法被我们说服的人呢？我们是否应该对他们说"不自由毋宁你死"呢？对自己奉行"不自由毋宁死"是理想，但将这一理想强加于他人是暴政。

一般来讲，人们常有的偏见是认为与自己意见不同的人不是无知就是疯狂。但是，如果我们想想历史上有这么多的哲学流派这个事实背后的意义的话，我们就应该意识到这个偏见之错误，比如亚里士多德对柏拉图，黑格尔对康德，海德格尔对胡塞尔，韩非子对荀子，等等。这些流派的佼佼者不能说是对现实缺乏观察，没想清楚，或因过于褊狭、不理解不同观点才另立门户。这些门户之间对何为人之自然或人之应为的假定差之千里，其差异经过世代交流也没被消除。并且，即使两个聪明人分享一样的先天信条，他们仍可能导出截然不同的体系。基督教内部各教派之间的争斗，以及基督教与其"姊妹"宗教（犹太教和伊斯兰教）之间的争斗，可能比它们与其他文明之间的斗争或战争还多。在中国哲学领域，程朱与陆王都认为人性本善，但其学说却有明显的不同。关于（聪明的）人之间无法解决的差异，物理学家玻尔引过一段很漂亮的关于两种真理的老话："一种是那些如此简单和清楚的说法以至于我们无法辩护与其相反的断言。另一种，所谓'深刻的真理'，是这样一些说法，它们的反面也包含着深刻的真理。"（1958,66）

所以，我们应该认识到，即使是受了良好教育、通情达理、睿智的、信息充足的人总还是有深刻的不同，而这种不同不是通过理性说服能消解的。[315] 这种不同可以是关于那些所谓的民主理念的正确性的，而这意味着如果只是通过理性说服，不接受这套理念的人恐怕不是也永远不会是微不足道的少数。如果接受这些民主理念是接受自由民主的必要条件的话，这些不接受自由民主理念的人总会对自由民主本身感到很不舒服，甚

---

[315] 关于人类中这种深刻的多元主义的深入的理论讨论，见罗尔斯（1999b,475-78；为原发表于1989年的文章《政治和重叠共识的领域》的第二节"理性的负担"）以及罗尔斯（1996,54-58；在这里我们可以找到他后来对这个问题略作修改的说法——其中一个修改是他把术语"理性的负担"（burden of reason）改成了"判断的负担"（burden of judgment））。

至深怀敌意；而支持自由民主的人也会对这些人怀有戒备，并可能把他们看作自由民主的敌人。

对于这群"敌人"，可以通过洗脑式的宣传来改变他们在民主理念上的立场。但是这个方法与自律的民主理念冲突（一个人被迫接受自由），并且它恐怕不会有决定性的成效。因此为了建立和维持自由民主，对这些在其他方面通常被看作讲理的和守法的，但不接受所谓"民主理念"的，并且不是可以忽略不计的少数人，我们就不得不公然违背自由民主的原则，使用一些与自由民主原则极端不符的压迫手段。如果不施加这些手段，他们可能会反对自由民主，或是在时机合适的情况下推翻它。因为这些人不是极少数，所以这种情况并非不可能。这里的结论似乎是：不使用一些非自由民主的手段，自由民主就不能被建立和稳定地保持。对那些希望维持自由民主制度以及意图建立一个自由民主制度的人来说，这一结论似乎是很让人郁闷的。

三　一个修正的罗尔斯式的回答

1. 罗尔斯对相容性问题的答案

因此，如果认为民主、人权必须建立在一套形而上学的教义上的话，那么民主、人权的普适性，特别是民主国家内部的稳定和民主化在世界各国的推广就都成了问题。政治哲学家罗尔斯（John Rawls）在他后期的著作中从一个自由民主国家内部稳定的角度指出了这个问题，并提出了解决方案。[316] 在《政治自由主义》（以下简称《政》）中，他写道："民主社会

---

[316] 实际上，除罗尔斯之外，有一些学者也意识到了自由民主本质上的多元性，并处理了相关的问题。但是，我选择罗尔斯是基于以下这些原因的。第一，我认为后期罗尔斯提出了对民主的一元理解的一个理论上的，而不仅仅是实践上的强有力的挑战。第二，在下一章里，我会展示罗尔斯与一个支持民主的儒家对好的民主的前提条件之考虑的相似。第三，罗尔斯是中西公认的自由主义思想家。如果我们看到他也批评对民主的一元普适之理解，并且他的批评与儒家有呼应的话，那么这就有助于说服中西的自由知识分子。关于其他西方学者对多元性的考虑，见周濂，2008b。周濂，2007 和 2008a 中也有关于多元性与传统道德哲学中至善问题之间关系的很好的描述，及对一些形而上学的自由观念的批判。

的政治文化以……三个一般的事实为特点":第一,"现代民主社会里的合理的(reasonable)、无所不包的(comprehensive)宗教、哲学、道德教义(doctrines)的多元不是一个马上就要消失的历史条件;它是民主社会公共文化的永恒的特点";[317]那么,"对一个无所不包的宗教、哲学、道德教义的持久的共享只可能由压制性的国家力量来维持"。他把这一事实称作"关于压制的事实"(fact of oppression)。他认为,吊诡的是即使我们想让人们共同分享的是诸如康德、密尔(基于个人主义和自律)的自由主义教义,我们也只能通过压制来实现。但是,"一个持久和安定的民主制度……必须得到它的政治上活跃的公民的绝大多数的自愿的和自由的支持"(1996,36-38和78)。这些事实引出了《政》的核心问题:"政治自由主义的问题是:一个由被合理的(reasonable)宗教、哲学和道德教义深深地分开的自由和平等的公民所组成的、稳定和正义的社会如何可能?"(同上,xxvii)

因此,对罗尔斯来讲,如果上述的民主理念被当作无所不包的学说或整全教义(comprehensive doctrines)的一部分,那么它们就不能作为自由民主的唯一基础。罗尔斯对上一段的问题的解决,简单地讲,就是将自由民主的理论当作独立的政治概念(freestanding political conception):独立于任何已知的形而上学的基础,形而上学的"教义"。这一策略使得各种不同的合理的(不论是自由的还是非自由的)学说可以接受一个共同的核心,从而使得一个不必然预先排除这些学说中的基本观念的政治自由主义成为可能。根据罗尔斯的想法,自由民主的内容不是被预先确定的,也不是由任何先天的观念导出的,而是被每一个合理的和整全教义努力达成的(work out)。它是所有这些合理的学说的重叠共识(overlapping consensus),并且只要这些学说接受的概念属于同一家族的自由民主概念,这个重叠共识甚至并不需要是绝对同一的概念。另外,这里每一个整全教义的任务不必然是要从自身的概念体系中导出(derive)自由民主的概念,

---

[317] 罗尔斯在《政》中非常一致地用"概念"("concept"或"conception")指称独立于形而上学的政治的事物,而用"教义"("doctrine")指称形而上学的事物。比如,几乎所有已知的,诸如洛克、卢梭、密尔的自由主义哲学都是这样的"教义"。另外,罗尔斯将"观念"("idea")作为一个中性词来用。"合理的"(reasonable)是另一个在《政》中被仔细讨论的极为复杂的概念。它有它特殊的、有可能和我们惯常理解不同的含义。

而只需要认可(endorse)它。每一学说认可这个自由民主的概念的方式可以是不同的。

基于罗尔斯的这一思想,我们可以看到解决儒家与上述"民主理念"的表面冲突并不必然意味着我们为了实现民主就必然要放弃儒家,或者从儒家思想中(往往是通过刻意地"揉捏"甚至是扭曲而)全盘地导出这些观念,就像一些海外新儒家所做的一样。相反,儒家不必为了认可自由民主而接受那些"厚的"(形而上的)"民主理念"。两个事实让这一工作变得容易得多。第一,认可是一个比导出低的要求。第二,儒家也许与上述的一些民主理念相冲突,但是我们可以论证说,这些理念也许并不构成《政》中所描述的"薄的"、非整全的政治自由主义之概念的一部分。这是因为,简单地讲,晚期罗尔斯的一个洞见就在于他认识到要让多数人认可民主,对民主就不能只有一种解读。因此,对接受民主与人权就要接受个人主义的某种形而上的版本这个假设,儒家用不着非要接受,儒家也用不着因为排斥这种个人主义而排斥了民主与人权。儒家可以提供不违背其基本信条的对民主和权利的解读。这些解读可以与当前对民主与人权的通行解读不同,而它需要做的只是提供与其他解读有"家族相似性"的解读。

2. 相对主义?

在我用罗尔斯的策略说明儒家思想和自由民主之间的相容之前,让我做一些澄清。首先,这种"薄"版本的,乃至一般意义上的自由民主,可能会被道德保守主义者等人批评是相对主义的甚至是虚无主义的。虽然罗尔斯试图"削薄"自由民主的核心,以使其具有包容性,但他很清楚,这种"薄"版本的自由民主并非价值中立。罗尔斯的"合理的"概念与其他相关概念是道德要求,并且它所隐含的体贴他人的需求和利益的呼吁也是对极端个人主义的一种治疗。但这些道德价值与多元主义是相容的,而且比形而上学的道德教义所假定的价值要薄得多。事实上,对罗尔斯来说,对自由民主的认可并不是一种权宜,一种基于理性计算的策略,而是一种诚恳的道德承诺。

并且，生活在这种自由民主制度下的人也不是尼采所说的"末人"（the last man），即那种没有深刻的信仰与价值，并且没有勇气或力气为自己的信仰与价值辩护的人。恰恰相反，罗尔斯由《正义论》到《政》的一个重大发展正是意识到了在自由民主社会中，人们拥有深刻但又根本冲突的信仰与价值，而《政》中"重叠共识""公共理性"及稳定的自由社会的可能性前提恰恰是这一社会中的人们积极、有力地展现和捍卫各自的观点，只是这种观点的表达与传播要符合自由民主的一些要求。换句话说，本章讨论的"薄"版的自由民主既不是彻底的价值中立的，也不是一种暂时的妥协，即不择手段地消灭敌人之前的权宜之计（modus vivendi）。它不会强迫公民放弃自己深刻的信仰；相反，它预设甚至鼓励他们为自己的信仰和价值观**合理地**奋斗。

因此，罗尔斯的自由主义既不是相对主义，也不是虚无主义。虚无主义否认任何终极真理和价值的存在。罗尔斯的自由主义有着"薄"但终极的价值，奉行不同的整全教义的人们也有他们各自的"厚"的价值。只是在捍卫自己的价值观，甚至是攻击别人的价值观时，必须有一个限度。如果没有这个限度，攻击者最终会付出代价。比如，引用历史上基督教与政治结合所产生的后果，罗尔斯指出，像托克维尔（Alexis de Tocqueville）指出的，与政权绑在一起是为了眼前的繁荣牺牲将来，在这个政权没落时随之没落，因此政教分离实际上保护了宗教（1999a, 166-68）。基于这样的理解，一个道德保守主义者可以对自由主义有一个不违背他或她对终极道德真理存在这一信仰的解释：作为政治概念的自由民主不配有一个形而上学的基础。自由民主是基于人类不完美的一个妥协，是一个对其所信奉的保守主义的保护，是为其传播真理所接受的程序性框架。如果有一天所有人都彻底地变得有道德，即每个人都变成上帝或尧舜都做不到的仁者，这个中途歇脚的客栈（自由民主）当然可以被遗弃。但是，在我们实现那个最好的、人皆（超）尧舜的社会之前，保守主义者可以将自由民主作为第二好的社会接受下来，并在这个框架下完善它。

与此相关的一点是，罗尔斯的自由民主给普通公民留下了空间，让他们以自己喜欢的方式组织自己的生活，只要他们在公共舞台上支持自由民主的政治概念。也就是说，罗尔斯的自由主义不同于道德形而上学，道德形而上学旨在应用于人类生活的各个方面。比如，即使我们支持一种薄的自由民主，我们仍然可以在社会生活的其他方面，比如私人社团，做一些不符合自由或民主原则的事情。虽然在本书的第六章，我表达了一些对罗尔斯和其他自由主义者公私分离的保留意见，但我确实认为在人类生活的某些方面可以进行适度的分离。

3. 对罗尔斯方案的修正

其次，罗尔斯与我所做的工作之间有所不同。其中一个不同是，罗尔斯关心的是如何在一个注定多元的自由民主社会里面发现出于正当原因（right reasons）的稳定，但是我在分享罗尔斯的关心的同时，我也试图展示人们可以在珍视他们与民主理念不同甚至有冲突的观念的同时认可自由民主，而他们不喜欢某个自由民主的意识形态的事实也并不必然意味着他们不想要自由民主，并由此来帮助非自由民主制度下的（以及自由民主制度下的）民众去接受自由民主。

例如，在今天的中国，所谓的"左派"和"自由派"之间在许多政治问题上存在着激烈的、有时甚至是极端敌对的争论。[318] 尽管在"厚"形而上学的观点上存在一些关于善和具体政策的分歧，但中国情境下的"自由主义者"和"左派"（包括"新左派"）中的很多人可能在一点上是有一致意见的：在各种各样政治、社会、经济事务中应该有一个公平的过程。如果这样的话，两派人可能会认可一个自由民主的共同的薄版本。左派想要政府控制特定事物，自由民主的薄版本对此并不必然反对，而它仅仅要求一个公平过程。类似的，某种意义上的社会主义者也是可以甚至应该接受和欢迎这个自由主义的薄版本的。因此，左派应该只是反对一些"自由主

---

[318] 澄清一下，中国学者和美国人使用这些术语的方式几乎完全相反。在美国情境中，自由主义者被理解为那些通过政府强制执行的规范性原则来维护社会和经济平等的人。因此，如果中国所谓的"新左派"指的是那些想要在粗放的市场经济中保护普通民众利益的人，那么他们就是美国意义上的自由主义者。如果中国所谓的自由主义者被理解为那些想要支持经济自由或自由市场经济，不受政府干预的人，他们将被视为里根的铁杆共和党人，甚至是自由放任主义者，但绝对不是美国意义上的自由民主派。

义者"的"厚版本"的自由民主。"自由主义者"应该看到,也许一些左翼分子只是反对某种版本的自由民主,而不是自由民主本身。意识到这样一个共同渴望的基础(自由民主的薄版本),并意识到现状还有不尽如人意的地方,中国的"自由主义者""左派"(包括"新左派")和"老保守派"(例如儒家)应该首先努力共同对抗共同的敌人,以便为彼此辩论合理但不同的观点奠定共同的基础。当然,因为拒绝这种程序正义并以敌我矛盾对待对立者这样的团体日渐壮大,所以这种共同基础在近年来可能被大大削弱了。在罗尔斯的意义上,这一类人应该被认为是"不合理的"(unreasonable),他们甚至不承认一个共同的基础,一个公平的程序,或者一个宪法秩序,但这一基础和程序是我们可以就彼此不同意的问题进行辩论的基础。

我的方法和罗尔斯的另一个不同之处是,对罗尔斯来说,自由民主的基本原则是建立在平等、作为公正的正义和礼尚往来的基础上,且不能被"削薄"了的。换句话说,晚期罗尔斯是想为他早期在《正义论》里发展出来的观念寻找更广泛的基础。他的政治自由主义想要的也不是现有的学说之间的妥协(1996,xlvii 和 39-40)。例如,罗尔斯仔细区别了重叠共识与权宜之计之间的不同(同上,xxxix—xlii 和 146-50;1999a,149-50 和 168-69)。也就是说,持有不同无所不包的学说的人应该真诚地接受多元性的事实,并根据自由民主的基本原则来对待持不同学说的人。换句话说,他们不应该把多元性当作一个政治妥协,一个偶发事件加上政治策略可以且应当打破的暂时停火。虽然我认为一些特定的政治策略应该被排除,但我将不过分注意罗尔斯的这些要求,并且不会努力保持每一个罗尔斯认为是本质的自由原则。我的灵感来自罗尔斯的观点,即自由民主的政治概念需要从所有的特殊教义中解放出来,而这一概念只需要被不同的合理教义以自己的方式认可。但在某些方面,我的自由民主共同核心的版本可能明显比罗尔斯的要"薄",而且只有在共同核心上,我才试图表明儒家思想与自由民主是相容的。特别是,我的重点是展示儒学如何与自由民主的自由部分相容,尽管我已经说明了并将继续说明,儒家思想与自由民主的民主部分(如一人一票)之间也存在一些重叠的共识。然而,儒学与自由民主,特别是民主部分之间仍然存在着冲突。其中一个关键的区别是人民主权。在国家认同和国际关系的儒家模式和自由主义模式之间可能也存在一些不同。但在这些差异上(如果它们是真正的差异),我试图论证也许儒家模式有其优点;自由民主应该修正和淡化重叠共识的核心,转而接受这些儒家模式。

此外,对某些具有根本性差异的问题,比如堕胎,我不认为一个真正相信胎儿是人的基督徒如何能基于公共理性提出自己的论点,或者被合理地说服。对其而言,允许堕胎的政治现实是其作为一个公民不得不接受的一种权宜之计。在这种情况下,我们所能希望的最好情况也许是让人们接受无法通过公共理性解决的根本分歧,只是通过民主程序而不是试图用武力来打破它。换句话说,以罗尔斯的公共理性运作是理想,但某种形式的临时手段应该被接受为第二好的方式。罗尔斯在他的自由多元主义的理论中没有讨论这一点,但它应该在自由民主的范围内被接受和考察。

4. 民主理念与儒家思想在民主化中的作用

第三,应该指出的是,我对儒家思想和自由民主之间的相容性的论证是关于可能性的,而不是关于必然性的;我对民主理念的批评是关于必然性的(也就是说,它们是自由民主的充分或必要条件),而不是关于可能性的。换句话说,一方面,民主理念可以与作为政治概念的自由民主联系在一起,但这种联系不是必然的;另一方面,非民主理念和作为政治概念的自由民主可能是相互对立的,但这种对立并非是必然的。正如楼上的人有不同的下楼方式,哲学思想体现在现实政体或其他方面的方式也是不同的。

当然,尤其是在特定的历史条件下,比起其他观念来讲,某些观念与现实所发生的事情的联系可能要紧密得多。事实上,思想观念总是在特定的历史条件下被介绍进来,并经常是有意地被赋予一个看似必然的解释。但是,这种"必然性"是依赖于情境的,而不是"纯粹的",这与一些形而上学家通常理解"先天的"或"必然性"的概念是不同的。

因此,在特定的历史背景下民主理念相较于非民主理念更有助于促进民主。例如当国家权力和公共利益被扭曲或滥用以保护一小撮人的利益,或被用来帮助一小撮人将他们疯狂观念强加给他人时,对个人自由与利益的强调、辩护乃至歌颂就变成了一个重要的**现实**策略,但并不是说一些极端个人主义对民主总是有益,甚至必不可少的。

举个具体的例子,有利于自由民主发展的宪政首先在英国等国发展起来,这是由许多对英国政体和当时的政治形势来说非常特殊和偶然的因素造成的。因此,有些人可能会争辩说,其他国家的人应该拒绝宪政,因为它是英国的现象。儒家原教旨主义者蒋庆用来反对西方宪政民主的论点恰恰就是这样的一种论辩。西方国家都曾是基督教国家这样一个事实,意味着基督教是宪政民主的必要条件。但中国不是一个基督教国家,因此中国人应该拒绝西方式的宪政。另一些人可能会说,为了发展一个宪政政体,我们需要效仿所有有助于英国宪政发展的因素。这是中国五四激进派和许多其他反传统的亲民主人士的一个隐含论点。但对自由民主的认可并不取决于一个特定的民主化过程或认可自由民主的特定方式,这种特定的过程和对民主的特定理解并不完全决定其他人应该如何理解和接受自由民主。

如果不能理解历史和规范之间的区别,人们可能会反对任何捍卫儒家思想和自由民主之间相容性的尝试,其理由是如果它们是兼容的,为什么中国不首先发展自由民主?但一个儒式国家(中国是否曾经是这样的国家有很大的争议)是否发展出自由民主,与儒学能否和自由民主相容的问题是彼此独立的。事实上,即使在促进民主的问题上,例如,有学者指出,中国现代历史中许多亲民主人士都是儒家学者,并且他们的工作部分地受到儒家思想,包括儒家传统中精英有权、有责参政议政的观念的影响(2003,68-89)。[319]

区分民主与民主化的一个隐含的结论就是民主化进程本身不一定都

---

[319] 更多参考资料,请参看 Winston(2011,229-230)。

要遵循民主原则。实际上,历史上很多民主化的过程并不是民主的,不民主的行为是被认可民主的阵营容忍甚至支持的。有些人认为这种容忍和支持是一种虚伪甚至是阴谋的表现。但这种批评是混淆民主和民主化的结果。当然,支持民主的人可以容忍和支持民主化过程中的非民主因素,只要这些因素是为了促进民主化进程,但对非民主手段的默认与支持应止于民主化完成或这个过程变质之时。

四 儒家权利理论

1. 儒家/罗尔斯的权利认可策略

正如本章第一节末尾所述,我的总体策略是用儒家思想和制度来修改自由民主的民主部分,同时捍卫儒家思想与自由民主之自由部分——特别是法治和权利——的相容性。现在,让我来展示一下如何用前面章节中所论述的修正的罗尔斯的方法来处理相容性问题。首先,让我引用陈祖为(Joseph Chan)关于儒家思想与权利(而非一般意义上的自由民主)之间的相容性的论文来重新阐述这个观点(1999)。[320]

在他的文章中,陈祖为首先明确指出,在谈论相容性问题时讲到的儒家并不被理解为特定时代和历史环境下的一套实践或国家意识形态,而是作为超越时代——我认为还要加上超越地域和特定思想家——的哲学思想(1999,213)。这也是我的立场(见本书第一章的讨论)。孔子和孟子显然不曾有过我们今天所理解的权利观念,但这并不意味着我们不能依照他们的思想来回应他们未曾直接思索过的问题。换句话说,先秦儒家与人权关系的核心问题并不是"儒家(在历史上)与权利观念**是否**兼容?"而是"儒家与权利观念**能否**相容?"(同上)

然而,即使相容性问题可以这样界定,它也仍然面临着挑战。在陈祖

---

[320] 关于儒家思想是否与权利相容的问题有过无数的讨论。在这部分和接下来的部分,我主要依据两篇文章,陈祖为(1999)和 Tiwald(2013)。他们对这些讨论中的各种立场进行了全面的批判性审查,并就这一问题提出了自己经过充分论证的主张。

为的文章中,他处理了拒斥人权的、号称出于儒家的四个原因。第一个原因是:"任何有关人权的主张必须预设人是**非社会**的并且人有独立于文化与社会的一组权利",而儒家采取的对人的理解是社会的、情境的、基于角色的(1999,216)。第二个原因是:"任何人权的主张必须预设人是自我中心的(egoistic)这样的观点",这与儒家的家庭与社群关系的理想相对立(同上书,219)。第三个原因是"儒家人际关系的概念支持等级和服从"(同上书,222)。第四个原因是"对权利的诉求会将社会关系从和谐转向冲突或争讼的(litigious)"(同上书,226)。

陈祖为承认,这些冲突虽然有所夸大但确实存在。但他论证说,如果我们不认为对人权只有一种理解,那么儒家就可能从不同的角度、通过不同的解读来认可人权。也就是说,要证明人权与儒家思想的相容性所需要的不是完全一致,而是"重叠共识"(1999,212)。

陈祖为在使用重叠共识的概念时并没有提到罗尔斯,但这正是罗尔斯晚期哲学中的一个关键概念。他的论述的焦点是如何在民主社会多元的事实下建立普适的自由主义观念,特别是他所理解的正义观念,但这些论述完全可以用来挑战通常对权利一元的、普适的理解。也就是说,在自由多元的社会里,如果不用压制的(即违反权利的)力量的话,我们不可能让社会主体接受一套对权利的本质的、形而上学的唯一解释。罗尔斯的回答,如果应用到权利问题上,是要想让权利被普遍接受的话,这些权利就必须不能只被给予一套普适的、形而上学的解释,而自由民主社会所需要的对权利的共同解读必须弱化成一个具有家族相似的重叠共识。陈祖为的文章里似乎只把重叠共识里对人权理解的普适主义的批评当作是一个东亚儒家社会接受权利的一个实践上的方便。但我认为,罗尔斯的论述显示了这种普适主义是与自由民主社会的多元事实(即人民不可避免地怀有不同的、具有本质冲突的整全教义)相冲突的。这一冲突使对人权的普适主义路径不适用于包括东亚社会在内的所有社会。在儒学和权利的相容性问题上,我承认儒学的一些基本思想和四种被当作权利之基础的思想之间有冲突,但正如上面的陈祖为所阐述的,我认为儒学不是必须接受这些思想才能认可权利的。

特别是，用罗尔斯的术语来重述和修改陈祖为对前两个反驳(即儒家思想不是非社会的,也不是利己的)的一个回应,我们可以辩说,要让人权被普遍地采纳,我们不能简单地把它们仅仅建立在一个且只能是这一个的特定的形而上学的道德教义上。在这个讨论中,这种教义指的是形而上的个人主义的一种具体形式,这也是陈祖为构想中的第一个和第二个反驳所暗示的。诚然,权利必须以个人作为其承担者为前提,但这种个人的概念不必是"厚的",并且如果我们想让权利具有普遍性,它就不能是"厚的"。我们可以很容易地辩称,儒家思想可以支持个人概念的一个"薄"版本,因此可以与个人权利相容。当然,儒家个体总是处于社会情境中,其权利受制于其所处的社会关系。也就是说,儒家的权利可能比从个体的非社会和自主概念中抽取出的权利更有背景性,更少绝对性。但也许在某些情况下,权利与背景相关是件好事,稍后我们会在这部分和下一部分给出一些例子。

即使有个人的薄的版本,我们不得不承认,儒家很少谈论权利。但他们确实谈到了义务,而义务和权利通常是同一枚硬币的两面。我们可以说,一个孩子有权利被他或她的父母抚养,但我们也可以说,父母有责任抚养他或她的未成年孩子。

另一种"策略"是由对权利的多元化理解所启发的,陈祖为称之为"后备机制"(fallback apparatus)。他用它来回答前面提到的第二、第三和第四点挑战,即儒家思想不自私、不平等、不争讼。尽管有这些挑战,陈祖为辩说儒家可以把人权当作后备机制认可下来。也就是说,虽然儒家倾向于家庭和社区的关怀、仁善的家长制、对礼和德的依赖,但是当且仅当这些儒家偏好的机制不充分或被滥用时,人权可以被儒家作为人的基本利益的最后防线认可下来(Tiwald, 2013, 41)。[321] 例如,在理想情况下,我们希望一个父亲能够照顾自己未成年的孩子,但万一他没有履行自己的义务,我们可以通过法律约束来迫使他这样做,从而在事实上保护了孩子的"权利"。

---

[321] 田史丹的论文的英文原版尚未发表,但中文译本已经发表。本章所引均以其英文原稿为据。

还有一个可以鼓励儒家认可权利的策略。我们可以在儒家框架内重新解释权利,然后使之从属于一些更高的植根于儒家并被儒家认可的善。[322] 实际上,甚至后备机制的想法都可以被视为权衡了儒家所认可的不同的善的结果。这一策略的一个例子就是言论自由。它可以被儒家认可有三个原因。第一,这一权利有助于揭示人民的意愿。这个意愿是儒家治理的合法性根源。第二,它可以对执政者的不法行为起到威慑作用。第三,它可以推动良好的政策制定,从而促进善政。[323] 所有这些考虑都为儒家所认同。需要澄清的是,就第三个原因来讲,我们必须接受这样一种观点为其前提,即对政策的自由讨论有助于良好的政策制定。当然,这是一种要向经验性的质疑开放的经验判断。并且,从儒家的"精英主义"观点来看,主要是那些贤能之士才能参与有意义的政策讨论。然而,贤能与否的界限并不是一成不变与预先决定的。因此,信息的自由获取应该向所有人开放。此外,即使是没有贤能的人(群众)不能面对真相,但自由获取信息的渠道仍然应该存在,否则群众会失去对政府权威的信任,并会受到谣言的影响,尤其是在政府的遮掩和欺骗被揭露的时候。这种揭露和曝光在当今时代几乎不可避免,因为对自由社会来说,绝对控制信息是不可能的。简而言之,虽然儒家不相信民众有能力面对和处理真相,但他们仍然会反对不让大众接触它。[324]

总之,儒家思想与权利相容的关键在于允许对权利的不同解读。基于被所有权利机制所预设的、对个体观念薄的理解,儒家可以提出三种具体的权利认同策略:(1) 以义务的说法取代权利的说法;(2) 使用后备机制;(3) 将权利与儒家思想中一些更高层次的善相关联。此外,如果我们能够展示,大多数情况下儒家对权利的解读并不会带来显著的实践差异,并且在有差异的情况下儒家也有自己的优点,那儒家与权利相容的观点

---

[322] 感谢梁颢推动我澄清这一点。

[323] 的确,如果我们不相信权利可以从形而上的原则中析出,而必须是民众平等讨论的结果,即如果我们接受多元化和公平的事实,言论自由就应该被视为其他权利的条件。如此言论自由便是所有其他权利之母。类似地,它也是良政的条件。这里良政还包括确认和保护人民的"权利",尽管儒家对这些权利有不同的理解。

[324] 当然,即使在一个自由的国家也必须有一些秘密,儒家当然能够认识到这一点。

就可以被加强。

2. 义务与权利

对于第一种策略,有人会反对说,义务和权利看起来是不同的。正如田史丹所说:"如果为我的兄弟的教育作贡献是我的责任的话,那么我仅仅对他有个义务。但是如果帮助他是我的责任并且道德上他被允许通过强制或落实补偿的方式来要求它的话,那么他有的就是权利。"(Tiwald, 2013, 43)田史丹这个论述揭示了权利的一个核心特点:它是可以被要求的(demandable)。并且,另外一点他说的也对:诉诸责任而非权利,我们就不能说一个受益人可以他、她或它的权利来要求被给予这里讲的好处。但这个受益人明显可以施益人的义务来要求它。当然,有人也许会说义务是基于自愿的,而不是可以被要求的。但这可能是基于近现代西方对义务的一种理解,基于一种对所谓积极自由和消极自由的区分。确实,对一个儒家来讲,在理想的状态下,行动者应该心甘情愿地履行他的义务,过多强制只能适得其反。[325] 但这并不意味着义务不能通过作为后备机制的道德准则和法律条例来加以强化,而这个强化背后所隐含的对消极自由的违背也并不必然导致压迫(oppression)——很明显,压迫在自由民主国家是不能被接受的,它在我们构建的儒家政体中也不应该被接受。

比如,在美国有一类法律被称作"好撒玛利亚人法"(Good Samaritan laws,下简称"好心人法")。它们保护那些救助伤病的好心人不因为他们救助的失败而承担责任。这种被受助人(或其家庭)反咬一口的情形在中国屡有发生,并是有些人见死不救或"见伤病不救"的原因之一。我们可以想象通过这类法律可以帮助人们履行道德义务。并且,我们可以想象一个"好心人法"的更积极的版本,比如对死伤聚众围观不施援手的人处以罚款。另一个美国法律的例子是,通过惩罚那些没有履行养育孩子义务的父母来强制执行孩子的抚养权。在这个例子中,可以更直观地看到

---

[325] 例如,在《孟子》中的著名的揠苗助长的寓言中,孟子指出揠苗助长的行为"非徒无益,而又害之"(2A2)。

权利和义务之间的互换性。因此,如果它被强制执行,一种义务就可以被当作给予者的一项道德甚至法律义务来要求,而不是被当作接受者的一项道德权利来要求。

这种可被要求的或可被强化的义务与可被要求的权利在实践上几乎是没有区别的。这种实践上的近似也揭示了自由主义者的一个教条的误区。根据这一教条,现代自由主义是基于对消极自由的保护,而任何对积极自由或义务的强化必然引向压迫。但是,比如像上面提到的,对见死不救的人罚款以及惩罚不负责任的家长们是一个自由法治的国家完全可以做的事情。事实上,后者在美国这个自由民主的国家已被付诸实践。美国当代学者曼斯布里奇(Jane Mansbridge)最近提出,也许是时候提供更多类似于我在这里提出的(合法的)国家强制措施了。[326] 这里有两个原因。首先,强制措施是一种解决搭便车问题和保护那些有责任心的人的方法。其次,因为世界变得更加相互依赖,我们更接近于耗尽自然资源(所有人类的集体财产),这使得搭便车的威胁变得更加真实,这也使得如今更有必要采取强制手段。

事实上,古典自由主义思想家密尔(John Stuart Mill)在《功利主义》的第五章中指出,某件事能成为义务恰恰是因为它可以向义务的承担者提出要求,而这种要求没有通过法律强制执行仅仅是出于审慎(2001,48-49),也就是说,是害怕"给予地方法官对个人的那种无限权力"(同上,48)。他还在不完全义务和完全义务之间做出了(并不总是明确的)区分。前者的实践不是针对任何特定的人或在特定的时间,而是由我们自己选择,而后者的实践是针对特定的人和特定的时间。密尔接着辩说,前者不产生任何权利,但后者会。诚然,他的一些区别并不总是与这里讨论的可要求的义务的想法一致;在我们的讨论中,他所认为的一些不完全义务会被认为可以产生权利,而他认为不审慎的一些法律执行在这里会被认为并非如

---

[326] 曼氏还没有这个问题方面的论文。我在这里的论述基于她的演讲"强制(coersion)的理由:当强制的供应减少时,我们对它的需求是如何增加的"。Mansbridge(1990)包含了此观点的一些早期讨论。感谢她指出了她的讨论与我在这里提出的主张相关,并分享了她讲座的PPT。

此。但我们可以看到,将(某些)义务和权利视为同一枚硬币的两面并非都是空穴来风。

儒家对义务的强调将道德的负担放在了能真正采取行动的强者肩上,而不是放在无力强制执行其权利的、有可能因此只能眼睁睁地看着他们的权利流于形式的弱者肩上。事实上,就动物权利而言(将在下一节讨论),动物不能声张其权利,而需要通过我们人类来代表它们。因此,儒家的策略也许可以更有效地保护弱者。换句话说,这里有**施行**(doing)正义和**享有**(having)正义之分别。权利更多地与后者联系在一起,义务则更多地与前者联系在一起。但很明显,如果没有人施行正义,也就没有人会享有正义。对义务的强调对于我们拥有权利至关重要。

3. 儒家对权利的认同是否支离破碎、过于单薄?

另一种反对意见是儒家不得不通过不同的策略,甚至可能要依案例而异地来认可权利,因而缺乏一个普遍的正当性辩护,这使得儒家对权利的认可支离破碎。但基于个人不可剥夺权利的普遍性的正当性辩护,即便不全是但大部分是基于某种形而上学。从理论上讲,它可以是优雅而系统的。但正如人类生活中的多元主义事实所暗示的那样,人类不可能就什么是不言自明和不可剥夺的权利达成共识。如果我们把某种系统的理解强加于所有人,那显然是一种专制武断的做法。换句话说,如果我们接受晚期罗尔斯对多元主义的理解,那被大多数自由和讲理的(reasonable)人士所认同的权利就不得不以一种"碎片化"的方式才能得到认可。

另外一个可能的反对是这个"薄"版本的人权和仅仅是认可它的儒家不会像那些"厚"版本的人权思想那么有力地被用来推动人权。这个反对也许有道理。但是如上所述,如果不采取压迫性的力量,一个基于对人的道德形而上学之理解的人权观念就不可能被讲理的人民普遍接受。而且,至少在有些情形下,也许是那些采纳了某些"厚版本"的人权观念的人——也就是那些认为人权必须建立在对个人的某种形而上的理解之上,并要求对他们认为是根本性的权利给予绝对的优先的人——需要调低他们的调门,并受益于薄版本的权利观念。比如,我们是否应该因为绝对的言论自由而允许新纳粹分子在犹太大屠杀幸存者的社区游行,或者允许任何人在任何时候都能看到色情作品？儒家对言论自由的认可受制于某种更高的善,因此是有条件的。

并且,有人认为,当代社会的许多弊病都与某种极端个人主义有关,而"厚"版本的权利观念正是基于这种极端个人主义。因此,一些人抱怨说,"权利"有时被用来为个人鲁莽和自私的行为作辩护,从而间接地鼓励了这些行为;换句话说,"权利"(其英文原义是正当、正确)是用来捍卫"错误"(wrongs)的。这个事实使一些人质疑人权的可欲性。[327] 然而,儒家在一定程度上将权利解读为义务,从而可以避免上述问题,并重新吸引那些被极端个人主义及以极端个人主义为基础的权利理论"推走"的人。比如在义务角度的话语体系中,一个不负责任的烟鬼没有享受医疗保健的权利。虽然政府确实有责任帮助那些需要帮助的人,但话语体系的变化剥夺了烟鬼要求之理所应当。并且,从义务出发的话语体系还蕴含着吸烟者也有照顾自己的义务。

田史丹对上述使儒家思想和权利相容的策略提出了进一步的反驳。他首先指出持(儒家与人权)相容观和不相容观的学者现在实际上都接受一个(弱的)相容观:如果人权被当作后备机制,儒家与人权是相容的。他接着指出:"要么作为后备机制的权利与儒家的根本道德和政治教义不一致,要么它们根本就不是权利。"(2013,41-42)[328]

他的一个论点是作为后备机制的权利不是本来的或真正的权利(Tiwald, 2013,47-48),然而,正如迈克尔·迈耶(Michael Meyer)所说,在西方自由主义者中对权利的主流理解是"权利的存在本身是一个行动,是道德之组成成分"(1997,159;引自 Tiwald, 2013,46)。我们可以承认田史丹所指出的儒家理解与西方主流理解的差异,但是我们可以反驳说田史丹所用到的是一个人权的厚版本。而儒家只能认可一个人权的薄版本。不坚持厚版本的普适性对人权被普遍接受是关键的,并且厚版本里

---

[327] 比如玛丽·安·格伦顿(Mary Ann Glendon)曾尖刻地描述了当代美国滥用人权的言论。(1993)
[328] 在发表的中文版本中,这句话经过了修改。这里的引用基于他的英文原稿。

对人权不受情境制约的至高无上性可能有它的问题。事实上,田史丹自己也指出,即使在西方关注权利的思想家中,很多人"也把对权利的诉求当作一个必要的恶(a necessary evil)"(同上书,41)。

4. 儒家不能认可的权利?

我认为田史丹的另外一个反驳要严重得多。他指出,如果我们严格遵循古典儒家,比如孔孟,他们可能接受的作为后备机制的权利要比通常同情他们的读者所期待的弱得多。[329] 一个很有力的例子是对孟子的一个解读:根据这个解读,孟子支持"人民可以用包括暴力推翻暴君的超出法律的手段保护自己"(2013,48)。也就是说,孟子认为人民有反抗(和投票)的权利。这个解读常引用《孟子》1B6 和 1B8。在那里,孟子给出了儒家对杀空有君主名号的独夫民贼的辩护。但是如田史丹指出的(同上,48-49),虽然为人民服务是有智慧、有道德的儒家的目标,但是人民的爱憎只是"天命的被动的指标,而不是对权利的要求"(同上书,49),尤其不是我们理解的当代民主国家的投票权。比如,如果我们仔细地读《孟子》1B6 和 1B8 的话,会发现孟子并没有说对暴君的诛杀行动应托付给人民。事实上,田史丹的阅读与我在第二章的解释是一致的。也就是说,孟子可以容忍的民主参与要比当今自由民主制度下所要求的少。对于先秦儒家来说,民意在政策决定中起了重要作用,但这个作用实际上只是咨询式的,而非如现实中自由民主社会里那样具有决定性。因此,正如田史丹所说(同上书,48),对(一些)作为后备机制的权利的强的解读"要求对文本证据进行大力的揉捏(massaging)"[330]。这在所谓的儒家反抗权的例子中是正确的。但这并不会威胁到我对儒学的理解,因为按照后者,民众原本就不应该有反抗的权利。

然而,在言论自由的问题上,田史丹的挑战变得很严峻。他批评的直

---

[329] 田史丹似乎认为这是所有作为后备机制的权利的通病。但是他并没有考察这些权利。因此,他有可能高估了这个问题的普遍性。这里将我的怀疑局限于一些作为后备机制的权利。
[330] 这一行在中文版本中没有出现,但英文原稿中有。

接对象是陈祖为对言论自由的描述。在对这一权利的讨论中,陈祖为指出:"孔子和孟子都认为社会的和政治的讨论与批评文化对防止政治的退化是必要的。"(1999,228)他引的段落是《论语》13.15、14.7 和 16.1,《孟子》5B9 和 3B9(1999,228-229)。他接着指出:

> 这并不证明孔子和孟子尊重自由言论本身;这也不是我的意图。它显示的是他们都看到了言论在政治与文化里的重要性。现在,如果言论自由最终会帮助社会纠正错误的伦理信仰和防止领导者肆意犯错作为一个经验的论断是正确的话,那么从一个儒家的角度,政治言论的自由是可以被认可的。(同上书,229)

然而,陈祖为的这个说法忽略了孔子在《论语》中的一段话:"不在其位,不谋其政。"(8.14)有人也许想说这是孔子的一个口误或是其弟子的误记,但这段话在《论语》里出现了两次(8.14 和 14.26)。陈祖为没有提到这段话,而只作了一个一般性的论断:

> 有人可能认为,在这些段落里【他指的是上面提到的他引用的段落,而不是《论语》8.14 和 14.26】,孔子和孟子只是要求那些有公共职位的人(大臣们)履行告诫领导者的工作,因此自由表达只是限于他们。但这是不对的。孔子和孟子都不是国家官员,但他们积极地公开批评当前的政治和思想流派。(1999,229)

但是,我认为,从《论语》8.14 和 14.26 与孔子自己的实践活动的冲突中,一个温和的结论是,对那些希望理解孔子的人来讲,这是一个谜。这一冲突不能让我们正当地忽视《论语》里的这两段话,我们也不能声称基于经验考虑孔子会认可言论自由。事实上,陈祖为对儒家支持言论自由的论证在某种程度上与我之前的观点是相似的,所以《论语》中的两段话于我的观点而言也是严峻的挑战。

那么如何解决这个矛盾呢?对《论语》8.14 和 14.26 的一种解释是,在理想的国家里,每个人都做他自己应做的工作并做好它,不在某个职位上的人则不需要去谋划这个职位上的事务。但吊诡的是,发出这一警告的孔子恰恰就成了"不在其位"却要谋划其政之人。

我们必须承认,儒家意义上言论自由的正当性是以某种更高的善为条件的。在上述两个有问题的段落中,儒家的限制被揭示出来。像安乐哲(Roger Ames)和罗思文(Henry Rosemont)在他们英译的《论语》14.26节的脚注里指出的,"话语是廉价的"(words are cheap)(1998,261n240),也就是我们中文里讲的"站着说话不腰疼"的意思。不在其位的人可能尽情地批评而用不着提出任何建设性的主张,可能缺乏真正处理相关问题的能力,可能并不深入和广泛地了解和体会问题的各个方面,可能不能全身心地投入对问题的处理,可能没有资源来解决相关问题,或可能对实践中的种种困难缺乏全面把握。如果他真正关心政治的话,他应该首先努力地取得相关的职位。在柏拉图的《理想国》对正义的讨论中,在论述为什么每个人应该做好自己擅长的工作时,苏格拉底给出了类似的考虑。[331]

当然,尽管我们对"不在其位不谋其政"的想法有这些正面的辩护,但仍要看到孔子本人还是四处奔波,谋自己不在其位之政。并且,儒家确实相信人民对有位之人为政好坏的评论是重要的,如果不在其位的人比在其位的人干得好的话,是可以取代后者的。但是如果人民对这个位子及在位者的责任缺乏一定理解的话,如果不允许取而代之者考虑和讨论这个位子相应的政策的话,人民如何对在位者为政的好坏作出评估,我们如何能把这个位子托付给这个取而代之者?显然,儒家对不在其位的人的两个要求(不谋其政和在某种程度上谋其政)之间还是有张力的,儒家对言论自由的认可也是有限制的。自由主义者可能把言论自由视为神圣的权利,即使它与政治相冲突也会捍卫言论自由。但与自由主义者不同,儒家将良政当作言论自由之认可的终极约束。如果我们不认为言论自由的

---

[331] 《理想国》的许多地方都在讨论正义问题,比如369e-7oc 和432b-434d。

权利是天赋的，[332]如果我们将治理的好坏，或者更一般地讲，我们将人民的幸福考虑在内，那么我们可以看到儒家确实有很好的理由来抑制对言论自由的无限制使用，并且我们也最好回应他们的关切。

总之，第一，我们可以通过允许对权利的不同解读让权利与儒家思想相容。第二，儒家对某些权利的理解可能比许多学者想让儒家采纳的权利的薄版本还要薄些。然而，我们可以说儒家对权利的薄版本的进一步削薄也许有它的道理和优点。

虽然在某些情况下儒家对权利的限制可能比一些主流理解所允许的更大，但先秦儒家似乎能承认一些通常不被当代权利理论家所认可的所谓积极权利（positive rights），比如人民要有充足的资源、食物、生存手段的权利，人民不受其经济状态限制的受教育的权利，老弱病残受关怀的权利（当然，儒家认为对这个权利的保护是家庭与国家共同的责任），等等。事实上，萨缪尔·弗莱什艾克尔（Samuel Fleischacker）论证了满足每个人的基本需求的想法直到18世纪才被引入西方（2004，2和53-79），而它是由儒家更早地引入（到中国）的（Perry, 2008, 39）。并且，对于先秦儒家来说，这些"权利"或满足人们基本需求的义务是政府应该追求的最高善的一部分，而不是像言论自由那样是从最高善衍生出来的。因此，这些权利在权利或义务的词典编纂顺序（lexical order，意指重要次序）中排名最高，应被当作亨利·舒（Henry Shue）所说的"基本权利"（1980）。罗尔斯承认他同意黑格尔、马克思，甚至一些社会主义者的观点，即不满足基本需求的自由最终将是纯粹的形式自由而不是真正的自由（1996，第七章；1999a, 49-50）。因此，儒家的权利理论家有充分的理由将这些权利视为基本权利并将其置于词典编纂顺序的最顶端。

---

[332] 的确，"天赋人权"听起来鼓舞人心。但是关于何为天赋、天到底赋给了我们什么，在自由民主社会里必然是众说纷纭，其结果是没有公认的天赋人权，而是每一群人都有自己认可的"天赋人权"（实际上是"人赋人权"），并有可能总是想让自己人的"天"去"千秋万代，一统江湖"。

五 一个案例：儒家如何认可动物权利

我们已经对儒家如何认可权利作了一般性的讨论，在这一节我将通过展示儒家如何认可动物权利来阐明这些策略，并回应对这些策略的反驳。我选动物权这个例子有两个原因。第一个原因是儒家与动物权的相容性很少有人探讨。第二个也是更重要的原因是人们也许会觉得以人为本的儒家很难对动物权有任何正面的说法。鉴于儒家对权利认同的"碎片化"和个案化的本质，如果我能够展示儒家可以有这个说法的话，那么儒家可以容纳绝大多数权利的论断就变得很可信。在讨论了动物权之后，我会指出儒家对这个问题的处理可以如何被应用到罪犯和坏人应受人道对待的权利的问题上。

正如前面提到的一个事实，先秦儒家不谈论权利，更不用说动物权利了。但按照本章一开始讨论的策略，我们可以说尽管存在上述事实，但我们仍然能够辩称儒家可以认可动物权利，如果我们能够展示儒家认可比如对动物的人道对待，并以此为基础来构建如何对待动物的一套说法，进而展示在很多情形下这套说法与动物权利理论所要求的相似，并在实践上与后者没有什么差别。从对儒家推扩的关爱的讨论中我们已经看到这种关爱可以并且应该外推到动物层面，那么我们就可以以其为基础构建一套人道对待动物的说法，并用以支持"动物权利"。这种说法仍然与西方主流动物权思想不同，但我将展示儒家在这些方面可能有的优势。

1. 孔子和孟子关爱动物的思想

按照这个目标让我们来看一下孔子和孟子是怎么讨论我们应该如何对待动物的。不幸的是，从《论语》的某些段落来看，孔子似乎不太关心动物的福祉。据《论语》的记载，我们可以肯定孔子不是一个素食主义者(参见《论语》7.7、7.14、10.9)。并且，当一个马厩被焚毁后，孔子问了是否有人受伤，但"不问马"(10.17)。当然，在这里，孔子没有直接卷入杀马的行为。但在《论语》的另一个段落里，孔子的弟子子贡想取消某个仪式里以羊作牺牲的礼仪,但孔子回答他说:"尔爱其羊,我爱其礼。"(3.17)这里,孔子直接地为杀生辩护,并且其基础不是出于人的物质需要,而是为了人的礼仪需要。

但是,更仔细地阅读这些段落也许会揭示孔子对动物态度之微妙。根据对《论语》10.17 的历史上的注疏(程树德,1990,712-715),对它的另一种读法(但可能是非常有问题的读法)是孔子先问人,后问马。并且,即使依照一般的解读,我们也应看到马在这里被理解为财产的一种,所以孔子强调的是人的生命比作为财产的象征的马的生命要重要。类似地,《论语》3.17 节强调的也是对人类道德教育至关重要的礼要比动物的生命和其所象征的物质财产重要得多(程树德,1990,195-196)。

上述理解只能说明孔子对待动物并没有那么坏,但并不表明孔子关爱动物。《论语》中只有一个地方可以表明孔子对动物的关爱。[333]《论语》7.27 节中讲孔子"钓而不纲,弋不射宿"。从这里我们可以看到尽管孔子承认人类需要捕猎动物,但他反对无谓的杀戮(用"纲"或大鱼网滥捕鱼类,而不是自己钓鱼自己吃),反对违背人之同情心的杀戮(不杀"宿"的鸟——"宿"有的解释为归巢,有的解释为哺育)。如果我们回顾除《论语》之外其他的文献,我们可以看到孔子虽然贫困但仍讲"敝帷不弃,为埋马也;敝盖不弃,为埋狗也"(王肃 1990,第 43 章,121;《礼记·檀弓下》)。[334] 即他要保留用过的"帷"和"盖",用以好好埋葬自己的马和狗。尽管孔子没有给出解释,但很明显他这么做是出于对动物,尤其是那些与他亲近的动物的关心和同情。

不管怎样说,我们不得不承认,在《论语》和其他一些经典文献中,我们找不到孔子对待动物的态度的详细说法。但《孟子》的一个章节从儒家立场出发,给出了为什么要人道对待动物的详细说法。在《孟子》1A7 节中,齐宣王看到有人牵着一头牛经过,经问问得知这头牛要被杀掉用于某个礼仪中。宣王说:"舍之!吾不忍其觳觫,若无罪而就死地。"这里"觳

---

[333] 感谢李晨阳向我指出这一点。
[334] 感谢艾文贺(P. J. Ivanhoe)向我指出这些文本的重要。

觫"指的是恐惧颤抖的样子。但他同时认为这个礼仪不能废除,因此就命令"以羊易之"。因为牛大(贵)羊小(贱),所以以羊为牺牲比不上以牛牺牲那么重大(焦循,1986,48-50)。百姓也因此怀疑宣王吝啬,而宣王坚决否认。孟子解释了人们产生这种怀疑的原因:

> 王无异于百姓之以王为爱也。以小易大,彼恶知之?王若隐其无罪而就死地,则牛羊何择焉?

这里"爱"指的是吝惜。从百姓眼里,齐宣王如果只是不忍心看无辜的牛被处死,那他为什么会选择同样无辜的羊呢?他们的结论自然就是齐宣王的"爱",就是抠门。

在齐王又一次否认了他的动机是吝啬后,孟子指出了宣王的真正动机:

> 是乃仁术也,见牛未见羊也。君子之于禽兽也,见其生,不忍见其死;闻其声,不忍食其肉。是以君子远庖厨也。

这段的最后一句源于《礼记·玉藻》,所以这里孟子给出了这个传统中君子行为规范的一个儒家解释。1A7 这一节始于宣王问王道,而孟子指出以德可以成王——这里"王"指的是天子,即整个(当时中国人知道的)世界的有合法性的领袖。具体地讲,"保民而王,莫之能御也"。宣王问他是否能"保民",而这个问题引出了孟子讲述他听说的宣王不忍牛死的故事。换句话说,孟子认为,宣王对牛表现出来的恻隐之心是他有德的标志,使他能够保民而王。

2. 以人为中心的"动物权"

因此,《孟子》这一节要传递的道理与之前讨论的儒家的同情观有所呼应,即我们对动物的关爱是人类普遍的同情心的扩充。从这一节里我们也可以引申出孟子以及儒家对动物权利乃至一般权利之理解的一些独特之处。《孟子》1A7 里表达的对动物的人道对待与其说是动物的权利不如说是人类(对动物)的道德义务或道德责任(同情心)。但我们可以用义务话语代替权利话语。也就是说,儒家关于"动物权"的说法实际上是关于对待动物的人类与人道之义务的说法。

把动物保护的焦点从动物转移到人类身上有其优点。儒家对"动物权"的辩护是基于人类的情感而不是动物的内在特性和权利。与此相对,对动物内在特性的讨论是西方一些动物权的支持者和反对者的焦点。对传统的认为人类应该受到特殊对待的观点的一个辩护是人之于动物有优越的内在特性。但是,这种人在内在特性上的优越受到了挑战,而这个挑战恰恰是有些学者用于反驳对人的特殊对待和用于支持动物权的基础之一。比如,笛卡尔(Rene Descartes)在《方法论》(*Discourse on Method*)的结尾部分,指出了人类有别于动物的两个特征:语言和理性。[335] 但是,边沁(Jeremy Bentham)怀疑人类的这两个特征是否独特,并进一步指出这两个特征与人类是否应该人道地对待动物这个问题无关。他声称:"问题不是它们能否思考,也不是它们能否说话,而是它们能否感受痛苦?"(1948,311)当代一个重要的动物权利辩护者彼得·辛格(Peter Singer)则全面发展了边沁的批评(比如,参见 Singer, 1986)。例如,他指出,至少有些人,比如有智力障碍的人,在所谓人类的特征上并不比猪强,而我们应该在权利上考虑所有有知觉的生命(sentient beings)。但是,证明某类生物是否有知觉或感受痛苦是极度困难的,而且这类讨论有无限上纲(slippery slope)的危险。比如,如果不该杀猪的理由是它们与智障者有一样的智力,那么我们是否可以杀有智障的猪呢?或者我们是否可以培养无痛感的猪用以宰杀呢?另一条动物权的辩护路线可能会说我们应该遵循自然,但动物在自然界是会自相残杀的,而人类独特的地方在于,由于自身的自然特性,人类能更有成效地屠杀其他动物。也就是说,"什么是自然的"是相当模糊的,并没有为动物权提供一种明确的保护。

与这些论述不同,儒家对人道对待动物的辩护也许可以帮我们回避这些"风险"。对儒家来讲,人类应同情动物不是因为动物可以思考或交谈,不是因为它们能感受痛苦,也不是因为它们彼此有多善待对方;我们

---

[335] 英文译本请参阅笛卡尔(1998,31-33)。

应该同情动物是因为我们作为人类觉得它们在受苦,这种(人类以为的)痛苦唤起了我们自己的痛苦,一种人类作为人类不忍看到的痛苦,正如《孟子》2A6节中讲的"不忍人之心"一样。当然,如果我们可以证明牛被杀的时候确实感到痛苦,那么儒家会把它归于人类的考虑之一。但是,儒家会更宽泛地指出痛苦的表象已足以让我们的关切是正当的。即使在被屠宰或受折磨时牛或者一个有人形的机器人感受不到任何痛苦,而只是做出看起来类似人受苦的表情(比如"嗀觫"),那么我们还是应该努力制止这个屠宰或折磨,或者,至少我们不应该对这个情景不为所动。这种推测听起来也许有些过度解读的味道,但是,《孟子》中提到的孔子的一个说法实际上佐证了我的这个猜测:"仲尼曰:'始作俑者,其无后乎!'"[336]孟子表示孔子这么说的原因就在于"为其象人而用之也"(1A4)。历史上讲,虽然用像人的陶俑陪葬之于用活人陪葬可能是进步,但它毕竟是把一个想象的("虚拟的")的人活生生地埋在冰冷的地下。能罔顾这种想象的痛苦,在孔子看来,足够让这么做的人断子绝孙了。

对人类同情心的关注也意味着,儒家对动物的关爱受制于一个以人类为中心的等级,即儒家"词典编纂"的顺序(lexical order)。正如第五章所讲,即使我们达到了与物同体的境界,爱也是有差等的。对于这一点,大儒王阳明有一段精彩的描述(参看第五章第四节之引用)。所以,"大人"虽民胞物与,但是,人类的物质与精神需求总是要排在动物的福祉之上。儒家从来没有鼓励人类变成素食主义者,而君子只需要"远庖厨",而不是把"庖厨"关了。他们甚至不愿意为了动物而放弃礼仪。

从儒家"词典编纂"的顺序,我们同样可以讲,对那些更为接近我们日常生活的动物(比如我们的宠物)以及那些看起来和更像我们的动物(让我们想起人类婴儿的猫咪),与那些远离我们日常生活的动物以及那些看起来和我们没那么像的动物相比,我们应该被给予更多的关爱。这一立场在前面提到的孔子对待自己的狗和马的态度中可以清楚地看到。一个

---

[336] 家庭是儒家的一种超越方式,因此"无后"也许是儒家最狠的诅咒之一,由于儒家的影响,这也可能是一个中国人对他人最毒的诅咒,相当于诅咒一个基督徒去下地狱。

旨在显示人类对动物行为的虚伪和不一致的说法是,如果蟑螂长得像人类,我们就不会想要杀死它们。但从儒家"词典编纂"的顺序来看,这种假想的人类反应并没有错。

当然,如果一个人立志成为"大人",他就应该努力将自己的关爱扩展到那些愈发远离自己家庭圈的人。比如孟子虽然称赞齐宣王有同情心的种子,但他并未要求齐宣王仅止于关心面前事物。一个理想的儒家统治者要关心他的人民,哪怕他在现实生活中遇不到这些人。在这一点上,儒家可以认同辛格等功利主义思想家的批评,即忽视那些远离我们日常生活的人(在这个时代,这些人指的是那些没出现在我们的电视或互联网上的人)的痛苦是错误的。尽管如此,儒家的理想的关爱虽然无所不包,但也还是需要有差等。

有人可能会质疑儒家的"词典编纂次序"的正确性,我对这种质疑的回答是,<u>任何</u>关于权利的道德学说都必须给出权利的一个"词典编纂的次序"(哪些权利最重要、次重要,等等),而它就不得不为这个次序辩护。儒家的词典编纂次序的一个美妙之处在于其起点对我们来说是很自然的东西,但儒家强化这种爱与同情,将它不断推展,使它不断包容,甚至要涵盖世间万物。当然,即使我们能达到民胞物与的圣人境界,爱的差等(等级)还是存在的。在儒家的这个模式里,事情很少是黑白分明的,而我们不同的需要与情感之间常常充满张力。但是儒家会指出这种张力的存在是人类生活的现实。交战于这些张力之间,并由此学会不是先验地给出的,而是在不同情境里体验的"词典编纂次序"(爱之差等),也不是通过诉诸某种简单的、万能的普适原则,这对人类道德生活是必要的。简而言之,儒家可以通过指出他们的理解比那些权利的基本教义派(rights fundamentalists)更现实来为自己的立场辩护。

儒家对动物权的观念看似有所局限,但他们可以从实践上认可动物权利主义者提倡的许多行为,甚至是一些后者忽视的行为。比如儒家会支持动物权利主义者对改善牲畜饲养环境、保证人道屠宰上所作的努力。在中国的情境里面,儒家会反对一些饭馆对动物的痛苦不做任何考虑,甚至以展示动物痛苦为卖点的行为。如果在饲养、屠宰等方面动物没有得到人道的对待,儒家可以拒绝吃肉。即使它们被人道地对待,儒家可能仍然提倡要视肉类为稀有美食,就像现代大规模的肉类生产之前那样。因为屠宰动物让我们想起了杀害无辜,所以屠宰只有在必要的时候才可以做。并且,在不常吃肉的情况下,我们应该食之以礼,比如对动物牺牲表示感激。[337] 事实上,肉类的生产增加了环境的负担,而环境是体面且欣欣向荣(flourishing)的人类生活的基础,这也为儒家减少肉类消耗的主张提供了更多的支持。

并且,儒家对动物权的主张也适用于动物界之外。也就是说,儒家会反对纯粹从"虚拟"的类人事物的痛苦中取乐,比如前面提到的用陶俑陪葬的丧葬仪式,或者暴力的电子游戏和影像。当然,人们带着对弱者的同情,或者带着正义感去看惩治罪恶的暴力影像是另一回事。但更棘手的是,人们可能会通过打暴力电玩或看"变态"影像来"发泄",这或许会阻止他们将这些行为付诸现实。一个儒者,尤其是信奉孟子的儒者,会认为理想情况下我们应该通过道德修养来克服这种兽性冲动。如果我们声称打暴力电玩或看变态影像是为了发泄,那令人担心的是它们不仅是不道德的,而且反过来还会强化我们的冲动。诸如打暴力电玩是否会增加玩家在现实生活中做坏事的可能性等问题还有待于实证研究,我个人认为对人们提如此高的道德要求,即使是对道德高尚的人来说也十分过分。但这样的要求似乎与孟子的理解相一致。出于常识,我们可以论证说,人不该如此唯道德主义(moralistic)。但应该明确指出,当我们这么说的时候,我们是对孟子的理解进行了修正。

---

[337] 例如,朱熹在解释孟子"食之以时,用之以礼"(7A23)的说法时表示我们应该带着同情和敬意食肉,避免不必要的浪费(朱熹,2001,420)。实际上孟子最初的主张是统治者不要为了一己私欲而剥削人民,而朱熹却把重点转移到人道地对待动物上,这可能是回应佛教不食荤的主张。的确,我们应该承认,宋明理学家在解释时将关爱的对象拓展到动物乃至世间万物的做法做出了贡献,尽管孟子那里已经隐含了这种拓展。对这一问题更详尽的描述可以参见方旭东(2011)。陈立胜对宋明理学家,尤其是王阳明在人道地对待动物的问题上有比方旭东更全面和微妙的描述,参见陈立胜(2008),尤其是该书的前两章。

3. 为何屠宰？谁来屠宰？

当然，儒家对这些张力和等级次序的处理还有其他问题，我在这里只谈其中的两个。首先，儒家学说中有一个隐含的假设，即肉类消费是不可避免的。对儒家来说，他们关心的不仅仅是生存问题，而是我们作为人类过着体面且欣欣向荣的生活之条件。但是如果这些广义上的人类需求可以在不吃肉的情况下就被满足的话，那对儒家来说似乎意味着我们应该完全放弃肉类消费。事实上，当佛教在中国蔚然成风，佛教徒展示了不吃肉也能过上好（？）日子的可能性的时候，儒家就遭遇了捍卫肉食习惯的艰难时光（方旭东，2011）。今天，很多素食主义者看起来都过得很好，这对儒家捍卫肉食的习惯继续构成严重挑战。事实上，现在这种挑战或许比当初佛教流行于中国时还要严峻。[338]

第二，即使为了人类的物质和精神需要而宰杀动物，又该由谁来宰杀呢？孟子认为，目睹牲畜被宰杀是令人不安的，而君子应该远离这些情景。但是屠夫的道德福祉呢？屠夫由于不得不习惯屠宰的场景从而有可能丧失儒家认为对人的道德教化至关重要的同情心。[339] 对这个问题的一个回答是我们只让那些在发展其道德潜能上失败的人做屠夫。这个回答类似于亚里士多德在《政治学》中的"自然（天生）奴隶"（natural slavery）的论点：使用奴隶的正当性来自奴隶是那些灵魂有天生缺陷的人（1254b15-55a3）。[340] 在传统日本社会里，屠夫确实被认为是道德低下的（虽然这种观点大概不是基于儒家思想），并属于被排斥在社会主流之外的"部落民"阶级（the Burakumin class）（De Vos, 1971）。然而，像孟子这样的儒家认为每一个人都有道德潜能，并鼓励人的向上流动（upward mobility），从而与

---

[338] 也许只是对那些被儒家（要人道地对待动物的）观点所说服的、但同时又像笔者这样是一个无可救药的肉食爱好者来说，这才是一个很严峻的挑战。
[339] 调查屠夫是否因为他们的工作而较为缺乏同情心是一个有趣的经验问题。显然，孟子假设了这种情况，这似乎有道理。但现实并不总是"有道理"的。需要明确的是，我在这里质疑的是孟子理论的一个基本前提是否相悖于经验，而不是孟子理论本身的一致性。
[340] 亚里士多德对自然奴隶问题的处理，见《政治学》第 1 卷第 4—7 章，1253b23-1255b40。英文译本请参阅 Lord（1984，39-44）。

儒家对等级的强调之间达成动态平衡。也就是说,儒家无法承认某些人命定只能做屠夫。并且,如果某些屠夫发展了道德自我并认为屠宰在道德上不可接受,那么他们可以摆脱他们的职业。对儒家来讲,社会和政府在这一点上有责任帮助他们。但是,让他们在屠宰场工作似乎又对他们的道德发展有阻碍作用,因此他们实际上是被无形地禁锢在这个"(不)自然"的屠夫群体中。

另一种可能更有前途的解决方案是把屠宰当成与从军类似的职业。虽然一个儒家会为也应该为杀人感到痛苦,但是一个具有儒家情怀的士兵在战争中还是得杀人,并且要善于杀人。类似地,虽然一个儒家会为也应该为屠宰感到痛苦,但他不得不做这件事。当然,被屠宰的牲畜可能要比敌人更无辜些,而杀人又比屠宰牲畜更严重些。在这个解决方案下,屠夫变成了一项半宗教式的活动,有如犹太教传统里的屠宰一样。毕竟,包括祭祀在内的仪式活动都应该由君子负责。不可否认的是,这个解决看起来还是有些造作,并且这实际上是说在庖厨里工作的屠夫是君子,从而与孟子(及《礼记》)之"君子远庖厨"的教诲相矛盾。当然,我们可以辩称《礼记》是一本关于贵族行为的书,其中的建议在后封建社会已经过时了。虽然孟子引用了这句话,但这句话并不是只能从字面上理解。这是我能想到的对儒家之动物权利立场的最好辩护。也许,这个两难是一个儒家肉食者为了吃肉不得不付出的代价。

4. 其他的权利

在讨论了儒家对动物权利的观点之后,让我来简要地谈谈儒家对某项人权的观点。该人权与上面对动物权的讨论有些关系。它基于这么一个问题:如果一个道德败坏的人犯了十恶不赦的重罪,那么他是不是应该被人道对待?根据一般策略,我们应该看到孔子和孟子都会把这种对待视为上等人对下等人的责任(即道德高尚的人对道德败坏的人展示恻隐之心的责任),而不是后者的权利。如果我们遵循孔子"人是可错的"思想(这将在下一节讨论),那么儒家完全可以支持给那些被指控乃至被判有罪的人某种保护。这里,儒家不会将这个保护解释为被判有罪的人的权利,而会将其解释为对下判断的人可能的错误之预防。尤其是孟子强调,即使是最不可救药的人还是能改变的,而适度的人道对待对他会有帮助。因此,孔子和孟子可能会支持公正而人道地对待罪犯。[341] 与儒家对动物权的处理不同,坏人的权利与坏人的潜能相关。但是,孔子和孟子在这里的一个可能区别是,对孟子而言,丢失了或放下了善心的坏人只不过是长得像人的禽兽(3B9 和 4B19,以及其他许多段落)。但这并不意味着我们就应该不人道地对待他们。这是因为,哪怕是禽兽也应该得到某种人道对待。换句话说,对孟子来讲,坏人不受折磨、不受酷刑的权利可以说是一种"动物"或"禽兽"权,或更准确地说,人类对"动物"甚至是"禽兽"(即那些长得像人但行径如禽兽的东西)的义务。但是,再次强调一下,由于人的独特的可变性(由坏蛋变成真正的人),对于孟子来讲,对罪犯的人道对待是同时基于上等人的义务和下等人的潜能,而对动物的人道对待是基于人的义务和人对动物痛苦的感受。

通过对儒家认可权利一般策略的讨论和对动物权利这个看似儒家认可起来有些困难的特殊例子的考察,我希望展示儒家是可以在罗尔斯式的多元主义框架下认可权利的。本节的详细讨论给儒家如何认可其他权利的讨论作了一个示例。正如之前指出的那样,儒家认可权利的方式是碎片化的。但儒家对权利的认可有一些常见的策略:通过将权利解释为(法律上和道德上)可执行和可要求的义务,作为一种后备机制,或将它们置于儒家某些更高层次的善之下。儒家对权利的解读看起来与主流(西方?)的解读有所不同,但正是这些不同丰富了我们对权利的解读。因此,理解儒家的权利观念不但对儒家文化圈接受权利观念这个实践问题很重要,它同样对权利理解本身和权利话语的传播这个理论问题有积极的作用。

---

[341] 这几句中的限定词"适度""公正"很重要。这是因为孔子从不支持以德报怨,而是强调以直报怨(《论语》14.34)。

六　国家推进道德与自由主义之相容性

这一章的大部分工作都是为了表明,虽然儒家的一些思想表面上与某些"民主理念"或被认为是权利之基础的思想相抵牾,但它们可以与权利观念相容。但显然,儒家有着更有雄心的规划。他们希望推动公益去超越私利,尽管他们不是采取压制私的方式,而是选择培养私中带有建设性的部分,并以之来克服后者带有破坏性的部分(这里的"建设性"和"破坏性"是针对公共利益而言的)。由于儒家处理公私关系时使用的是一种连续与和谐的模式(已在第六章中介绍),他们也拒绝主流的自由主义思想,即国家应该保持价值中立,并且远离私人领域。相反,儒家认为国家有促进美德的责任,包括一些被认为属于私人领域的美德。正如陈祖为的观点:自由民主制度要想良好地运行就必须推进一些美德。也就是说,国家要提倡的美德需要也应该比自由主义的价值中立甚至晚期罗尔斯主义者所支持的(合理性、互惠性等)更"厚"。接下来的问题是:这种"加厚"版本的道德是否足够的"薄",使之与自由主义相容? 这是我在本章最后一节试图解决的问题。下面的讨论虽然主要围绕儒家展开,但对那些也意识到促进美德和公共利益之重要意义的学派同样有用,比如一些道德保守主义者甚至左翼人士。

从自由主义的角度看,对提倡美德的一个担忧是国家将变得有压制性和不宽容。比如,墨子刻(Thomas Metzger)就将所谓儒家对不可错的(infallible)精英统治阶层的可能性与由这一阶层领导的乌托邦国家的可行性的信仰贴上了"乐观主义认识论"(epistemological optimism)的标签,并将此种信仰与认为人类认识(和政治)是可错的西方信念相对比(2005)。[342] 儒家的这种信仰意味着一个绝对正确的精英统治阶级可以将他们的道德理解强加给大众,从而不可避免地使政治体制变得暴虐和非

---

[342] 感谢贝淡宁向我指出墨子刻研究的重要。

自由。

上述的这种理解被广泛传播但却很成问题。我怀疑这是将康有为及康氏乌托邦的天下大同之说的追随者的想法（错误地）融入传统中国思想史的结果。把这种观察放在一边不说，我们仍然可以看到孔子对人的可错性有明确的认识。在《论语》中，他不只怀疑普通人的可完美性，甚至还声称"未见好仁者"(4.6)、"未见好德如好色者"(9.18 和 15.13)。事实上，孔子认为哪怕尧舜都很难做到"博施于民而能济众"(6.30)。儒家意义上的君子确实比一般人要好，但他们也不是十全十美、无所不知的，而是可以犯错的。

孟子的情况略有不同。[343] 虽然孟子似乎确信每个人都是可完美的(6B2)，但我们可以认为孟子只是意在鼓励。即使我们表面上接受孟子的主张，他又说虽然"五百年必有王者兴"，但从周初的王者到孟子的时代，"七百有余岁矣"，仍然还没有王者(2B13)。因此，当圣王不在位时，我们就可以引入保护机制来对抗现实世界中不完美的统治者。对孟子来说，即使王者出现了，也不会简单地强迫人们服从他。其原因有点吊诡：孟子相信每个人都是可完美的。因此，贤明的统治者只应推动普通人发掘他们的潜能，给他们留下自由选择的空间，而不是让他们盲目地遵循儒家的道德规范。比如在本书多次提到的"揠苗助长"的寓言中，孟子指出，那些揠苗者"非徒无益，而又害之"(2A2)。从这个寓言可以很自然地推断出，孟子会主张政府的道德角色应该通过教育来实现。如果道德发展是被迫的，那么就会适得其反。对孟子的这种解释——强调道德劝诫，而不是武力——也与孟子"得其心，斯得民"的理念相一致(4A4 和 4A9)。

历史学家张灏发表过一篇很有影响力的文章。他认为尽管儒家有看似乐观的主张（比如孟子），但对人性的"幽暗"，道德修养的风险和现实的

---

[343] 在一次与安靖如友好而激烈的辩论中，我意识到了孔子和孟子在这个问题上的差异，因此我要感谢他促使我明确了自己的想法。

严酷的体认在包括孟子在内的传统儒家是很广泛的(2010,22-42)。[344] 从理论上讲,我们可以很轻易地发展出一种儒家理论,它能在保留本书使用的许多关键的儒家思想的同时又坚持人类的可错性。

有人可能认为我对儒学的理解太"薄"了,而这种"薄"版本的儒家与道德相对主义并没有什么区别。诚然,不以追求道德为根本目标的儒家思想可能过于单薄。但承认人类可错性的儒家思想并非拒绝对道德较真式的追求,而是拒绝对其教条式的追求。一个有怀疑态度的保守主义者和一个其自由主义是基于道德怀疑论的自由主义者之间的差别是:前者的怀疑是指向他在对道德的追求中所能做到的,但不是怀疑道德自身的存在,不是怀疑是非高下的存在;而后者对这一切都持怀疑态度。人总是不完美的,儒家承认这一点,并由此强调言论自由,因为它能够给不完美的人类自身及其政策变得完美提供必要条件。承认人的不完美就意味着我们没有上帝之眼,但这并不意味着我们应该放弃使用我们不完美的理智。用蒯因[也是奥托·纽拉特(Otto Neurath)]的一个比喻:"我们只能乘船飘浮于海的时候重建(我们坐的)这只船。"(1969,127)也就是说,在追求道德上,这一版本的儒家采取自然主义的态度,追求超越理智的至善。人类也不得不使用有缺陷的理性,去追求本质上超越人类理性的善;人类也不得不使用有缺陷的理智,来判断基于有缺陷的理智的判断是否有缺陷。因为我们没有比这更好的工具,而我们在生活中必须做出判断。我们犯错误,对一个保守主义者来讲这意味着我们应该加倍小心,但绝不意味着我们应该停止判断。

有了这种对人之缺陷的理解,我们可以看到儒家接受竞争性选举的又一个理由。儒家想要有道德和智慧的人来统治,但问题是人们如何确定谁是最有能力和最有道德的人。如果我们喜欢赌博,甘愿冒着在圣王

---

[344] 颇为讽刺的是,许多中国人使用张灏的术语却完全忽略他的主旨。他们认为张灏的观点与前面提到的墨子刻的相似。需要明确的是,尽管张灏拒斥乐观主义认识论,但他的确认为儒家并不像西方那样对人性和现实之幽暗面有足够的体认,而这也是民主制度首先诞生于西方而非中国的一个重要原因。对这一说法的反驳,见白彤东,2016。

之前和之后可能有三百年混乱的风险。[345]我们当然可以让大概是有道德的一小撮人或一个人来做一切重大的政治决定,而不管这拨人是被谁和怎样被选择出来的。如果这一选择可以往前追溯很多代,我们就不得不无视以下这些可能:最初第一拨作选择的人(因为没有上帝之眼)是可能犯错误的;在这个长长的选择序列中,有很多机会来让人犯错误;这些选择可能是人们基于其自身利益做出的。温和的儒家会把竞争性选举视为一个更可持续的选择统治者的过程,认为它权衡了选择最好和防止最坏这两方面考虑,也就是说,将这种选举理解为一个避免了可能的错误选择可能导致的坏结果的、合理而谨慎地选择和监督贤人的过程,而不是将之理解为惩罚坏政客的一种手段——后者是当代自由民主国家一种常见的解读。[346]

现在有一点应该很清楚了,尽管儒家追求美德和贤者统治,并建议国家有道德教化的义务,但儒家并不一定会导致压迫,因为他们相信人的不完美,相信保护机制的必要性,相信要辅助人自己的道德养成而不是强迫人接受道德观念。可是,我们应该如何对待那些已经得到可能最好的教育,但仍不能或拒绝分担他们所应分担的公民道德的人呢?儒家的回答是根据问题的严重性,对那些**真正**不能履行公民道德的人应该用国家支持的压迫性的政治力量进行惩罚。惩罚的方式包括:关押、公众舆论谴责,或在所涉及的事情与公共利益无关或关系不大的情形下放任自流。关押和公众谴责可能听起来很暴虐,但即使在一个自由民主的制度中,诸如将叛国犯关进监狱,或用公众舆论谴责那些利用法律漏洞占公众便宜的公司经理们,也被看作是正当的。这些强制性手段之所以听起来是有问题的甚至是可怕的,是因为诸如道德这样的事情常常极为复杂,因此人常常会作错误判断,或被想煽动公众以满足他们自己的卑鄙或疯狂目标的蛊惑民心的政客所欺骗。其结果常常是错误的人在惩治他人,或人们被错误地惩治。但这仅仅意味着当不得不作出这种判断时,人们应该非

---

[345] 韩非子对此进行了批判(《韩非子·难势》),并主张在选择统治阶级成员时应采用一种制度化的、可验证的程序。这里我使用的是一种可以处理韩非子精辟批判的更新的儒家版本。
[346] 陈祖为详细讨论了儒家的解读相较于常见的民主式解读的优点(2013a)。

常负责和小心,不要被自己或者蛊惑民心的政客所欺骗,并且人们也应该合理地怀疑自己的判断。并且,被审判的人也应该得到无罪推定。如果我们对别人的良心和智慧没有信心,我们就不得不承认仅仅依靠别人的良心和智慧还不足以使他们在评判别人时表现出负责任的、谨慎和谦逊的态度。因此适当的教育和制度就是必须的。比如,人们应该被教导要独立思考、谦逊和宽容;要有公开的讨论;应当建立一个能纠正错误和补偿被误判的人之痛苦的尽可能好的程序。这些考虑可以成为儒家认可法治和"人权"的基础。

到目前为止,我只讨论了儒家提倡美德,特别是通过国家提倡美德的思想并不一定是压迫性的。但是,提倡一些"私人"美德,而不是提倡像道德中立者都会认可的自律、平等和正义等"公共"美德,怎么能处理自由社会的多元主义这一基本事实呢?即是说,哪些"私"德可以由国家推广,进而被不同的学说公认为美德呢?在这一节和第六章第六节中我指出:中立的自由主义认可的"公共"美德,甚至罗尔斯对公共美德的更"厚"的理论,对自由民主政体的良好运转来说都过于单薄。但对儒家的挑战是他们想要的美德是否太"厚"以致不能由国家推广。为了回答这个问题,我们必须分别分析这些美德。作为一个例子,让我从前面几章提到的家庭美德入手。

在过去,传统儒家确实提供了一种较为形而上的对家庭及家庭美德之重要性的描述,而许多海外新儒家明确地提供了一种儒家的道德形而上学。如果家庭美德建立在这种形而上的基础之上,那它们肯定会像所有的形而上学一样过于厚重以致无法包容多元主义。但在这本书中,我有意提供一种非形而上学的诠释,这是理解孔子和孟子的一种可能的方式(对孟子这样的解读要略微牵强些)。就家庭而言,家庭之所以重要是因为它是培养一个人对他人之关爱的关键场所,它能帮助一个人构建超越其短期物质利益的图景。如果这些都是提倡家庭美德的理由,那么持有不同整全教义下的讲理之人便可能认同这些美德。这些人只需要认同这一点:陌生人之间的关爱和长期的、非物质的考虑对于维持一个繁荣的自由社会的重要性,而某些家庭关系有助于帮助人们发展上述的关爱和考虑。国家可以通过以下方式促进家庭美德:在双亲去世时给予子女带薪丧假,设立一个记录高层言行的官方机构并通过定谥号等形式对其功绩进行评价,等等。国家还可以鼓励人们制作家谱以记录家里每个人的生活,然后这一活动由他们的后代继续进行下去。国家也可以通过税收和其他政策鼓励成年子女住在父母附近,鼓励夫妇尤其是有孩子的夫妇保持其婚姻。这些制度和政策似乎与自由社会之多元主义并不冲突,而且可能有助于增进社会福祉。简而言之,我们可能会发现,比盛行于自由主义社会中的德行更厚的美德足以得到自由之民的认同与自由之国家的推崇。为了实现这一目标,我们需要摒弃这样的禁忌:一个自由的国家不能提倡除却平等和自律等"薄"的德行之外的任何美德。

附　录

哲人于时代之政治责任
——从不入危邦的孔子与不离乱邦的苏格拉底谈起

---

[359] 20世纪90年代,我刚刚对中国哲学有一点点涉猎。当时读了杜维明先生的《儒家思想新论:创造性转化的自我》[江苏人民出版社,1991;此书还有另一个更早的版本:《人性与自我修养》(中国和平出版社,1988);以及最新译本:《儒家思想:以创造转化为自我认同》(生活·读书·新知三联书店,2013);这些都是根据英文原版译出:*Confucian Thought—Selfhood as Creative Transformation*(SUNY Press, 1985)]。尤其是这本书的第七章,"自我与他者:儒家思想中的父子关系",在如何理解孝道、如何辩护儒家、如何诠释经典上,对我来讲,都有着启蒙的作用,让我开了眼界,也为我将来的阅读、思考、研究指引了方向。特别是对本章论证有着关键作用的《孔子家语》中的一段话,我也是第一次在杜先生这本书里读到,印象深刻。虽然我现在更关注的是政治哲学与政治儒学,不再是儒家的道德形上学或者精神人文主义,但是杜先生对儒家经典的同情理解,对推动儒家再次成为普世价值的努力,都依然指引和鼓舞着我。哲人如何入世,我想,这也是杜先生从理论到行动上都在反思和实践的问题。并且,本章比较的视野,也与杜先生打通中西等多元文明的努力相通。其实,在波士顿大学读博士期间,我确实考虑过选择罗森(Stanley Rosen)教授作导师,邀请杜先生,指导我写一篇比较孔子与柏拉图的博士论文。但罗森教授劝我继续写我的科学哲学的论文,告诉我它是一个很好的面具(mask)。因此,这一章,也算是当时的心愿的一个更充分的表达。本章的较早版本收于我的《旧邦新命》一书(北京大学出版社,2009,140-158),这里有很多小的改动。

一　导　论

在本书的"跋"之中,我将谈到哲学家实现自己理想的困难。这一附录,将会是就此问题的一个更加充分的理论讨论。我们知道,任何现实的政治都不是完美的,因此总会有人希望改良它。这种改良的冲动和需要,在现实政治变得让人极度不满的时候,会变得更加强烈。这样的现实环境,对改良者往往是充满挑战的、不友好的,甚至是危险的。在这种情形下,改良者就面对着一个问题:在这种环境下他如何在保全自身和保全自己的信念的前提下,采取政治行动以履行自己的政治责任?换句话说,任何政治活动,都要有所妥协。现实与理想有着巨大落差会给改良者以动力。但在这种情形下,一个改良者如何保证所做的必要妥协不是对自己信念的彻底背弃?这是政治里面的一个永恒问题。在本章中,我会考察《论语》和其他相关经典文献中的孔子和柏拉图对话里的苏格拉底是如何处理这一问题的。[360]

之所以做这样的选择,是因为《论语》和柏拉图对话都是人类经典。经典是最睿智的人思考人类最根本的问题的结晶,并且经历了百年、千年的考验。其中的思考,自然就可能对我们之于人类根本问题的思考有所帮助。并且,很有意思的是,虽然同为经典,但这两套经典对哲人的政治责任的立场似乎截然相反,且各自似乎又都有着内在的矛盾。孔子强调上等人(君子)对国家与人民负有政治责任,而苏格拉底则否认上等人(哲学家)的这种责任。但是,在《论语》中,孔子却又指出君子应不入乱邦,那似乎就更谈不上尽拯救乱邦之责,而苏格拉底反而留在一个对他给出不

---

[360] 本章所讲的是这些文本中的孔子和苏格拉底。《论语》可能还会被当作孔子言行的记录,而柏拉图对话则明确是柏拉图的创作。这些文本中展现出来的(也是本章所指涉的)孔子或者苏格拉底,是否与历史中的这两个人物一致,我在这里不做任何判断。

公平判决的城邦里面，似乎是要尽到自己对它的政治责任。

在本书第一章第五节中，我讨论了如何阅读经典。基于那里提出的基本方法，我会试图分别对孔子与苏格拉底对上等人之政治责任的立场做出解释与辩护。同时，因为他们的观点相反相成，并且因为他们都是思想深邃的哲人，所以拿他们的观点互为参照就可能加深我们对他们思想的理解和对他们所关注的问题的理解。不过，我会主要从本章所展示的孔子之立场对为苏格拉底之立场的辩护进行批评。西方对苏格拉底为何就死的问题的研究有如汗牛充栋，我可以肯定这里有很多对苏格拉底的更强的辩护。本章的讨论只想试图提供一个理解苏格拉底之立场的新视角而非最终的审判，从比较的角度为加深我们对孔子和苏格拉底（柏拉图）的理解做一点工作，同时，我希望这个工作也会帮助我们拓宽和加深对精英在乱世的政治责任这个重要的哲学问题的理解。

二 儒家：杀身成仁还是明哲保身？

对君子之于一个国家的政治责任这个问题，孔子似乎表达了相互矛盾的观点。在这一节里，我会展示这些矛盾。在下一节里，我会试图给出这些矛盾的解决。

从表面上来看，同时可能与很多人的印象一致，孔子和儒家是热衷政治，并且不惜舍生取义的。据《论语》记载（《论语》18.6），与孔子弟子子路对话的两个耕田人（很可能是隐士）之一告诉子路，人世已经没有希望了，与其避开坏的人主（并寻找好的人主），他不如像他们一样避开这个世界。（"滔滔者天下皆是也，而谁以易之？且而与其从辟人之士也，岂若从辟世之士哉？"）[361] 当子路把这段对话汇报给孔子后，"夫子怃然曰：'鸟兽不可与同群，吾非斯人之徒与而谁与？天下有道，丘不与易也'"。并指出："见

---

[361] 据钱穆(2002,56-59)，这些隐士可能是在蔡国为避强大和"蛮夷"的楚国的扩张迁走后的遗民。他们现在被楚统治，但拒绝在楚国朝廷里做事。所以，他们可能并不像很多人以为的那样是早期道家。

义不为,无勇也。"(《论语》2.24)紧接着刚刚引过的《论语》18.6,受了一个可能是隐者的老人嘲弄后,[362]子路断言道:"不仕无义。长幼之节,不可废也;君臣之义,如之何其废之?欲洁其身,而乱大伦。君子之仕也,行其义也。道之不行,已知之矣。"(《论语》18.7)的确,孔子本人被人说成是"知其不可而为之者"(《论语》14.38)。用他自己的话说,"志士仁人,无求生以害仁,有杀身以成仁"(《论语》15.9)。遵循这种儒家精神,据《史记》记载,在一场政变中,当几乎所有人都避难而逃,只有子路试图去救被挟持的主子,但不幸重伤,并被敌人"割缨"(断缨会使作为君子之冠落地,不合礼仪)。他死前最后的话是"君子死,冠不免",之后"结缨而死"(《史记·卫康叔世家》;司马迁,1986,194-195)。这些段落似乎意味着对关心人类事务的正当秩序的儒家来讲,唯一能履行自己政治义务的方式是出仕(从政),并且他们应该毫不犹豫地舍生取义。《孟子》中的一个声明**似乎**也支持了这个解释:"天下无道,以身殉道。"(《孟子》7A42)[363]

持这种对儒家的理解的人很可能为孔子在《论语》其他段落里表达的另一个想法所震惊。在《论语》中,刚说了"笃信好学,守死善道",孔子紧接着就给出了与这句话及以上对儒家理解看似相反的忠告:"危邦不入,乱邦不居。天下有道则见,无道则隐。"(《论语》8.13)[364]在另外一个地方,他给南容以下评价:"邦有道,不废;邦无道,免于刑戮",并把他的侄女嫁给了南容(《论语》5.2)。

那么,一个人应如何在无道之邦里保护自己以"免于刑戮"呢?《论语》中的一个忠告是:"邦有道,危言危行;邦无道,危行言孙。"(《论语》

---

[362] 也有注释者认为"四体不勤,五谷不分"是老人自指。参见杨伯峻,1980,196-197。

[363] 对所引文字,本文会标出篇次、上下篇(用 A 和 B 表示)以及杨伯峻版本所分的篇内章节。这里的"以身殉道"可能会被理解为鼓励有志者在乱世里成为烈士,从而支持了上述对儒家政治义务观的理解。但是,需要指明的是,这里的"殉"字实际上常被释为"(遵)循"。如果这个解释是正确的话,《孟子》的这段话实际上跟我们下面讲的"明哲保身"的观点是可以相容的。这是为什么我在正文里突出了"似乎"这个限定。

[364] 有意思的是,对这段话的一些经典注释(赵岐和皇侃)引了上面提到的《孟子》7A42 中的声明。但赵岐在这里将"殉道"解释为"从道"。见刘宝楠,1986,163-164。感谢王怀聿向我指出这一点。

14.3)[365] 在另外一处，孔子先是这么夸奖了史鱼："直哉史鱼！邦有道，如矢；邦无道，如矢。"[366] 但紧接着他给了蘧伯玉更高的夸奖："君子哉蘧伯玉！邦有道，则仕；邦无道，则可卷而怀之。"(《论语公》15.7) 另一部儒家经典《中庸》给出的忠告是："国有道其言足以兴，国无道其默足以容。诗曰'既明且哲，以保其身'，其此之谓与！"(第27章)[367] 实际上，孔子不但建议以沉默保护自己，而且有时连装傻也是可以的。《论语》中记载："宁武子，邦有道，则知；邦无道，则愚。其知可及也，其愚不可及也。"(《论语》5.21)[368] 总之，在国家无道时，儒家应该通过以下手段保护自己：言辞谦逊、不从政、保持沉默，甚至装傻充愣。

三 作为履行自己政治责任的躲避

因此，我们现在就遇到了一个问题：难道儒家不是要以人类利益为先，并勇于"知其不可而为之"吗？混乱无道的、人民受煎熬的国家不正是儒家需要去拯救的吗？儒家"危邦不入，乱邦不居"、天下"无道则隐"的正当性何在？下面，我将提供一些可能的辩护。

避乱邦有两个明显的原因。第一，在乱邦里一个人可能会被莫名其妙地杀死。这是乱邦的现实，或是乱邦的定义。它没有任何让人活下来的规则，不论这种规则是道德的还是纯理性的。因为在乱邦里保命的做法可能随时在变化，所以连"强权即真理"这样的原则也不一定能保人性命。《庄子》里的一个故事很漂亮地刻画了这种情境：一棵树因为没用而免于被砍伐，而一只雁因为没用而被宰杀。当其弟子问庄子在有用、没用之间应如何选择时，庄子指出不要累于有用、无用，而应"乘道德而浮游"

---

[365] "危"是"正"的意思。参见杨伯峻，1980，146。
[366] 据历代注释，史鱼乃卫国大夫。他未能说服卫灵公进用蘧伯玉、斥退弥子瑕。临死时，他为此做了最后的努力（"尸谏"）。参见杨伯峻，1980，163。
[367] 本文所引《中庸》皆根据朱熹，1985。
[368] 有注释者将"愚"解释为很少人能做到的在不利环境下对义的执着。但从这里引的很多段落看来，后一种解释似有很大问题。见程树德，1990，340-343。

(《庄子·山木第二十》)。[369] 作为一个对他所处时代的聪明敏锐的观察者,孔子必然是明白这一点的。这里要澄清的是,被随意杀死与上面提到的子路的高尚的死不同。他的死是激动人心的,可以传播儒家的理想精神。而我这里谈到的是那种无人知晓的或不明不白的死亡,有如空谷幽兰之自开自落。即使情愿舍生取义的儒家也不得不问:这样的死能带来什么样的道德上的善?![370]

第二,即使一个人侥幸而没有被不明不白地杀死,为了能在这样的无道之邦里产生影响,他不但要活下来,还要得到有影响的位子。但是在无道之邦里爬上高位常常意味着一个人要做出道德上无法接受的牺牲,并且他有可能在"与魔鬼做交易"时渐渐失掉自己的良心。古今中外不乏有志青年打入"体制内部",其结果不是他们改变了坏的体制,而是坏的体制改变了他们。孔子对在乱邦里爬上去的代价有很好的理解。紧接着他在《论语》中的"无道则隐"的教诲之后,孔子指出:"邦有道,贫且贱焉,耻也;邦无道,富且贵焉,耻也。"(《论语》8.13)[371] 之所以我们要为在无道之邦的富贵感到羞耻,就是因为我们的富贵必然是牺牲廉耻换来的。

这两点避乱邦的原因也可以帮助我们理解乱邦的含义。"乱邦"不是指有缺陷但可以改正的国家。任何现实中的国家都不会完美,而去改善它都要冒风险,并且有时必须要基于"两害相权取其轻"的态度做一些道德上的、原则上的牺牲。这一点睿智的孔子自然理解并接受,《论语》里充斥着他对人、对事的基于权衡的微妙评论也支持我们这里的猜测(比如他对管仲的态度)。这里讲的乱邦是指无法无天、道义丧尽、其统治者不

---

[369] 当然,庄子(这里指《庄子》文本的作者或者作者群体)的道与孔子的不同,他可能连孔子认为的有道之邦都不屑于进入。(感谢黄勇教授向我指出这一点。)我用庄子的故事的目的仅仅是展示充斥孔子与庄子时代的世事无常的情绪。
[370] 当然,在现实条件下,我们经常很难判断什么行动是莽撞和无意义的、什么行动是勇敢和高尚的。
[371] 《论语》14.1 里有类似的说法:"邦有道,谷;邦无道,谷,耻也。"

知悔改或任何改进的道德代价都过于巨大的国家。[372]

除了以上两点原因,我们也应该看到,躲避这样的国家、躲避它的昏聩或残暴的统治者本身可能是君子可以为这个无道之邦所能尽的政治义务。虽然我们未能找到孔子本人对此的直接讨论,但是在其他文献中,他讨论了儿子应该如何对待自己昏聩的、暂时发疯了的乃至邪恶的父亲。因为儒家认为国是放大的家,君(一国的统治者)与父(一家的统治者)之间、国事与家事之间是有对应的,所以这一讨论会对如何对待暴政或暴君有启发。在《孔子家语》中,孔子的弟子曾子因小过而惹怒他的父亲曾皙。出于他所理解的孝道,曾子心甘情愿地接受了曾皙的杖责,被打得不省人事。他醒来后只是想着向父亲承认自己活该受罚,并让父亲知道自己没事。孔子听说了以后不但没有夸奖曾子,反而"闻之怒。告门弟子曰:'参(曾子)来勿内'"。孔子后来解释,如舜的父亲瞽叟("瞎了眼的老头")想杀舜但舜躲避一样,一个孝子应"小棰则待过,大杖则逃走"。其原因是如果儿子"委身以待暴怒,殪而不避,殪死既身死而陷父于不义,其不孝孰大焉?"(《孔子家语·卷第四·六本第十五》;王肃,1990,42)。如《孝经》第一章里指出,"身体发肤,受之父母,不敢毁伤,孝之始也"《孝经·开宗明义》。[373] 根据这样的原则,在一些特殊情形下,看似吊诡的是,保护父母所授(性命)和对他们的孝敬恰恰在于不接受父母所授的暴打或谋害,恰恰在于不遵从他们。当然,《孔子家语》和《孝经》所记是否孔子的言论、是否反映孔子本人思想是个有争议的问题。但是为儒家所推崇的舜就曾经多次逃脱其父的谋害,于儒家来讲,这是众所周知的故事。这个故事背后的道理,

---

[372] 从《论语》一些段落的字面描绘,我们也许应该说"乱邦"或"无道之邦"与(周)礼崩乐坏相关(感谢邱业祥和陈芸向我指出这一点)。这种说法即使对,与我下面的分析也并不矛盾。下面的分析是给出了"乱邦"或礼崩乐坏后的世界的更一般的描述("更一般"是指它不局限于《论语》中对乱邦所可能有的基于当时历史情境的特定描述)。不过,在《论语》16.1中,孔子指出,"危而不持,颠而不扶,则将焉用彼相矣?"朱子认为相是瞽者之相,但是有其他注疏者并不同意,而我也认为朱子这里的解释有问题(程树德,1990,1134-1135)。那么,如果这段说的是"相"(辅佐之臣)需要去扶持危险、摇摇欲坠的邦,似乎就与我这里的说法矛盾。但是,这里指的是已经是相的人,并且其君主**将要**做一件错事,而不是其邦国已经不可救药了。如果君主不听劝诫,孔子在这里也说:"不能则止",也就是应该弃乱邦而去。其与我这里对乱邦的理解其实是一致的。

[373] 本章《孝经》依据上海古籍出版社1997年版《十三经注疏》。感谢安乐哲向我指出这一点。

与上面讲的曾子的故事的道理是一致的。因此说上述对孝的理解为孔子所认同并不牵强。实际上,孟子在解释舜何以"不告而娶"采取了与上面的说法类似的观点("告则不得娶。男女居室,人之大伦也。如告,则废人之大伦,以怼父母,是以不告也")(《孟子》5A2;又见《孟子》4A26)。那么,根据这种应该为孔子所接受的对孝道的理解,再根据儒家的父与君、家与国之间的类比,那么这就意味着,有些情况下躲避危乱之邦才是儒家尽忠的表现。躲避昏聩残暴的君主及其国家意味着避免了如果没有躲避就会必然面对的两者间的对决。这种对决会损害这个君主,或更可能的是将来这个国家的君主与儒家的和解、并听从儒家的指点来纠正错误并走上仁治的机会。

并且,躲避暴君不仅仅是被动的行为。公认的君子拒绝进入或者离开一个国家这样的事实,正是对坏君主的抗议,有可能迫使君主反思改过。[374] 并且,在孔子的时代,邦国都还不太大,君子的离去会有较强的榜样的力量,让他人追随,最终会让这个邦国失去臣民,甚至被彻底摧毁。同时,如果找到合适的邦国或者合适的地方,君子可以协助良政在那里实现,吸引人民投奔,让危乱之邦的君主感到耻辱、危险,或者以和平的力量摧毁这样的国家。如孔子自己指出,"远人不服,则修文德以来之"(《论语》16.1)。当乱邦的人民都移民了,乱邦自然就被消灭了。

当然,对待暴君还有更主动的做法。根据孔子的正名思想(《论语》12.11;《论语》13.3),一个人的名分应与其所尽责任相符。直白甚至有些鲁莽的孟子则干脆讲明了这个看起来保守的观点所隐藏的革命性一面:当一个统治者没有履行自己的义务时,他就不再是一个真正的统治者,因此杀死他就不再是儒家所反对的弑君了(《孟子》1B8)。[375] 顺便指出一点,孟子这里并没有说杀父在有些极端情形下是否能被儒家认可。从孟子对舜在瞽叟昏聩甚至数次试图谋害他的情况下依然守孝道的赞同来看,孟子可能是认为杀父在任何情况下都不能接受,其原因可能是父子关系比君臣

---

[374] 感谢黄勇教授向我指出这一点。
[375] 需要指明的是,孟子不认为人民有废除君主的直接权利。见白彤东,2009,41-77(第三章)。

关系更根于自然、更少约定成分。

把所有这些考虑综合到一起,我们可以得出这样的结论:当一个统治者不可救药但可以被废掉时,儒家君子应该毫不犹豫地领导人民去剥夺他的权力;[376] 但当一个统治者一时昏聩但**无法劝阻**却又无法被废掉时,[377] 儒家应该"卷而怀之",以避免激烈冲突,这就使将来这个君主、其继承者,或这个国家更容易悔过并纠正错误,这也是对这个统治者的一种抗议与劝诫,甚至是间接的惩罚。同时,他可以找到适合的环境,帮助建设一个有文德的国家,通过外部压力来改变危乱之邦。

但是,为什么儒家的君子不能让自己在道德、智慧与身体上都强大到能克服种种困难来拯救一个国家呢?孔子确实认为,政治机制的良好运转与儒家之道的彰显有赖于君子,即所谓"人能弘道,非道弘人"(《论语》15.19),人存政举、人亡政息(《中庸》第20章中孔子谈文武之政),儒家之道要"待其人而后行"(《中庸》第27章)。但是,不幸的是,孔子似乎认为这样的儒家(圣人)并不常有。这与孔子对人之向善的悲观态度相呼应。他甚至指出,"博施于民而能济众"这一儒家理想君主的基本条件,连儒家最理想的圣王尧舜都达不到("尧舜其犹病诸")(《论语》6.30)。这种圣人罕有的观点在孟子那里变得更加明晰(也更少隐晦)。他指出,"五百年必有王者兴,"但同时从上一次有圣王算起(到孟子的年代),"七百有余岁矣"(《孟子》2B13)。简而言之,与很多启蒙思想家和近现代思想家的信念不同,早期儒家认为好的政治、政府只是偶然出现,他们并不认为一个"永久和平"的国家是可能的。因此,对儒家来讲,在任何情境下都有君子,且他们有能力排除万难、救民于水火,这并非可能的事情。

但是,如果像在前面引过的子路在《论语》18.7里所说的,履行一个儒家的政治义务的唯一方式是"仕",即服务于政府的话,但政治现实是无法废掉危乱之邦的统治者,君子不入乱邦或离开危邦的行为也未能赢得太

---

[376] 这里不是由人民直接废除统治者。
[377] 像上面提到的,我们这里处理的所谓"危邦""乱邦"都是那些君主或其政治昏暗到无法以内部劝阻改正的情况。如果能通过劝阻改正的话,那么儒家自然可以履行他们规劝的职能,我们也就不会有本章所要处理的困难。

多追随者或者让统治者考虑悔改,并且君子也没有找到另一个适合出仕的邦国(这个假设几乎就是孔子所经历的现实,也是微子篇前一段的一位隐者所指出的),那么与其"夹着尾巴做人"、徒劳地等待圣贤降临,不如冒死一拼。虽然选择后者君子可能丢掉身家性命,但这一行为即使无法拯救人民与国家,但至少可以为后世树立榜样,或者哪怕只是忠实于自己的道德原则呢!在上述政治现实下冒死一拼来履行儒家君子的政治义务的可能再小,也总比无人知晓的苟且偷生来履行自己义务的机会大些。所以,当没有任何地方适合君子出仕的情况下,"卷而怀之"的忠告可成立,就意味着君子有其他履行其政治义务的方式。据孔子的看法,这样的方式是有的。据《论语》记载,

> 或谓孔子曰:"子奚不为政?"子曰:"《书》云:'孝乎惟孝,友于兄弟,施于有政。'是亦为政,奚其为为政?"(《论语》2.21)

一般地讲,孔子和儒家承认公私的分别和冲突,并且在这一冲突中给公益以优先性。但是,与其他思想家不同,他们同时又强调二者的连续与互补,期冀以它们的互补来克服它们的冲突。私与公构成了政治生活的连续整体。这意味着儒家可以通过改善自己的家庭、参与乡里(社区)事务来尽自己的政治义务。如果能有更多的同道来做出这种努力,那么国家的政治环境也可能得以改善。即使没有这样的结果,个人努力也还是可以作为将来政治改善的种子。[378] 孔子自己的行为,作为一个老师(也许是中国历史上第一个非官方教师)、作为一个经典的保存者与注释者,也展示了如何在"私领域"为公益服务、进行政治活动的另一种方式:教学生、保存经典、"笔削春秋"。这些行动让经典经受住时间的考验,有如被保护起来的种子,等待合适的时机生根发芽。[379]

与此相关,我们需要澄清的一点是:虽然儒家对其家邦及人民有自然的亲和情感,但他并不必然依附于某个特定的邦国或人民。特别是在春

---

[378] 感谢 Ames 向我指出这一点。
[379] 因此,"不仕无义"并不是孔子的立场,而是子路的立场,并且子路的立场,其实违背了孔子对政治参与的理解。子路的这种立场,可能也是他最终悲剧性地死去的一个原因。

秋时代,虽然诸侯国各自为政,但是它们名义上归周王室统治,大多数诸侯国的人民都有共同的文化认同。这个事实有助于儒家从一个国家(无道之邦)迁到另外一个国家(有道之邦)。但是,如果如后来中国历史上常发生的那样,只有一个大一统的国家,而这个国家又不幸处于无道的状态,那么儒家还怎么能择邦而居呢?《论语》的一个注释者李颙指出,一统之世,"小而郡县,大而省直,亦邦也。中间岂无彼善于此者乎?"(转引自程树德,1990,540)。实际上,儒家之君子甚至不一定非要居于"文明世界"里。也许是因为在"文明世界"里屡受挫折,孔子"欲居九夷。或曰:'陋,如之何?'子曰:'君子居之,何陋之有?'"(《论语》9.14)[380]。

　　总之,虽然支持见义勇为,但如果有比牺牲自己生命更好的服务人类的方式方法,孔子是反对去做烈士的。但是,倘若没有其他尽君子之政治义务的方法,我们又该怎么办呢? 比如,如果处在子路被杀之前的境遇里,要在凛然就义或不光彩的逃命之间做出选择,孔子会怎么做呢? 在这种情况下,孔子可能只有一个选择:那就是像勇敢的子路所做的,高贵地死去,或是为了给后世做个榜样,或是仅仅为遵循儒家的道德原则。但孔子也许会问这么一个问题:为什么子路会让自己处于这种情境下呢? 一个既仁且智的君子应该知道卫乃乱邦,因此应该选择不入于卫、不居于卫,更何况要在那里出仕。但是,实践中不同选择间孰优孰劣并不总是清楚明白的。毕竟,儒家的君子并不是全知全能的上帝,他有可能无法预知或掌控事情的发生与发展。因此,在某些情境下,即使睿智的君子也可能无法判断何为尽其政治义务的最佳选择。这恐怕是为什么《论语·微子》在指出"微子去之,箕子为之奴,比干谏而死"这三种做法之后,孔子评论说:"殷有三仁焉。"(18.1)[381] 这里对微子和比干的选择描述得很清楚,但对箕子的选择描述得比较粗略。据其他史书记载,箕子是披发佯狂、被降为奴隶(参见杨伯峻,1980,192;程树德,1990,1247-1254)。我们可以说,也许《论语》如此给出三仁的次序暗示了他们选择的高下,但是在能做出比纯粹的猜测更可靠的结论之前,我们只能说,根据孔子的说法,在暴君纣王的统

---

[380] 这段话似乎意味着孔子认为蛮夷有时候比一个"文明"的、但危乱的国家都更可拯救。但他并没有解释为何如此。感谢 Andrew Chittick 向我指出这一点。
[381] 感谢杜小安向我指出这段话的重要。

治下的危乱之邦里面,这三种选择难分高下。我们由此也可以想象,在某些极端情形下凛然就死可能会是儒家君子的唯一选择。因此,我并不是说,孔子认为在任何情形下君子都不应该为履行其政治责任而献身,而是见义勇为在很多时候都有牺牲自我之外的选择。孔子的道义不是康德式的道义,而是在道义的基础上去权衡可能后果的利弊的。后一点与后果主义(consequentialism,通常用的是功利主义,utilitarianism)相通。儒家的立场是康德的立场与边沁和密尔立场的一个综合。[382]

最后需要澄清的一点是,就孔子来说,世事的混乱有可能达到君子无处可躲、而只能过着近乎归隐生活的境地,并且儒家也不一定是非要时时刻刻都想着为人类事业尽心竭力。比如,《论语·公冶长》中记载:"子曰:'道不行,乘桴浮于海。从我者,其由与?'子路闻之喜。子曰:'由也好勇过我,无所取材。'"(5.7)这里后半段的说法暗示了孔子可能是在戏言。但在另一个在注释者之间比较有争议的段落里,孔子的态度就更加直接。在弟子回应了孔子对他们的志向的询问之后,他没有赞许那些表达要为良好政治献身的弟子,而是赞同了曾点。("夫子喟然叹曰:'吾与点也!'")曾点的志向是:"莫春者,春服既成,冠者五六人,童子六七人,浴乎沂,风乎舞雩,咏而归"(《论语》11.26),这似乎是最与政治无关的志向。需要指出的是,在这段的最后,孔子自己说明,他不赞同的并不是其他弟子想实现良政的愿望,而是他们达到它的具体想法。但他并没有解释为什么"吾与点也"。对其含义,后世争议极大(参见程树德,1990,806-14)。其中一种观点认为曾点描述的是服从礼教的生活,甚至代表了天理流行、尧舜气象的生活。毕竟,曾点所描述的结伴而浴、而舞、而歌可以是儒家通过礼仪的养成教育的一部分,而其舞所在之"雩"疑为请雨之坛,隐含着春天为民祈雨之意。[383]他的这种选择也许表达了政治之变革要从根本之礼乐

---

[382] 我们还可以考察其他相关文本,比如孟子对这个问题的立场,但这个工作超出了本章所能处理的。我的感觉是孟子更强调行义的勇气,比孔子少了一些微妙。但是,即使充满理想主义色彩的孟子似乎也理解不做不必要的烈士的重要。比如,孟子指出:"莫非命也,顺受其正;是故知命者,不立乎岩墙之下。尽其道而死者,正命也;桎梏死者,非正命也。"(《孟子》7A2)我们也可以考察《论语》和《孟子》里对卫道而死的伯夷、叔齐的微妙态度,来反思先秦儒家对这个问题的复杂立场。

[383] 感谢贝淡宁、赵俨对这里的讨论给予我的启发。

教化开始,而不能停留在表面的修补上。[384]但是,也有人认为这里曾点描述的是一种自由自在的生活,这与孔子对人事失望的心情呼应。撇开这些有争议的文字不说,在《论语·宪问》中孔子很直接地指出过"贤者辟世",而"辟地"者(去乱邦而适治邦的人?)次之(14.37;参见程树德,1990,1026-1027)。一般来讲,在前面引过的《论语·微子》(18.6)的相关章节中,孔子讲得很清楚:"天下有道,丘不与易也。"所以,与一些人所理解的不同,享受自然并不是道家的专利,孔子也并不认为这样的生活与儒家理想有任何矛盾。的确,对这种生活的向往、理解人民也向往这样的生活,乃至天下同乐的愿望正是儒家君子为人民服务的动机之最终来源。但是,对这种生活的个人享受应该放在为人类事务之改善而奉献之后。如果这些事务得到了好的处理,那么儒家完全可以尽情享受逍遥地游于天下的生活。[385]

四 苏格拉底的哲人:没有统治之责,也无意人间事务

与儒家构成鲜明对比的是苏格拉底。孔子似乎有种种理由鼓励自己的追随者入危邦、居乱邦,但他明确反对这么做。苏格拉底,或更准确地讲,柏拉图对话里那个叫苏格拉底的人物,似乎有种种理由远离城邦、远离政治,更谈不上卷入其中,但是他自己却在雅典人赶他走的时候都不走。[386]这一对比耐人寻味,而将此两者放在一起、互为参照也是件很有趣的工作。

---

[384] 我并不认同这种观点,认为它是宋儒自己觉民行道心理投射的结果。

[385] 因为理想与现实之间总是会有差距,并且事情总可能变坏,所以我们很难判断,对孔子来讲,何时儒家可以从政治责任里退身出来(感谢贝淡宁向我指出这一点)。但是,在理想情况下,儒家的统治者不是一个什么闲事都管的忙人,而是有如北辰(北极星)一样,"无为地"向他的臣民们展示好的生活的榜样(《论语·为政》2.1)。从这里我们可以引申出来,儒家享受自然有助于给人民树立榜样。

[386] 在处理柏拉图对话时,我采取与对待中国古代某些经典一样的解释原则。我会采取整体性的态度,假设在不同的对话里苏格拉底(柏拉图)都试图表达一个内在一致的想法。当发现表面不一致时,应首先考虑是不是我们没有读懂和想明白,并尽量给出一个一致解释。如果不能给出一致解释,我们应该承认自己不明白为什么会有这种不一致,而尽量不去在没有独立证据的基础上将这种不一致归于柏拉图思想在不同时期起了变化一类的原因上。

但是,需要澄清的是,通过比较孔子与苏格拉底对上等人之政治责任的观点,我不是要否定孔子与苏格拉底(柏拉图)的政治哲学之间、孔子的华夏与苏格拉底的古雅典乃至古希腊之间的区别。毋庸置疑的是,孔子的君子绝非柏拉图的哲学家,孔子时中国的"邦"与古代希腊的"城邦"(polis)也有着极其重大的区别。并且也很难讲,苏格拉底时的雅典符合上一节给出的乱邦的标准。[387] 首先,除去三十僭主时期,苏格拉底时代的雅典并不是一个无法无天的城邦,不是一个居民会被莫名其妙地杀害的城邦。虽然有人煽动,但是对苏格拉底的审判还是符合程序正义的。在《克力同》篇里,据想象的"城邦的法律与共同体"所说,与塞萨利(Thessaly)不同,雅典是个有法治的城邦(Crito, 53a-54a)(虽然我们不知道苏格拉底是否同意这一判断)。[388] 其次,除去三十僭主时期,雅典践行民主,公民获得一定政治职位或者一定政治影响所付出的代价也小于绝大多数非民主城邦。但是,下面我们会看到,苏格拉底似乎对雅典政治并不乐观,甚至暗示它宛如处于风暴之中。更重要的是,尽管有这一段所说的这些不同,但是我们依然可以用苏格拉底的相关思考与孔子的思考相互比照。我们可以采取一种在第一章里提到过的"抽象翻译"的办法,把一种思辨从其环境中抽象出来,将它在一个新的环境里再情境化,用这种"翻译"过的思辨,在新的情境内部,来推进我们的思考。

在这一节里面,我们会看到,苏格拉底虽然给了一些哲学家为什么要参与统治的原因,但是在仔细考察之下,苏格拉底的立场似乎还是哲学家对人类事务甚至是活在世间都没什么兴趣,自然也就没有统治(参与政治)的责任。[389] 但这个结论又与苏格拉底的行为相矛盾。在下一节,我会讨论一个更令人迷惑的问题:为什么在雅典已经对他如此敌意,乃至要处死他的时候,苏格拉底依然不离开这个城邦?我会讨论在不同对话中苏格拉底给出的解释,但同时会展示,尤其是从上面对孔子立场的讨论来

---

[387] 感谢刘玮向我指出这一点,以及他做的其他相关的评论。
[388] 本章引用的《克力同》篇,均根据 West and West, 1984。中文翻译均由本人提供。
[389] 苏格拉底就哲人统治责任的讨论,在本书第五、六章中已有涉及。下面的讨论会有些重复,但会更加细致一些。

看,这些解释都是不充分的。

与儒家君子截然相反,柏拉图对话里的哲学家似乎并没有帮助其他人的责任。在《理想国》第一卷里,苏格拉底给出了一个人想要统治的三个原因:为了金钱、为了荣誉、为了躲避被坏统治者所统治而带来的惩罚,并指出只有最后的那个原因是不会被谴责的(347a-347d)。[390] 但是,与其他两个原因一样,最后这个原因也是基于私利,并且它只给了好人很弱的动机去统治。的确,"如果有一个城邦,在这个城邦里有很多好人的话,他们会争着不去统治";而好人决定做统治者只是因为"没有比他们更好或和他们差不多好的、可以赋予统治工作的人"(347c-347d)。

公平地讲,苏格拉底是在回应色拉苏马库斯(Thrasymachus)的时候给出这些以自利为基础的动机的,而色氏在此前论述统治是为了(通过剥削被统治者来)满足统治者的私利的。这也许是苏格拉底的回答都是从私利出发的原因("见人说人话,见鬼说鬼话")。但是,无可否认的是,作为儒家政治责任基础的(关怀他人的)同情心,并不在《理想国》中的苏格拉底所讨论的美德之中。

实际上,在《泰阿泰德》篇中,哲学家被描述为飞到"'深深的地下'去几何化平面,'高高在上'去凝望星星,并且探索所有地方的所有存在物的整体的本性",但对附近的东西和城邦的世俗事务没有兴趣(173e-174a)。[391] 根据这里的和柏拉图的《菲多》篇里的描述,哲学家甚至是想死的,哲学生活是为死亡做准备的(《泰阿泰德》篇,172c-177c;《菲多》篇,61b-65b)。[392] 当然,苏格拉底(和柏拉图)这些言论背后的真实意图是什么,这是个很难回答的问题。苏格拉底声称哲学家如此不关心人事,他们甚至不知道怎么去集市(marketplace)和法庭(court)。但他是在他非常了解的集市上,在自己去法庭的路上做的这个声明(《泰阿泰德》篇,173c-173d)。当被问到如果哲学家都想死,他自己为什么不自杀的时候,苏格拉底回答他是在遵从神的命令(《菲多》篇,62c)。但是,这个回答从苏格拉底的嘴里说出来,听起来很可疑:苏格拉底经常是以狗发誓,而不像一般雅典人一样,以宙斯这个古

---

[390] 本章所引用的《理想国》,均根据 Bloom, 1991。中文翻译均由本人提供。
[391] 本章所引的《泰阿泰德》篇,均根据 Benardete, 1984。中文翻译均由本人提供。
[392] 本章引用的《菲多》篇,均根据 West and West, 1984。中文翻译均由本人提供。

希腊的最高的神发誓。[393] 在《申辩》篇里，他甚至说，他开始并不相信德尔菲神庙关于他是最睿智的人的预言，而必须考察了这个说法以后，才最终相信了它(21a ff)。尽管有这些疑难，但至少在表面上看，柏拉图对话里的哲学家似乎对政治事务是不关心的。

不过，苏格拉底还是明确给出了哲学家为什么要统治的原因。在《理想国》第七卷里回答哲学家为什么要接受统治的政治义务时，苏格拉底论辩道："我们生育你们【哲学家】既是为了你们自己也是为了城邦的其他人，有如领袖与蜂巢里的王者一样；你们得到了更好的和更完美的教育……"(520b-520c) 有人会说，这个原因和上述不太强的统治原因(347a-347d)结合在一起，也许可以成为哲学家统治的充分原因。[394] 但是，《理想国》在这里同时指出，哲学家的这种义务只适用于理想城邦，因为他们成为哲学家是由于这样的城邦的栽培。在其他城邦里，哲学家成为哲学家是由于他们能抵御这些城邦的"栽培"(坏影响)，因此作为哲学家的他们对这些城邦没有任何义务(520a-520b)。在《理想国》另外的地方，苏格拉底暗示他的哲学思考不是雅典给的，而是他的守护神(daemon)给的(496c)。因此，根据《理想国》里的这些论辩，作为哲学家的苏格拉底还是不应该对雅典有任何统治义务。[395] 并且，哪怕是上面的哲学家对理想城邦有政治义务的说法，也是有问题的。因为这一说法隐含的前提是：人应该把他拿的还回去。这是《理想国》对正义的第一个定义的一部分，但这个定义被苏

---

[393] 参见《理想国》399e 和 592a；《申辩》篇 22a；以及《斐多》篇 98e。在《高尔吉亚》篇里，苏格拉底说"以狗——埃及人的神的名义"(482b)（本章所引用的《高尔吉亚》篇据 Nichols, 1998，中文翻译由本人提供）。这里应该指的是埃及的神阿努比斯(Anubis，感谢刘玮向我指出这一点以及苏格拉底对德尔菲神庙预言的怀疑的相关性)。因此，苏格拉底常用的发誓也许还是有宗教意涵的，但从雅典人的角度看，他很难说是虔诚的。并且，我也并不是说苏格拉底彻底没有宗教性，而是说他诉诸神的旨意来回答为什么不自杀这个问题，令人困惑，也并不能解决相关的问题。

[394] 感谢刘玮向我指出这一点。

[395] 当然，我们可以考察苏格拉底这一说法有多认真、是否可以被辩护。虽然苏格拉底有不满，但是毕竟雅典满足了他的基本生活需要，并且通过建筑在漠不关心而不是真的开明上的宽容，苏格拉底在其人生的大多数时期，也被允许进行哲学活动。（感谢刘玮向我指出这一点。）但是苏格拉底可以说，他已经通过履行公民职责（比如作为士兵参与战争）还了他对雅典所欠的，并且民主雅典允许他进行哲学活动是通过不干扰他（而不是主动给他提供方便）。而这似乎也没有太多可偿还的。并且，我们下面马上会看到，这种还与欠的正义观本身是有问题的。

格拉底驳倒了(331c)。[396]

总之,苏格拉底(和柏拉图)是如何理解哲学家对城邦的责任是个复杂的问题。至少表面看来,苏格拉底确实有种种理由不过深地卷入城邦(polis)或政治(political)事务。

并且,即使他关注城邦的福祉,他仍可以认为时机不当而选择不卷入城邦事务。这是因为苏格拉底认为,理想城邦不是在任何情况下都能被建立起来的,即使建立起来,它也不会持续千秋万代。(《理想国》546a)事实上,如果一个城邦是败坏的,如苏格拉底在《申辩》篇里指出:"对一个真的在为正义斗争的人来讲,哪怕他仅仅是要保全自己一小段的时间,他必然要过一个私人的(private)而不是公众的(public)生活。"这是远离大众的生活,也是苏格拉底(声称)自己所过的生活(31c-32a)。《理想国》里有令人很是感慨的一段,它描述了在不正义城邦里(对苏格拉底来讲,几乎所有现实世界里的城邦都是不正义的)一位哲学家的命运:

> 有如落入一群野兽中的一个人,既不愿意加入它们做不正义的事情也不足以靠自己一人之力抵御所有这些野蛮的动物——【如果他抵御的话】在能对城邦或朋友有任何用处之前,他就会死掉,无益于自己或他人。盘算了所有这些,他保持沉默,只管自己的事——像一个在暴风雨里的人,当风把尘土与雨水吹得遍地都是的时候,他站在一小堵墙下。看着他人无法无天,他满足于自己能以某种方式过一个没有不正义、没有不神圣的行径的生活,抱着好的期望,优雅地并高高兴兴地避开它【这个乱糟糟的城邦和其中的生活】。

---

[396] 我们可以争论,这个定义和后来修改过的定义(331d-336a)到底在多大程度上被驳倒了(感谢刘玮向我指出这一点)。但是,即使作为正义的还欠可以成了,我们要看到,苏格拉底先是暗示(331d-336a)、后来更明确指出(504a-506b),正义只在至善(the Good)的指引下才是好的。这意味着只要合于至善,正义也是可以被违背的。但《理想国》并没有给出至善的直接和明确的定义和描述,苏格拉底本人甚至怀疑这是无法给出的(506b-511e)。并且,即使我们接受哲学家需要把从理想城邦里拿的还回去的观点,我们还可以追问,这里要还回去的是什么? 它不一定是很高的政治参与,而是一些基本的公民义务而已。

(496c-e)[397]

从表面上看,苏格拉底这里讲的与儒家给出的不入、不居危乱之邦的原因之一很相似:儒家君子并不能一定可以改变任何不理想的邦国,而在危乱之邦里,儒家君子为了能有任何作为就必然要与不正义的人同流合污。这种道义上的牺牲是不可避免的,但同时又是不可接受的。

五　哲人有不避乱邦的责任?

因此,与儒家的君子不同,至少是在表面上来讲,苏格拉底的哲学家并没有领袖和服务人民的责任,对人类事务也没有兴趣,甚至没有很强的原因要活下去。即使他要活下去,要在城邦中生活,考虑到多数城邦都是腐坏的事实,他也最好是过着私人的生活。但是,我们已经看到,苏格拉底的一些说法是有问题的,并且与他自己的所作所为相矛盾。就他的一般行为来说,他在雅典的集市上与他人高谈阔论,而他的对话者很多都是有政治野心和政治影响的人,他的这种行为很难说是私人的、而不是公众的和政治的行为。[398]并且,当他这样的生活最终导致了与雅典的生死冲突的时候,他依然拒绝离开雅典。那么,他为什么会做这样的选择呢?在这一节里,我将讨论苏格拉底在不同地方给出的原因,[399]将它们与孔子的考虑做比较,并站在儒家的角度对它们进行批评。[400]

在《申辩》和《克力同》篇里,苏格拉底明确地表示一个人不应该为了保命而认下自己并没有犯的罪,不应该以任何不高贵的方式逃命。孔子会同意这个说法。但是,他会问:为什么苏格拉底会让自己处于这种困境

---

[397] 感谢 David Roochnik 提醒我这一段落的相关性。但是,强调公私连续的儒家会说,虽然哲学家不卷入"公共"事业里去,但他仍可以通过其他途径对自己的城邦和朋友做出(政治)贡献。
[398] 从儒家公私连续的观点看,苏格拉底的所作所为当然不仅仅是私人的。并且,从民主雅典的情境中看,与他人在集市上交谈也完全可以被看作是政治行动。
[399] 据本书在哲学诠释上所坚持的整体性原则,我不会将柏拉图不同对话里给的原因分别加以讨论。
[400] 对上述困难的一个简单解决是否认苏格拉底是哲学家。但如果他不是,谁是呢?在本章里,我会坚持把苏格拉底当作一个哲学家来看。

里呢？明知道雅典混乱，苏格拉底本可以选择低调。像我们讨论过的，"低调"不等于什么都不做。一个人保持低调的同时仍然可以有机会履行自己的政治责任，或做自己觉得值得的事情。但似乎雅典人甚至不允许苏格拉底与他人交谈，不允许人们听他的哲学思考，而这是苏格拉底最想做的事情。因此，苏格拉底最后有了麻烦并不是他自己的问题。但是，这个说法并不成立。一直生活在雅典的柏拉图就做到了既教育了学生、著作等身，从而在某种程度上履行了他的政治责任或者实践了他的理想，但同时，他也没有招惹城邦向他"摊牌"。

并且，保持低调乃至逃离雅典并不必然意味着怯懦。根据列奥·斯特劳斯（Leo Strauss, 1983, 44），在《申辩》篇里，苏格拉底列举了显示其勇气的三次战役，其中他都坚守了统帅或神给他的岗位。但其中两次战役是雅典打的败仗，而在另外的那次战役中，雅典人虽然取得了开始的胜利，但最终还是被打败了。斯特劳斯指出："在战败时，勇敢更多的在于体面地撤退或者逃走（fleeing），而不是留守。"（同上）所以，体面地逃走可以是勇敢的象征。那么，为什么苏格拉底不能在面对充满敌意的雅典人时显示这种勇气呢？

苏格拉底的徒孙亚里士多德几乎卷入了与雅典的致命冲撞，但他及时从想要杀他的雅典人手下逃到哈尔基斯（Chalsis），据说还留下了一句明显在影射雅典人处死苏格拉底之行径的名言："我不会让雅典人两次错待哲学。"[401] 有人也许会说亚里士多德是个居住在雅典的外邦人（metic）。与苏格拉底这样的雅典公民不同，这样的外邦人没有对其居住的城邦的卫护之责。[402] 但是，考虑到苏格拉底毕生都在考察、而不是轻信关于人类事务的"常识"，声称苏格拉底留下来是由于雅典公众所具有的、未经考察

---

[401] 这句话可以在一些二手材料里找到。Düring, 1957 (341-342) 列举了这些材料，并对它们的可靠性做了评估。这句话最可靠的来源之一是 Fragment, 667 (Rose: Vita Aristotelis Marciana, 184-191; 见 Barnes, 1984, 2462)。感谢 Robert Rethy 和 Silvia Carli 向我指出这句话的出处。

[402] 与古希腊人相反，孔子并不看重自己邦国至上意义上的爱国主义。他自己从一个诸侯国走到另一个诸侯国，寻找实现自己理想的机会。从孔子的角度来看，对自己母邦的偏爱是自然的，但不是神圣的。

的爱国主义，这是很有问题的。

《克力同》篇提供了几个苏格拉底不应从监狱里逃跑的原因。[403] 苏格拉底自己论辩说一个人应该做他答应别人的事情，而从监狱里逃跑意味着破坏法律，而法律是他答应城邦所要遵守的。所以为了不对城邦作恶，一个人必须说服它（而不是一走了之）（49e-50a）。接着，借用拟人的口气，苏格拉底想象了"城邦的法律与共同体"（the laws and the community of the city）会给出什么样的论辩（50a）。它们（城邦法律）会说，逃跑会使城邦的判决无效，从而会导致城邦的死亡（50b）。因为是城邦养育了他，所以即使城邦对他不义，他也应当服从它。在这些事情上，城邦比他的父亲还要重要。因此，报复城邦比报复他的父亲更不应该（50e-51b）。但是，托马斯·韦斯特（Thomas West）指出，法律给出的这些原因实际上与苏格拉底在这篇对话开始给出的做决定的一般原则是相冲突的（West and West, 1984, 26）。的确，如果回想一下上一节的讨论，我们也会发现《克力同》篇里城邦法律及其共同体给出的论辩是成问题的。我们已经看到，《理想国》里说哲学家只对理想的城邦有比较严肃的义务，但对腐坏的城邦没什么义务。就雅典来讲，苏格拉底并不欠它什么。实际上，甚至哲学家对理想城邦的义务都是可怀疑的。

为论辩起见，不妨让我们假设苏格拉底同意城邦法律及其共同体给出的论辩，同时结合前面对儒家相关思想的讨论，让我们来考察一下这个论辩是否导致苏格拉底不应逃跑的结论。的确，儒家不会支持儿子反手打父亲。但像我们在《孔子家语》的例子里看到的，孔子不认为对暴怒的父亲盲从是孝道的标志。相反，在这一情形下，逃走才是孝道的表现。因为不逃走会导致父亲做出大不义的行为，而这一不义之行使得将来父亲的任何悔改、补过都变得不再可能。这甚至在苏格拉底的案例里实际发生了。他选择如此高调地留下，导致了他与城邦最终摊牌，并使得这个疯狂的城邦对哲学犯了重罪。虽然城邦与哲学之间可能一直都有冲突，但是城邦处决苏格拉底使二者之间的关系变得更糟。城邦与苏格拉底的朋

---

[403] 感谢 Charles Goodman 和黎辉杰督促我澄清和重新审视原稿中的一些观点。

友、弟子之间很难再重归于好,而城邦与哲学间的敌意贯穿了历史。

实际上,与儒家立场一致,《克力同》篇拟人的"法律"也认为,如果一个人觉得城邦法律不正义的话,与父子关系不同,他可以选择离开这个城邦(51c-52a)。但是,苏格拉底也许没预料到雅典会变得如此不义,没预料到他与城邦会有致命的对抗。当这个对抗发生时,他想离开这个城邦已经晚了。可是,即使在审判中,苏格拉底还是有机会选择被放逐,但他没有做此选择。有人也许会说没有什么地方比雅典更好。但是,第一,如《论语》9.14里孔子所讲,即使是九夷,"君子居之,何陋之有"。第二,苏格拉底自己似乎认为斯巴达(Lacedaemon)和克里特(Crete)也有好的法律。[404]但苏格拉底指出他若被放逐,在他被放逐的城邦里,他仍然会被指责为是法律、年轻人、没头脑的人的腐化者乃至罪犯。考虑到他在雅典得到的"坏"名声,这种情形变得愈发可能。有人也许会说,苏格拉底可以选择在那些城邦里保持沉默,但实际上他无法做此选择。这是因为谈论美德和其他问题,以及对生活的考察是他活着的意义(《申辩》篇,37c-38a;《克力同》篇,52e-53d)。换句话说,看起来城邦与哲学家的冲突在哪里都不可避免,因此死在雅典跟死在别的地方没有区别。但是,我们只需想想柏拉图和亚里士多德的情形,就会对上面这个论断产生怀疑。实际上,哪怕是苏格拉底,他在一生绝大多数的时间里不断进行哲学探究,直到70岁时才卷入到这场麻烦之中。与很多近现代人的信仰不同,哲学和政治(城邦事务)之间(在有些方面)是有冲突的,并不总是和谐的。但是,即使这个冲突确实有,认为它总是致命的和不可避免的——像某些斯特劳斯主义者所相信的那样——也是很成问题的。

还有一种可能,或是基于他自己的哲学家是想死的说法,或是认为哲学家不应该与常人一样,对死亡怀有基于无知的恐惧,苏格拉底是准备好了去死的。连他的保护神(daemon)都没有阻止他。对他来讲,这是一个

---

[404] Strauss(1983)讨论了苏格拉底可以去的城邦(64-65)。据斯特劳斯,克里特是苏格拉底流放的最好选择。韦斯特也指出,"柏拉图的《法律篇》是发生在克里特的,它的中心人物是个年老的雅典哲学家。这个哲学家让我们想起苏格拉底。《法律篇》似乎展示了【苏格拉底】去那里【克里特】流放的可行性"(West and West, 1984, 27)。

死期到了的信号(Strauss, 1983, 52)。也许到了这个年纪，苏格拉底还能为自己和哲学做得最好的事情就是为之赴死。这也是色诺芬(Xenophon)的《申辩》篇里苏格拉底给出的部分原因。[405] 有人会说是苏格拉底之死提醒我们哲学与政治之间存在冲突，而他的死也使人看到了政治的不公，从而最终推进了现代社会里哲学与政治之间的和平(暂时停火?)。但是他的死的后果并不必然是有益的，反倒可能毒化了政治与哲学之间的关系。当然，我们必须承认，有时候作为光辉榜样的英雄式的死也许比培育地方社群、教书育人、研究经典有着更好的政治功能。换句话说，有时不中庸才是中庸的。

就对上述苏格拉底"烈士"行为的同情理解来讲，有几点需要澄清一下。首先，并不是苏格拉底的死本身，而是柏拉图对其高超的描画使我们看到哲学与政治之间的冲突，以及后者对前者所犯下的不义。如果柏拉图和苏格拉底的其他弟子都追随苏格拉底的足迹，而没有给出苏格拉底之死的追随者版本，那么我们就只能看到阿里斯托芬(Aristophanes)对苏格拉底欠恭维的描画。[406] 一般来讲，当推到极致时，为了更高的政治目标保全自己和为了这些目标牺牲自己都是有其局限的。

其次，我们也要看到哲学行动的含义的复杂性。也许苏格拉底通过他的死使得柏拉图和亚里士多德变得谨慎，但孔子却能在不牺牲自己生命的情况下提醒弟子要谨慎。可是，孔子的提醒并没能阻止他最好和最忠实的弟子子路不入乱邦。而认为苏格拉底之死只会产生有益的后果(比如提醒未来的哲学家城邦之凶险)也同样天真幼稚。苏格拉底之死也许会鼓励不必要的牺牲，也许会给"苦大仇深"的人(比如斯特劳斯主义者里的二流货色)一种夸大的(所谓的)"哲学家"(即这些苦大仇深的人)被城邦(政治)迫害的妄想。

再次，我们要注意到，苏格拉底不是自由主义者，他不支持言论自由，尽管他的死常被现代人解读成一个支持言论自由的寓言。有些现代读者

---

[405] 感谢刘玮向我指出这一点。
[406] 但是阿里斯托芬如此写，是意图攻击苏格拉底，是意图友善地提醒苏格拉底小心满是杀气的大众，还是有什么其他目的，仍是个有争议的问题。

也许相信苏格拉底之死使得雅典人变得宽容。但是考虑到他们后来仍试图迫害亚里士多德的历史事实,这一信念恐怕是太过美好。更重要的是,在《理想国》中,苏格拉底本人似乎也是鼓吹放逐乃至处死那些妖言惑众和不可救药的人。

通过以上考察,我只是试图展示,基于孔子对君子政治责任的理解,柏拉图对话里所提供的苏格拉底为什么留在雅典的一些表面原因并不令人满意,尽管我通过揭示苏格拉底的"不中庸"行为的一些可能的好处,对这些行为给予了一些辩护。但考察苏格拉底案例的一个特殊困难是,本章所批评的很多原因源自苏格拉底与克力同的对话,是前者想象中的城邦法律和共同体(习俗)给出的,他这么做很可能是因为克力同是个世俗中的好人,用法律和习俗最能打发他,让他不再来烦扰苏格拉底死前的宁静。也就是说,苏格拉底本人(乃至柏拉图)会如何解释他留在雅典的选择,依然是悬而未决的问题。如果我们是正义的,如果我们遵循与解读孔子时一样的尊重与宽容精神,我们就应该谨慎,不随意把表面上理由的矛盾和不充分归罪于苏格拉底。毕竟,如亚里士多德提醒的,我们应该努力不要再次错待哲学!

参 考 文 献

Ackerman, Bruce and James Fishkin (2004), "Righting the Ship of Democracy," *Legal Affairs*, January/February 2004, 34-39.

——(2005), *Deliberation Day*. New Haven, CT: Yale University Press.

Alford, William P., Kenneth Winston and William Kirby (eds.) (2011), *Prospects for the Professions in China*. London: Routledge.

Ames, Roger T. and David L. Hall (tr.) (2001), *Focusing the Familiar: a Philosophical Interpretation of the Zhongyong*. Honolulu: University of Hawi'i Press.

——(tr.) (2003), *Daodejing*. New York: Ballantine Books.

Ames, Roger T. and Henry Rosemont Jr. (1998), *The Analects of Confucius*. New York: Random House.

Angle, Stephen (2012), *Contemporary Confucian Political Philosophy: Toward Progressive Confucianism*. Cambridge, U.K.: Polity.

Arrighi, Giovanni (2007), *Adam Smith in Beijing-Lineages of the Twenty-First Century*. London: Verso.

白彤东(Bai, Tongdong, 2005),《自由民主需要一个形而上学的基础吗?》,《外国哲学》第18辑,297-315。

——(2008a), "A Mencian Version of Limited Democracy," *Res Publica*, Vol. 14, No. 1/March, 19-34.

——(2008b), "Back to Confucius: A Comment on the Debate on the Confucian Idea of Consanguineous Affection," *Dao: A Journal of Comparative Philosophy*, Vol. 7, No. 1, March, 2008, 27-33.

——(2009a), "The Price of Serving Meat—On Confucius's and Mencius's Views of Human and Animal Rights," *Asian Philosophy*, Vol. 19, No. 1/March 2009, 85-99.

——(2009b), "How to Rule without Taking Unnatural Actions (无为而治): A Comparative Study of the Political Philosophy of the *Laozi*," *Philosophy East and West*, Vol. 59, No. 4/October, 2009, 481-502.

——(2009c),《实在的张力:EPR论争中的爱因斯坦、玻尔与泡利》。北京:北京大学出版社。

——(2010a),《心性儒学还是政治儒学? 新邦旧命还是旧邦新命?》,《开放时代》2010年11期,5-25。

——(2010b), "What To Do in an Unjust State—On Confucius's and Socrates's Views on Political Duty," *Dao: A Journal of Comparative Philosophy*, Vol. 9, No. 4/December, 2010, 375-390.

——(2011) "Preliminary Remarks: Han Fei Zi—First Modern Political Philosopher?" *Journal of Chinese Philosophy*, Vol. 38, No. 1/March 2011, 4-13.

——(2012a),《灵长类动物学家与儒家》,《哲学研究》2012年第1期,113-118。

——(2012b), *China: The Political Philosophy of the Middle Kingdom*. London: Zed Books.

——(2013a),《仁权高于主权—孟子的正义战争观》,《社会科学》2013年第1期,131-139。

——(2013b), "A Confucian Version of Hybrid Regime: How Does It Work, and Why Is It Superior?," in Bell and Li 2013, 55-87.

——(2014a),《恻隐之心的现代性本质——从尼采与孟子谈起》,《世界哲学》2014年第1期,110-119。

——(2014b),《作为现代政治哲学的先秦思想》,《社会科学》2014年10月,111-121。

——(2015a),《现代国家认同与国际关系:儒家的理论及其对民族国家与自由主义范式之优越性》,《历史法学》2015年12月第10卷,205-242。

——(2015b), "A Criticism of Later Rawls and a Defense of a Decent (Confucian) People," in Bruya 2015, 101-120.

——(2015c),《天人合一能够解决环境问题吗?——气候变化的政治模式反思》,《探索与争鸣》2015年第12期,59-62。

——(2016),《〈幽暗意识与民主传统〉之幽暗——对张灏的批评》,《社会科学》2016年10月,124-132。

——(2017),《面对技术挑战的中庸之道》,《北京大学学报(哲学社会科学版)》

2017 年第 2 期,125-130。

Barnes, J. (1984), *Complete Works of Aristotle*, *Volume 2*. Princeton, NJ: Princeton University Press.

Bauer, Joanne R. and Daniel A. Bell (1999), *The East Asian Challenge for Human Rights*. Cambridge: Cambridge University Press.

Beaney, Michael (1997) (ed.), *The Frege Reader*. Malden, MA: Blackwell.

Berggruen, Nicolas and Nathan Gardels (2013), *Intelligent Governance for the 21st Century*. Cambridge, U.K.: Polity.

Beitz, Charles R. (2000), "Rawls's Law of Peoples," *Ethics*, Vol. 110, No. 4. (July), 669-96.

贝淡宁, Bell, Daniel (2006), *Beyond Liberal Democracy*. Princeton, NJ: Princeton University Press.

——(2011),《儒家与民族主义能否相容》,《文化纵横》2011 年第 6 期,112-118。

——(2015), *The China Model*. Princeton, NJ: Princeton University Press.

Bell, Daniel and Fan Ruiping (2012), *A Confucian Constitutional Order*. Princeton: Princeton University Press.

Bell, Daniel and Hahm Chaibong (2003) (eds.), *Confucianism for the Modern World*. Cambridge: Cambridge University Press.

Bell, Daniel and Li Chenyang (2013) (eds.), *The East Asian Challenge for Democracy*. Cambridge, U.K.: The Cambridge University Press.

Benardete, Seth (tr.) (1984), *Plato's Theaetetus*. Chicago: The University of Chicago Press.

Benedetto, Richard (2005), "Who is Smarter, Kerry or Bush?" *USA Today*. From http://www.usatoday.com/news/opinion/columnist/benedetto/2005-06-10-benedetto_x.htm, accessed on 09/28/2012.

Bentham, Jeremy (1948), *An Introduction to the Principles of Morals and Legislation*. New York: Hafner Press.

Berstein, Alyssa R. (2006), "A Human Right to Democracy? Legitimacy and Intervention," in Martin and Reidy 2006, 278-298.

Bloom, Allan (tr.) (1991), *The Republic of Plato*. New York: Basic Books.

Bohr, Niels (1958), *Atomic Physics and Human Knowledge*. New York: John Wiley and Sons.

Brennan, Jason (2012), *Ethics of Voting* (paperback). Princeton, NJ: Princeton University Press.

Brooks, David (2008), "The Two Earthquakes," *New York Times*, January 4, 2008.

Brooks, E. Bruce and A. Taeko Brooks (2001), *The Original Analects* (Paperback Edition). New York: Columbia University Press.

Bruya, Brian (ed.) (2015), *The Philosophical Challenge from China*. Cambridge, MA: MIT Press.

Buchanan, Allen (2000), "Rawls's Law of Peoples: Rules for a Vanished Westphalian World," *Ethics*, Vol. 110, No. 4. (July), 697-721.

蔡孟翰(2017),《论天下——先秦关于"天下"的政治想象与论述》,《文化纵横》2017年第4期,60-73。

Caplan, Bryan (2008), *The Myth of the Rational Voter: Why Democracies Choose Bad Policies* (*New Edition*). Princeton, NJ: Princeton University Press.

Chan, Joseph (1999), "A Confucian Perspectives on Human Rights for Contemporary China," in Bauer and Bell 1999, 212-37.

——(2000), "Legitimacy, Unanimity, and Perfectionism," *Philosophy & Public Affairs* 29:1, 5-42.

——(2013a), "Political Meritocracy and Meritorious Rule—A Confucian Perspective," in Bell and Li, 2013, 55-87.

——(2013b), *Confucian Perfectionism*. Princeton, NJ: Princeton University Press.

Chan, Joseph, Doh Chull Shin, and Melissa Williams (eds.) (2017), *East Asian Perspectives on Political Legitimacy*. Cambridge, U.K.: Cambridge University Press.

Chan, Sin Yee (2003), "The Confucian Conception of Gender in the Twenty-first Century," in Bell and Chaibong 2003, 312-333.

Chan, Wing-Tsit (1969), *A Source Book in Chinese Philosophy*. Princeton, NJ: Princeton University Press.

Chan, Alan K. L. (1998), "A Tale of Two Commentaries: Ho-shang-kung and Wang Pi on the *Lao-tzu*." In Kohn and Lafargue 1998, 89-117.

陈鼓应(编)(1999),《道家文化研究第17辑:郭店楚简专号》。北京:生活·读书·新知三联书店。

——(2003),《老子今注今译(参照简帛本最新修订版)》。北京:商务印书馆。

——(2007),《庄子今注今译》。北京:商务印书馆。

陈立胜(2008),《王阳明"万物一体"论》。上海:华东师范大学出版社。

陈乔见(2008),《私与公:自治与法治》,收于郭齐勇(2008a),67-119。

陈少明(2012),《仁义之间》,《哲学研究》2012年第11期,32-40。

陈志武(2008),《关于"论家庭主义"的评论》,《新政治经济学评论》第4卷第1期,98-104。

Cheng, Chung-ying (2004), "Dimensions of the *Dao* and Onto-Ethics in Light of the *DDJ*," in *Journal of Chinese Philosophy 31*:2 (*June 2004*), 143-82.

程颢、程颐(1992),《二程遗书与二程外书》。上海:上海古籍出版社。

程树德(1963),《九朝律考》。北京:中华书局。

——(1990),《论语集解》。北京:中华书局。

Clark, Gregory (2014), "Your Ancestors, Your Fate," *New York Times*, February 21, 2014.

Cohen, Adam (2006), "Question for Judge Alito: What About One Person One Vote?" *New York Times*, January 3, 2006.

Creel, Herrlee G. (1970a), *The Origin of Statecraft in China*. Chicago: University of Chicago Press.

——(1970b), *What is Taoism?* Chicago: The University of Chicago Press.

Csikszentmihalyi, Mark (manuscript), "Disunities of Unities: A Critical Survey of Some Recent Works on the 'Unity of *Tian* and *Ren*'".

Csikszentmihalyi, Mark and Philip J. Ivanhoe (eds.) (1999), *Religious and Philosophical Aspects of the Laozi*. Albany, NY: State University of New York Press.

Descartes, Rene (1998), *Discourse on Method* (fourth edition). Donald A. Cress (tr.). Indianapolis: Hackett Publishing Company.

De Vos, George A. (1971), *Japan's Outcastes: The Problem of the Burakumin*. London: Minority Rights Group.

De Waal, Frans (2006), *Primates and Philosophers: How Morality Evolved*. Princeton, NJ: Princeton University Press.

Diamond, Jared (1999), *Gun, Germs, and Steel*. New York: W. W. Norton & Company.

——(2011), *Collapse: How Societies Choose to Fail or Succeed*. New York: Penguin Books.

Donnelly, Jack (2003), *Universal Human Rights in Theory and Practice*, 2nd Edition. Ithaca: Cornell University Press.

Dreben, Burton (2003), "On Rawls and Political Liberalism," in Freeman 2003, 316-46.

Düring, Ingemar (1957), *Aristotle in the Ancient Biographical Tradition*. Göteborg.

Eberstadt, Nicholas (2017), "Our Miserable 21st Century," *The Commentary*. February 15, 2017. https://www.commentarymagazine.com/articles/saving-conservative-judaism/ (accessed on April 8, 2017)

Elliot, Mark (2012), "Hushuo—The Northern Other and the Naming of Han Chinese," in Thomas S. Mullaney, James Leibold, Stéphane Gros, and Eric Vanden (eds.), *Critical Han Studies: The History, Representation, and Identity of China's Majority* (Berkeley, CA: California University Press), 173-190 and 311-318.

——(2015), "The Case of the Missing Indigene: Debate Over a "Second-Generation" Ethnic Policy," *The China Journal*, No. 73, 186-213.

Elman, Benjamin (2013), "A Society in Motion: Unexpected Consequences of Political Meritocracy in Late Imperial China, 1400-1900," in Bell and Li 2013, 203-231.

Elstein, David (2015), *Democracy in Contemporary Confucian Philosophy*. New York: Routledge.

范瑞平、贝淡宁、洪秀平（编）(2012)，《儒家宪政与中国未来》。上海：华东师大出版社。

方旭东 (2011)，《为何儒家不禁止杀生》，《哲学动态》2011 年第 10 期, 68-74。

费孝通 (1998)，《乡土中国·生育制度》。北京：北京大学出版社。

冯友兰 (Feng, Youlan, aka "Fung, Yu-lan") (1966), *A Short History of Chinese Philosophy*. New York: The Free Press.

——(1999)，《中国现代哲学史》。广州：广东人民出版社。

——(2000)，《中国哲学史》。上海：华东师范大学出版社。

——(2001)，《三松堂全集》(第 2 版)。郑州：河南人民出版社。

Feyerabend, Paul (1993), *Against Method* (3rd edition). London: Verso.

Fleischacker, Samuel (2004), *A Short History of Distribute Justice*. Cambridge, MA:

Harvard University Press.

Fournier, Patrick, Henk van der Kolk, R. Kenneth Carty, Andre Blais, and Jonathan Rose (2011), *When Citizens Decide: Lessons from Citizen Assemblies on Electoral Reform*. Oxford: Oxford University Press.

Freeman, Samuel (ed.) (2003), *The Cambridge Companion to Rawls*. Cambridge, U.K.: Cambridge University Press.

Friedman, Milton and Rose Friedman (1980), *Free to Choose: A Personal Statement*. Orlando, FL: Harcourt.

Fukuyama, Francis (1992), *The End of History and the Last Man*, New York, Avon Books.

——(2011), *The Origins of Political Order*. New York: Farrar, Straus and Giroux.

干春松(2012),《重回王道》。上海:华东师范大学出版社。

高诱(编)(1986),《吕氏春秋》,收于《诸子集成》。上海:上海书店。

Glendon, Mary Ann (1993), *Rights Talk: The Impoverishment of Political Discourse* (reprint edition). New York, NY: The Free Press.

Graham, A. C. (2001), *Chuang-Tsǔ: the Inner Chapters*. Indianapolis: Hackett Publishing Company.

——(1986), "Being in Western Philosophy Compared with Shih/Fei and Yu/Wu in Chinese Philosophy," in A. C. Graham (1986), *Studies in Chinese Philosophy and Philosophical Literature*. Singapore: The Institute of East Asian Philosophies, National University of Singapore, 322-359. Originally published in *Asia Major* (New Series) 8, no. 2 (1961).

Green, Jeffrey (2011), *The Eyes of the People—Democracy in an Age of Spectatorship*. Oxford: Oxford University Press.

Greenhut, Steven (2017), "It's O. K., California. Breaking Up Isn't Hard to Do." The New York Times, April 4, 2017.

顾炎武(1983),《顾亭林诗文集(第2版)》。北京:中华书局。

郭齐勇(Guo, Qiyong, 2004)(编),《儒家伦理争鸣集——以"亲亲互隐"为中心》。武汉:湖北教育出版社。

——(2007), "Is Confucian Ethics a 'Consanguinism'?" *Dao*, Vol. VI, No. 1, March 2007, 21-37.

——(2008a)(编),《儒家文化研究》第2辑。北京:生活·读书·新知三联书店。

——(2008b),《先秦儒家论公私与正义》,收于郭齐勇 2008a,3-49。

——(2011)(编),《〈儒家伦理新批判〉之批判》。武汉:武汉大学出版社。

郭齐勇、陈乔见(2009a),《孔孟的公私观与公共哲学之义涵》,手稿。

——(2009b),《孔孟儒家的公私观与公共事务伦理》,《中国社会科学》2009 年第 1 期,57-63。

郭晓东(2012),《从春秋公羊学的夷夏之辨看儒家的民族关系理论》,《跨文化对话》第 30 辑,374-381。

韩非子(1991),《韩非子集解》。王先慎编,《诸子集成》。上海:上海书店。

韩林合(2008),《浅论哲学经典的解释问题——以〈庄子〉的解释为例》,比较哲学方法论会议记录,北京大学。

Hardin, Russell (2002), "Street-Level Epistemology and Democratic Participation," *The Journal of Political Philosophy*, Vol. 10, Number 2, 212-29.

Hayward, J. (2014), "Rethinking Electoral Reform in New Zealand: The Benefits of Citizens' Assemblies," *Kōtuitui: New Zealand Journal of Social Sciences Online*, 2014, Vol. 9, No. 1, 11-19, http://dx.doi.org/10.1080/1177083X.2013.869760.

Hobbes, Thomas (1985), *Leviathan*. C. B. MacPherson (ed.). London: Penguin Books.

Hsu, Cho-Yun (1980), *Han Agriculture: The Formation of Early Chinese Agrarian Economy (206 B.C.-A.D. 220)*. Seattle, WA: University of Washington Press.

胡鞍钢、胡联合(2011),《第二代民族政策:促进民族交融一体和繁荣一体》,《新疆师范大学学报(哲学社会科学版)》第 32 辑第 5 期(9 月), 1-12。

黄俊杰(2008),《东亚近世儒者对"公""私"领域分际的思考:从孟子与桃应的对话出发》,收于黄俊杰、江宜桦(2008),85-98。

黄俊杰、江宜桦(编)(2008),《公私领域新探:东亚与西方观点之比较》。上海:华东师范大学出版社。

黄翔(2016),《面对科学争议,技术哲学应搭建公共探讨平台》,《解放日报》2016 年 7 月 11 日。

Huang, Yong (2008), "Neo-Confucian Hermeneutics at Work: CHENG Yi's Philosophical Interpretation of Analects 8.9 and 17.3," *Harvard Theological Review* 101:2, 169-201.

Hui, Victorial Tin-bor (2005), *War and State Formation in Ancient China and Early*

Modern Europe. Cambridge, U. K. : Cambridge University Press.

Ing, Michael (2017), *The Vulnerability of Integrity in Early Confucian Thought*. Oxford: Oxford University Press.

Irwin, Terence (tr.) (1985), *Aristotle: Nicomachean Ethics*. Indianapolis, IN: Hackett.

Jiang, Qing 蒋庆 (2012), *A Confucian Constitutional Order: How China's Ancient Past Can Shape Its Political Future*. Edited by Daniel A. Bell and Ruiping Fan. Princeton, NJ: Princeton University Press.

焦循（1986），《孟子正义》，收于《诸子集成》。上海：上海书店。

Kang, David (2008), *China Rising—Peace, Power, and Order in East Asia*. New York: Columbia University Press.

——(2010), *East Asia Before the West-Five Centuries of Trade and Tribute*. New York: Columbia University Press.

Kant, Immanuel (1991), *The Metaphysics of Morals*. Mary Gregor (tr.). Cambridge: Cambridge University Press.

——(1998), *Groundwork of the Metaphysics of Morals*. Mary Gregor (tr.). Cambridge: Cambridge University Press.

Kaplan, Robert (1997), "Was Democracy Just a Moment?" *The Atlantic Monthly Vol. 280, Issue 6, December 1997*: 55-80.

Kierkegaard, Søren (1983), *Fear and Trembling/Repetition*. Edna H. Hong and Howard V. Hong (tr.). Princeton, NJ: Princeton University Press.

Kim, Sungmoon (2014), *Confucian Democracy in East Asia: Theory and Practice*. Cambridge, U. K. : Cambridge University Press.

——(2017), "Confucian Authority, Political Right, and Democracy," *Philosophy East and West*, Volume 67, Number 1, January 2017, 3-14.

Kissinger, Henry (1994), *Diplomacy*. New York: Simon & Schuster.

——(2001), *Does America Need a Foreign Policy*? New York, NY: Simon & Schuster.

Kohn, Livia and Michael LaFargue (eds.) (1998), *Lao-tzu and the Tao-te-ching*. Albany, NY: State University of New York Press.

Krieckhaus, Jonathan (2004), "The Regime Debate Revisited: A Sensitivity Analysis of Democracy's Effects," *British Journal of Political Science*, 34:4 (October), 635-655.

——(2006), "Democracy and Economic Growth: How Regional Context Influences Regime Effects," *British Journal of Political Science*, 36:2 (April), 317-340.

Kristof, Nicholas D. (2008), "'With a Few More Brains'," *New York Times*, March 30, 2008.

Kuhn, Thomas (1959), "The Essential Tension," from *The Third (1959) University of Utah Research Conference on the Identification of Scientific Talent*, ed. C. W. Taylor (Salt Lake City: University of Utah Press, 1959), 162-174.

Hagen, Kurtis (2016), "Would Early Confucians Really Support Humanitarian Interventions?" *Philosophy East and West*, Vol. 66, #3, July 2016, 818-841.

Landler, Mark (2012), "In Car Country, Obama Trumpets China Trade Case," *New York Times*, September 18, 2012.

Landemore, Hélène (manuscript), "Which Democracy? On Post-Representative Democracy as an Alternative Path," paper presented at the conference "Democracy and China," National University of Singapore, December, 2016.

Larmore, Charles (2002), "Review of *The Law of Peoples*," *Philosophy and Phenomenological Research*, Vol. 64, No. 1 (Jan.), 241-243.

刘殿爵, Lau, D. C. (tr.) (1963), *Tao Te Ching*. Baltimore, MD: Penguin Books.

——(2000), *Confucius: the Analects* (first paperback edition). Hong Kong: The Chinese University Press.

——(2003), *Mencius*, revised and bilingual edition. Hong Kong: The Chinese University Press.

Levenson, Joseph R. (1968), *Confucian China and Its Modern Fate*. Berkeley, CA: University of California Press.

Li, Chenyang (ed.) (2000), *The Sage and the Second Sex: Confucianism, Ethics, and Gender*. Chicago: Open Court.

Li, Feng (2005), *Landscape and Power in Early China*. Cambridge: Cambridge University Press.

——(2008), *Bureaucracy and the State in Early China*. Cambridge: Cambridge University Press.

李若晖 (2016),《中国古代对于君主专制的批判》,《文史哲》2016 年第 5 期, 1-11.

Li, X.-H., A. S. Tsui, X. Feng, and Y. Jia (manuscript), "Achieved and Ascribed

Income Inequality: A Status-Affirmation Perspective and Its Differential Implications for Employee Well-being."

廖明春(2013),《〈论语〉"父子互隐"章新证》,《湖南大学学报》第 27 卷第 2 期 (2013 年 3 月),5-13。

Lilla, Mark (2016), "The End of Identity Liberalism," *New York Times*, Nov. 20, 2016.

刘宝楠(1986),《论语正义》,收于《诸子集成》。上海:上海书店。

刘梦溪(编)(1996),《中国现代学术经典·唐君毅卷》。石家庄:河北教育出版社。

Liu, Qingping (2007), "Confucianism and Corruption: An Analysis of Shun's Two Actions Described by Mencius," *Dao, Vol. VI, No. 1, March 2007*, 1-19.

——(2008), "May We Harm Fellow Humans for the Sake of Kinship Love?: A Response to Critics," *Dao, Vol. VII, No. 3, Fall 2008*, 307-16.

刘笑敢(Liu, Xiaogan, 1998), "Naturalness (*Tzu-jan*), the Core Value in Taoism: Its Ancient Meaning and Its Significance Today," in Kohn and Lafargue 1998, 211-228.

——(1999), "An Inquiry into the Core Value of Laozi's Philosophy," in Csikszentmihalyi and Ivanhoe 1999, 211-237.

——(2006),《老子古今》。北京:中国社会科学出版社。

Locke, John (1986), *The Second Treatise on Civil Government*. Buffalo, NY: Prometheus Books.

Loewe, Michael (2009), "Dong Zhongshu as a Consultant." *Third Series* 22, no. 1 (January 1, 2009), 163-182.

Lord, Carnes (tr.) (1984), *The Politics*. Chicago, IL: The University of Chicago Press.

马戎(Ma, Rong, 2004),《理解民族关系的新思路》,《北京大学学报》2004 年第 6 期,122-133。

——(2007), "A New Perspective in Guiding Ethnic Relations in the 21st Century", *Asian Ethnicity*, Vol. 8, No. 3 (October 2007), 199-217.

——(2010),《21 世纪的中国是否存在国家分裂的风险》,《民族社会学研究通讯》第 75 期(2010 年 9 月),1-35。

Macedo, Stephen (1991), *Liberal Virtues: Citizenship, Virtue, and Community in Liberal Constitutionalism. Oxford: Oxford University Press.

——(2013), "Meritocratic Democracy: Learning from the American Constitution," in Bell and Li 2013, 232-258.

Mann, Michael (2005), *The Dark Side of Democracy: Explaining Ethnic Cleansing*. Cambridge: Cambridge University Press.

Mansbridge, Jane (1990), "On the Relation of Altruism and Self-Interest," in Jane Mansbridge (ed.), *Beyond Self-Interest* (Chicago, IL: University of Chicago Press), 133-146.

Martin, Rex and David A. Reidy (eds.) (2006), *Rawls's Law of Peoples—A Realistic Utopia*? Malden, MA: Blackwell.

——(2006), "Introduction: Reading Rawls's *The Law of Peoples*," in Martin and Reidy 2006, 3-18.

Metzger, Thomas A. (2005), *A Cloud Across the Pacific: Essays on the Clash Between Chinese and Western Political Theories*. Hong Kong: Chinese University Press.

Meyer, Michael J. (1997), "When Not to Claim Your Rights: The Abuse and The Virtuous Use of Rights," *Journal of Political Philosophy*, Vol. 5, Issue 2, 149-62.

Mildenberger, Matto and Anthony Leiserowitz (2017), "Public opinion on climate change: Is there an economy-environment tradeoff?" *Environmental Politics* (2017), DOI: 10.1080/09644016.2017.1322275.

Mill, John Stuart (1958), *Considerations on Representative Government*. New York, NY: The Liberal Arts Press.

——(1985), *On Liberty*. Gertrude Himmelfarb (ed.). London: Penguin Books.

——(2001), *Utilitarianism* (2nd edition). George Sher (ed.). Indianapolis, IN: Hackett.

Miller, David (2000), *Citizenship and National Identity*. Oxford: Blackwell.

Montesquieu (1989), *The Spirit of the Laws*. Anne M. Cohler, Basia Carolyn Miller, and Harold Samuel Stone (eds. and trs.). Cambridge: Cambridge University Press.

New York Times (2006), "Judging Samuel Alito" (editorial, January 8, 2006).

Nichols, James H. (tr.) (1998), *Plato: Gorgias*. Ithaca and London: Cornell University Press.

Nickel, James W. (2006), "Are Human Rights Mainly Implemented by Intervention?," In Martin and Reidy 2006, 263-77.

Nietzsche, Friedrich (1954), *Thus Spoke Zarathustra*. Walter Kaufmann (tr.). London: Penguin Books.

Norgaard, Kari Marie (2011): *Living in Denial: Climate Change, Emotions and Everday Life*. Boston, MA: MIT Press.

Olken, Benjamin A. (2008), "Direct Democracy and Local Public Goods: Evidence from a Field Experiment in Indonesia," Working Paper 14123, NBER (National Bureau of Economic Research) Working Paper Series, June 2008, http://www.nber.org/papers/w14123 (accessed on October 26, 2008).

Ortega y Gasset, José (1932), *The Revolt of the Masses*. New York, NY: W. W. Norton & Company.

Parfit, Derek (1987), *Reasons and Persons*. Oxford: Oxford University Press.

Palmer, Martin (1996), *The Book of Chuantzu*. London: Arkana, Penguin Books.

彭定求（编）（1960），《全唐诗》。北京：中华书局。

Perkins, Franklin, "Leibniz on the Existence of Philosophy in China," manuscript.

Perry, Elizabeth (2008), "Chinese Conceptions of 'Rights': From Mencius to Mao—and Now," *Perspectives on Politics*, Vol. 6, No. 1, 37-50.

Pettit, Philip (2013), "Meritocratic Representation," in Bell and Li 2013, 138-160.

Phillips, Katherine W. (2014), "How Diversity Works," *Scientific American*, October 1, 2014. https://www.scientificamerican.com/article/how-diversity-makes-us-smarter/ (accessed on May 27, 2017)

Pines, Yuri (2013), "Between Merit and Pedigree: Evolution of the Concept of 'Elevating the Worthy' in the Pre-Imperial China," In Bell and Li, 2013, 161-202.

Pogge, Thomas (1994), "An Egalitarian Law of Peoples," *Philosophy and Public Affairs* 23, 195-224.

——(2006), "Do Rawls's Two Theories of Justice Fit Together?" in Martin and Reidy 2006, 206-225.

Pollak, Michael (1998), *Mandarins, Jews, and Missionaries: the Jewish experience in the Chinese Empire*. New York: Weatherhill.

Popper, Karl (1971), *Open Society and Its Enemies* (5th Revised edition, two volumes). Princeton, NJ: Princeton University Press.

Pye, Lucian (1990), "China: Erratic State, Frustrated Society," *Foreign Affairs*, Vol. 69, Issue 4 (Fall, 1990), 56-74.

——(1993), "How China's Nationalism was Shanghaied," *The Australian Journal of Chinese Affairs*, No. 29 (Jan 1993), 107-133.

钱穆(1996),《国史大纲》。北京:商务印书馆。

——(2002),《孔子传》。北京:生活·读书·新知三联书店。

——(2005a),《中国历代政治得失》。北京:生活·读书·新知三联书店。

——(2005b),《国史新论》(第2版)。北京:生活·读书·新知三联书店。

Quine, W. V. O. (1969), *Ontological Relativity and Other Essays*. New York, NY: Columbia University Press.

Rawls, John (1971), *A Theory of Justice*. Cambridge, MA: Harvard University Press.

——(1989), "The Domain of the Political and Overlapping Consensus," in Rawls 1999b, 473-496.

——(1996), *Political Liberalism*. New York, NY: Columbia University Press.

——(1997), "The Idea of Public Reason Revisited," *The University of Chicago Law Review*, Vol. 64, No. 3, 765-807.

——(1999a), *The Law of Peoples with "The Idea of Public Reason Revisited,"* Cambridge, MA: Harvard University Press.

——(1999b), *John Rawls: Collected Papers* (edited by Samuel Freeman). Cambridge, MA: Harvard University Press.

Regan, Tom (1986), *Matters of Life and Death*, 2nd edition. New York, NY: McGraw-Hill.

Renwick, Alan and Jean-Benoit Pilet (2016), *Faces on the Ballot: The Personalization of Electoral Systems in Europe*. Oxford: Oxford University Press.

Ross, David (tr.) (1925), *Aristotle: The Nicomachean Ethics*. Oxford: Oxford University Press.

Rousseau, Jean-Jacques (1964), *The First and Second Discourses*. Roger D. and Judith R. Masters (tr.). New York, NY: St Martin's Press.

——(1978), *On the Social Contract with Geneva Manuscript and Political Economy*. Roger D. Masters (ed.) and Judith R. Masters (tr.). New York, NY: St. Martin's Press.

Sagar, Rahul (2016), "Are Charter Cities Legitimate," *The Journal of Political Philosophy*, Volume 24, Number 4, 509-529.

Sanderovitch, Sharon, "Is There a Bug in the Confucian Program of Harmony?" manuscript.

Schwartz, Benjamin (1985), *The World of Thought in Ancient China*. Cambridge, MA: The Belknap Press of Harvard University Press.

Shapiro, Sidney (ed. and trans.) (1984), *Jews in Old China, Studies by Chinese Scholars*. New York: Hippocrene Books.

盛洪(2008),《论家庭主义》,《新政治经济学评论》第4卷第1期,72-97。

——(2012),《"积善之家,必有余庆"——论儒家宪政原则的历史维度》,《儒生》第2卷。

史伟民,《自律伦理学及其问题》,手稿。

Shin, Doh Chull (2013), "How East Asians View Meritocracy: A Confucian Perspective" in Bell and Li 2013, 259-287.

Shue, Henry (1980), *Basic Rights*. Princeton: Princeton University Press.

司马迁(1981),《史记》,收于《二十五史》。上海:上海古籍出版社。

Singer, Peter (1972), "Famine, Affluence, and Morality," *Philosophy and Public Affairs* Vol. 1, No. 3 (Spring), 229-243.

——(1986), "Animal and the Value of Life," in Regan 1986, 338-80.

Sivanathan, N., and N. C. Pettit (2010), "Protecting the Self through Consumption: Status Goods as Affirmational Commodities." *Journal of Experimental Social Psychology*, 46: 564-570.

Slingerland, Edward (tr.) (2006), *Confucius: The Essential Analects—Selected Passages with Commentary*. Indianapolis, IN: Hackett Publishing Company.

Solnick, S. J. and D. Hemenway (1998), "Is More Always Better?: A Survey on Positional Concerns." *Journal of Economic Behavior and Organization*, 37(3): 373-383.

Strauss, Leo (1983), *Studies in Platonic Political Philosophy*. Chicago, IL: The University of Chicago Press.

孙向晨(2014a),《向死而生与生生不息——中国文化传统的生存论结构》,《宗教与哲学》第3期,223-235。

——(2014b),《民族国家、文明国家与天下意识》,《探索与争鸣》2014年第9期,

64-71。

Tamir, Yael (1993), *Liberal Nationalism*. Princeton: Princeton University Press.

Tan, Kok-chor (1998), "Liberal Toleration in Rawls's Law of Peoples," *Ethics*, Vol. 108, No. 2 (Jan.), 276-95.

——(2006), "The Problem of Decent People," in Martin and Reidy 2006, 76-94.

唐清威(2014),《孟荀的义战理论——从孟子"吊民伐罪"和荀子"禁暴除害"谈起》,硕士学位论文,复旦大学。

唐文明(2010),《夷夏之辨与现代中国国家建构中的正当性问题》,收于《近忧:文化政治与中国的未来》。上海:华东师范大学出版社,3-40。

——(2011),《从儒家拯救民族主义》,《文化纵横》2011年10月,103-105。

Taylor, Charles (1999), "Conditions for an Unforced Consensus on Human Rights," in Bauer and Bell 1999, 124-146.

Tilly, Charles (1998), "Westphalia and China," Keynote address, Conference on "Westphalia and Beyond," Enschede, Netherlands, July 1998; http://www.ibrarian.net/navon/paper/CIAO_DATE__6_99.pdf?paperid=1215872 (accessed on July 22, 2015).

Tiwald, Justin (2008), "A Right of Rebellion in the *Mengzi*?" *Dao: A Journal of Comparative Philosophy*, *VII.3*: 269-282.

——"Confucian Rights as a Fallback Apparatus," manuscript.

Treisman, Daniel (2000), "The Causes of Corruption: A Cross-National Study," *Journal of Public Economics*, 76:3, 399-457.

Van Norden, Bryan (ed.) (2002a), *Confucius and the Analects: New Essays*. Oxford: Oxford University Press.

——(2002b), "Unweaving the 'One Thread' of *Analects* 4:15," in van Norden 2002a, 216-236.

Walker, Richard (1953), *The Multi-State System of Ancient China*. Westport, Connecticut: Greenwood Press.

Waltz, Kenneth (1979), *Theory of International Politics*. Reading, MA: Addison-Wesley.

Waldron, Jeremy (1992), "Superseding Historical Injustice," *Ethics* 103, 4-28.

王弼(1991),《老子道德经——王弼注》,收于《诸子集成》。上海:上海书店。

王国豫(2016),《技术伦理必须机制化》,《社会科学报》第1523期(2016年8月25

日),5.

Wang, Huaiyu (2011), "Piety and Individuality Through a Convoluted Path of Rightness," *Asian Philosophy*, Vol. 21, Issue 4, 395-418.

王卡(编)(1993),《老子道德经河上公章句》。北京:中华书局。

Wang, Robin R. (ed.) (2003), *Images of Women in Chinese Thought and Culture*. Indianapolis: Hackett Publishing Company.

王肃(编)(1990),《孔子家语》。上海:上海古籍出版社。

王阳明(1992),《王阳明全集》。上海:上海古籍出版社。

Warren, Mark E. and Hilary Pearse (eds.) (2008), *Designing Deliberative Democracy: The British Columbia Citizens' Assembly*. Cambridge: Cambridge University Press.

Watson, Burton (tr.) (1964), *Han Fei Tzu: Basic Writings*. New York, NY: Columbia University Press.

West, Thomas G. and Grace Starry West (1984), *Four Texts on Socrates*. Ithaca, NY: Cornell University Press.

Winston, Kenneth (2011), "Advisors to Rulers—Serving the State and the Way," in Alford et al (eds.) 2011, 225-254.

Wilkinson, Steven I. (2005), *Votes and Violence: Electoral Competition and Ethnic Riots in India*. Cambridge: Cambridge University Press.

Wong, Bin (1997), *China Transformed: Historical Change and the Limits of European Experience*. Ithaca, NY: Cornell University Press.

Wrangham, Richard (2004), "Killer Species." *Dædalus Fall 2004*: 25-35.

Xu, Xin (2003), *The Jews of Kaifeng, China*. Jersey City: KTAV.

玄宗(注)、邢昺(疏)(1997),《孝经注疏》,收于《十三经注疏》。上海:上海古籍出版社。

杨伯峻(1960),《孟子译注》。北京:中华书局。

——(1980),《论语译注》(第2版)。北京:中华书局。

杨治宜,《流沙上的绮楼——柳亚子与南社的文化民族主义》,手稿。

Young, Michael (1958), *The Rise of Meritocracy*. London: Thames and Hudson.

Zakaria, Fareed (2003), *The Future of Freedom: Illiberal Democracy at Home and Abroad*. New York, NY: W. W. Norton & Company.

曾振宇(2013),《思想世界的概念系统》。北京:人民出版社。

张灏(2010),《幽暗意识与民主传统》(第2版)。北京:新星出版社。

章太炎(1986),《章太炎全集》(六)。上海:上海人民出版社。

张载(1978),《张载集》。北京:中华书局。

赵汀阳(2007a),《身与身外:儒家的一个未决问题》,《中国人民大学学报》第1期,15-21。

——(2007b),《儒家政治的伦理学转向》,《中国社会科学(内刊版)》第4期,146-151。

郑家栋(2001),《"中国哲学"的"合法性"问题》,原文收于《世纪中国》http://www.confucius2000.com/poetry/zgzxdhfxwt.htm(2013年5月访问)。

周濂(2007),《政治社会、多元共同体与幸福生活》,浙江大学"第12届中国现象学年会"发表论文。

——(2008a),《最可欲的与最相关的——今日语境下如何做政治哲学》,《思想》(台北:联经出版公司)第8卷(1月),237-253。

——(2008b),《我们彼此亏欠什么——兼论道德哲学的理论限度》,《世界哲学》第2期(2008年3月),3-13。

——(2010),《自由民族主义之"薄"与儒家民族主义之"弱"》,《文化纵横》2011年10月,97-102。

朱熹(1985),《孟子章句集注》,收于《四书五经》(第2版)。北京:中国书店。

——(2001),《四书或问》。上海:上海古籍出版社。

人名索引

A

阿克曼,布鲁斯(Ackerman, Bruce) 69
阿里吉,吉奥瓦尼(Arrighi, Giovanni) 211
阿罗,肯尼斯(Arrow, Kenneth) 73
艾尔曼,本杰明(Elman, Benjamin) 81,94
艾文贺(Ivanhoe, P. J.) 283
爱尔斯坦,大卫(Elstein, David) 110
安靖如(Angle, Stephen) 183
安乐哲(Ames, Roger T.) 280
奥巴马 42,62
奥尔森,曼瑟(Olson, Mancur) 73
奥肯,本杰明(Olken, Benjamin) 93
奥特加(Ortega y Gasset, José) 50

B

Bohr, Niels 325
Brooks, A. Taeko 16,326
Brooks, E. Bruce 16,326
白鲁恂(Pye, Lucian) 202
白诗朗(Berthrong, John) 133
柏拉图 7,8,14,16,19,23,52,70,74,107,127,132,151,166,167,170—172,178,181,198,233,259,261,280,299,301,302,312—318,320—322
贝淡宁(Bell, Daniel) 59
比森,大卫(Beetham, David) 55
边沁(Bentham, Jeremy) 39
波普尔(Popper, Karl) 170
博格,托马斯(Pogge, Thomas) 96
布鲁德尼,丹尼尔(Brudney, Daniel) 107
布鲁克斯,大卫(Brooks, David) 42
布鲁姆,阿兰(Bloom, Allan) 167

C

Caplan, Bryan 326
蔡孟翰 211,326
陈立胜 288,327
陈乔见 152,327,330
陈少明 125,327
陈祖为(Chan, Joseph) 47
成中英 229
程颐 327
崇明 208,221

D

丹内利,杰克(Donnelly, Jack) 208
德雷本,伯顿(Dreben, Burton) 115
德瓦尔,弗朗斯(De Waal, Frans) 259
笛卡尔(Descartes, René) 285

蒂利,查尔斯(Tilly, Charles) 29
董仲舒 138,192

F

方岚生(Perkins, Franklin) 20
方旭东 248,288,289,328
菲什金,詹姆斯(Fishkin, James) 70
费孝通 135,136,146,328
冯友兰 7,12,14,15,19,20,23,328
弗莱什艾克尔,萨缪尔(Fleischacker, Samuel) 39,281
弗雷格(Frege, Gottlob) 8
弗里德曼,米尔顿(Friedman, Milton) 60
福山,弗朗西斯(Fukuyama, Francis) 3
傅高义(Vogel, Erza) 4
傅斯年 8,10

G

干春松 257,329
皋陶 157,159,193
格林,杰弗里(Green, Jeffrey) 47,143
格伦顿,玛丽·安(Glendon, Mary Ann) 277
辜鸿铭 255
顾立雅(Creel, Herrlee G.) 29
顾炎武 87,177,191,329
郭齐勇 152,154,158,327,329,330

H

Hopf, Theodore 207,214
哈丁,罗素(Hardin, Russell) 73
海德格尔 141,261
韩非子 20,27,32,33,133,146,161—165,176,177,213,261,294,330
韩林合 17,18,330
郝长墀 151
黑格尔 67,68,130,261,281
胡适 8,10,15
华尔兹,肯尼思(Waltz, Kenneth) 29
黄俊杰 159,176,330
黄翔 31,330
霍布斯(Hobbes, Thomas) 107,260

I

Ing, Michael 161,331

J

基辛格(Kissinger, Henry) 63,212
蒋庆 9,255,269,331
金鹏程(Goldin, Paul) 19
金圣文(Kim, Sungmoon) 55,256

K

Kristof, Nicholas D. 332
卡普兰,罗伯特(Kaplan, Robert) 72,108
坎姆,弗兰西斯(Kamm, Frances) 64
康灿雄(Kang, David) 211
康德 7,107,132,137,254,255,261,263,311
康有为 293
克里克豪斯,乔纳森(Krieckhaus, Jonathan) 59
孔子 5—7,9,13,18,23,32,37,38,40,41,44,50—52,54,98,101,121—123,126,137,138,146,147,153—157,159—161,163,165,174,185,193—195,211,216,

225,226,228,240,244,247,254,255,
270,279,280,282,283,286,290,291,
293,296,299,301—313,317—322

蒯因(Quine, W. V. O.) 8

L

Li Feng 332
拉兹,乔瑟夫(Raz, Joseph) 55
莱西(Rethy, Robert) 127
黎辉杰(Loy, Hui-chieh) 151
李若晖 46,332
利瑟,马蒂亚斯(Risse, Mathias) 87
梁颢 273
梁启超 190,197
列文森,约瑟夫(Levenson, Joseph R.) 7
林明照 31
刘擎 221
刘玮 128,169,313—315,321
卢梭(Rousseau, Jean-Jacques) 71
罗秉祥(Lo Ping Cheung) 242
罗尔斯 42,60,66—69,72,74—76,93,
94,96,98,109,110,113—117,200,218,
219,230,250,261—268,270,271,276,
281,291,292,296
罗森(Rosen, Stanley) 299
罗思文(Rosemont, Henry Jr.) 280
洛克 43,45,47,263

M

马塞多,斯蒂芬(Macedo, Stephen) 102
迈耶,迈克尔(Meyer, Michael J.) 277
曼,迈克尔(Mann, Michael) 59
曼斯布里奇(Mansbridge, Jane) 84,275

孟德斯鸠(Montesquieu) 71
孟子 6,7,9,31,32,37—55,73,75—77,
79,85,86,93,95,96,106,111,112,116,
123—131,133—140,144—146,153,
157—160,162,164,190—195,210,218,
225,228—247,249,250,270,274,278,
279,282,284,286—291,293,296,307,
308,311
米勒,大卫(Miller, David) 209,213
密尔 92—94,98,151,177,263,275,311
墨子刻(Metzger, Thomas A.) 292
牟宗三 254,256

N

南恺时(Knapp, Keith) 24
尼采 13,14,112—114,126—132,141,
158,180,191,212,259,264

O

欧立德(Elliot, Mark) 198,328

P

Peterman, James 151
帕菲特,德里克(Parfit, Derek) 64
裴宜理(Perry, Elizabeth) 39
佩蒂特,菲利普(Pettit, Philip) 105
普鸣(Puett, Michael) 96

Q

钱江 23,73,91,93,98,165,202,245
钱穆 14,15,25,27,81,83,94,153,216,
302,336
钱永祥 107

丘吉尔（Churchill, Winston） 59

S

Sagar, Rahul 212,336
Sanderovitch, Sharon 159,337
盛洪 41,141,142,337
史天健 59
舒,亨利（Shue, Henry） 281
司马光 190
司马迁 30,164,231,303,337
苏格拉底 52,53,128,130,166—171,173,
　174,184,185,233,280,301,302,
　312—322
孙向晨 107,141,206,337

T

塔米尔,雅尔（Tamir, Yael） 209
唐清威 245,338
唐斯,安东尼（Downs, Anthony） 73
唐文明 197,198,210,338
陶林 174
特朗普 4,62,87
特里斯曼,丹尼尔（Treisman, Daniel） 59
田史丹（Tiwald, Justin） 272

W

王国斌（Wong, Bin） 29
王阳明 144,151,286,288,339
威尔金森,史蒂文（Wilkinson, Steven I.）
　59
维特根斯坦（Wittgenstein, Ludwig） 8
温斯顿,肯尼思（Winston, Kenneth） 82

沃克,理查德（Walker, Richard） 29

X

小布什（Bush, George W.） 60
辛格,彼得（Singer, Peter） 285
许田波（Hui, Victoria Tin-bor） 29
荀子 6,32,33,38,50,54,106,133—135,
　161,162,245,250,261,338

Y

亚里士多德 40,107,108,128,129,132,
　137, 171, 172, 176, 261, 289, 318,
　320—322
尧舜 265,293,308,311
姚治华 133
姚中秋（aka,秋风） 41
尤锐（Pines, Yuri） 32,81
余英时 30

Z

曾振宇 125,339
张灏 293,339
张祥龙 32
张载 139,140,340
章太炎 198,248,249,340
郑家栋 15,19,20,340
中岛隆博 248
周德伟 41
周濂 27,213—217,262,340
周玄毅 151
朱熹 18,159,232,236,288,304,340

跋

一 环境与技术挑战:综合的回应

如果我们不断扩充儒家式的关爱,那么它遍及的对象甚至会超越动物,最终通达世界上的万事万物。根据记载,宋代理学家周敦颐(1017-1073)曾经拒绝除去庭院前的杂草,当被问到为什么这样做时,他回答,"与自家意思一般"(程颢和程颐,1992,第3卷,54)。[1] 另一位宋代理学家程颐(1033—1107)曾任崇政殿说书(教皇帝读书的老师),当他看到年幼的皇帝顽皮地折断一根垂柳时,他斥责道,"方春发生,不可无故摧拆"(同上,附录,266)。从这些言行出发,我们可以为关爱环境发展出一种儒家式的基础。[2]

儒家提倡环境保护还有三个原因:第一,我们过(物质上和精神上)体面的生活的需要;第二,我们对祖先(不能浪费他们留给我们的环境)和后代(为他们留下足够的东西)的关爱;第三,我们对外国人及其祖先和后代的关爱。尽管儒家可能不像某些环保主义者那样激进地认为对环境的关注应该相当于甚至高于人类的需求,但儒家以人类中心主义为导向,仍然提供了许多保护环境的有力理由。

现在应该已经知道,先秦儒家并不认为我们可以靠这些理念来启迪

---

[1] 对周敦颐的这句回答可以有不同的理解,我这里采取的只是其中可能的一种,亦即"这些杂草就像我自己的家人一般"。当然,人们也可以怀疑他只是在为自己的懒惰寻求一个美丽的借口。

[2] 儒家的天人合一思想如今经常被用来发展出一种儒家的环保思想。但这可能是一种误导。因为天人合一的思想主要是服务于政治目的(例如,从自然现象中得出政治含义,并借此批评统治者糟糕的统治)或伦理目的(例如,将天作为人类追求的道德理想)。Csikszentmihalyi(手稿)对这些不同的解释进行了很好的梳理。在我看来,儒家扩充关爱的理念为儒家的环保论提供了更好的基础。

大众。[3]我们也需要给出制度性的方案。[4] 在国内治理方面，儒家混合政体可能会比民主政体和威权政体(authoritarian regime)更好地解决环境问题。一方面，儒家混合政体的精英阶层可能会比民主政体更好地将长期的、非物质的、后代的、少数民族的以及外国人的利益考虑进来；另一方面，混合政体中自由和大众参与的成分又可以为精英的统治权力提供比威权政体更好的检验与制衡。

本书3.1.2小节("气候变化：一场完美风暴")中提到对环境保护的另一个挑战是，那些破坏环境的人和那些遭受破坏的人可能生活在不同的国家。为了解决这个问题，我们需要国际性的干预。在儒家的新天下体系中，某些特定的干预可以被辩护为正当，因为国家的主权以仁为前提。保护本国人民和外国人的环境正是仁的要求。因此，履行环保义务的国家有权对未履行义务的国家进行干预。

在当今世界，人类生活还面临着另一系列严重的挑战——技术的挑战。[5] 技术带来的威胁有三重。首先，在道德层面上，技术进步可能会导致人类处理问题时对技术"上瘾"，并可能导致人们忽视美德的重要性，不再追求有价值的美好生活。这是一个甚至在现代技术出现之前就存在的"永恒"问题。[6] 但这些担忧可能会被当作"精英主义"和反民主的而被反对，因为它们隐含着某些人的生活毫无价值的观点。其次，在生存层面上，原子弹、新型病毒和人工智能等技术进步可能会威胁人类物种的生

---

[3] 在当今世界，许多人对他们眼中的西方、工业化或现代生活方式感到不满，并希望通过选择不同的生活方式和改变他人的态度来做出改变。具有上述儒家式精英主义态度的人会怀疑这些人的方法的有效性。

[4] 《老子》也可以被用来发展一种环保主义理论。但在我看来，要使它有效还需要制定政治性的方案。但以《老子》为基础的解决方案可能太不合时宜了。详细的讨论参见 Bai, 2009b。

[5] 这有时也被随意地称为来自科学技术的挑战。但我们应该区分这两者。现代科学或基础科学与应用科学（包括技术）之间的区别可参见 Kuhn, 1959。我们面临的挑战其实来自技术，而非基础科学。例如，如果没有爱因斯坦的 $E=MC^2$ 方程，如果没有量子理论学家的发展，我们就不可能制造出原子弹。但这些科学家的目标是了解世界。如果没有战争的压力，或者其他社会和政治因素，没有工程师和技术人员的创造力，这些科学家的成就就不可能变成核武器或核能发电厂。

[6] 《理想国》里面指出了医药进步带来人类道德下降的现象，并提出了人不配被救治的问题(《理想国》,405a-8c)。孔子的"老而不死是为贼"的说法也触及了这个问题(《论语》14.43)。

存。这一问题在现代技术出现之前就已经存在,[7]但现代技术通过其展现出的明确且迫近的危险,将这种生存威胁活生生地带到了公众面前。最后,在政治层面上,现代技术的发展使得不平等很有可能成为永久性的,且不断加剧。

如果我们不想走上拒绝现代技术的道路,[8]那我们就需要找到一个温和的解决方案。一是教育公众,并且鼓励公众参与决策。[9] 儒家的目的是让公众知情,但他们对公众知情的能力也有怀疑。我们再一次看到,儒家混合政体为实现公众参与和精英决策的平衡提供的模范。例如,在德国,各种专家委员会就在有关技术伦理的决策过程中发挥着重要作用(王国豫,2016)。

由于技术进步和全球化而造成或加剧的日益严重的不平等问题仍然存在。人们可能希望,随着技术的发展,人们可以从日常工作中解脱出来,以一种建设性的方式自由地去做自己喜欢做的事情。但现实却与此相距甚远。比如,美国的失业群体中存在着类鸦片药物(opioid)危机:这些失业人士沉浸于这种毒品的麻醉,不去承担任何家庭责任,更不用说公民责任(Eberstadt, 2017)。事实上,那些会利用空闲时间学习新事物并参与有意义的项目的人往往是那些具有理智上的好奇心和参政动力的人,这又使他们更有可能在技术时代生存下来,甚至过得很好。相反,那些向技术挑战屈服的人往往是缺乏好奇心和动力的人。如果他们不利用空闲时间思考政治问题,那么结果便是,他们将会投票(如果他们还愿意费事去投票的话)支持那些不一定能解决自己问题的人。因此,今天比以往任何时候都更迫切地需要给予那些具有合适的道德和智力能力的人更多的发言权。

但即使儒家精英能够做出更好的决定,这些决定会是怎样的?他们将不得不与国家内部的不平等作斗争,还必须建立起国际体制来遏制全

---

[7] 这样的例子可参见 Diamond, 2011, 79-119(复活节岛上不可逆的森林砍伐的例子)。
[8] 《老子》暗示了这样的道路,但其代价对我们来说可能是难以承担的。Bai, 2009b 论述了这一代价可能会有多么巨大。
[9] 一种激进的民主制提案可参见 Feyerabend, 1993, 2。关于公众参与的一种更为温和的提议,可参见黄翔,2016。

球化的不良影响。我必须承认,更具体的提议还需要未来的探索。

二 儒家模式的实现?

尽管存在上述不足之处,但我希望在这本书中能够表明,基于先秦儒家思想的与时俱进模式可能会比主流的自由民主模式更好地解决许多政治问题。如果我的论证成立,那么下一个问题就是它们如何成为现实。我们需要做的第一件事是,承认历史并没有以自由民主秩序作为终点,我们需要寻找更好的政治模式。政治哲学家和理论家可以做任何他们喜欢做的"概念工程"(conceptual engineering),但只有在现实世界的压力下,他们才会得到更多的同情之关注。也就是说,只有当前主流的政治模式(例如自由民主模式)不断陷入困境,关于新模式的概念工程才能受到重视。

这些模式在理论和实践上都遇到了许多问题。但尽管其表现问题多多,自由民主政体仍然享有我称为"自由民主的合法性溢价"(liberal democratic legitimacy premium)的地位,这能帮助它们抵御基于其表现的挑战。就国内而言,有人可以论辩说,这种"溢价"是因为,尽管一些自由民主政府令人不满的表现已经持续了一段时间,但人们觉得他们可以通过民主程序表达对政府的不满。这就产生了一个看似矛盾的现象:对历届民主政府表现的不满反而加强了对民主政体的真诚支持,因为不满可以得到表达,选民们觉得他们有权力做出改变,尽管一个接一个的新政府一直都表现不佳。[10] 但如果通过投票表达不满并不能改善现任政府的表现,那么普通选民认为自己拥有的权力就可能只是一种幻觉。人们不禁要问,民主制合法性的溢价还要多久,或者还要经过多少次失败的政府表现才能被消除掉? 也许只是我们已经习惯了"没有更好的选择"的想法。习惯虽然很难改掉,但也并非不可能。而且,在国内治理的层面,儒家混合政体允许通过投票来表达意见的自由,并且是建立在程序正义的基础上。

---

[10] Min-Hua Huang 和 Benjamin Nyblade 在一篇文章中对中国台湾和日本的民主制在政府糟糕的表现下仍有很强合法性的现象也给出了这样的解释,这篇文章收录在一本关于合法性的论文集中,参见 Chan, Shin, and Williams, 2017, 166-189 和 218-237。

也就是说，我的提议试图保留住那些让自由民主政体运作良好的因素，同时也试图纠正其中存在的问题。这似乎给予我们更多的希望去改变。

然而，由于自由民主的模式被赋予了几近神圣的地位，任何对它们的挑战往往会导致彻底的忽视，甚至是敌对的反应。但有两种政治环境可能会使人们更同情这种挑战。首先，它可以是一个自由民主秩序不断陷入危机的环境。不幸的是，在这样的环境下，可能会有推销"狗皮膏药"的骗子，或者鼓吹全盘拒绝自由民主，或者利用其民主的元素压制自由的元素，比如希特勒，以及在程度上弱得多的当代左翼和右翼民粹主义者，例如委内瑞拉前总统乌戈·查韦斯（Hugo Chavez）和美国前总统唐纳德·特朗普。对自由民主的挑战可能会受到欢迎的第二种环境是在一个非自由民主秩序中，比如威权政体。[11] 在这两种环境中，真诚的改革者提出的批评和建设性建议可能常常被扭曲，以便支持民粹主义或威权主义政体，而这些政体却甚至比这位改革者试图改善的有缺陷的自由民主政体还要糟糕。这位政治改革者似乎陷入了两难境地，要么遭遇忽视和敌意（当民主制的溢价仍然强劲时），要么在自由民主的合法性受到严重挑战甚至被拒绝时被人们倾听，但同时也被误解和滥用。事实上，这一困境背后有一个普遍的政治问题：一个人如何在一种不友好的或充满挑战的环境中履行其政治义务？如果他或她能够履行，又将如何保守自己及其政治行动的操守？这是本书中文版额外添加的附录里面会进一步讨论（但也并没给出最终答案）的问题。

我不认为自己有充分的应对来回应这一挑战。即使我对自己的理论的可靠性和我们寻找（自由民主制之外的）政治选择的紧迫性的看法是正确的，我也不知道它是否可能成为现实。作为一个哲学家，我所能做的就是提供我认为最好的理论。而作为一个儒家的同情者，我能做的就是履行我的义务，然后把自己和人类托付给"天命"了。

---

[11] 需要澄清的是，我认为"威权政体"这个术语在概念上非常不合乎需要。由于政治术语的匮乏，任何批评当前自由民主政体或与之不同的东西都常常被贴上"威权"的标签，这掩盖了截然不同的政治方案与现实政体之间的巨大差异。

著作权合同登记号　图字:01-2021-3266

图书在版编目(CIP)数据

探寻理想政体:儒家的差等秩序/白彤东著,张宁博等译.—北京:北京大学出版社,2024.1

ISBN 978-7-301-34480-4

Ⅰ.①探… Ⅱ.①白… Ⅲ.①儒家—研究 Ⅳ.①B222.05

中国国家版本馆 CIP 数据核字(2023)第 179267 号

Against Political Equality: The Confucian Case
by Tongdong Bai
Copyright ⓒ 2020 by Princeton University Press
Chinese Simplified translation copyright ⓒ 2023 Peking University Press
Published by arrangement with Princeton University Press through Bardon-Chinese Media Agency
All rights reserved.

书　　　名	探寻理想政体——儒家的差等秩序 TANXUN LIXIANG ZHENGTI——RUJIA DE CHADENG ZHIXU
著作责任者	白彤东　著　张宁博等　译
责任编辑	魏冬峰
标准书号	ISBN 978-7-301-34480-4
出版发行	北京大学出版社
地　　　址	北京市海淀区成府路 205 号　100871
网　　　址	http://www.pup.cn　新浪微博:@北京大学出版社
电子邮箱	zpup@pup.cn
电　　　话	邮购部 010-62752015　发行部 010-62750672 编辑部 010-62752032
印　刷　者	大厂回族自治县彩虹印刷有限公司
经　销　者	新华书店 965 毫米×1300 毫米　16 开本　23.25 印张　346 千字 2024 年 1 月第 1 版　2024 年 1 月第 1 次印刷
定　　　价	98.00 元

未经许可,不得以任何方式复制或抄袭本书之部分或全部内容。

版权所有,侵权必究

举报电话: 010-62752024　电子邮箱: fd@pup.cn
图书如有印装质量问题,请与出版部联系,电话: 010-62756370